図解

ASEANを読み解く〔第2版〕

ASEANを理解するのに役立つ70のテーマ

みずほ総合研究所 著

東洋経済新報社

はじめに

日本企業のＡＳＥＡＮへの投資額は、２０１３年頃から中国への投資額を追い抜く勢いで急速に拡大するとともに、大企業・中小企業、製造業・非製造業と、企業規模・業種をまたいで顕著な広がりを見せ始めました。この時期には明確に経済が減速に向かう中国とは対照的に、安定成長が続くＡＳＥＡＮの市場拡大への期待が高まったことが背景にありました。

その後も日本からＡＳＥＡＮへの直接投資額が、中国への直接投資額を上回っている状況に変わりはありませんが、投資の拡大傾向には歯止めがかかっています。日本企業のＡＳＥＡＮへの進出・投資ラッシュはひとまず収まり、安定局面に移りつつあるとみられます。

こうしたなか、すでにＡＳＥＡＮに進出した企業のなかには、進出国における景気や物価・為替の変動、人件費の上昇、政権交代に伴う政策の変更、現地の地場企業や外資系企業との競合といった事態に直面しているところも出てきています。このような諸情勢や事業環境の変化を踏まえて、筆者らは、２０１３年にＡＳＥＡＮの入門解説書として発刊した『図解　ＡＳＥＡＮの実力を読み解く』の拡充版である『図解　ＡＳＥＡＮを読み解く』を２０１５年に刊行しました（いずれも東洋経済新報社刊）。

それから2年が経過して、ＡＳＥＡＮ各国の情勢はさらに変化しました。その代表例として、ミャンマーの政権交代が挙げられます。軍政下で長らく弾圧されてきた民主化運動のリーダーであるアウン・サン・スー・チー氏を党首とする国民民主連盟（ＮＬＤ）が、２０１５年11月の選挙で、軍政の流れを汲む与党・連邦団結発展党（ＵＳＤＰ）を打ち破って圧勝し、政権を奪取しました。国際社会は、これを民主化の大きな進展ととらえて高く評価しました。同年には、ミャンマーの民主化を支持してきた日本が、ミャンマー政府と共同で開発したティラワ経済特区（ＳＥＺ）が開業し、日本企業のミャンマーへの進出に弾みがつきました。

一方、ＡＳＥＡＮを取り巻く国際環境も大きく変化しています。最大の変化は、米国におけるトランプ政権の誕生でしょう。トランプ大統領は、米国にとって不利とみなす貿易ルール・協定の修正や破棄を迫る姿勢を打ち出し、保護主義への傾斜をあらわにしました。これは、アジアで自由貿易協定（ＦＴＡ）ネットワークを形成して、自由貿易の恩恵を受けてきたＡＳＥＡＮにとって脅威といえます。就任直後にトランプ大統領は、オバマ前大統領が推進した環太平洋経済連携協定（ＴＰＰ）からの米国の離脱を決めました。米国とＦＴＡを締結していない多くのＡＳＥＡＮ諸国にとって、米国が参加していたＴＰＰは事実上の対米ＦＴＡと位置づけられ、ＴＰＰに参加しているマレーシア、ベトナムなどの国はもとより、インドネシアやフィリピンなどの非参加国からも大きな関心が寄せられていました。米国の通商政策の大幅な転換は、ＡＳＥＡＮの通商環境、経済発展戦略に重大な影響を及ぼしかねません。

本書では、この2年間における以上のような変化を踏まえて、種々の情勢変化を受けた情報のアップデートに加え、新たに以下の点を大きく変更してあります。まず、ＡＳＥＡＮの外交関係に関するパートを追加しました。特に、①トランプ政権の外交・通商政策の影響が注目される対米関係、②日本企業のＡＳＥＡＮビジネスへの影響が大きい対日関係、③このところＡＳＥＡＮへの経済協力・支援を強めるとともに、対米関係のカウンターバランスとしても重要な中国との関係、に重点を置いて執筆しました。さらに、近年、自然災害がＡＳＥＡＮの経済や現地での企業のオペレーションに重大な被害を及ぼしたり、IS（イスラム国）に触発されたテロが発生していることから、ASEANが抱えるリスクとして、新たに災害がもたらす経済リスクや政治・治安リスクを取り上げました。また、大きく変化しつつあるミャンマーの情報を拡充すべく、同国に関する部分をカンボジア・ラオスから切り離して独立した章にしました（第3章）。

本書は、ASEANという地域および各加盟国の実像を理解するのに役立つ70のテーマを抜き出し、9章立てで構成しています。第1章は、ASEANでのビジネス戦略の見取図を描くにあたって、地域の全体像を把握するための章です。多様な文化・社会的特性を持つ国々の集まりであるASEANという地域の経済・政治・消費市場の実態を横断的に概観しました。さらに、ASEANの経済・災害・地政学にかかわるリスクも取り上げました。

続く第2章〜第9章は国別編で、ASEAN各国のスペック情報を得るためのカタログとして使っていただくことを意図しています。すでに日本企業のビジネスターゲットとなりうるレベルの市場規模を持つタイ、フィリピン、ベトナム、インドネシア、マレーシア、シンガポールおよび新たなターゲットとして浮上しているミャンマーの7カ国については、各1章を割き、カンボジアとラオスについては、合わせて1つの章にまとめました。各章は、①国の概要、②政治の概況、③外交、④経済の概況、⑤消費市場の実像、⑥有望分野と進出事例、⑦経済リスク、⑧政治・治安リスクという共通の8テーマで構成されています。

本書の執筆を担当したのは、みずほ総合研究所で長年にわたりアジア地域・各国の情勢分析に携わってきたメンバーです。執筆にあたり、筆者らは改めてＡＳＥＡＮ各国で現地調査を行いました。図表を効果的に用いながら、ＡＳＥＡＮ各国や現地市場の特徴を解りやすく伝えるとともに、現地で集めたナマの情報や写真を盛り込むことで、読者の方々がＡＳＥＡＮ各国の事情や市場の特徴を具体的にイメージしていただけるよう心がけて執筆しました。また、みずほグループのリサーチ機能の総合力を活用して、みずほ銀行産業調査部が、タイ、インドネシア、マレーシアにおける新たな需要の顕在化の動きや、特徴的なビジネスモデルの展開を紹介するコラムを執筆しました。本書が、読者の方々のＡＳＥＡＮビジネス成功の一助になれば幸いです。

２０１８年１月

みずほ総合研究所調査本部アジア調査部長　平塚　宏和

図解 ASEANを読み解く 第2版 CONTENTS

第2章 タイを理解しよう ～日本の重要な経済パートナー～

第3章 ミャンマーを理解しよう ～離陸に成功したラストフロンティア～

第4章 カンボジア、ラオスを理解しよう ～タイプラスワンの有力候補～

第5章 フィリピンを理解しよう ～豊富な人材を武器に成長～

第6章 ベトナムを理解しよう
～後発組のトップランナー～

第7章 インドネシアを理解しよう ～ASEAN随一の大国～

第9章 シンガポールを理解しよう ～ASEANのフロントランナー～

第1章

ASEANを理解しよう

テーマ

01 ASEAN経済の概要
～多様なドライバーで成長～

巨大人口を擁する連合体

ASEAN（東南アジア諸国連合）は、約50年前の1967年に設立された東南アジアの地域協力連合です。当初はタイ、インドネシア、シンガポール、フィリピン、マレーシアの5カ国によって設立され、その後はブルネイ、ベトナム、ラオス、ミャンマー、カンボジアも参加し、現在の加盟国は10カ国です。

ASEANの人口は6億3684万人で、日本の5倍にのぼります。経済規模は、名目GDPで測ると2兆5510億ドルで、日本の半分です。一方、1人当たり名目GDPは4006ドルと、日本の1割ほどです（図表1）。

多様な民族、宗教、政治体制

ASEANは、古来より中国とインド、イスラム圏を結ぶ交易拠点として栄え、16世紀以降は欧米の植民地となりました。こうした歴史的経緯から、土着の要素に中国、インド、イスラム、欧米の要素が加わり、多様な民族や文化が併存しています。また、植民地からの独立後に歩んだ社会主義化や民主化のプロセスを経て、政治体制も様々です。

各国の主な民族は、インドシナ半島の「陸のASEAN」で、タイ族（タイ）、キン族（ベトナム）、クメール人（カンボジア）、ビルマ族（ミャンマー）、ラオ族（ラオス）などです。島嶼《とうしょ》部の「海のASEAN」では、マレー人（マレーシア）に代表されるマレー系の人々が多いですが、同じマレー系でもジャワ人やスンダ人（インドネシア）、タガログ族やセブアノ族（フィリピン）に分かれています。また、各国には中国系の人々が分布しており、特にシンガポールでは人口の7割に相当します。このほか、少数民族が多いこともASEANの特徴です。

主な宗教は、上座部仏教（タイ、カンボジア、ラオス、ミャンマー）、大乗仏教（ベトナム）、イスラム教（インドネシア、マレーシア、ブルネイ）、キリスト教（フィリピン）など各国で様々です。ヒンズー教の影響もみられ、たとえばタイとインドネシアの国章に描かれるガルーダは、もともとはインドの神鳥です。

政治体制は、ベトナムとラオスが中国と同様の一党支配体制です。タイとマレ

図表1　ASEANおよび主要国・地域の基礎指標（2016年）

	名目GDP（億ドル）	人口（万人）	1人当たり名目GDP（ドル）
日本	49,365	12,696	38,883
中国	112,321	138,271	8,123
インド	22,638	129,980	1,742
ASEAN	25,510	63,684	4,006
シンガポール	2,970	561	52,961
ブルネイ	114	42	26,935
マレーシア	2,965	3,163	9,374
タイ	4,071	6,898	5,902
インドネシア	9,324	25,871	3,604
フィリピン	3,049	10,418	2,927
ラオス	158	659	2,394
ベトナム	2,013	9,269	2,172
カンボジア	202	1,578	1,278
ミャンマー	644	5,225	1,232

（資料）IMF“World Economic Outlook”（2017年10月）より、みずほ総合研究所作成

ーシア、カンボジアは、国王を戴く立憲君主制です。インドネシア、フィリピン、シンガポール、ミャンマーは、大統領のもとでの共和制です。また、民主主義の定着度についても、クーデターの繰り返されるタイ、軍部が一定の権力を有するミャンマー、与党に有利な法制度で政権交代が難しいシンガポールやカンボジアなどさまざまです。

発展段階と産業構造も多様

経済発展の段階は、1人当たり国民総所得に基づく世界銀行の分類によると、シンガポールとブルネイは日本と同じ高所得国、マレーシアとタイは中国と同じ上位中所得国で、その他は下位中所得国です。カンボジアが2015年に下位中所得国に昇格したことで、低所得国に分類される国はなくなりました（図表2）。

発展段階に応じて、各国の産業構造も異なります。国際競争力の高い代表的産業を挙げると、高所得国のシンガポールでは、金融といった企業向けサービス業など、知識集約型産業があります。

上位中所得国では、マレーシアの電機、タイの家電や自動車など、資本集約型製造業が代表的な産業に育っています。

下位中所得国では、労働集約型産業が目立ちます。インドネシアの木材・同加工品、ベトナムとカンボジアの縫製品などです。

また、資源の賦存状況に応じて、マレーシア（石油、パーム油、錫《スズ》、金、鉄鉱石、ボーキサイト）、インドネシア（石油、石炭、天然ガス、鉄鉱石、銅）、ミャンマー（天然ガス、鉱石）、ブルネイ（石油、天然ガス）のように、資源セクターに強みを持つ国もあります。

地政学的条件を活かした連結性

ＡＳＥＡＮ各国は、個別に経済活動を行うだけにとどまらず、地政学的条件を

活かして他国とつながることでも経済活動を営んでいます。

シンガポールは、マレー半島の先端に位置するという地理的条件を活かし、太平洋とインド洋をつなぐ貿易拠点として繁栄の礎を築きました。その上に、ビジネス関連の制度も整えて、アジアを代表する国際ビジネス拠点としてさらなる発展を遂げています。

複数の国が国境を接するインドシナ半島では、3つの経済回廊が2015年までにおおむね完成し、タイ、ベトナム、カンボジア、ラオス、ミャンマーの「陸のASEAN」と、中国の一部がつながりました（図表3）。その経済効果は、貿易の活発化だけでなく、回廊沿いに工業団地の投資が増えており、生産ネットワークが広がっていることです。

イスラム教徒の多い国では、イスラム圏との関係を活かしたビジネスが展開されています。たとえばマレーシアは、イスラム教の戒律に従った金融や食品の分野で、国際的なイスラム市場における拠点として有名です。

多様な成長ドライバー

このように多様な特徴を持つASEANの国々が、近年は経済統合の度合いを強めています。1990年代初頭から進められてきた相互の関税撤廃は、2015年までにおおむね完了しました。同年に発足したASEAN経済共同体（AEC）の枠組みでは、関税以外の市場統合にも取り組んでいます。

ASEAN全体としてみると、近年は前年比＋5％前後の成長を安定的に続けています。その背景としては、発展段階の異なる国で構成されるASEANが、多様な成長ドライバーを有していることがあります。

中長期的に展望すると、各国が発展段階を高めていくことで、ASEAN全体としても成長を続けると予測されます。

中長期的な成長ドライバーの1つは、人口動態です。下位中所得国に分類されるASEANの多くの国では、今後も15～64歳の生産年齢人口が増加する見通しです。一般に、生産年齢人口の増加が続くと、労働によって得られる所得の一部が貯蓄として蓄積され、その資金を活かした投資が拡大します。その結果、産業構造が労働集約型から資本集約型へ移行し、発展段階も上位中所得国に昇格することが見込まれるのです。

また、高所得国、および高所得国入りを目指す上位中所得国では、生産性の向上をもたらす取組みが成長ドライバーとなるでしょう。シンガポールの国際ビジネス拠点化、タイと周辺国との生産ネットワーク化、マレーシアによるイスラムビジネス拠点化などが期待されることについては、次章以降の各国編をご覧ください。

図表2　発展段階、産業レベル、成長ドライバーの関係

発展段階	国	産業レベル	成長ドライバー
高所得国	シンガポール	知識集約型産業	生産性向上
上位中所得国	マレーシア タイ	資本集約型産業	投資
下位中所得国	フィリピン インドネシア ベトナム ラオス ミャンマー カンボジア	労働集約型産業	労働投入

（注）ブルネイ（高所得国）は資源依存度が著しく高く、産業構造が特異なため、本表から除外。
（資料）みずほ総合研究所作成

図表3　ASEANの主な連結インフラ

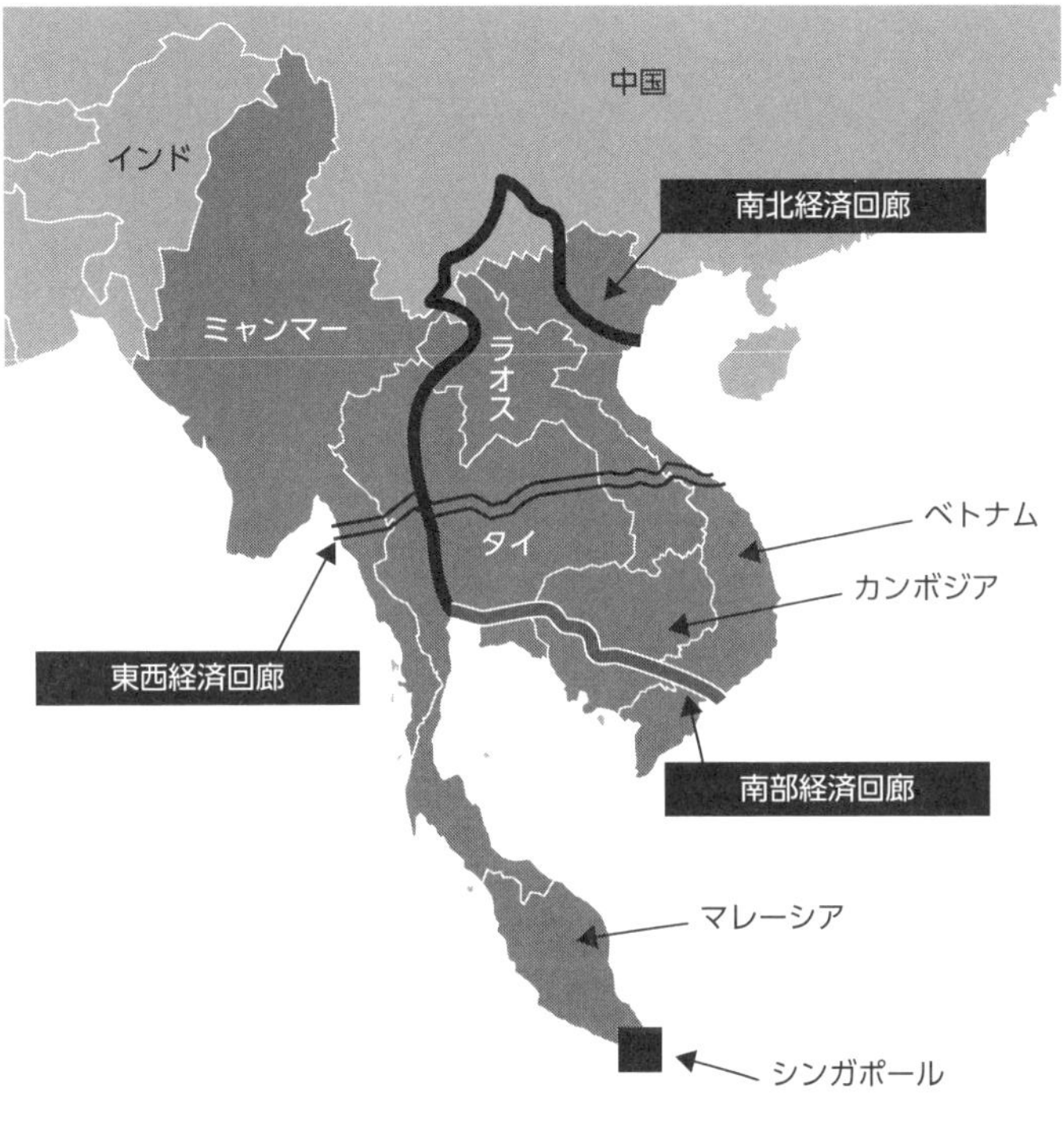

（資料）みずほ総合研究所作成

テーマ

02 日系企業の投資先としてのASEAN

～重要投資先として定着、市場拡大に期待し
ASEAN全域を重視～

ASEANは引き続き重要投資先

みずほ総合研究所では、会員企業を対象に毎年度アンケート調査を行っており、1000社超から回答を得ていますが、国際ビジネスにおける今後の最注力先として、ASEANは2012年度調査（2013年2月実施、毎年度2月に実施）以降、首位の座を堅持しています（図表1）。ASEANが首位になったのは、尖閣諸島問題を機に2012年度には日中関係が悪化したことが直接的な要因と考えられますが、人口増加が続いている国が多いうえに経済成長が持続し、政情も比較的安定して親日的な国が多いことなどが総合的に評価されたと考えられます。2015年末にASEAN経済共同体（AEC）が発足するなど、市場統合が進んで（テーマ3参照）、単一市場としての魅力が高まっていることも追い風になったといえるでしょう。

日本企業はASEANの内需に高い期待

日系企業はASEANを長らく輸出拠点と捉えてきましたが、近年は内需に期待する傾向が強まっています。2011年度から2016年度の5年間における日本企業がASEANを有望視する理由の変化をみてみると、「現地市場の拡大動向」が65・4%から76・3%まで上昇しており、回答率が10%ポイント超上昇して期待が高まっている様子がうかがえます（図表2）。一方で、「日本や第三国への輸出拠点の確保」は26・8%から21・4%へと低下、「税制優遇など投資インセンティブの存在」は9・3%から2・8%へと低下しています。ASEANでは、繊維や家電、さらに自動車などでも輸出拠点化が進んでいますが、近年は輸出拠点としての期待は相対的には低下し、ASEANの内需を取り込むための市場参入機会をうかがう企業が増えています。

ASEANの内需成長への期待の背景には、ASEAN6億人消費市場の中核を担う中間層の拡大（テーマ4参照）、消費市場開放のための規制緩和の動向、市場拡大に不可欠となる都市インフラ整備の進展（テーマ5参照）といった動きがあると考えられます。

図表1　日本企業の今後最も力を入れていく予定の地域

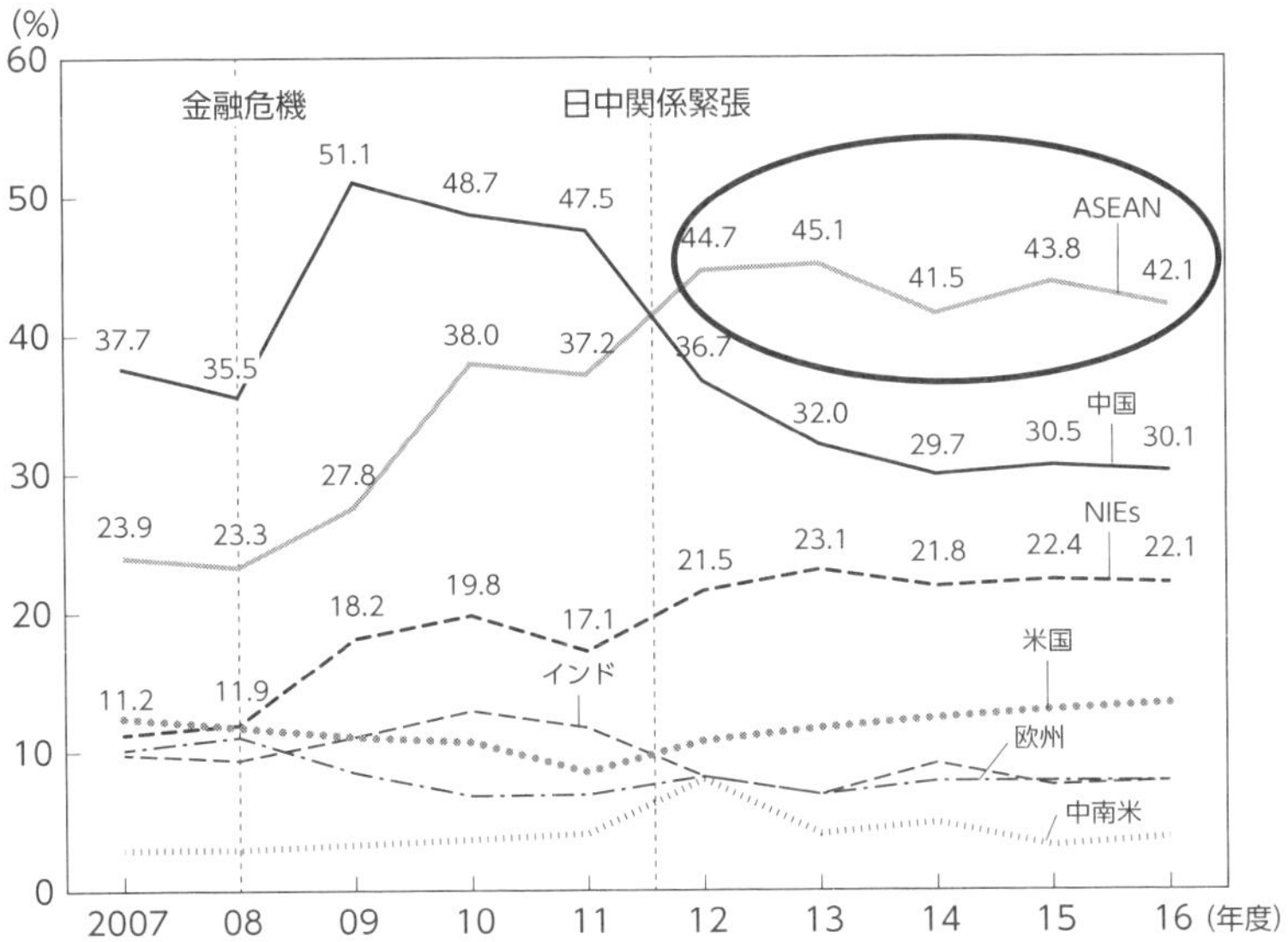

(資料) みずほ総合研究所「アジアビジネスに関するアンケート調査」

図表2　日本企業がASEANを有望視する理由

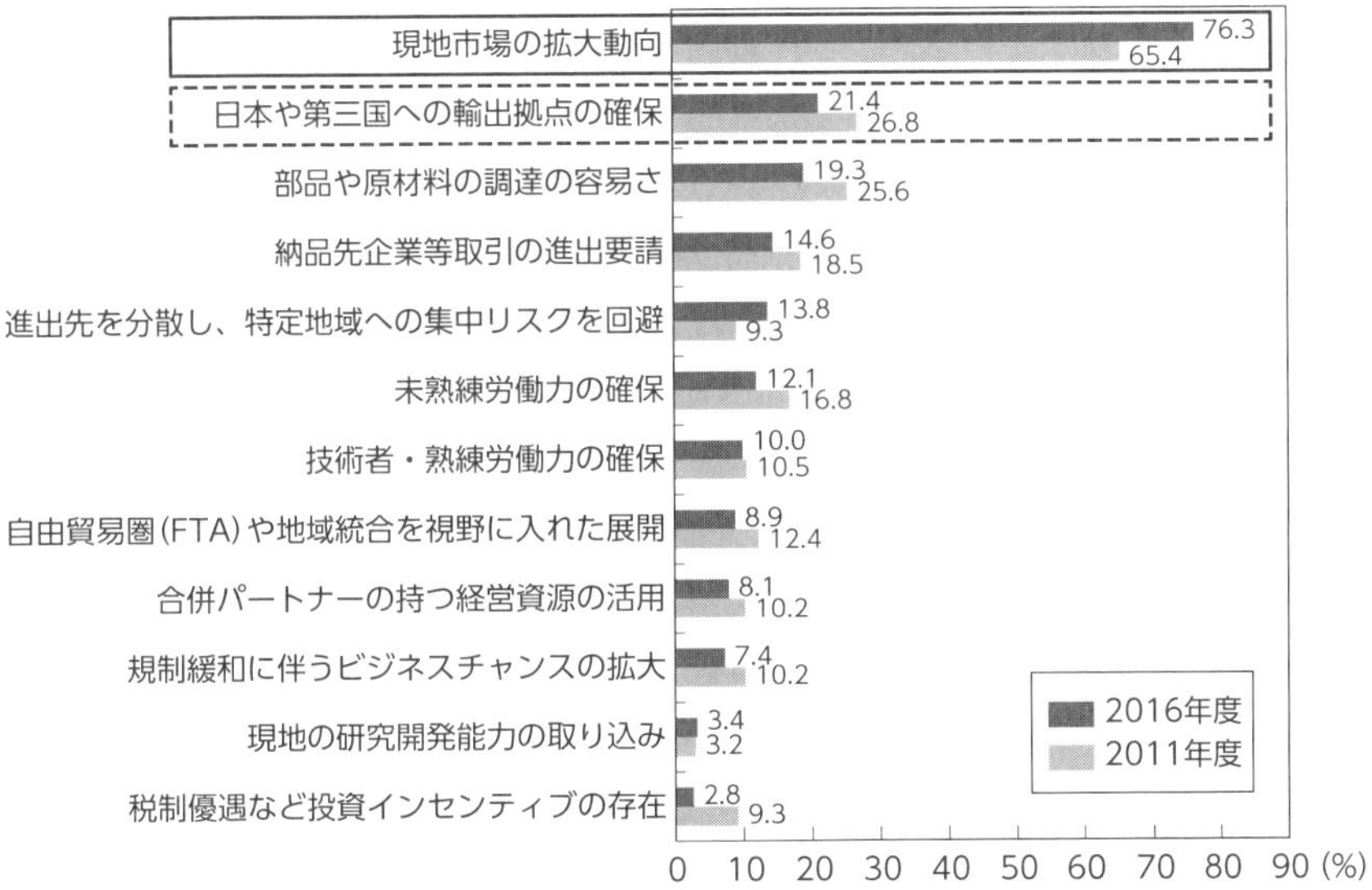

(資料) みずほ総合研究所「アジアビジネスに関するアンケート調査」

広がりをみせる投資対象国と投資分野

ＡＳＥＡＮは10カ国の連合体ですが、日系企業の関心は特にどの国にあるのでしょうか。日系企業の進出は、ＡＳＥＡＮのなかでは特にタイに集中しています。タイは港湾や高速道路などの物流インフラの整備が比較的進んでおり、自動車産業ではアジアのデトロイトと称されるほどの産業集積が進むなど、裾野産業の厚みが日系企業を呼び寄せてきました。

タイは日系製造業にとってＡＳＥＡＮにおける不動の中核拠点といえますが、ＡＳＥＡＮの内需を狙う日系企業はタイ以外の国にも関心を高めるようになりました。実際に日本からの直接投資残高をみると、タイおよびＡＳＥＡＮ全体を統括する地域本社が多く設置されているシンガポールの突出が続いていますが、インドネシア、ベトナム、フィリピンなどでもまた5年間で投資が伸長した様子がうかがえます(図表3)。約２・６億人の人口を擁するインドネシアを筆頭に、１億人前後の人口を擁するベトナムやフィリピンの内需が注目されたことが一因でしょう。また、その他の伸長は、ミャンマー、カンボジア、ラオスが新たな投資先とみなされ始めている様子を示しています。２０１１年にミャンマーが民政移管を行って市場開放に踏み切りました。このことによって、ミャンマーは新たに日系企業の進出対象先となりました。このようにＡＳＥＡＮに対する日系企業の投資目的が多様化するなかで、投資対象国も広がっていることがみてとれます。

また、日系企業のＡＳＥＡＮ投資は、長らく製造業が主役でした。しかしながら近年は非製造業の投資が製造業を上回るケースが増えてきています(図表4)。２０１２年にイオンが仏カルフールのマレーシア事業(26店舗)を買収するなど、後発の非製造業が大型のＭ＆Ａの実施などで投資額を積み増していることが主因ですが、非製造業のＡＳＥＡＮ展開は製造業に比べると遅れており、まだ伸びしろは大きいといえます。

日本国内の人口減少に伴い、卸売・小売業、金融・保険業、不動産業などの非製造業の海外展開が加速するなかで、経済成長と人口動態などからＡＳＥＡＮが選好されているのです。日本で培った高いサービス提供力がＡＳＥＡＮでも広く受け入れられることが期待されます。

人件費高騰や経済変動のリスクを意識

日系企業は、ＡＳＥＡＮ重視を続けていますが、最近は前述のアンケートの回答率でみると頭打ち感もみられます(図表1)。背景にはまず、「人件費の上昇」への懸念が高まっていることが挙げられます(図表5)。所得水準の向上とともに労働コストも上昇しており、日系企業は生産性の向上を求められています。さらに「ASEANの景気」への懸念が、2011年度から2016年度にかけて33・7%から56・3%まで大幅に上昇している点は気掛かりです。

ASEANに対する期待は高いものの、2010年代前半に米国の金融緩和縮小によって資本流出が起きて通貨が下落しました。通貨防衛と輸入インフレ抑制のための引締め策で景気が減速したことを受けて、日系企業は短期的な経済変動に留意する必要性を再認識しました（テーマ9参照）。2013年にはタイで反政府デモが先鋭化するなど「政治・社会の混乱」リスクも残存しており、注意が必要です。長い目で見れば日系企業にとってASEANの魅力は揺らぎませんが、多様なリスクが存在することを踏まえた管理体制を敷くことがビジネスの持続性のカギを握っています。

図表3　日本企業の対ASEAN投資残高

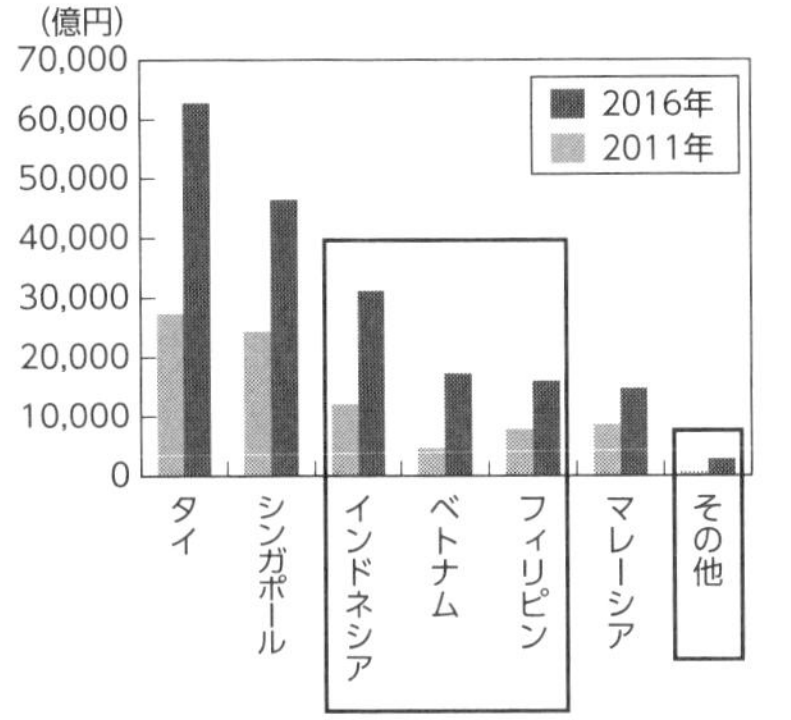

（注）その他：カンボジア、ラオス、ミャンマー、ブルネイ。
（資料）日本銀行「国際収支統計」より、みずほ総合研究所作成

図表4　日本企業の対ASEAN投資（製造業・非製造業別）

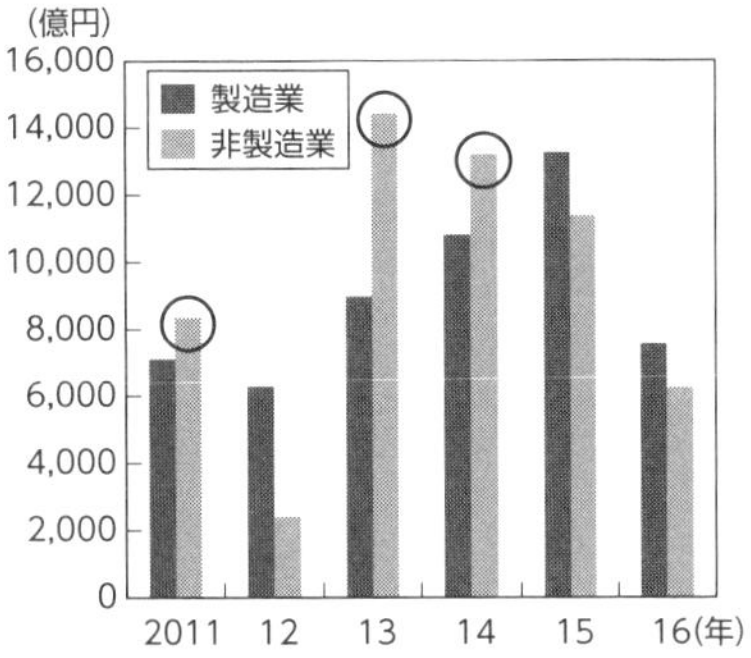

（注）2016年の非製造業は金融・保険を除く。
（資料）日本銀行「国際収支統計」より、みずほ総合研究所作成

図表5　ASEANビジネスにおける懸念事項

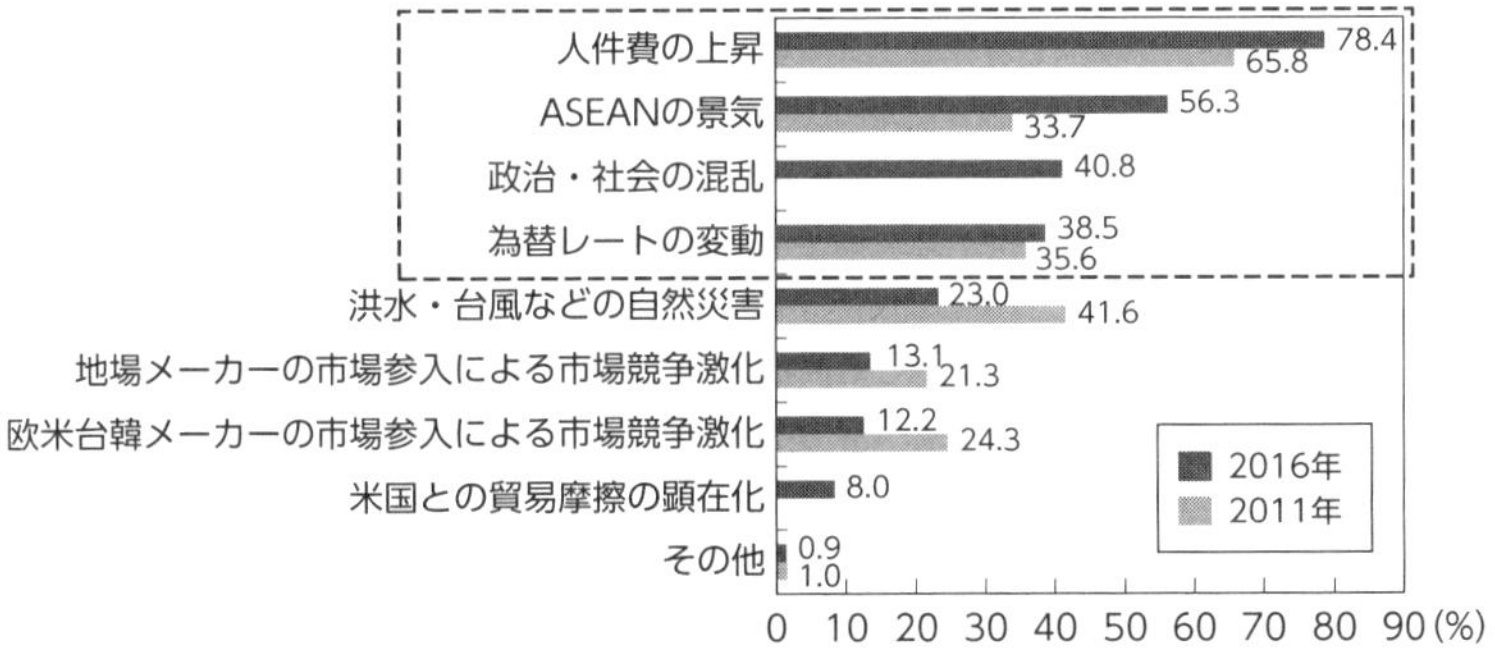

（注）「政治・社会の混乱」は2016年度に新たに加えた。
（資料）みずほ総合研究所「アジアビジネスに関するアンケート調査」

テーマ

03

ASEANの魅力 ①FTAネットワーク

～緩やかながらも着実に進む経済統合～

AEC発足により域内連携を強化

２０１５年末にＡＳＥＡＮ地域の10カ国を単一の経済圏とするＡＳＥＡＮ経済共同体（ＡＥＣ）が発足しました。

ＡＥＣの土台となっているのは、１９９２年にＡＳＥＡＮ先行6カ国（シンガポール、ブルネイ、タイ、マレーシア、インドネシア、フィリピン）が合意したＡＳＥＡＮ自由貿易地域（ＡＦＴＡ）構想です。ＡＦＴＡは、ＡＳＥＡＮの域内関税率を段階的に引き下げることで、生産拠点としての競争力を高め、域外からの投資を促進することを狙いとしました。発足以後、後発4カ国（ベトナム、ラオス、ミャンマー、カンボジア）が新たに加盟国に加わり、現在のＡＳＥＡＮ経済圏の基礎が作られました。

しかしながら、１９９７年の通貨危機以降、ＡＳＥＡＮ諸国の経済が停滞するなか、中国やインドといった新興大国の台頭が顕著となり、ＡＳＥＡＮが存在感を維持するためにはさらに踏み込んだ経済統合が必要となりました。そこで２００３年に打ち出されたのがＡＥＣ構想でした。ＡＥＣの枠組みでは、それまでの域内関税撤廃に加えて、非関税障壁、サービス貿易・投資・労働者の移動の自由化、基準適合・相互認証などのより広範かつ高レベルな経済統合を目指しました。

ＡＥＣが発足した２０１５年時点の状況をみると、関税は、２０１８年まで後発4カ国に設けられた除外品目を除いて、ほぼすべてが撤廃されました（図表1）。しかしながら、一部の国では実質的には関税に相当する制度を独自に実施する事例も散見されます。たとえば、インドネシアでは、貿易赤字を抑制するために、スマートフォンやタブレットの輸入品に対し贅沢税を設けているほか、ベトナムでも、自国産業保護の観点から、輸入車が割高になるような特別関税を導入しています。

このほかにも課題は残されています。非関税障壁の削減には進捗がみられないことや、サービス貿易や労働者の移動は形式的な自由化にとどまっています。

これらの課題は２０１５年11月に、２０２５年までの計画として発表されたＡＥＣブループリントに受け継がれました

図表1　平均関税率の推移

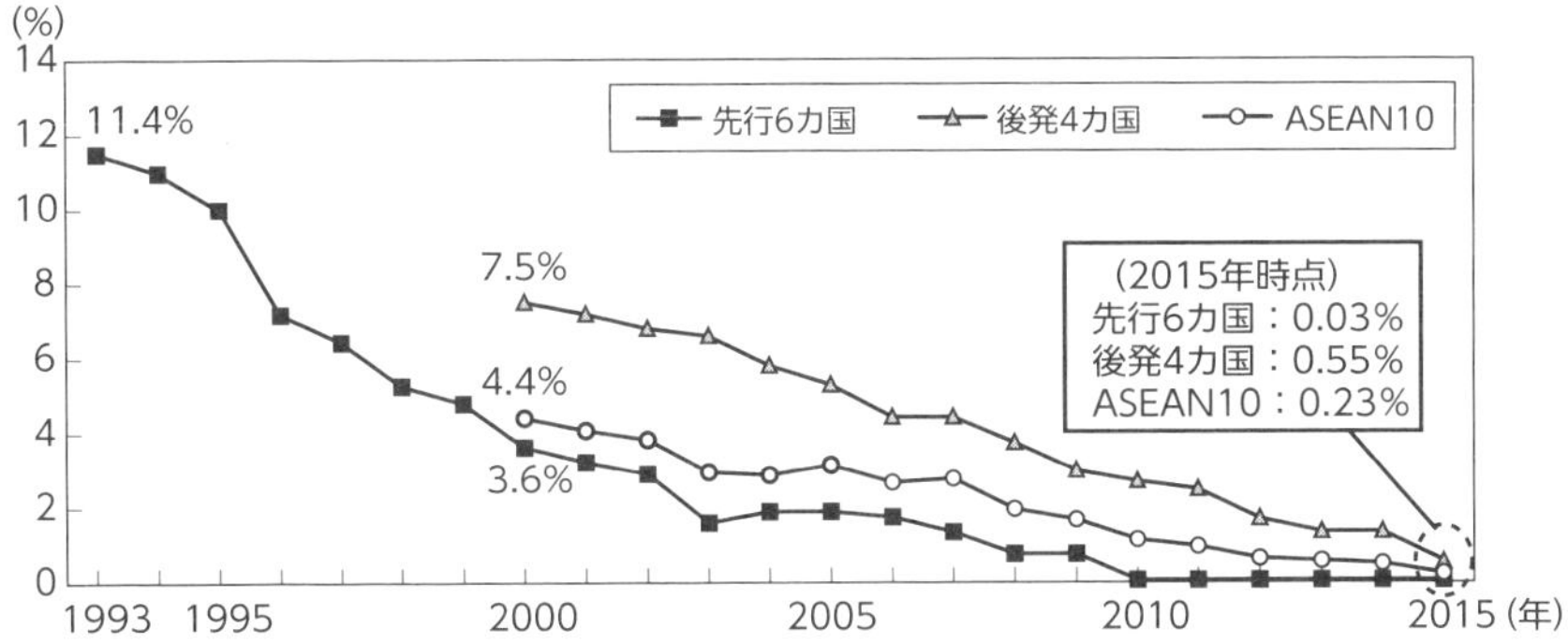

(資料) ASEAN事務局より、みずほ総合研究所作成

図表2　AECのブループリント

AEC2025（2015年策定）
①高度に統合した経済
ヒト・モノ・サービスの移動を自由化 グローバル・バリュー・チェーンへの参画強化
②競争力のある革新的でダイナミックなASEAN
税制改革やガバナンス、生産性の向上により、競争力を強化
③高度化した連結性と分野別協力
交通運輸・情報通信技術（ICT）・電子商取引・科学技術の整備
④強靭で包括的、人間本位・人間中心のASEAN
中小企業強化や民間セクターの役割強化など
⑤グローバル経済への統合
域外経済との経済連携の強化

(資料) ASEAN事務局より、みずほ総合研究所作成

（図表２）。このブループリントには、非関税障壁などのこれまでの課題の克服に加え、企業参入の妨げとなっている公的部門の不透明性の是正や、域内の競争力強化に向けた技術移転の促進など、より高度な目標も盛り込まれ、より質の高い経済統合を目指す内容となっています。

域外との連携にも取り組む

ＡＳＥＡＮは域外との連携にも力を入れています。これまで日本、中国、韓国、オーストラリア、ニュージーランド、インドの６カ国と自由貿易協定（ＦＴＡ）や包括的経済連携協定（ＣＥＰＡ）を締結し、ＡＳＥＡＮ＋６としてすでに様々な分野で協力関係があります。

特に、ＡＳＥＡＮと日中韓（ＡＳＥＡＮ＋３）との関係は深く、１９９７年のアジア通貨危機を契機に、毎年首脳会議や外相会議が行われています。その成果として、危機に陥った際に相互に通貨を融通しあう「チェンマイ・イニシアチブ」への合意や参加国の経済や金融を監視・分析する国際機関ＡＳＥＡＮ＋３マクロ経済調査事務局（ＡＭＲＯ）の設立により、通貨の安定を図ってきました。

今後についても、ＡＳＥＡＮ＋６のより高度な統合を目指す東アジア地域包括的経済連携（ＲＣＥＰ）が緩やかながらも進捗しており、さらに域外との連携を強めることでしょう。

地域統合の深化は経済効果を発揮

このような地域統合や域外との連携への取組みは、貿易の活性化を通じて、すでにＡＳＥＡＮ経済の発展に貢献しています。

ＡＳＥＡＮの域内貿易比率（ＡＳＥＡＮの輸出額全体に占める域内への輸出額の比率）の推移をみると、ＡＦＴＡ発効以前の１９８０年代は18％程度だったのに対して、１９９７年のアジア通貨危機後の一時的失速を経て、２０００年代には25％程度にまで上昇しています（図表３）。この時期には、電気機械などの分野で、技術力に強みを持つ日本や韓国、台湾といった国と、労働力が豊富なＡＳＥＡＮとの間で生産工程が分業化される形で、ＡＳＥＡＮを巻き込んだアジア全体に広がるサプライチェーンが形成されました。このようにＡＳＥＡＮが東アジアのサプライチェーンに組み込まれた背景には、この時期にＡＳＥＡＮ地域が経済成長の最盛期を迎えていたことに加えて、関税撤廃などによりＡＳＥＡＮが経済圏としての基盤を築いたこともその一端を担っていると考えられます。

また、２０００年代半ば以降は域内貿易比率の伸びが一服するなかで、中国との貿易比率が高まっています。２００５年のＡＳＥＡＮ・中国ＦＴＡ（ＡＣＦＴＡ）の発効を受けて、ＡＳＥＡＮと中国の間での電子機器類・部品の貿易や、インドネシアから中国への石炭輸出などが増加し、ＡＳＥＡＮに広がったサプライチェーンは中国ともつながって拡大していると考えられます。当初、ＡＳＥＡＮ経済統合の狙いの１つは、中国に対抗することでしたが、ＦＴＡの効果によりＡＳＥＡＮと中国のサプライチェーンがつながったことで中国の発展の恩恵をＡＳＥＡＮも享受するようになり、両者の経済関係は対抗的なものから協調的なものに変質しつつあることがみて取れます。

今後も緩やかながらも統合は漸進

このように一部ではＡＳＥＡＮの経済統合の効果が出てはいますが、統合のプロセス自体は道半ばです。そもそもＡＳＥＡＮの経済統合が緩やかにしか進まない背景には、経済統合への取組みがあくまでも各国の自発性に委ねられていることにあります。統合への取組みが遅延しても、各国に対する罰則は規定されてい

図表3　ASEAN貿易の相手先別構成比

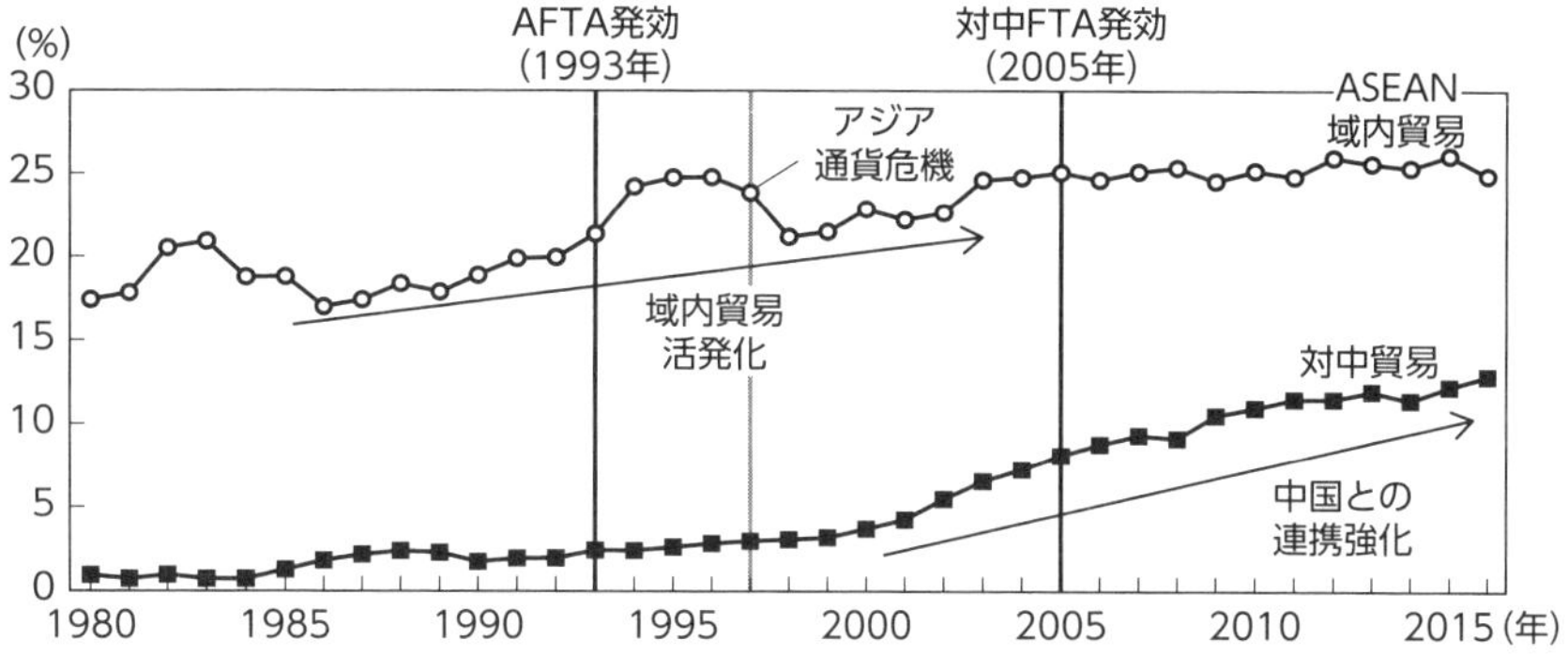

（資料）UN Comtradeより、みずほ総合研究所作成

図表4　ASEAN経済共同体（AEC）とEU、EPAとの比較

	AEC	EU	EPA
関税撤廃	○	○	○
非関税障壁撤廃	○	○	△
貿易円滑化	○	○	○
域外共通関税	×	○	×
規格相互承認	△	○	○
サービス貿易自由化	○	○	○
投資自由化	○	○	○
ヒトの移動	△	○	△
知的所有権保護	○	○	○
政府調達開放	×	○	△
競争政策	△	○	△
域内協力	○	○	○
共通通貨	×	○	×

（注）○：対象としている。△：対象としているが範囲が限定、あるいは100％実現は困難。×：対象としていない。
（資料）石川・清水・助川（2013）『ASEAN経済共同体と日本：巨大統合市場の誕生』などより、みずほ総合研究所作成

ません。このように漸進的アプローチをとるASEANの経済統合は、各国の権限が委譲された行政機関を作ることでスピード感のある経済統合を実現した欧州連合（EU）と比較すると、低いレベルだといわざるをえません（図表4）。

テーマ1でみたように、ASEANは発展段階が異なる国や多様な文化を持つ国が入り混じり、欧州よりも異質性が強いといえます。そのためASEANにとっては、発展段階の低い後発国を含むすべての国が高度なレベルでの統合を受け入れる準備が整う必要があり、全会一致・内政不干渉の原則に立って、時間をかけて各国の合意を図ることこそが経済統合の現実的なアプローチだといえます。

理想とする経済統合の達成には、現行のブループリントが目標とする2025年よりも長い時間がかかるかもしれませんが、ASEANは着実に経済圏としての魅力を高めていくと考えられます。

テーマ

04

ＡＳＥＡＮの魅力 ②中間層の拡大

～中所得層以上の増加で消費市場拡大～

過去10年で中所得層が拡大

ＡＳＥＡＮ各国では、これまでの経済成長の加速を背景に、年々、中・高所得階層の割合が高まっています。世界銀行が集計する１人１日当たり消費または所得額のデータをもとに、各国の所得階層を、①貧困層、②低所得層、③中所得層、④上位中所得層、⑤高所得層の5階層に分類すると、いずれの国も過去約10年の間に、より上位の階層の割合が大きくなっています（図表1）。

また、全体に占める割合だけでなく、人数の面からも中所得層以上の人口は増加しています。中所得層以上の割合と国連の人口推計をもとに中所得層以上の人口を試算すると、いずれの国でも増加していますが、ベトナム、タイ、インドネシアにおいて過去10年間で各国約２０００万人の中所得層人口の拡大がありました。

今後はより上位所得層にシフト

先行研究に基づけば、１人当たりＧＤＰの拡大に伴い、中所得層以上人口の割合は上昇する傾向にあります。そこで過去のＡＳＥＡＮ各国の中所得層以上人口割合と１人当たりＧＤＰを対応させると、中所得層人口の割合は、１人当たりＧＤＰが６０００ドルを超える頃まで急拡大します（図表3）。この傾向が続くと想定すれば、ＩＭＦの予想で２０２２年に１人当たりＧＤＰが５０００ドル前後となることが予測されるインドネシアやフィリピン、また３０００ドル超となることが予測されるベトナムでは、爆発的に中所得層人口が拡大すると考えられます。

一方、同じＩＭＦの予測で、１人当たりＧＤＰが1万４０００ドル程度に拡大するマレーシア、８０００ドル近くになるタイでは、中所得層人口の割合は伸び悩むでしょう。ただし、図表3にもあるとおり、上位中所得層や高所得層は徐々に拡大することが期待されます。

耐久財の消費はさらに拡大

こうした中所得層以上人口の拡大は、耐久財消費を加速させます。世界銀行が各国の所得階層を基に、消費階層を①最下層、②低位、③中位、④高位の４つに分類し、消費支出額の内訳を整理したデ

図表1　所得階層別人口割合の推移

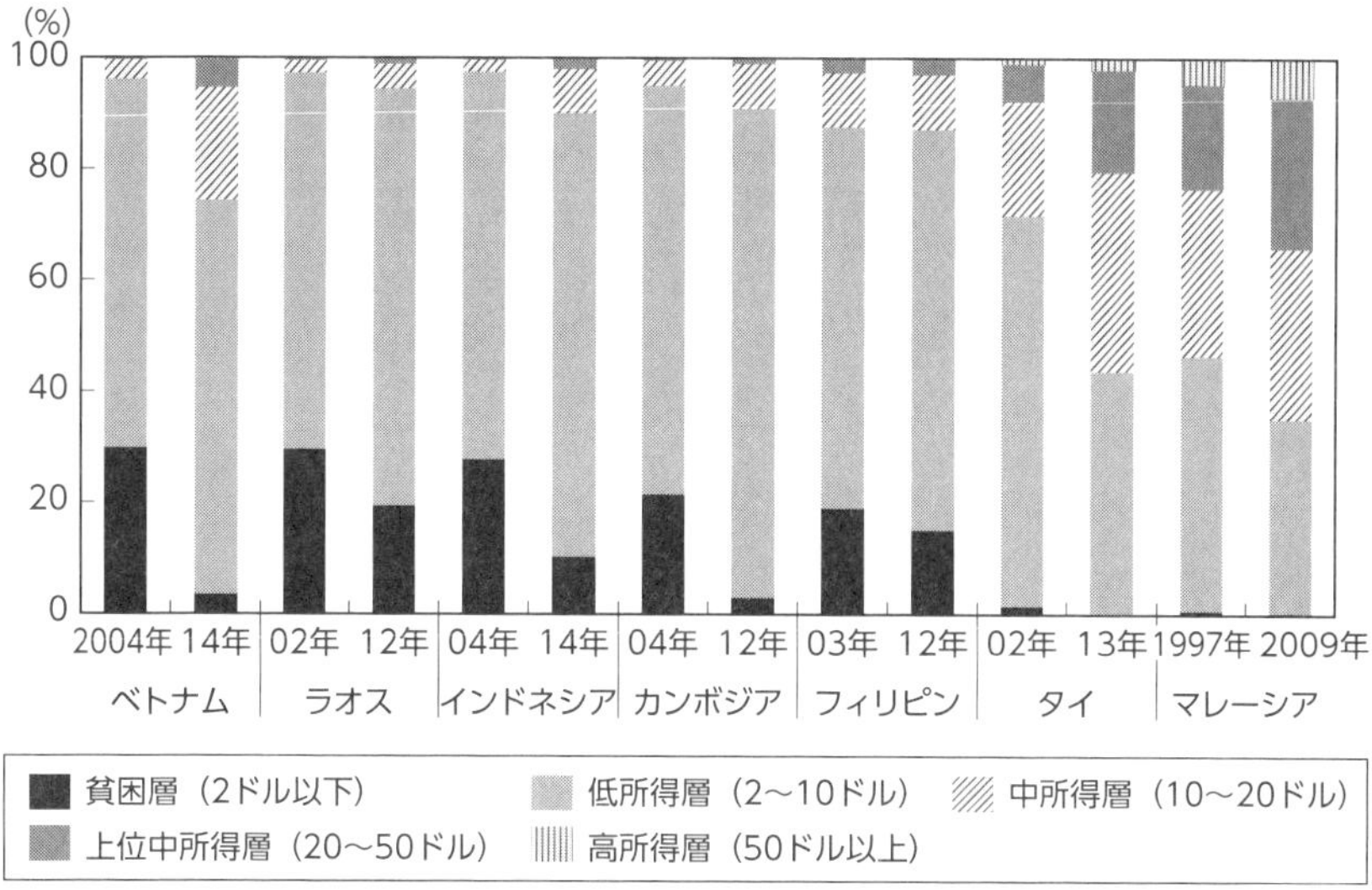

（注）1. マレーシアは1人当たり所得額／日、その他は1人当たり消費額／日のデータ。
2. 所得階層の分類はPew Research Center “A Global Middle Class Is More Promise than Reality”に基づく。
3. ドルは2011購買力平価（PPP）ベース。
（資料）World Bank PovcalNetより、みずほ総合研究所作成

図表2　中所得層以上の人口増加数

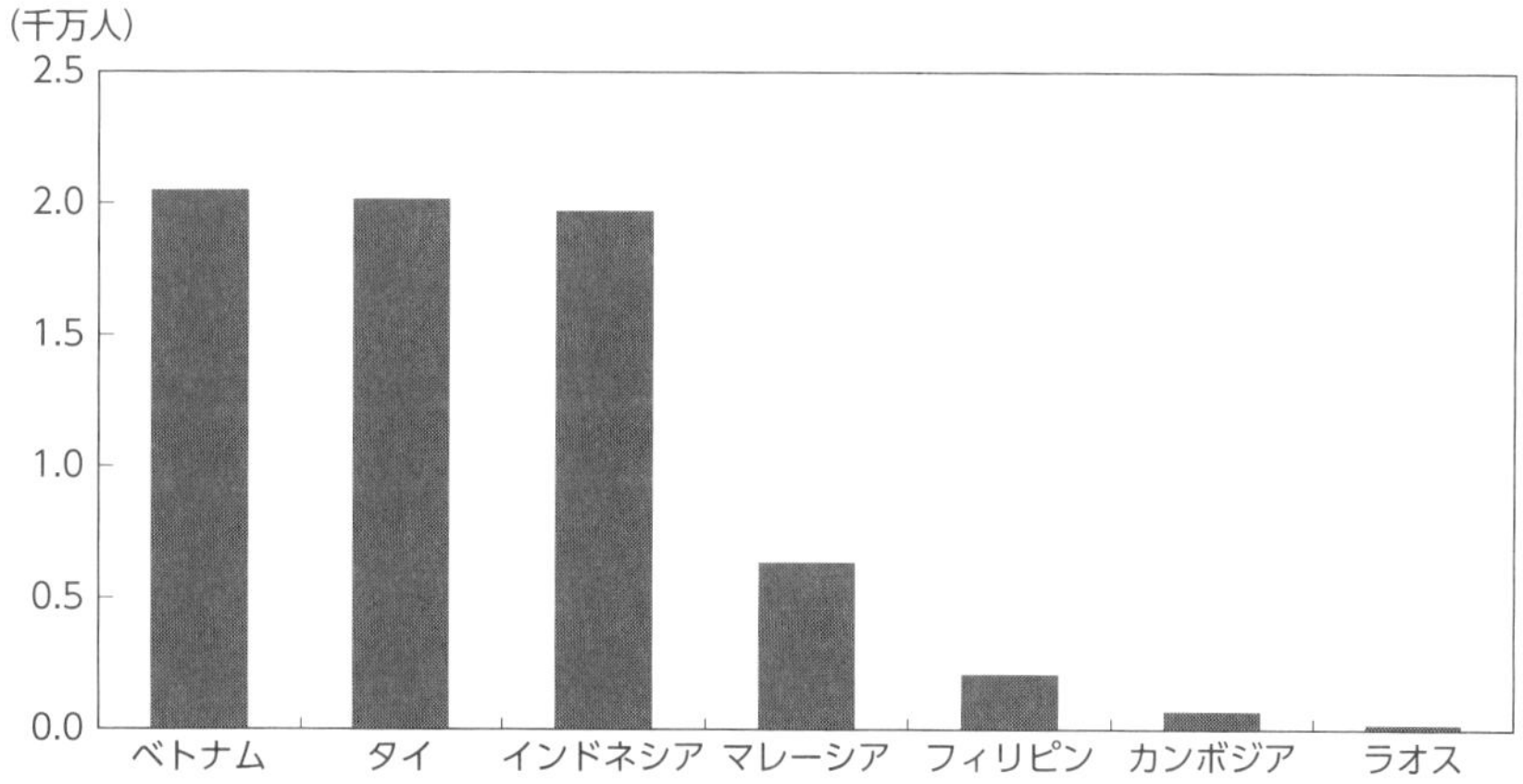

（注）各国について図表1で示した年の間の中所得層以上人口増加分。
（資料）World Bank PovcalNet、United Nationsより、みずほ総合研究所作成

ータからASEAN主要国の傾向をみると、消費階層が低位から中位に移行する段階で、消費者は、食品への支出割合を減らし、住宅、自動車などの高額な耐久財や、通信機器、衣類・靴などの比較的安価な耐久財の消費を増やす傾向があります(図表4)。また、消費階層が中位から高位に移行する段階では、食品とともに比較的安価な耐久財の消費割合が減少する一方で、自動車などの高額な耐久財、住宅の購入費が増加する傾向がみてとれます。成長に伴い所得額が増加することも考慮すると、こうした耐久財や住宅の購入は爆発的に拡大すると考えられます。

規模拡大が産業振興につながる

このように所得階層の移行に伴い耐久消費財の販売が拡大するなか、比較的日本ブランドへの信頼が高いことから、これまでも日系企業が耐久財の一部生産をASEANにシフトさせる動きがみられてきました。最も顕著な例が自動車です。人口規模が多く、1人当たりGDPが3000ドルを超えたタイやインドネシアでは、日系自動車産業の集積が進んでいます。またフィリピンでも、1人当たりGDPが3000ドルに近づくなかで、2016年通年の自動車販売台数は前年比約25%増と急速に市場が拡大しており、それに合わせて日系自動車メーカーの現地生産も始まっています。

電子商取引が消費拡大を後押し

こうした耐久財の消費拡大以外に、所得水準の向上による消費財の選択の幅が広がるなかで、ITなどのテクノロジーの発展やスマートフォンの普及に伴い、ASEAN各国で電子商取引が顕著に拡大しています。特に耐久財である自動車消費の拡大でモータリゼーションを迎えたインドネシアでは、渋滞が年々ひどくなっており、スマホアプリを通じたバイク宅配便などの利用が拡大しています。電子商取引はこうした空間的な制約等を超えさらなる市場の拡大につながります。

カギは現地ニーズ取込み

耐久財消費の盛り上がりや、電子商取引の活発化を受けて、周辺アジア諸国のASEAN市場への参入も活発化し、市場獲得競争が激化しています。たとえば中国は、格安スマートフォンの販売拡大や電子商取引分野での圧倒的シェア獲得など、急速に市場を拡大させています。また、韓国は、自動車や家電製品などの耐久財の普及拡大に加えて、音楽や韓国ドラマ・映画、ファッション等の文化面でも市場拡大を続けています。さらに、こうした外資系企業だけでなく、地場企業との競争も激化しており、より現地のニーズに応える商品の開発やきめの細かいサービスを提供することが必要となっています。

図表3　1人当たり名目GDPと所得階層別割合

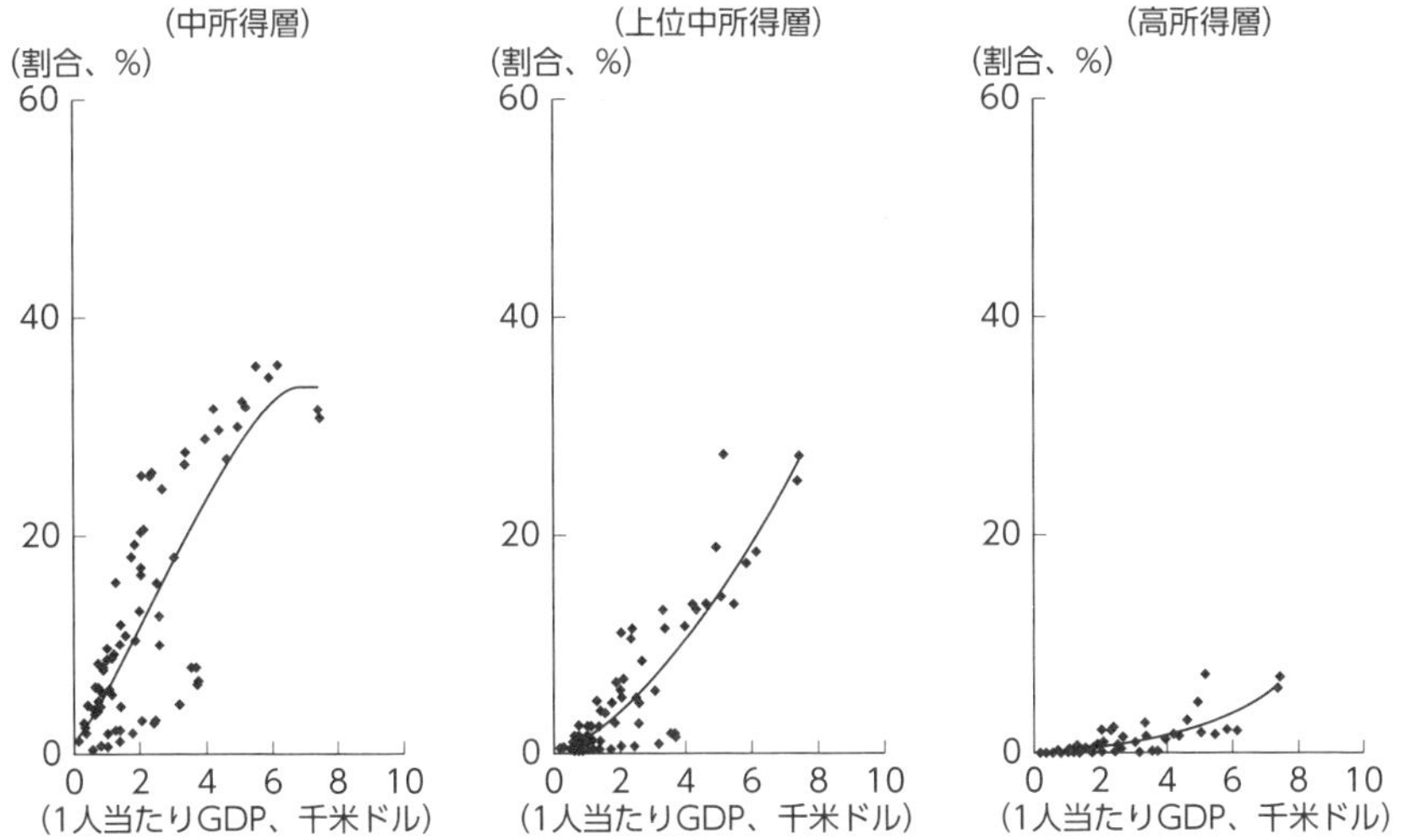

(注) 所得階層と1人当たりGDPを対応させる方法は、総合研究開発機構「アジアの『内需』を牽引する所得層」を参考にした。
(資料) World Bank PovcalNet、総合研究開発機構より、みずほ総合研究所作成

図表4　所得層のシフトによる消費割合の変化

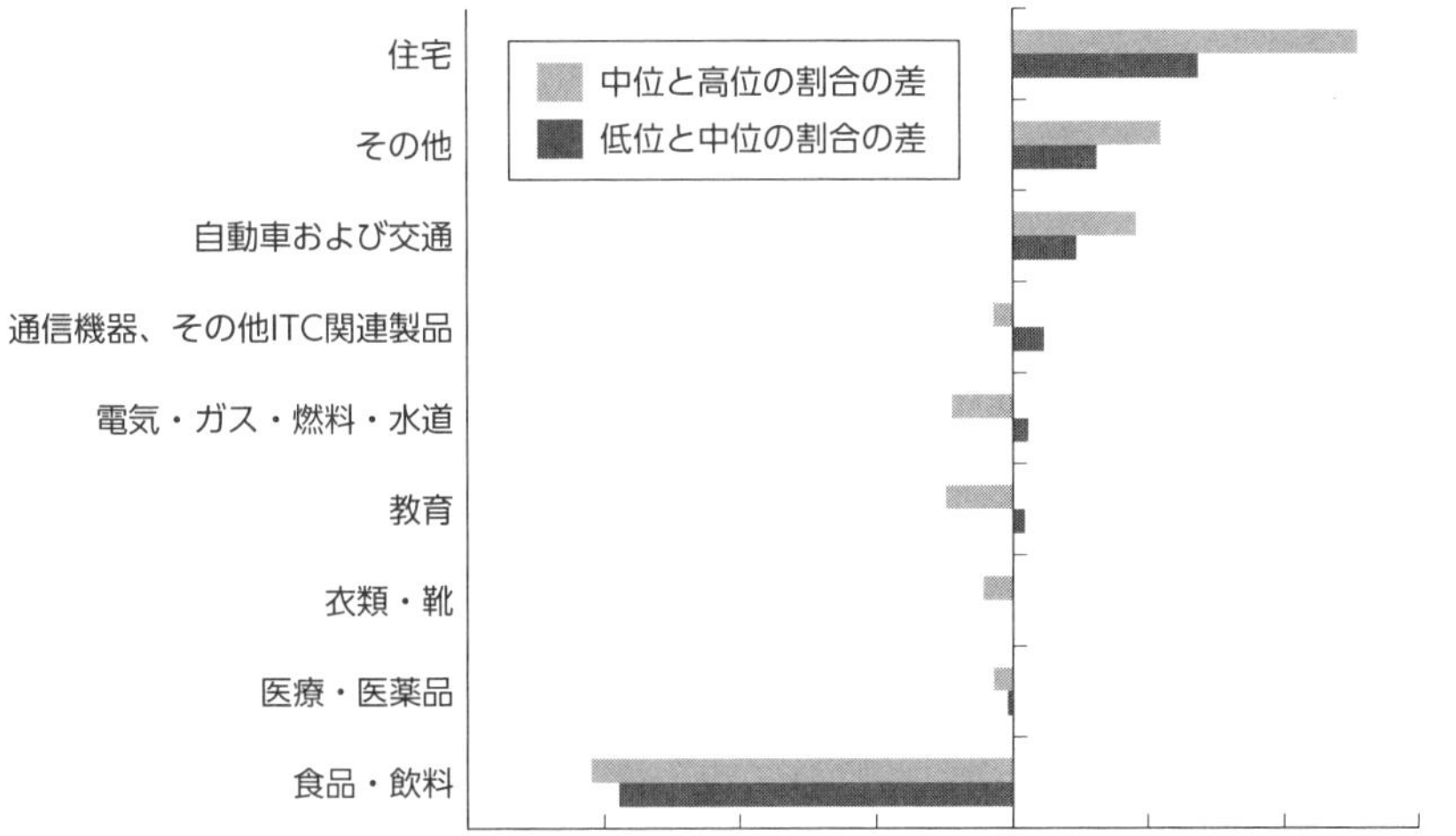

(注) 1. 低位は1人当たり所得／日が2.97～8.44米ドル、中位は同8.44～23.03米ドル、高位は23.03米ドル以上。
2. タイ、インドネシア、フィリピン、ベトナムの4カ国の変化幅を平均したもの。
(資料) World Bank Global Consumption Databaseより、みずほ総合研究所作成

テーマ 05

ASEANの魅力③インフラ整備

～旺盛なインフラ需要の獲得競争が過熱～

30年までに旺盛なインフラ需要

ASEAN諸国のインフラは、一部の国を除いて未整備な状況です。たとえば、世界銀行が物流事業者を対象とするアンケート調査をもとにランク付けした、物流パフォーマンス指数（LPI）の一項目であるインフラの質に対する評価をみると、高所得国や上位中所得国に位置付けられるシンガポールやマレーシアは上位ですが、それ以外の国の水準はおおむね世界平均程度かそれ以下で、特に後発加盟国であるカンボジアやラオス、ミャンマーの水準の低さが目立ちます（図表1）。また、スイスの非営利団体である世界経済フォーラムによる各国のインフラに対する評価をみても同様の結果となっています。こうしたインフラ整備不足は、投資家からたびたび投資の主要な阻害要因、競争力低下要因として指摘されます。逆に言えば、インフラを充実させることは対内直接投資の誘因となり、また、生産性を高めて競争力を強化することにもつながります。

今後はASEAN地域で旺盛なインフラ投資需要が見込まれ、需要が満たされれば、インフラの水準が高まると期待されます。アジア開発銀行（ADB）が2017年に発表したレポートでは、加盟国のうち開発途上の45カ国について、2016～2030年の15年間におけるインフラ投資必要額が算出されています。このベースライン・シナリオによると、東南アジア地域においては、対象期間全体を通じて約2・8兆ドルの投資需要が見込まれています（図表2）。この結果に基づけば、同地域で毎年1840億ドル、GDP対比5・0％の投資需要が生まれることになります。

膨大な需要を満たす民間資金

ADBはこうした潜在的な投資需要を示す一方で、年間のインフラ投資額の実績と潜在的な需要との間に大きなギャップがあることも指摘しています。開発途上の24カ国について、2015年時点の投資額と、潜在的な需要を比較すると、その間には年間2600億ドルのギャップがあると示されており（図表3）、そのうちの約54％にあたる1410億ドルは民間資金の活用が期待される分野であるとされています。なお、東南アジアについては、潜在的な需要と実際の投資額との差は９２０億ドルと算出されており、開発途上国全体と同程度の傾向があると想定すると、年間約４６０億ドル分は、民間資金の活用が期待される分野であるといえるでしょう。

エネルギー、物流網整備に商機

ＡＳＥＡＮにおいて、具体的にどういったインフラ整備の分野に民間企業の参加余地があるのかについて、過去の実績を基に検討します。世界銀行が集計した、開発途上国における民間企業が参加したインフラ整備事業件数の統計をみると、２０１０～２０１６年の間に東南アジアの新興国において民間企業が参入したインフラ整備事業のうち、９割近くが電力事業です。

ただし、国ごとにその傾向は異なります。たとえば、カンボジア、ラオスの事

図表1　インフラの質に関する国際ランキング

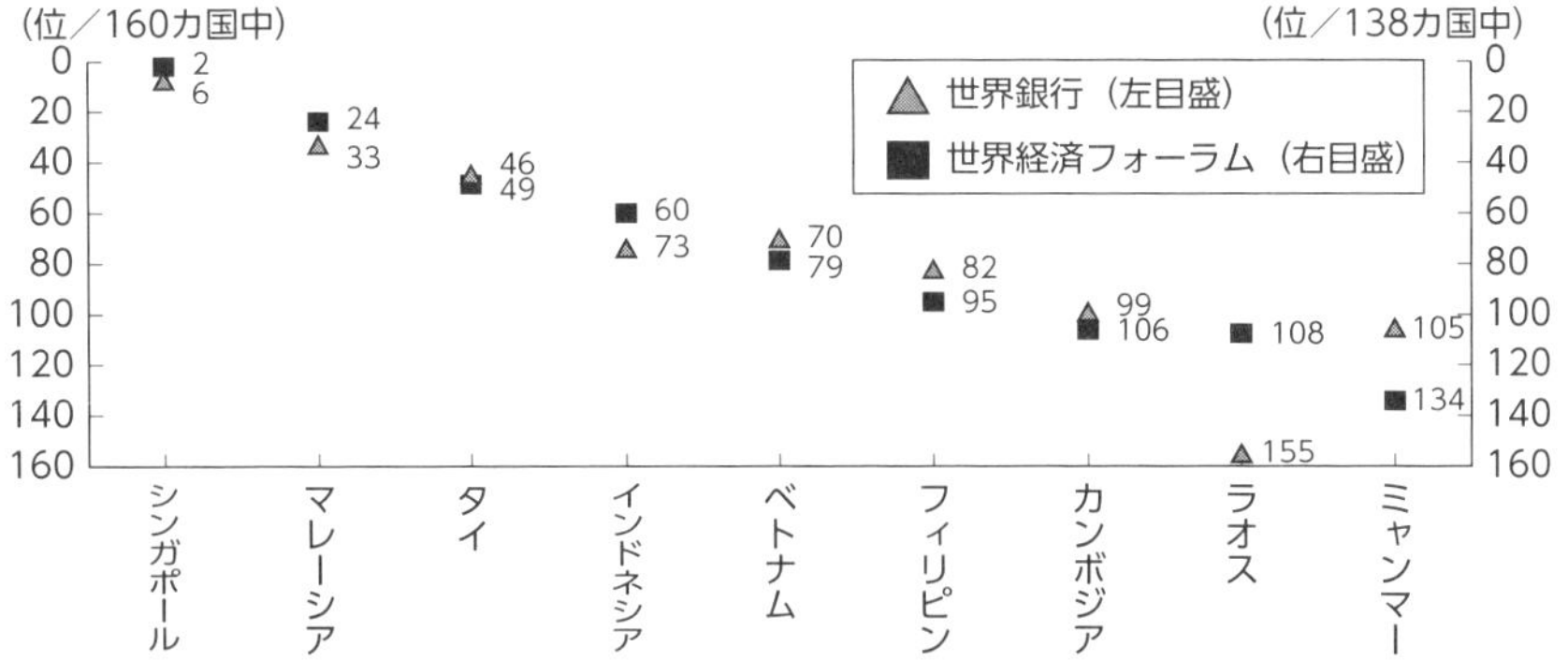

（注）世界経済フォーラムのミャンマーの値は“The Global Competitiveness Report 2015-2016”の数値。
（資料）世界経済フォーラム“The Global Competitiveness Report 2016-2017”および“The Global Competitiveness Report 2015-2016”、世界銀行“Logistics Performance Index 2016”より、みずほ総合研究所作成

図表2　インフラ投資必要額

	2016～2030年の必要投資額（10億ドル）	年平均必要投資額（10億ドル）	年平均必要投資額（対GDP比）
中央アジア	492	33	6.8%
東アジア	13,781	919	4.5%
南アジア	5,477	365	7.6%
東南アジア	2,759	184	5.0%
（うちインドネシア）	1,108	74	5.5%
太平洋地域	42	2.8	8.2%
全体	23,659	1,577	5.1%

（資料）ADB“Meeting Asia's Infrastructure Needs”より、みずほ総合研究所作成

業はすべて電力事業ですが(図表4)、そのうちの大部分が水力発電事業です。一方、タイやマレーシアの電力事業は、その多くが太陽光発電、風力発電などクリーンエネルギー事業となっています。インドネシアやフィリピンでは、地熱発電事業もいくつか実施されています。

また、事業数は少ないですが、鉄道や港湾などの運輸の分野での事業も実施されています。この分野の事業数が最も多いのはフィリピンで、空港、港湾、鉄道、道路などのインフラ整備に民間企業が参加しています。フィリピンでは、アキノ前大統領が積極的に官民連携事業(PPP)を推進したため、運輸インフラ整備に地元の財閥を中心に民間の参画が進んでいます。

日本政府はインフラ輸出推進

こうしたアジアを中心とする新興国の旺盛なインフラ需要を取り込み、民間企業のインフラ整備への参画を促すために、日本政府も支援の姿勢を打ち出しています。安倍政権は2013年にインフラ輸出を推進するため、経協インフラ戦略会議を立ち上げました。これに伴い、2010年に約10兆円であったインフラシステムの受注額を、2020年には3倍の30兆円に引き上げるという成果目標を掲げており、2015年時点で受注実績は約20兆円にのぼります。

政府は、特にASEAN各国に対しては、マスタープランに基づき、港湾や鉄道などの交通インフラ整備、光ファイバー網等の整備に向けた協力や、人材育成、行政の効率化などに対するサポートなどを実施する等の取組み方針を掲げています。すでにいくつかの事業については実行段階に進んでおり、例えば、2016年に日系企業を中心に組成されたコンソーシアムがタイでの首都バンコク都市鉄道のレッドライン建設事業を受注したり、ミャンマーのティラワ経済特区開発における港湾関連インフラ整備事業、カンボジアの救命救急センター事業等が進められています。

過熱するインフラ獲得競争

旺盛なASEANのインフラ需要は、日本以外の国や国際機関からも投資意欲を引き付けています。最も積極的なのは中国です。中国は2013年にアジア地域を中心に、インフラ整備等を促進する一帯一路構想を打ちだしています。

また、中国はこの資金需要を満たすため、2014年に国際金融機関としてアジアインフラ投資銀行(AIIB)を設立しました。2017年8月現在、このAIIBには56カ国が加盟しており、東南アジアでは、インドネシアでのダム改良プロジェクトや、ミャンマーでの火力発電所整備等の事業が既に承認されています。

図表3　2015年のインフラ投資額（実績）と潜在的な投資需要のギャップ

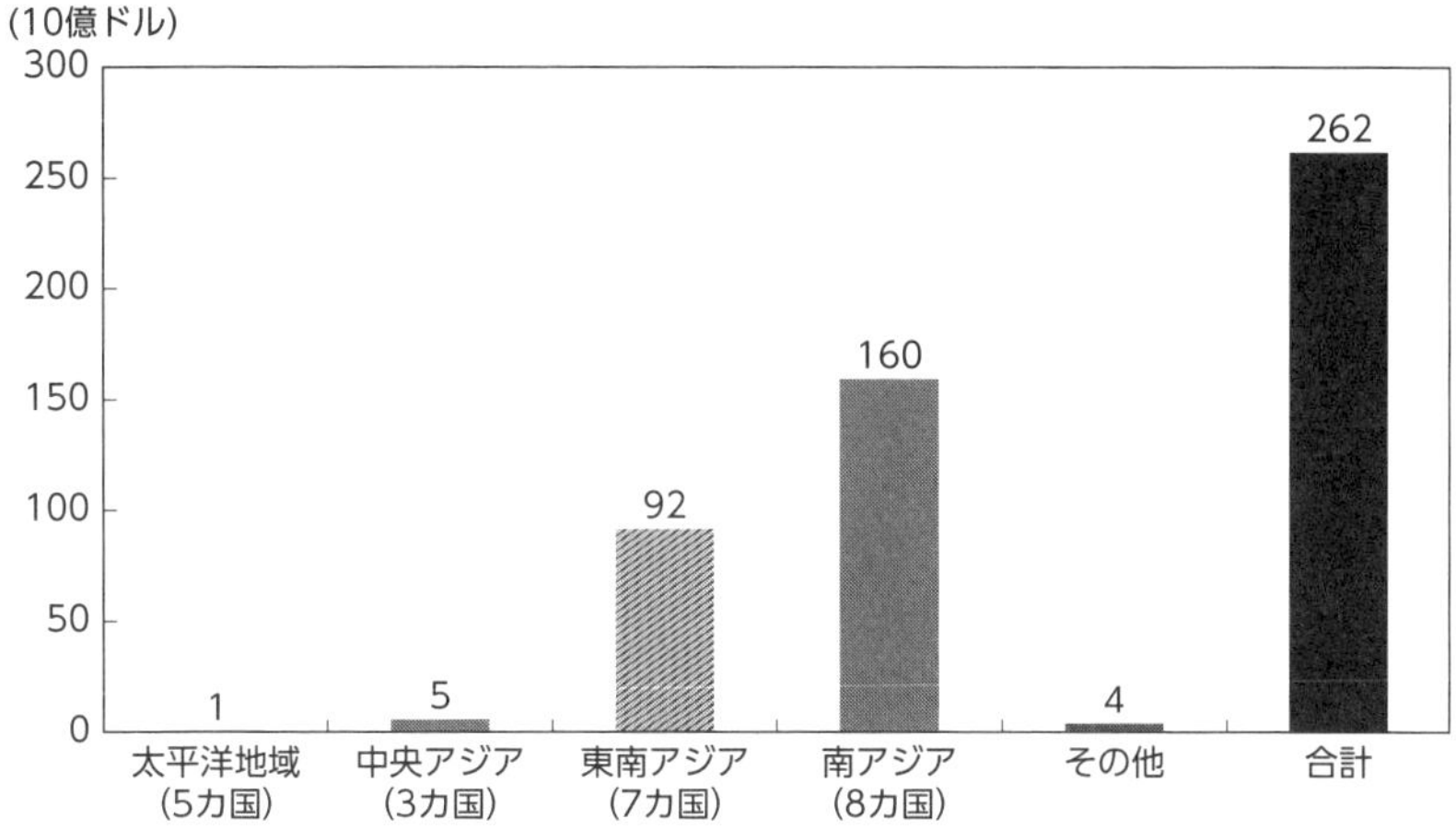

（注）1. 東南アジアは、インドネシア、マレーシア、フィリピン、タイ、ベトナム、カンボジア、ミャンマーの7カ国。
2. 潜在的な投資需要は、2016～2020年の5年間の額の年平均。
（資料）ADB “Meeting Asia's Infrastructure Needs” より、みずほ総合研究所作成

図表4　民間事業者が参加したインフラ整備事業（国別分野別内訳）

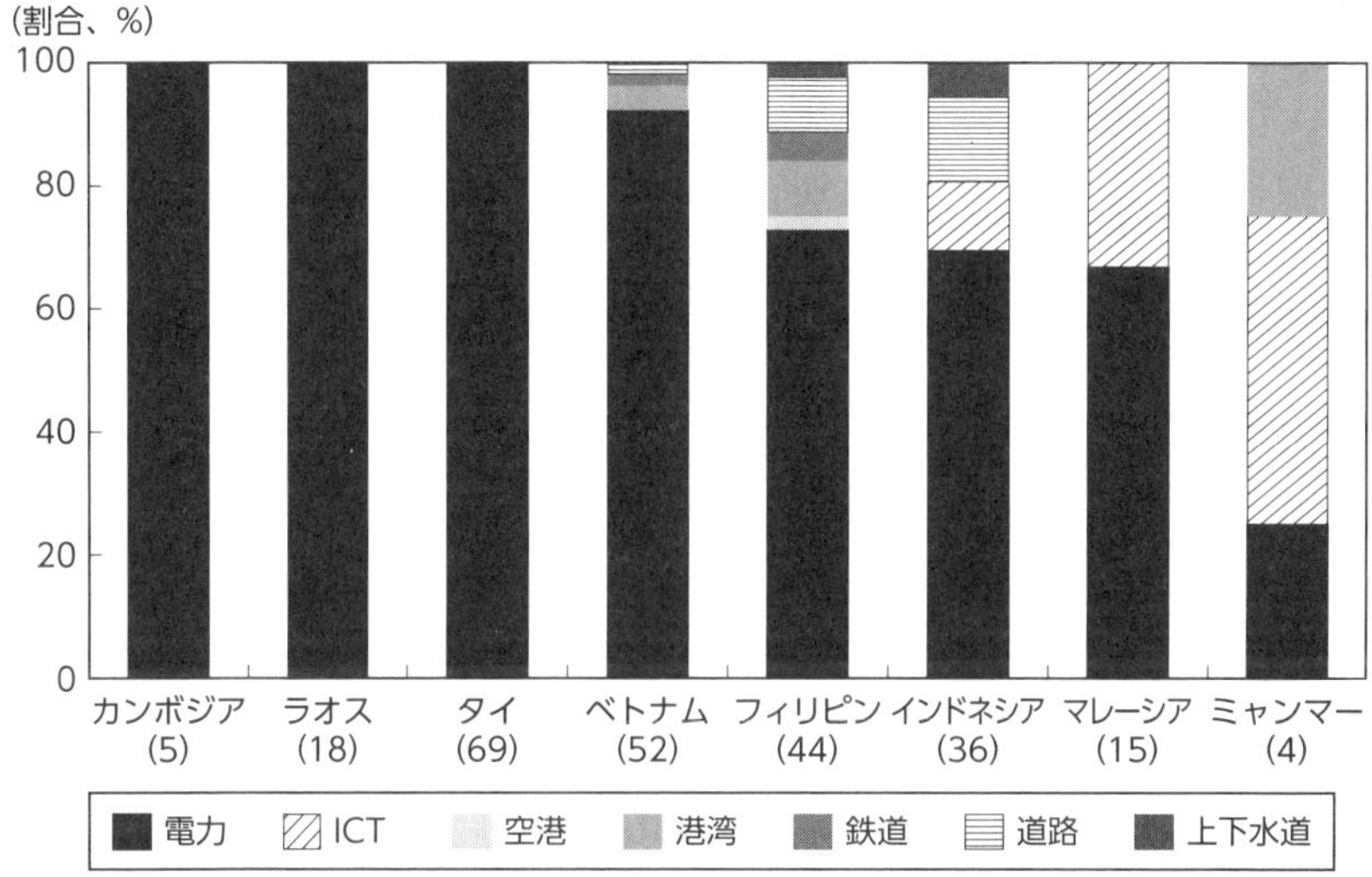

（注）1. 2010～2016年にプロジェクトへの出資および融資に関する合意が最終的に関係者間で締結された事業が対象。
2. 国名の下の括弧（　）内の数字は総事業数を示す。
（資料）世界銀行 “2016 Private Participation in Infrastructure Annual Update” より、みずほ総合研究所作成

テーマ
06
ASEANの対外関係 ①対米関係
~トランプ政権の誕生を受けて米国との距離の取り方を探る~

米国は安全保障・貿易の重要パートナー

冷戦期に米国と共に反共産主義の立場を取った多くのASEAN諸国は、長年にわたり米国との間で協力関係を築いてきました。防衛・安全保障協力を例にとると、シンガポールは、米軍による軍事施設利用、先端装備供与や合同演習などの対米協力を積み重ね、2015年12月には防衛協力協定を締結して米国との協力関係を強化しました。

また、フィリピン、タイは朝鮮戦争、ベトナム戦争を米国とともに戦った同盟国です。フィリピン側の意向により、1992年に米軍は同国のクラーク空軍基地およびスービック海軍基地から撤退しましたが、フィリピンと中国の間で南沙諸島の領有権をめぐる対立が深刻化したことから米比両国の同盟関係が強化され、2014年締結の拡大防衛協力協定により米軍のフィリピン軍基地への駐留が可能となりました。タイについては、同国のクーデターを契機に米国との軍事交流が一時中断されましたが、その後も米タイ両軍の主催による多国間軍事演習「コブラゴールド」の実施や米国による兵器供与などの協力が継続されています。

米国は、ASEAN各国の重要な貿易パートナーでもあります。米国は、2016年においてミャンマー、ラオス、ブルネイを除くASEAN諸国の輸出相手国上位5位以内にランクされ、なかでもタイ、ベトナム、カンボジアにとっては最大の輸出相手国になっています(図表1)。2016年の輸入相手国としても、米国はミャンマー、カンボジア、ラオス以外のASEAN諸国にとって上位5位以内に位置づけられています(図表2)。

また、シンガポールは、2004年にアジア諸国の中で初めて米国との二国間自由貿易協定(FTA)を発効させました。

ASEAN諸国はアジアの広域生産分業体制に組み込まれており、サプライチェーンの最終工程を担う中国に原材料・部品を輸出し、中国で組み立てられた最終製品が米国などの最終消費地に輸出されるという貿易フローが存在します。このような間接的な貿易フローも含めれば、米国とASEANの間には緊密な経済・貿易関係があるといえるでしょう。

図表1　ASEAN各国の輸出相手先上位5カ国・地域

	タイ	インドネシア	ベトナム	シンガポール	フィリピン	マレーシア	カンボジア
1	米国	中国	米国	中国	日本	シンガポール	米国
2	中国	米国	中国	香港	米国	中国	英国
3	日本	日本	日本	マレーシア	香港	米国	ドイツ
4	香港	シンガポール	韓国	インドネシア	中国	日本	日本
5	オーストラリア	インド	香港	米国	シンガポール	タイ	カナダ

（資料）IMF統計より、みずほ総合研究所作成

図表2　ASEAN各国の輸入相手先上位5カ国・地域

	タイ	インドネシア	ベトナム	シンガポール	フィリピン	マレーシア	ブルネイ
1	中国	中国	中国	中国	中国	中国	米国
2	日本	シンガポール	韓国	マレーシア	日本	シンガポール	マレーシア
3	米国	日本	日本	米国	米国	日本	シンガポール
4	マレーシア	タイ	米国	台湾	タイ	米国	インドネシア
5	韓国	米国	台湾	日本	韓国	タイ	日本

（資料）IMF統計より、みずほ総合研究所作成

オバマ政権下で関係強化の動き

一方、地域協力機構としてのASEANと米国の関係構築は遅れていました。2000年代に入ってASEANは、東南アジアの平和、安定、協力の諸原則を定めた「東南アジア友好協力条約（TAC）」への加盟をASEAN域外国に呼びかけてきました。TACを域外国との外交強化の基軸にしようという狙いがあります。2003年に中国とインド、2004年に日本と韓国がTACに加盟しましたが、ASEAN加盟国であるミャンマーの民主化運動弾圧を非難する立場をとる米国は、加盟を控えてきました。

2009年に発足したオバマ政権は、世界戦略の重心をアジア・太平洋地域に移すとする「リバランス政策」を打ち出し、ASEANに対する外交姿勢も変化しました。2009年にTACへの加盟を果たし、2011年にはASEANが

主導する東アジア首脳会議へTAC加盟国として初参加しました。ASEAN各国との二国間関係についても、2010年にインドネシア、2013年にベトナム、2014年にマレーシアと包括的パートナーシップ協定を締結し、政治・外交・経済・安全保障など広範な分野にわたり協力を強化することで合意しています。また、2011年のミャンマーの民政移管を受けて、翌年に米国は同国への経済制裁を緩和し、2016年に政権交代を果たした同国の民主化の進展を評価して同年10月に制裁を解除しました。

こうしたオバマ政権の外交姿勢の背景には、「リバランス政策」に加えて、ASEANと歩調を合わせつつ、アジア地域で経済的・軍事的影響力を強める中国を国際規範に引き込む狙いもあったとみられます。ASEAN諸国は、中国と緊密な経済関係にある一方、南シナ海の領有権問題をめぐり対立関係にもあり、中国との経済関係を維持しつつも、南シナ海における中国の台頭をけん制するために米国との関係強化も重視しています。

もっとも、オバマ政権の「リバランス政策」は、必ずしもASEAN側が期待する成果を上げたとはいいきれません。オバマ政権は、中国の南シナ海における活動を抑えるための有効な手立てを打てず、中国は人工島建設などにより同海域の実効支配を強めています。また、内政問題に追われるオバマ大統領が、2013年にASEANでの重要会合への出席を取りやめたことは、ASEAN諸国の目にアジア軽視と映りました。アジア地域における民主主義と人権の促進を目的の一つとして米国の関与を強める「リバランス政策」は、内政干渉を嫌うASEANにとって望ましい面ばかりではありません。フィリピンなど一部のASEAN諸国が内政干渉を強めるオバマ政権と距離を置き、実利追求のため中国に接近するといった動きもみられました。こうしたなか、オバマ政権は「リバランス政策」を立て直すべく、環太平洋経済連携協定（TPP）に注力し、2015年10月にTPPは大筋合意に至りました。TPPは、参加国の中でも特に米国とのFTAを持たないベトナムとマレーシアにとって大きな意義があり、TPPに参加していない他のASEAN諸国の通商姿勢にも少なからず影響を及ぼしました。

米国の政権交代で不透明感

2017年1月には米トランプ政権が発足しました。同年4月にはペンス副大統領、8月にはティラーソン国務長官がそれぞれASEANを訪問し、貿易、安全保障、南シナ海問題などの面での協力を継続することを表明しています。ただし、11月にハノイで開催されたアジア太平洋経済協力（APEC）首脳会議およびマニラでのASEANとの首脳会議に

図表3　米国の主要貿易赤字相手16カ国

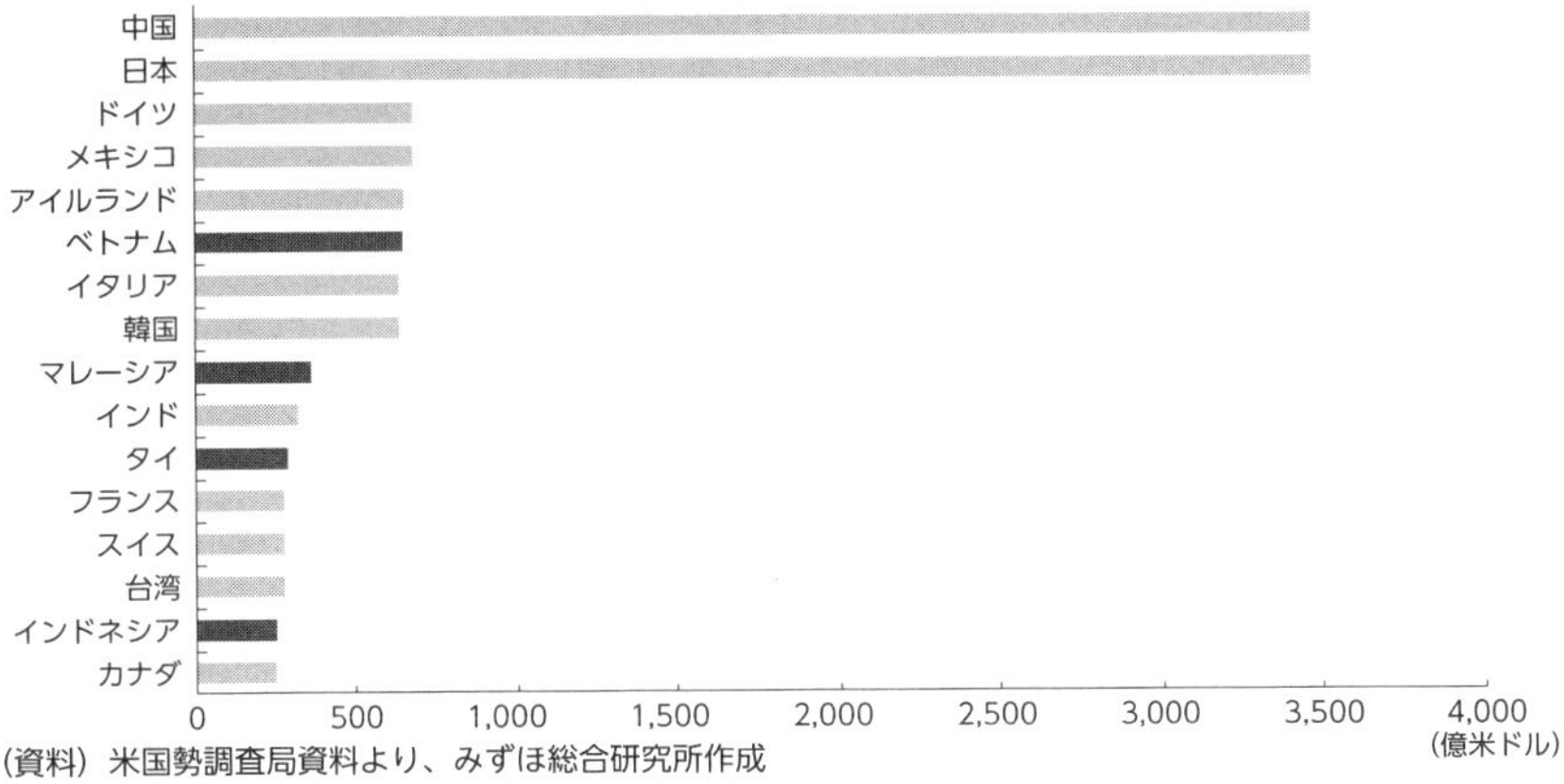

（資料）米国勢調査局資料より、みずほ総合研究所作成

臨んだトランプ大統領自身は、会議の場でアジアへの関与を継続する姿勢は示したものの、経済・安全保障などにおける協力の具体的戦略は語られませんでした。政権発足直後にはオバマ前政権のリバランス政策の象徴的成果であるＴＰＰからの米国の離脱が決められたことや、11月のＡＳＥＡＮとの首脳会議に続いて開催された東アジア首脳会議への出席が見送られたことを踏まえると、米国のアジアへの関与が後退した印象をＡＳＥＡＮ側に与えたことは否めません。

そのなかでトランプ大統領が明確に強い関心を示しているのが、貿易不均衡問題です。トランプ大統領は、貿易相手国との二国間交渉を通じて貿易不均衡を是正していく構えです。

貿易不均衡としてトランプ政権が重視するのは、米国の二国間貿易赤字です。その点では、中国に対する巨額の貿易赤字が最大の批判の的となっていますが、実は米国のＡＳＥＡＮ諸国に対する貿易収支も赤字です。２０１７年３月にトランプ大統領は、貿易赤字相手国の不公正な貿易慣行を特定するための調査を求める大統領令に署名しましたが、調査対象国とみなされる16カ国にはＡＳＥＡＮのタイ、インドネシア、マレーシア、ベトナムが含まれています（図表3）。米国は、調査結果に基づき制裁措置を発動する可能性を示唆しており、これらの国は中国とともに通商問題をめぐって米国と対峙する関係にあります。

ベトナムやインドネシアなど一部の国は、米国からの大口輸入契約を結んで貿易不均衡問題に自発的に協力する姿勢を示し、米国との直接対決を避けようとする動きをみせていますが、米国側の受け止め方は不明です。米中との協調と対立のバランスを見極めながら自らの外交的立ち位置を探ることがＡＳＥＡＮ各国の共通の課題といえます。

テーマ

07 ＡＳＥＡＮの対外関係 ②対日関係

～ＡＳＥＡＮにとっての最大の援助国～

日本はＡＳＥＡＮの発展に大きく貢献

ＡＳＥＡＮでは、第２次世界大戦中に日本に占領されていた国が多く、戦後しばらくの間は反日デモが起こるなど、両者の関係は必ずしも良好ではありませんでした。その後、日本政府は、ＡＳＥＡＮ諸国に対し、戦後の賠償金の支払いと並行する形で、経済協力を開始しました。賠償金の支払いが完了した１９７７年には、フィリピンのマニラで福田赳夫首相（当時）が、日本は、軍事大国とはならない、ＡＳＥＡＮと信頼関係を構築する、対等なパートナーとするという外交原則（福田ドクトリン）を表明し、現在の日・ＡＳＥＡＮ関係の土台を作りました（図表１）。それ以降、日本は政府開発援助（ＯＤＡ）などにより、急速にＡＳＥＡＮへの協力関係を深化させていきました。これまで日本政府は、メコン地域の東西・南北経済回廊にまたがる幹線道路の整備改修等や島嶼《とうしょ》国の港湾整備などに携わり、最大のＯＤＡ援助国として、ＡＳＥＡＮの経済発展の基盤づくりを支援してきました（図表２）。以前はインドネシア、フィリピン、タイなどのＡＳＥＡＮ先発国への支援が中心でしたが、近年はベトナムやミャンマーといった後発国にも支援の範囲を広げています。

また、１９９７年のアジア通貨危機の際には、日本が主導して二国間援助や基金の創設などを行い、ＡＳＥＡＮを支えました。その後、ＡＳＥＡＮと日中韓との間で、危機の際に通貨を融通しあうシステムである「チェンマイ・イニシアチブ」に合意し、現在までアジア地域の通貨危機再発防止に貢献してきました。

こうした日本政府の取組みは、日本企業がＡＳＥＡＮへ進出しやすい土壌を作り上げました。現地子会社の設立や地場企業の買収などを目的とした投資の総額を示す対外直接投資残高をみると、ＡＳＥＡＮが有力な投資先となっていることがみてとれます（図表３）。さらに、これらの日本企業の進出は、ＡＳＥＡＮ諸国への技術移転や雇用創出につながり、ひいては各国の産業発展にも寄与したといえるでしょう。ＡＳＥＡＮにおける自動車産業や家電産業の発展には、日本企業が重要な役割を果たしました。

図表1　日・ASEAN関係史

1967年	ASEAN設立
1973年	「日・ASEAN合成ゴムフォーラム」開催（最初の協力関係）
1977年	賠償金の支払い完了
	福田赳夫首相（当時）がフィリピン・マニラで「福田ドクトリン」を表明 ASEAN外交原則（福田ドクトリン） （1）日本は軍事大国とはならず世界平和に貢献する （2）ASEANとの信頼関係を構築する （3）ASEANは対等なパートナーとし、平和と繁栄に寄与する
	初の日・ASEAN首脳会談
1997年	アジア通貨危機 日本は800億ドルの支援を実施
2008年	日・ASEAN包括的経済連携（AJCEP）発効

（資料）日本外務省資料より、みずほ総合研究所作成

図表2　ASEANへのODAの実績

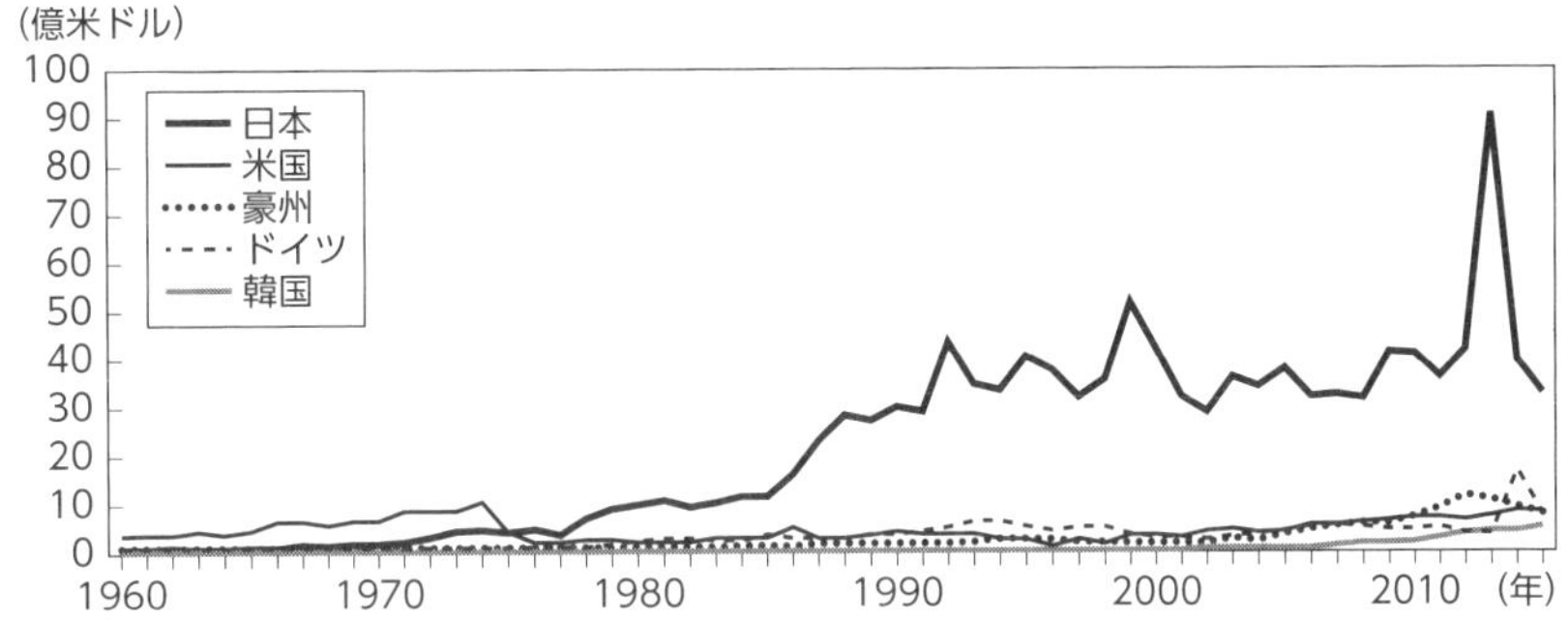

（資料）OECDより、みずほ総合研究所作成

図表3　日本の直接投資残高

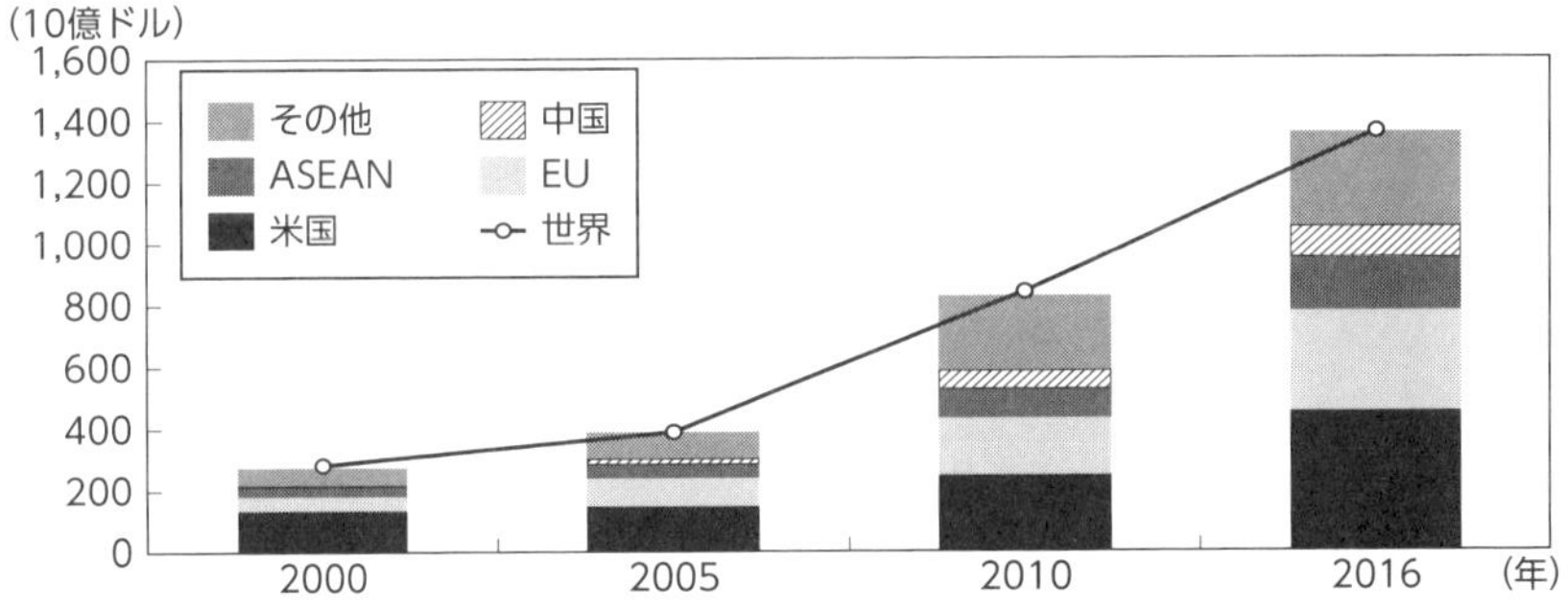

（資料）日本財務省、日本銀行「本邦対外資産負債残高」より、みずほ総合研究所作成

近年はASEANからの恩恵も

経済協力や直接投資の積み重ねもあって、今ではASEANと日本との関係は良好なものへと変化しています。実際に、日本の外務省がASEAN各国を対象に実施した対日世論調査では、親日的な国の多いことがみてとれます（図表4）。こうしたジャパンイメージ向上の効果は日本経済に好影響をもたらして、特に観光業への影響は多大です。観光ビザ規制の緩和や、格安航空（LCC）の開通も支えとなり、2010年には70万人であったASEAN6からの旅行客は、2016年には250万人に急増（図表5）し、その消費額は約2900億円に上り、日本経済の活性化に貢献しています。

日本とASEANとの関係は、かつては日本からの支援という一方的なものでしたが、近年は日本側にも恩恵をもたらす双方向なものへと変貌しています。

中国の台頭により日本の存在感は低下

近年は中国もASEANに対する経済協力を積極化しています。特にインフラ投融資の分野では中国の拡大が顕著です。ASEAN諸国は、中国が主導するアジアインフラ投資銀行（AIIB）にすべての国が出資しているほか、中国と欧州を陸路と海路で結ぶ「一帯一路」構想に対しても、自国のインフラ投資への期待から、総じて前向きな態度を示しています。

そもそもASEANは、特定の国・地域との接近を避け、すべての外交パートナーと安定的な関係を維持しようとする外交姿勢をとっています。そうした姿勢のもとで、日本と中国との距離の取り方についても、ASEAN自身への実利を見極めながら慎重に探っているものとみられます。これまで日本は、価値観を共有する米国と協調してアジアにおける中国の台頭をけん制してきました。トランプ政権に移行した後でも、米国はこのような姿勢を崩していません。こうしたなか、日本や中国、米国などの大国の間で埋没することを避けるためにしたたかに立ち回ろうとするASEANに対して、日本としても相互に恩恵をもたらす経済協力姿勢を示していくことが、ASEANとの距離を保つうえでの課題といえるでしょう。

日本政府は中国との差別化に取り組む

日本政府は、引き続きASEANとの関係強化を目指しています。2012年に第二次安倍政権が発足して、最初の訪問地としてASEANを選んだことからも、その注目度の高さがうかがえます。

日本政府は技術力を生かし、中国との差別化に取り組んでいます。ADBと連携し、２０１５年から５年間でアジアへ約13兆円のインフラ投資を行う計画は、耐久性や環境・社会・防災にも配慮したインフラ投資の提供を掲げ、援助の「量」だけでなく「質」の向上を目指すものとなっています。また、インフラや産業の高度化を担う人材の育成にも力を入れています。「産業人材育成協力イニシアティブ」を立ち上げ、２０１５年度から２０１７年度までに4万人の産業人材育成を実現することを目標としています。管理職の人材が不足しているといわれるベトナムでは、日本に人材を派遣し事業管理手法の研修を行ったり、タイと共同で設立した泰日工業大学では、高専型教育を通して質の高いインフラ整備に資するエンジニア人材の育成を展開したりしています。これらの高質な技術に対する投資はコストが高くなりやすいため、日本側の価値観や理念をＡＳＥＡＮ各国と十分に共有することも重要です。

図表4　ASEAN諸国の対日感情

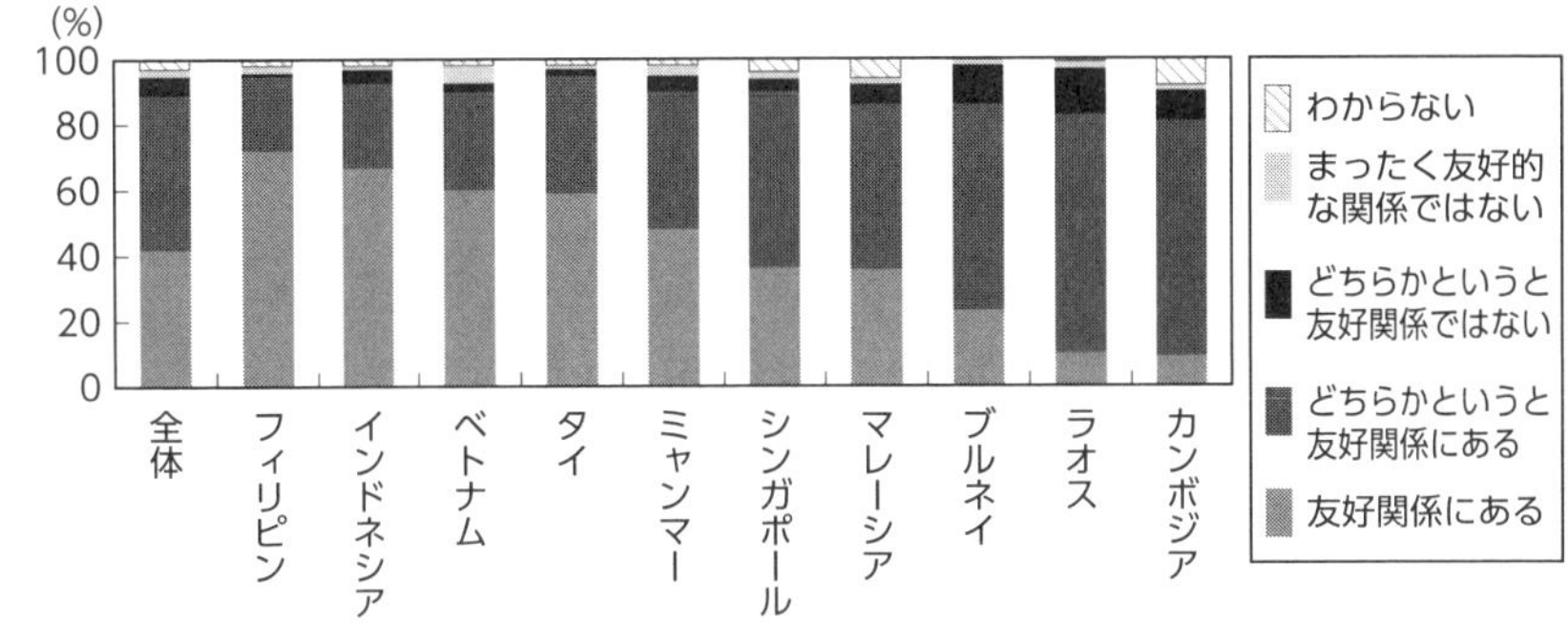

（資料）日本外務省資料より、みずほ総合研究所作成

図表5　ASEANからの訪日外国人数

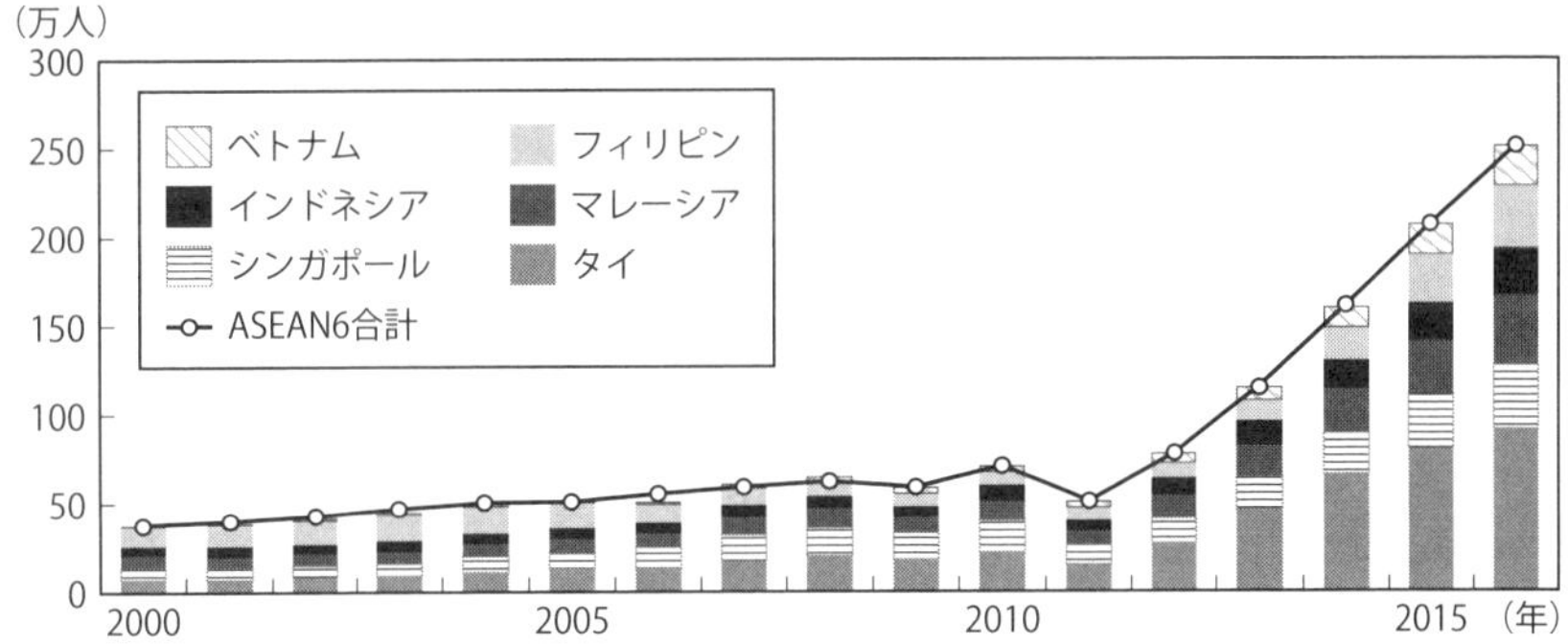

（資料）日本観光庁より、みずほ総合研究所作成

テーマ

08 ASEANの対外関係 ③対中関係

～中国との対立と協調のバランス維持に腐心～

伝統的に親中国が多い旧社会主義国

ASEANは、1967年に発足しましたが、シンガポール、タイ、マレーシア、インドネシア、フィリピンの5カ国でスタートしました。当時はベトナムが南北に分かれて戦ったベトナム戦争の最中（図表1）でカンボジアとラオスでも社会（共産）主義勢力が強まっており、南ベトナムを支援した米国が東南アジア諸国の社会主義化を恐れたことが、反社会主義陣営中心のASEAN発足を後押ししました。米国は当時1カ国が社会主義化すると周辺が傾倒するドミノ現象を懸念しており、この5カ国は米国との関係を重視したともいえます。

ベトナム戦争（1975年に北が南を統一）終戦直後にベトナム、カンボジア、ラオスで社会主義国家が誕生し、これら3カ国と、1960年代から社会主義体制にあるミャンマーは中国との関係が従来深かったといえます。

しかし、これらの社会主義国のすべてが中国と友好的な関係を維持してきたわけではありません。1978年にベトナムは、中国が支援していたポル・ポト政権下の民主カンプチアに侵攻して同政権を崩壊させますが、それを契機に中国との間で翌年に中越戦争が勃発し、中国とベトナムおよび同国の友好国であったラオスの関係は悪化します。ベトナムの支援でポル・ポト派を駆逐したカンプチア人民共和国（ベトナム軍撤退後にカンボジア王国に改名）は、その後、中国との関係を強め、ラオスもまた追随します。

これらの結果、カンボジア、ラオス、ミャンマーは長らく親中国となりました。中国がASEANのなかでも、特にメコン地域を重視しているのはそのためです。

図表1　ベトナム戦争の参加国および周辺援助国

参戦	参戦
ソ連	米国
中国、北朝鮮	韓国、オーストラリア、ニュージーランド
ベトナム民主共和国（北ベトナム） 南ベトナム解放民族戦線（ベトコン）	ベトナム共和国（南ベトナム1955～1975）
民主カンプチア（ポル・ポト派）	クメール共和国（1970～1975）
パテート・ラーオ（ラオス国家建設戦線）	ラオス王国（1953～1975）
	フィリピン、タイ
援助	**援助**
ビルマ	マレーシア

（注）国名は1967年当時。
（資料）みずほ総合研究所作成

ただし、２０１１年のミャンマーの民政移管を契機に、同国において中国との関係を一部見直す動きもみられるようになりました。

南シナ海問題が対立の火種

一方、中国よりも米国との関係が深かった他のＡＳＥＡＮ諸国は、中国との直接対立は長らく避けてきましたが、中国の南シナ海進出が本格化するようになると、フィリピン、マレーシア、インドネシアなどが領有権をめぐり対立するようになりました（図表２）。中国に隣接するベトナムも、権益をめぐって中国と対立しています。ＡＳＥＡＮのなかで伝統的な親中国のカンボジア、ラオスなどは海洋権益をめぐる中国との対立がなく、海洋権益問題を抱えるベトナム、フィリピンなどとの間で対中外交姿勢の違いが目立つようになります。

ＡＳＥＡＮ加盟国は毎年輪番制で議長国を務めます。ＡＳＥＡＮ全体の意見を取りまとめる議長国が替わるたびに南シナ海問題をめぐるＡＳＥＡＮの声明のトーンが反中的になったり、親中的になったり揺れているように感じられるのは、対中外交姿勢の違いを反映しています。

特に中国の進出に強く反発したのがフィリピンです。海洋権益問題を重くみたフィリピンは、アキノ前大統領時代の２０１３年に、オランダ・ハーグの常設仲裁裁判所に中国の南シナ海に対する領有権主張や人工島の建設は国際法違反と訴え、２０１６年７月に仲裁裁判所は、「中国が主張する境界線には国際法上の根拠がなく、中国が築いた人工島は島ではない」との判断を下し、フィリピンは全面的に勝訴しました。

ところが、２０１６年にフィリピンで現ドゥテルテ政権が発足すると、アキノ前政権時代とは１８０度態度を転換し、海洋権益問題を棚上げにして中国との関係改善を優先する方針を打ち出し、ＡＳＥＡＮのみならず、世界を驚かせました。ドゥテルテ大統領は、海洋権益棚上げによって巨額の資金援助を中国から引き出すことに成功したとみられています。

海洋権益問題を抱える国も、決して一枚岩ではないのです。

図表2　中国の南シナ海進出

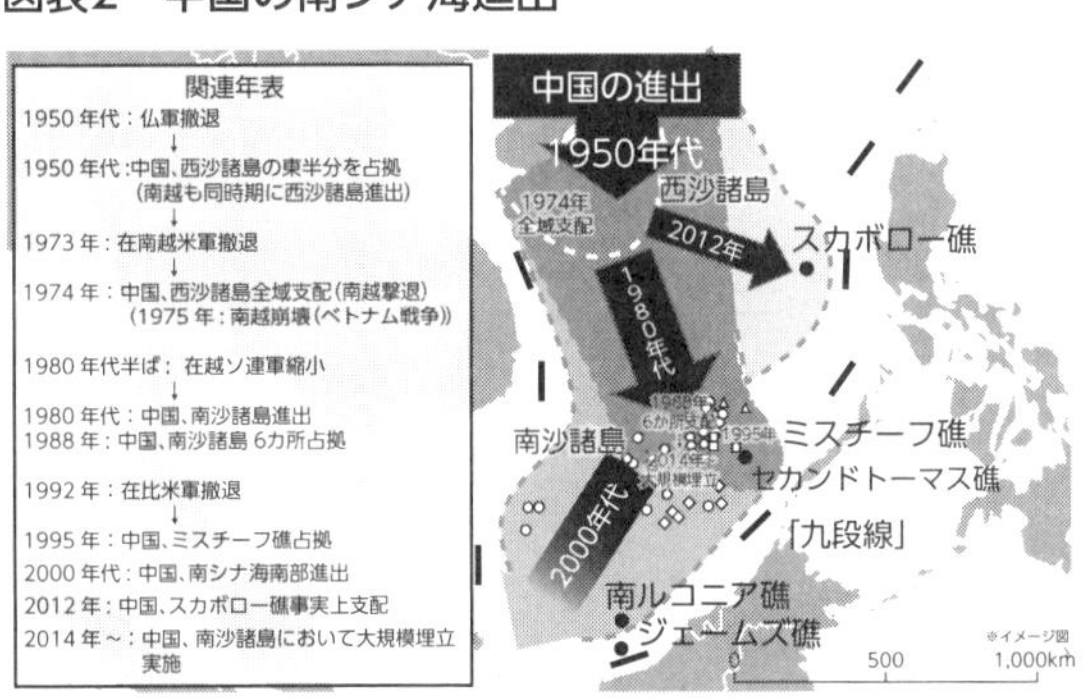

（資料）防衛省「南シナ海における中国の活動」（2016年2月）

中国との距離感を模索するASEAN

対中政策の揺れが大きい背景には、ASEAN諸国の経済面における対中依存度が高まっていることがあります。ほとんどの国にとって中国は最大の貿易相手国になっており、中国とASEAN間の貿易額は、日本とASEAN間の貿易額の2倍以上になっています(図表3)。

2003年に中国とASEANは戦略的パートナーシップ協定を締結、2010年にはASEAN・中国FTAが発効するなど制度面の整備も進んでいます。貿易に加え、中国がさらに存在感を高めつつあるのがASEANにおけるインフラ投融資です。当該分野では日本が長らく高い存在感を維持していましたが(テーマ7参照)、後発の中国が猛追しています。中国主導で2015年に設立されたアジアインフラ投資銀行(AIIB)には、ASEAN全10カ国が出資しています。中国は、「一帯一路」として、中国と欧州を陸路と海路で結ぶ大経済圏構想を打ち出していますが、このうち、海路のルートはASEANを経由するため、沿線のASEAN諸国は、自国のインフラ整備につながるとして同構想への期待を高めています。実際に、2017年5月に北京で開催された「一帯一路」サミットには伝統的な親中国であるカンボジア・ラオスの首脳に加え、ベトナム、フィリピン、マレーシア、インドネシアの首脳も揃って参加しており、「一帯一路」構想に対する期待の高さがうかがえます。同構想のもと、ASEANにおける経済回廊建設や高速鉄道プロジェクトなどが多数掲げられており(図表4)、その行方が注目されます。

このようにASEAN諸国にとって経済面で中国の存在感は無視できないものとなっています。2018年にはASEAN・中国FTAに基づく関税撤廃品目がさらに拡大されるなど、制度面のグレードアップも着実に進められています。

経済的な中国との関係は強まっているものの、南シナ海の領有権をめぐる中国の主張は受け入れられるものではありません。そのため中国の影響力の過度な拡大に対しては警戒を緩めていません。ASEAN諸国の多くが当初環太平洋経済連携協定(TPP)に対して高い関心を示したのは、貿易面における対米アクセス確保に加え、安全保障面でも米国との関係強化を通じて中国の台頭をけん制する狙いもあったと考えられます。ASEANは中国主導の「一帯一路」と米国主導のTPPのバランスを取ることで、米中の距離を保つことを狙っていましたが、米国のTPP離脱宣言により目論見は外れました。米国の外交政策の行方を見極めつつ、中国との対立と協調のバランスをいかに図るかは悩ましい問題です。

図表3　中国・ASEAN間および日本・ASEAN間貿易総額

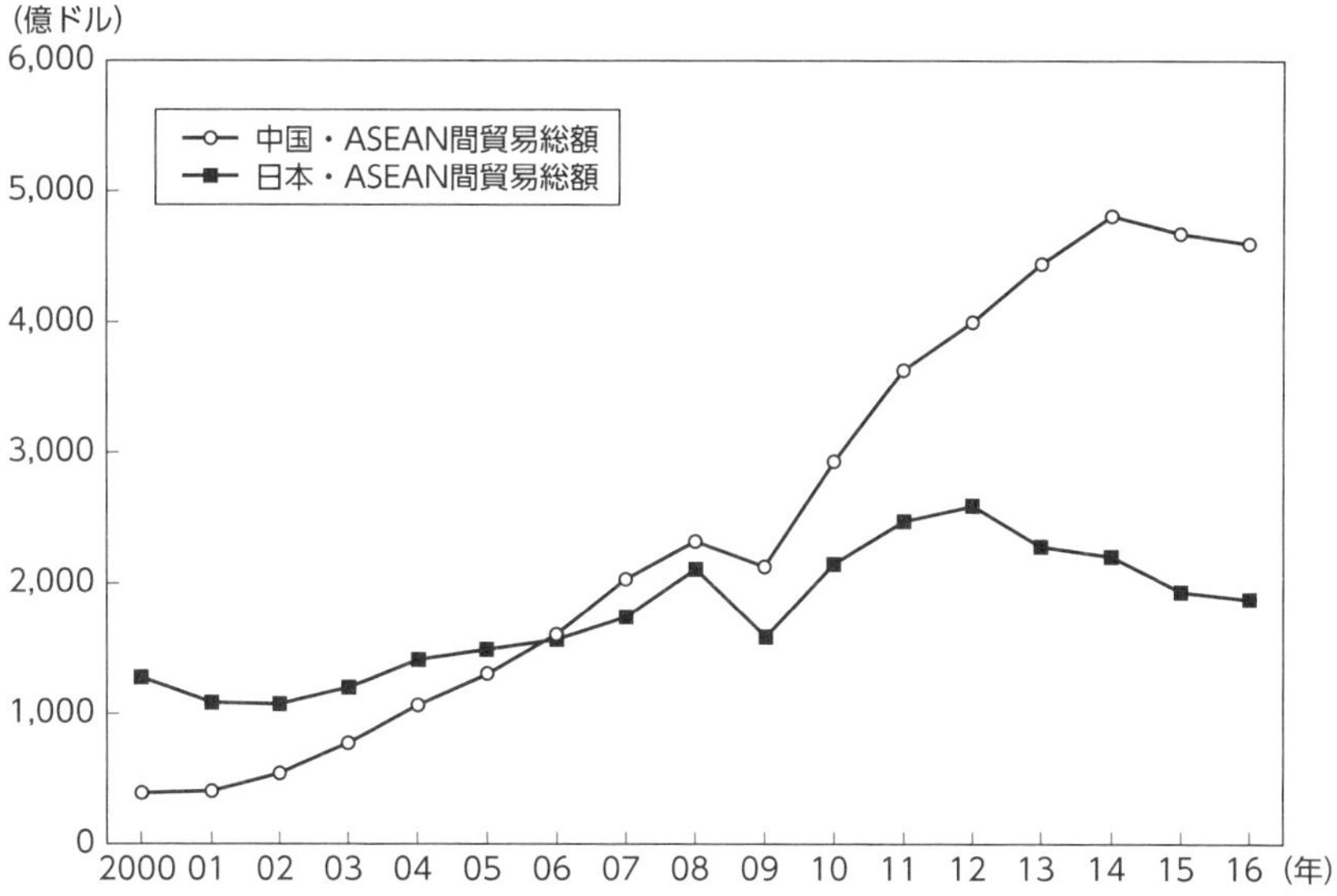

(資料) CEIC Dataより、みずほ総合研究所作成

図表4　一帯一路におけるASEANでのインフラ整備計画

ミャンマー
2013年9月、中国とミャンマーの天然ガスパイプラインが全ライン貫通。
2015年1月、中国とミャンマーの石油パイプラインが全ライン貫通。

タイ
2015年12月、中国とタイを結ぶ鉄道の建設が着工。

ベトナム
2015年4月、ハイズオン発電所の建設が着工。
2015年7月、ベトナムヴィン石炭火力発電所の一期工事がスタート。
2015年9月、ベトナムハロン水力発電所の建設が竣工。

インドネシア
2016年1月、ジャカルタとバンドンを結ぶ高速鉄道の建設が着工。

ラオス
2015年12月、中国とラオスを結ぶ鉄道のラオス区間の建設が着工。

カンボジア
2016年6月、「シハヌークビル港経済特別区」の「企業百社入居」が始動。
2016年10月、東南アジア電気通信カンボジアプロジェクトが「一帯一路」生産能力・投資協力重点プロジェクトに。

(資料) 人民網「2013～2016年一帯一路プロジェクトの成果」より東南アジア部分を抜粋

テーマ 09

ASEANのリスク①経済リスク

~通貨の不安定性~

アジア通貨危機の悪夢

ＡＳＥＡＮ経済を振り返ると、通貨が急落し、それに伴ってマクロ経済が不安定化することが度々みられました。今後についても、通貨急落の予兆を点検していくことが、マクロ経済のリスクを管理するうえで重要です。

ＡＳＥＡＮ経済が過去に経験した最大のショックは、１９９７年７月に発生したアジア通貨危機です。その震源となったタイでは、当時、通貨バーツを米ドルに固定させる相場制を採用していましたが、為替市場ではバーツが売られて下落圧力が強まっていました。タイ中央銀行はバーツ相場を一定に保つため、ドル売り介入を行ってバーツを買い支えましたが、やがて外貨準備は枯渇しました。結局、固定的な相場制は維持できなくなり、変動相場制へ移行すると、支えを失ったバーツは急落しました。

バーツが急落すると、固定的な相場制を採用していた他のアジア諸国の通貨も連鎖的に暴落するアジア通貨危機が発生したのです。特にインドネシア・ルピアの下落は顕著で、その価値は危機前の水準の2割にまで減価しました。

通貨が急落した結果、ＡＳＥＡＮの実体経済は甚大な打撃を受けました。第1に、輸入品の物価が上昇し、インフレが高進しました。第2に、多くの企業と銀行が外貨建て債務を積み上げていた一方、現地通貨建て資産で運用するというミスマッチを抱えていたため、通貨安に伴って外貨建て債務の返済負担が増し、経営破綻が相次ぎました。第3に、通貨を安定させるため、金融および財政の引締めが行われ、景気に急ブレーキがかかりました。これらにより、各国の成長率は軒並みマイナスとなったのです。

急激な資本移動への脆弱性が背景

タイでは、固定的な為替政策が採られていた一方で、外国との資本移動は自由化されていたことが通貨危機の遠因になりました。危機の前には割高な水準で通貨が固定されて輸出が伸び悩んだうえ、海外から投機的な資金が流入して不動産バブルを起こし、内需の過熱と輸入の拡大が誘発されて経常赤字は拡大したのです。これをみた投機筋は、経常赤字抑制のためにバーツの切下げは避けられないと予想して、バーツを売り浴びせました。こうして前述のとおりバーツの下落圧力が強まり、投機筋の予想どおり固定相場制が維持できなくなってバーツが急落したのです。

タイ以外のアジア各国の通貨も急落しましたが、そのなかで特にインドネシアと韓国は、企業や銀行の外貨建て債務が膨らんでいたため、資本流出とそれに伴う通貨安に脆弱になっていました。その結果、両国ともタイに続いて厳しい経済の悪化に直面することとなりました。

その後も通貨の急落を経験

ASEAN各国の通貨はアジア通貨危機から1年程度で落ち着きを取り戻しましたが、その後も通貨の急落は繰り返されました（図表1）。

たとえば、①2000～2001年頃

図表1　主要ASEAN通貨の対米ドルレート

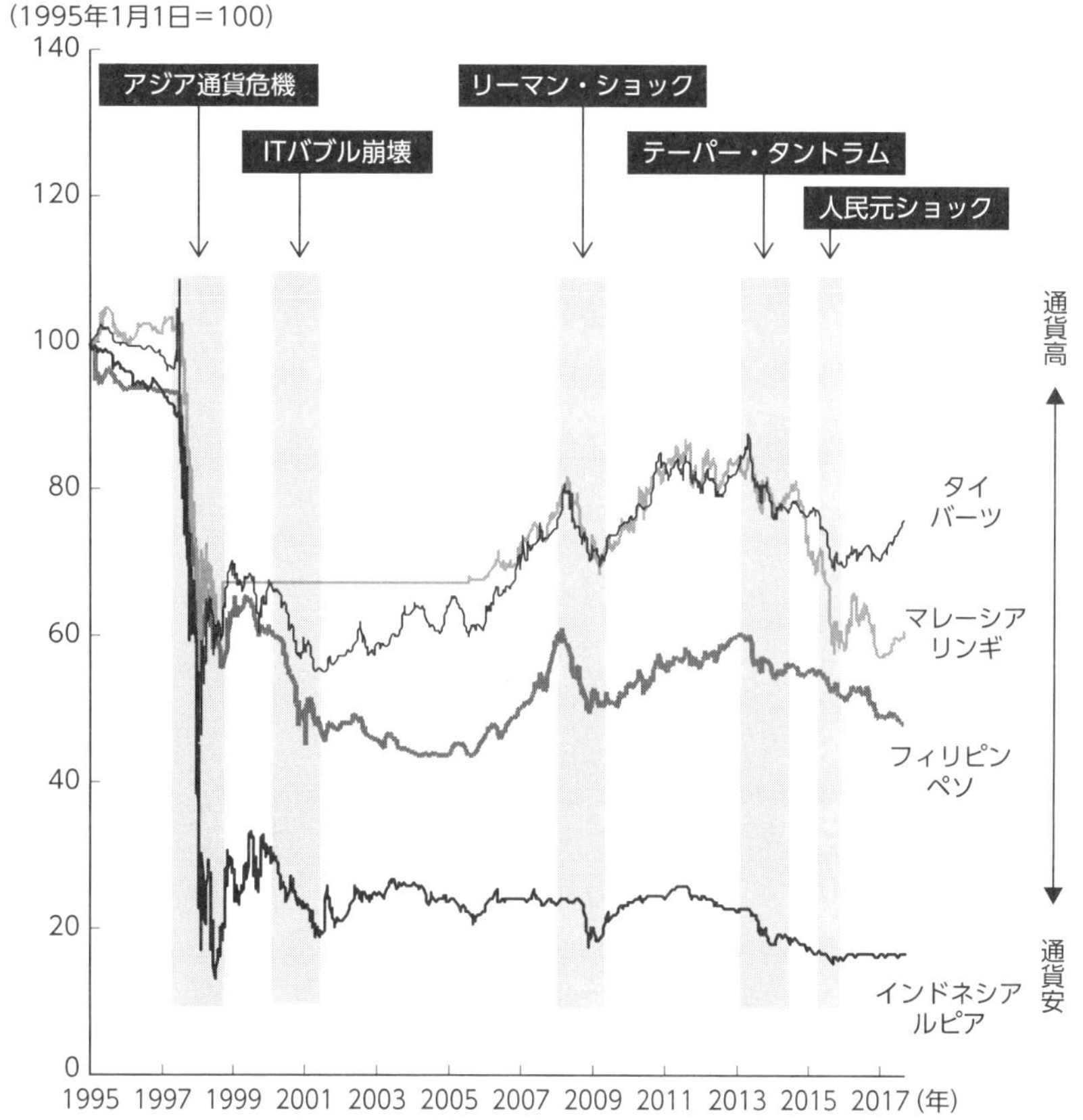

（資料）Bloombergより、みずほ総合研究所作成

のＩＴバブル崩壊（米国の情報関連株安を背景とする世界的な景気後退）、②２００８～２００９年頃のリーマン・ショック（米国銀行の経営破綻を引き金とする世界金融危機）、③２０１３年のテーパー・タントラム（米国の量的金融緩和策が縮小されるとの観測がもたらした金融市場の動揺）、④２０１５年８月の人民元ショック（中国当局による通貨切下げ）など、世界経済を揺るがす事象が生じると、ＡＳＥＡＮの通貨は下げ足を速めました。

ただし、アジア通貨危機に比べると、①～④の通貨安は限定的でしたし、それに伴って各国の経済は不安定化したものの、軒並みマイナス成長に陥るほどのショックは受けませんでした。

通貨危機を防ぐ取組み

ＡＳＥＡＮでアジア通貨危機級のショックの再来が避けられた背景には、危機を防ぐ取組みが幾重にも行われてきたことがあります。

第１に、タイ、インドネシア、フィリピン、マレーシアは、固定的な相場制から変動相場制に移行しました。固定相場制は投機のターゲットとなって通貨安の圧力が蓄積することがありますが、変動相場制は特定のレートを守らないため投機のターゲットになりにくく、かえって暴落は回避されることになります。

第２に、経済の安定化を重視するマクロ経済政策が運用されるようになりました。金融政策については、アジア通貨危機後、タイ、インドネシア、フィリピンでインフレ目標達成のルールが導入され、経済の安定を損なうような過度の金融緩和や引締めが控えられるようになりました。財政政策についても、各国で規律を重視した運営が行われ、財政赤字の削減が進められました。

規律ある財政金融政策のもとで、バブルの発生、景気の過熱が抑えられ、また２０１４年半ば以降の原油安進行の追い風もあり、ＡＳＥＡＮでは経常収支が黒字に転換した国や、赤字が縮小した国がみられるようになっています（図表２）。

第３に、各国は外貨準備を積み増しています。今やほとんどの国の外貨準備は、輸入金額の３カ月分や、１年以内に償還を迎える短期対外債務の同額といった目安を上回り、当座の資金流出リスクに対して十分な量となっています。

第４に、いざというときに相互に外貨を融通しあうチェンマイ・イニシアチブ（ＣＭＩ）が構築されました。ＡＳＥＡＮ10カ国、日本、中国、韓国が、２０００年に合意したものです。これまでにＣＭＩが発動されたことはなく、その実効性を見極めるには尚早ですが、外貨準備が潤沢な日本や中国が加わる防衛線が敷かれたことで、ＡＳＥＡＮ通貨に対する信認を高める効果があると思われます。

残る課題と注意すべき国々

以上のように、ASEANでは通貨危機を回避する対策が講じられており、1997年のようなショックが生じるリスクは小さくなったといえるでしょう。

しかし、依然として一部には先行きについて注意を要する国があります。

たとえば、フィリピンでは近年内需が旺盛に拡大し、それに伴って経常収支は悪化しています。2016年の経常黒字はほぼゼロとなり、現在のペースで経常収支の悪化が続けば、2017年は15年ぶりの赤字になる可能性があります。ドゥテルテ政権がポピュリズムに傾斜して拡張的な財政政策を行い、内需を刺激して輸入が急増していることが経常収支悪化の背景にあります。経常収支の悪化を受け、通貨ペソの対米ドルレートは2017年にASEAN通貨のなかで最も下落し、11年ぶりの安値を付けています。

また、ミャンマー、カンボジア、ラオスは依然として大きな経常赤字を抱えており、特にミャンマーの赤字の悪化が目立ちます。カンボジアとラオスについては、安価な人件費や豊富な資源を目指して海外から直接投資が十分に流入しているため、通貨の下落圧力は生じていませんが、ミャンマーでは経常赤字の拡大に資本流入が追い付かず、通貨は下落圧力にさらされています。

フィリピンの経常赤字は1997年のタイのような規模にまで膨らむとは想定されないこと、ミャンマーでは金融市場が未発達で投機的な資本流出が起こりにくいことから、両国とも通貨が暴落する可能性は低いでしょう。ただし、今後も通貨安圧力がじりじりと続く可能性は否定できません。そのような場合には、通貨安に伴いインフレが加速し、購買力の低下や生産コストの上昇といった影響が懸念されます。

図表2　ASEAN各国の経常収支（名目GDP比）

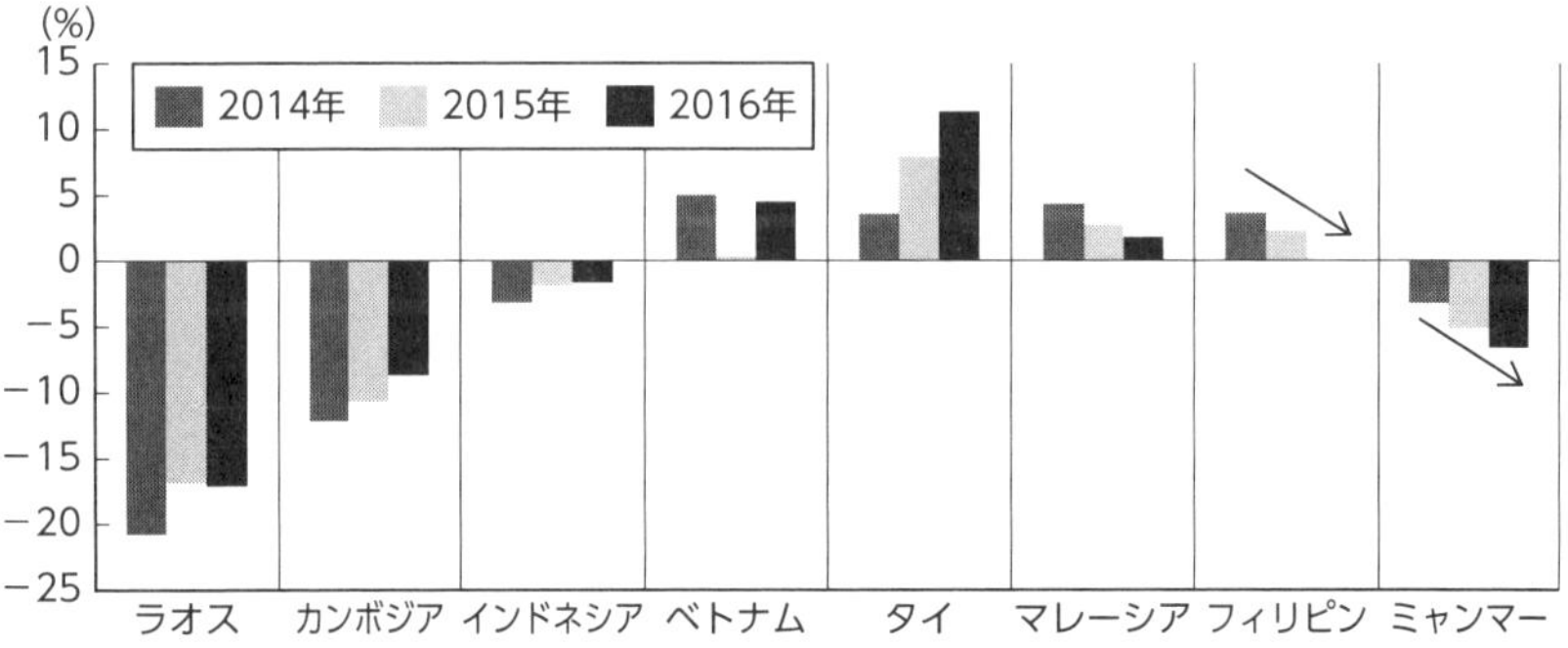

（資料）IMFより、みずほ総合研究所作成

テーマ
10
ASEANのリスク
②地政学リスク
～民族間、宗教間など様々な対立が緊張をもたらすおそれ～

地政学リスクを分類する

地政学リスクとは、「コトバンク」によると「特定地域が抱える政治的・軍事的な緊張の高まりが世界経済全体の先行きを不透明にすること。米連邦準備理事会が2002年9月に出した声明文で触れてから、多く用いられるようになった」とされています。地政学リスクは、主に市場関係者の間で用いられてきた用語ですが、近年はグローバル化が進む企業の経営環境にも重大な影響を及ぼす問題となっています。ここでは、政治的・軍事的な緊張をもたらす要因という観点でASEANにおける地政学リスクを取り上げたいと思います。そうした緊張を大別すると、①国家対立、②民族対立、③宗教対立、④国内政治対立などが挙げられます。実際には、これらのなかで複数の要素が絡む場合が多いため、個々の要素の重要度に応じて分類しました。

①国家対立　国境摩擦が多い

まずASEAN域内の国家紛争をみると、2017年において目立ったのが、カンボジアとラオスとの領土問題です。4月に、カンボジアによる国境標識建替を阻止すべく、ラオスが国境未確定地域に軍を派遣、緊張が高まりました。カンボジアの主張によると、8月には、同国による道路建設を妨害するため、ラオス軍が領内に侵入したということです。

このほか、ベトナムとカンボジアの間にも国境未確定問題がありますが、両国政府は早期解決を図ることで2017年3月に合意しました。ミャンマーとタイの間にも国境未確定問題があります。

タイとカンボジアとの間には、かつてプレアヴィヒア寺院の領有をめぐる対立があり、2011年には軍事衝突も発生しました。しかし2013年、国際司法裁判所はカンボジア領と認定しました。

ASEAN域外国との国家対立としては、南シナ海の領有を巡る中国とASEAN諸国との対立が代表的です（テーマ8参照）。ミャンマーとインドの間にも、ごく小規模な国境未確定問題があります。

②民族対立
中国系との間が多い

ここでは主として、民族対立のなかで

図表1 ASEANにおける中国系の人口(2013年)

(単位:万人、%)

	華人		華僑		合計	
インドネシア	824.1	(3.3)	20.9	(0.1)	845.0	(3.4)
タイ	732.7	(11.2)	14.2	(0.0)	746.9	(11.2)
マレーシア	658.0	(22.9)	4.3	(0.2)	662.3	(23.1)
シンガポール	285.4	(52.2)	3.1	(0.6)	288.5	(52.8)
フィリピン	143.4	(1.4)	0.4	(0.0)	143.8	(1.4)
ミャンマー	116.1	(2.0)	0.02	(0.0)	116.1	(2.0)
ベトナム	101.5	(1.1)	6.1	(0.1)	107.6	(1.2)
ラオス	15.0	(2.3)	0.01	(0.0)	15.0	(2.3)
カンボジア	13.8	(0.8)	0.3	(0.0)	14.1	(0.8)
ブルネイ	4.0	(9.7)	2.2	(4.6)	6.2	(14.3)
合計	2,894.0	−	51.5	−	2,945.5	−

(注)中国系のうち、華人は当該国の国籍を持ち、華僑は持たない。カッコ内は人口に対する比率。各国の公式統計とは異なるという点に注意。

(資料)中華民国僑務委員会『2013華僑経済年鑑』より、みずほ総合研究所作成

宗教対立の色彩が比較的薄いものをみていきます。まず、ASEANにかなり多くの数が居住し、経済で実権を握ることが多い中国系住民と(図表1)、多数派先住民との争いが挙げられます。

代表例がマレーシアで、多数を占めるマレー系と、マレー系住民を優遇する国家政策に不満を持つ中国系の間で対立があります。古くは1969年に、総選挙での中国系野党の躍進を祝う中国系住民のデモ隊と、これに反発するマレー系住民のデモ隊の間で大規模な衝突が起こりました。現在でも中国系住民の不満はくすぶったままで、反政府デモなどの形でたびたび表面化しています。

同様にマレー系住民が多数を占めるインドネシアでは、アジア通貨危機で経済が深刻な景気後退に陥ったなか、1998年に大規模な反政府デモが発生しました。この際、政府と結託してカネ儲けをしているとして、デモが中国系住民に対する暴動に発展、1000人以上の犠牲者を出す惨事となりました。近年においては、中国人労働者の流入に対する反発が生まれており、また2017年には、イスラム教を侮辱したとして中国系の前ジャカルタ州知事が2年の実刑判決を受けるという事件も発生しました。

キン族が多数を占めるベトナムでは、南シナ海問題に関連した大規模な反中暴動が2014年に発生し、21名が死亡したとされています。フィリピンでも南シナ海関連で反中デモが発生しています。

ビルマ族が多数を占めるミャンマーでも、中国系コーカン族武装勢力と政府との対立がみられます。2015年には、ミャンマー政府軍による武装勢力への空爆の際、誤って中国雲南省に着弾してしまう事件が起こり、一時両国間に緊張が走ったことがあります。

ミャンマーでは、中国系以外の民族が対象となる対立も多くなっています。特

図表2　ASEANの宗教分布

（資料）CIA "World Fact Book" より、みずほ総合研究所作成

に近年は、かつて南アジアから来たとされるイスラム教徒のロヒンギャ族（対するビルマ族は仏教徒が多いため、宗教対立でもある）に対する人権侵害問題が注目されています。２０１７年においては、武装勢力との戦闘を発端にミャンマー軍がロヒンギャ族への攻勢を強めたことから、バングラデシュに60万人以上の難民が逃れたと報じられています。今後この問題がどのように展開していくか、予断を許さない状況です。

　またミャンマーには、他にもカレン族、カチン族、シャン族など多数の反政府武装勢力が存在し、彼らとの和平実現が政府にとり大きな課題となっています。

③宗教対立　イスラム絡みが多い

　宗教対立では、２０１７年においては、何といってもフィリピンへの注目が集まりました。カトリックが多数を占める同国ですが、ミンダナオ島ではイスラム教徒が多数を占めており、かねてから独立などを求めて反政府武装勢力が活動していました。外国人の誘拐・身代金の要求を繰り返し、IS（イスラム国）に忠誠を誓っていたイスラム過激派のアブサヤフがその代表例です。２０１７年、アブサヤフは政府軍の掃討作戦を受けて弱体化したものの、同じくISに忠誠を誓っていたマウテ・グループがこれに合流し、マラウイ市に立てこもりました。そして、同年5月以降、政府軍との間で激しい戦闘が起こりました。戦闘は長引きましたが、10月に終結が宣言されました。

仏教徒が多数を占めるタイでは、深南部で多数を占めるイスラム教徒（マレー系住民のため、民族対立でもある）のテロ攻撃に長く苦しんでいます。深南部での小規模なテロは頻繁に起こっているので、少数の犠牲者が出てもあまり大きなニュースにはならないほどです。２０１６年には、同勢力によるとみられる連続テロがタイ南部の広域で発生しており、深南部以外でもテロの実行能力が向上したとみられます。今後の動向に注意が必要です。

シンガポールでは、国内に多数の宗教が存在しますが、一般に宗教間の対立は大きくありません。しかし２０１６年、IS系の勢力がインドネシアからシンガポールの金融街にロケット砲を撃ち込むことを計画し、逮捕されるという事件が発生、政府は警戒を強めています。

またイスラム過激派は、同じイスラム教徒が多数派の国でも、社会の混乱を狙ってテロを実行・計画しています。インドネシアでは２０１７年5月、首都ジャカルタで自爆テロが発生し、容疑者と警官合わせて5人が死亡しました。マレーシアでは、これまでのところ２０１７年に大きなテロ事件は発生していませんが、テロ関係者逮捕のニュースはしばしば報じられています。

④政治対立　タイが目立つ

民族や宗教の色彩が弱い国内の政治対立では、タイが最も目立っています。農村部への利益誘導というポピュリズム政策に走りがちなタクシン元首相派と、都市部を基盤とする反タクシン派の対立が長引いており、デモの激化により一時経済にも悪影響が及びました。２０１４年に軍事クーデターが起こり、軍政下で政治対立はひとまず抑えられましたが、２０１８年後半には総選挙が予定されており、その成行き次第では政治対立が再燃する恐れがあります。

このほか、インドネシアとフィリピンでは民主選挙の定着が比較的進んでいますが、それゆえにポピュリズムが広がりやすいともいえます。ポピュリズムの広がりに反発するエリート層・富裕層と低所得層との社会対立が激化し、不安定な状態となる可能性を否定できません。

テーマ

11 ASEANのリスク ③自然災害リスク

~地震、台風など、しばしば深刻な自然災害が発生~

あらゆる自然災害が発生

ＡＳＥＡＮは、あらゆる自然災害が発生する地域です。そして、しばしば大きな被害が生じており、企業活動にも重大な支障をきたすことがあるため、リスク管理上の対応が求められます。

はじめに、１７１カ国の「地震、暴風雨、洪水、干ばつ、海面上昇」を調査対象とする、国連大学の世界リスク指数をみてみます（図表1）。これは、自然災害が発生する危険性の大きさと、自然災害に対する脆弱性の両面を考慮したもので、数字が大きいほど自然災害による被害を受ける危険性が大きいことを示します。

世界3位のフィリピンから42位のミャンマーまでは、自然災害のリスクが相対的に大きいといえます。一方、マレーシア、タイ、ラオスは中程の順位で、１５９位のシンガポールはかなりリスクが小さいといえるでしょう。

地震被害が目立つインドネシア

地震とそれに伴う津波の被害として、まず思い浮かぶのはインドネシアです。震源地は主にスマトラ島付近で、２００４年のスマトラ島沖地震では、大規模な津波が発生し、周辺国も巻き込む歴史的大惨事となりました（図表2）。ジャワ島でも大規模な地震が発生しています。

他の国をみると、図表2には載せていませんが、２０１１年のミャンマー地震や、２０１３年のフィリピン・ボホール島地震で比較的多数の死者が出ています。

暴風雨被害が大きいフィリピン

風速が大きい熱帯低気圧のうち、北西太平洋発生の場合は台風、南太平洋・北インド洋発生の場合はサイクロンと呼ばれ、それらに伴う海面上昇が高潮です。

ＡＳＥＡＮで大きな被害をもたらすのは主に台風です。特に勢力が強い状態で上陸することが多いフィリピンの被害が深刻で、大規模な高潮を伴った２０１３年の台風ハイエンでの死者は６０００人を超えました。また２００６年の台風ドリアンでは、マヨン山が事前に噴火したことで火山泥が流出、被害が拡大し犠牲者数は１０００人を超えました。ベトナムも台風被害を受けることが多いです。内陸国カンボジアには、あまり強い台風は来ないものの、インフラが脆弱なため台風による雨で洪水被害を受けやすいです。甚大な経済損失をもたらした2011年のタイ大洪水も、きっかけは台風に伴う降雨でした。

一方、サイクロンの被害としては、2008年にミャンマーを襲ったナルギスが歴史的大惨事をもたらしたことが有名です（テーマ26）。

干ばつ被害もしばしばみられる

地震や台風ほど多数の死者が出ることはありませんが、干ばつもしばしばみられます。大規模なエルニーニョ現象が発生する年の干ばつは特に深刻なものとなる傾向があり、実際2015、2016年はタイなどで農業生産が大打撃を受けました。また2015年、干ばつで勢力を増したインドネシアの山火事が、周辺国を巻き込む大規模な煙害を引き起こし、深刻な健康被害が広がりました。

図表1　世界リスク指数

（%）

世界順位	国名	世界リスク指数	自然災害発生リスク	自然災害への脆弱性		

世界順位	国名	世界リスク指数	自然災害発生リスク	自然災害への脆弱性	被害発生の可能性	被害軽減能力の欠如	対策策定能力の欠如
3	フィリピン	26.70	52.46	50.90	31.83	80.92	39.96
7	ブルネイ	17.00	41.10	41.36	17.40	63.17	43.53
9	カンボジア	16.58	27.65	59.96	37.55	86.84	55.49
17	日本	12.99	45.91	28.29	17.82	38.04	29.00
18	ベトナム	12.53	25.35	49.43	24.95	76.67	46.67
36	インドネシア	10.24	19.36	52.87	30.09	79.49	49.04
42	ミャンマー	8.90	14.87	59.86	35.63	87.00	56.93
77	インド	6.64	11.94	55.60	35.79	80.22	50.78
85	中国	6.39	14.43	44.29	22.81	69.86	40.18
86	マレーシア	6.39	14.60	43.76	19.02	67.52	44.73
89	タイ	6.19	13.70	45.22	19.34	75.53	40.79
100	ラオス	5.59	9.55	58.51	37.41	84.37	53.76
159	シンガポール	2.27	7.82	28.99	14.24	49.44	23.28

（注）各項目の名称は、全て筆者による意訳。正確を期する場合、出所資料を参照。
（資料）United Nations University-EHS and Bündnis Entwicklung Hilft "World Risk Report 2016" より、みずほ総合研究所作成

図表2　21世紀の主な自然災害

2004年	インドネシア・スマトラ島沖地震およびそれに伴う津波で、23万人近くの死者が出る大惨事。ASEANでの死者（行方不明者を含む）は、インドネシア16万8千人、タイ6千人、マレーシア68人、ミャンマー61人
2006年	インドネシア・ジャワ島中部地震発生、同年のジャワ島南西沖地震・津波と合わせ、死者6千人
	フィリピン・マヨン山噴火と、それに続く台風ドリアン（フィリピン名レミン）による火山泥流出で死者・不明者1330人。同台風でベトナムでも数十人規模の死者
2008年	サイクロンのナルギスにより、ミャンマーで死者・不明者13万8千人の大惨事
	台風フンシェン（フィリピン名フランク）と、それに伴うフェリー「プリンセス・オブ・ザ・スターズ」の沈没により、フィリピンで死者・不明者千数百人
2009年	インドネシア・スマトラ島沖地震で死者1200人
2011年	台風ノックテンを契機にタイで大洪水発生、死者815人、被害総額465億ドル
	台風ワシ（フィリピン名センドン）により、フィリピンで死者1453人
2012年	台風ボーファ（フィリピン名パブロ）により、フィリピンで死者1020人
2013年	台風ハイエン（フィリピン名ヨランダ）と高潮により、フィリピンで死者6200人。ベトナムでも死者
2015年～2016年	18年ぶりのスーパー・エルニーニョ現象が発生し、ベトナム、タイ、マレーシアなどASEANの広範な地域で深刻な干ばつ

（注）死者千人以上の災害に、タイ大洪水とスーパー・エルニーニョ現象を加えた。
（資料）国連資料、各種報道などより、みずほ総合研究所作成

COLUMN ①

2013年以降のマイナス成長下で持ちこたえるブルネイ

2013年以降の原油価格の下落は、多くの産油国の財政を悪化させています。米国のシェールオイル増産が続くなか、中東諸国やロシアの減産協調でも油価の反発は限定的であり、上値の重い展開が続いています。

ASEANにも、世界的に有名な産油国があります。それはブルネイです。同国はボルネオ島の北部の２つの隣接する飛び地からなり、周囲を海とマレーシアに囲まれた人口約40万人の小国ですが、1984年の英国からの独立以降、天然資源がもたらす巨万の富が国家財政を支えてきました。しかしながら、2013年以降の油価下落は、ブルネイ経済を例外なく直撃し、2013年以降マイナス成長に陥っています。油価下落は財政を圧迫し、国防費の大幅削減などでなんとか帳尻を合わせている状態です。ブルネイ政府は、原油の増産で財政不安を乗り切りたい考えですが、油価維持のために国際減産協調が求められる環境下で、政府の思惑どおりにいくかどうかは不透明です。

ただし、ブルネイにおいては、一部の産油国でみられる通貨急落などの経済混乱は避けられています。小国ゆえに内需が小さいことから輸入額が少なく、経常黒字が維持されているためです。また、豊富な対外資産を有しており、ただちに財政破たんするリスクが意識される状態にもありません。

さらに、ブルネイが擁する南シナ海に面する深海港に目をつけ、新たに投資を始める国が出て来ました。それは中国です。同国は、中国と欧州を結ぶ「一帯一路」構想の一環として、ASEAN・南アジア経由の「21世紀海上シルクロード」建設を掲げています。そこで、天然資源確保に加え、南シナ海に面する要衝という点でもブルネイに着目しているのです。2017年２月、ブルネイ企業と中国企業が合弁で、ブルネイ最大の港湾コンテナターミナルの運営を開始しました。ブルネイを海洋物流ハブとして活用しようという新たな動きといえます。さらにブルネイ国土を構成する２つの飛び地は海を挟んで10km以上隔てられていますが、中国企業による連結橋の建設が始まっています。

長年にわたりブルネイの最大の輸出先は日本です。裏を返せば、日本にとってもブルネイはエネルギー安全保障上重要です。また、TPPの原協定加盟国（P4）であるブルネイは、後に加盟交渉に関わった日本とともにアジア太平洋地域の自由貿易を支持する立場をとっています。上述のとおり、中国はブルネイへの経済協力を強めていますが、日本としてもブルネイが脱資源依存を図るために新たな成長の源泉を創出するという課題の解決をサポートする姿勢が求められている、といえます。

第2章

タイを理解しよう
～日本の重要な経済パートナー～

テーマ
12 タイの特徴
~工業と観光が栄える国~

仏教が根付いた国　タイ

タイは日本の約1・4倍の面積を有し、7000万人近くが暮らしています。常に笑顔を絶やさない人々の特徴から、「微笑みの国」と呼ばれています。

私たちは、タイの首都をバンコクと呼びますが、これは英語名です。タイの国民は、仏教儀式で用いられる正式名称の冒頭部分から、「クルンテープ（天使の都）」と呼ぶことが多いようです。

タイの民族は、大半がタイ族です。タイ族のルーツは、中国南部から南下してきた民族にあると考えられています。タイ族以外には、華人系、マレー系がいます。

山岳地帯には、100万人の少数民族が住んでいます。うち50万人以上は、ミャンマーとの国境近くに住むカレン族で、ミャンマーの軍事政権による迫害から逃れてきた人々といわれます。

タイ語はラオス語と似ていますが、ミャンマー語やカンボジア語とはまったく異なります。しかし、働き場を求めて、タイに出稼ぎに来るミャンマー人やカンボジア人は多く、これらの人々は必要に迫られてタイ語を習得します。

タイの宗教は、戒律の厳しい上座部仏教（テーラワーダ仏教）です。国民が日常的にお祈りを欠かさないなど仏教が社会に根付いており、街中の至る所で仏像や祠《ほこら》を目にします。男性は、成人するときか結婚する前に、一定期間の仏道修行をしなければ一人前と認められないという考え方もあるようです。

仏教への信仰心が厚いのに加え、タイの人々は、王室への尊敬の念を常に持ち続けています。タイでは平日の朝8時と夕方6時に全国一斉に国王賛歌が1分間流され、その時間は全員が立ち止まり国王への敬意を表します。

特に、プミポン・アドゥンヤデート前国王（ラーマ9世）は国民からの尊敬を集め、2016年に崩御された際には、国中が悲しみに浸りました。一方、ワチラロンコン現国王は、海外で生活を送る時間が長く、その人柄も不確かで、現時点では前国王ほどの人気を得るには至っていません。今後は行事や政治などの場での役割が増え、徐々に人物像が明らかとなっていくでしょう。

人口：6898万人（2016年） 面積：51万3115km² 首都：バンコク 名目GDP：4071億ドル（2016年） 1人当たりGDP：5902ドル（2016年） 産業構成：（名目GDP比、2016年） 第1次産業：　8.3% 第2次産業：35.8% 第3次産業：55.8%	政体：立憲君主制 元首：ワチラロンコン国王（ラーマ10世） （2017年12月末時点） 言語：タイ語 民族：タイ族、他に華人系、マレー系 宗教：仏教、イスラム教など 会計年度：10月～翌9月

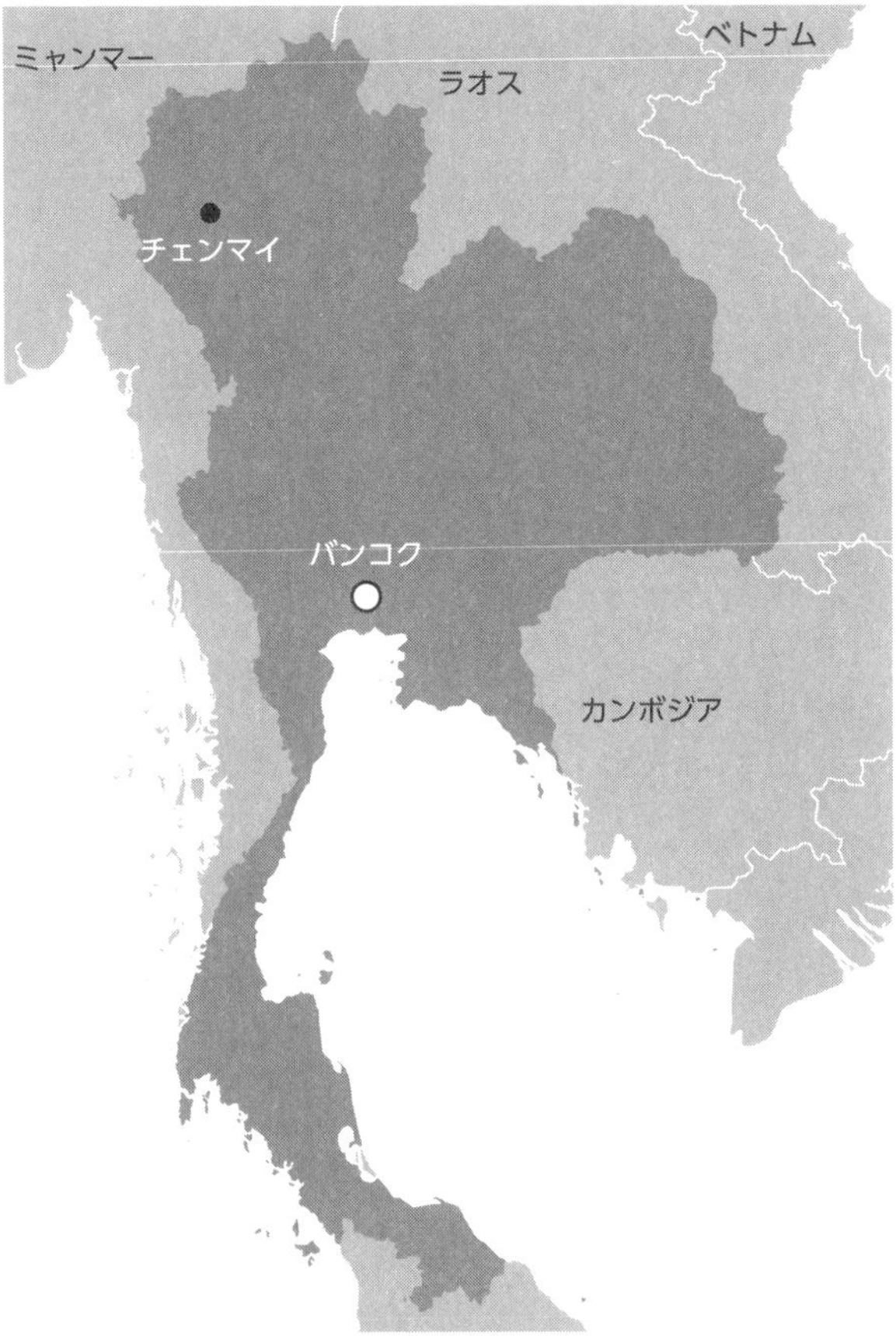

（資料）タイ統計局資料、外務省ウェブサイトなどより、みずほ総合研究所作成

ＡＳＥＡＮを代表する製造拠点

タイは古くから農林水産物の生産によって栄えてきましたが、近代では製造業の発達により、ＡＳＥＡＮのなかでも比較的工業化が進んだ国だといえます。ＧＤＰに占める第１次産業の割合が１９８０年の23・２％から２０１６年には８・３％と低下する一方で、第２次産業の割合は、28・７％から35・８％へ上昇しています。

このようなタイの工業化を主導したのは、１９８５年のプラザ合意をきっかけに進出を加速させた日本企業をはじめとする外資系企業です。海外からの現地子会社の設立や地場企業の買収などを目的とした投資の総額を示す直接投資残高のなかで、日本からの投資は最大のシェアを誇っています（図表１）。タイに進出している日本企業は４７８８社（帝国データバンク調べ、２０１５年12月末時点）に上り、タイにとって日本は欠かせない存在といえます。特に自動車メーカーの参入が多く、それを支える部品メーカーも多数進出したことで、その集積ぶりからタイは「アジアのデトロイト」とも称されるようになりました。

このように工業化が進展していることもあって、タイは自動車や電気機械の輸出基地となっています。タイの輸出額を品目別にみると、農水産物に次いで電子機器、車両、電化製品のシェアが高くなっています（図表２）。農水産物では、ゴム、コメ、タピオカ、鶏肉などが主力品目です。日本向けの輸出品目では、鶏肉や、ゴム、魚、キャットフードが多くなっています。

また、輸入品目では、電子機器や機械類が全体の２割弱を占めています。それに続いて、原油・石油などを含む燃料が１～２割程度、化学や車両とその部品が１割弱を占めています。

豊富な観光資源に恵まれた国

また、タイは、インドネシアやマレーシアのような天然資源は乏しい一方で、観光資源には恵まれています。食文化が豊かであることに加えて、アユタヤなど５カ所の世界遺産や、１年を通して温暖な気候であるためプーケットなどのビーチリゾートも人気です。最近では、宿泊施設や交通機関が整備されてきていることもあって、タイへの旅行客が急増しています。２０１６年時点のタイを訪れた年間旅行者の数は、３２６０万人に上り、ＡＳＥＡＮでトップとなっています。また、１人当たりの旅行者の単価が大きくなっていることもあって、観光業がＧＤＰに占める割合は11・４％と、タイ経済全体でみても、観光は欠かせない存在となっています。

図表1　対内直接投資残高（2016年）

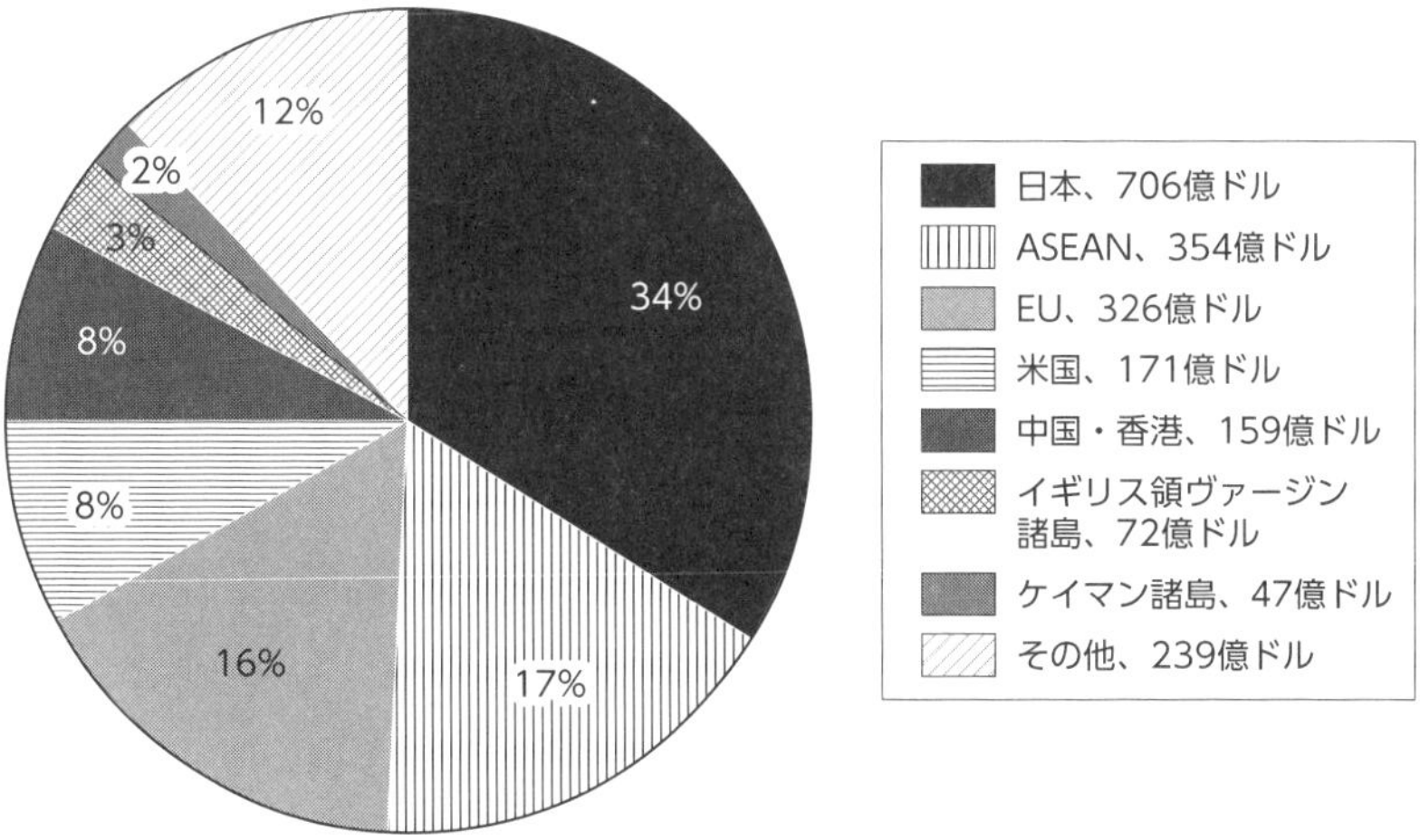

（資料）タイ中央銀行資料より、みずほ総合研究所作成

図表2　輸出の品目別内訳（2016年）

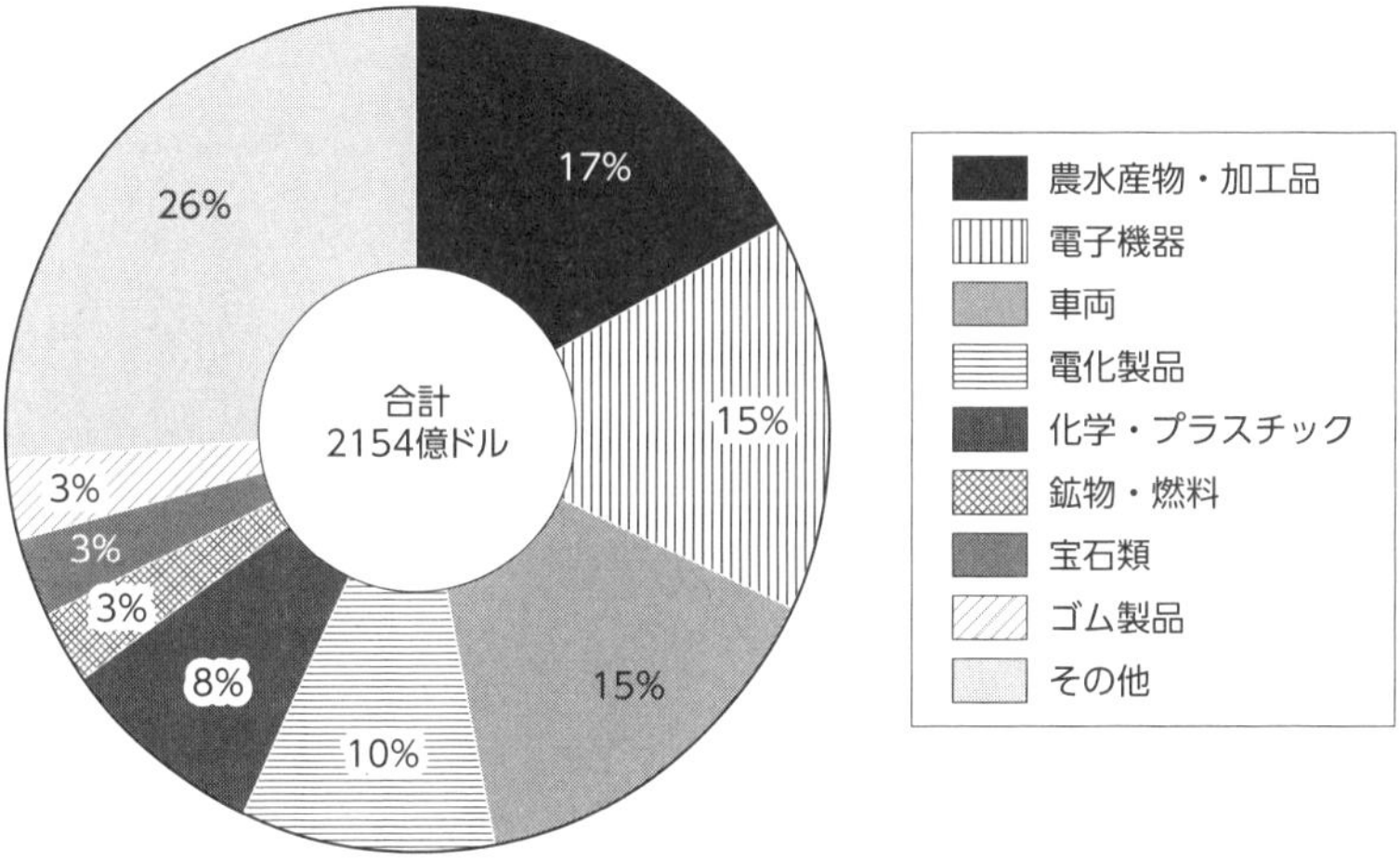

（資料）タイ商務省より、みずほ総合研究所作成

テーマ

13

タイの政治
～民政が定着せず、軍事クーデターが多発～

混乱収拾のため多用されるクーデター

現在タイでは軍政が続いています。2014年5月、長引く政治混乱を収拾するためタイ国軍はクーデターを決行し、軍部を中心とする国家平和維持評議会が全権を掌握しました。軍事クーデターを指揮したプラユット陸軍司令官は、国王の承認を得て暫定首相に就任しました。タイでは、戦後しばらくは軍部による独裁が行われ、1973年に民政へ移行しましたが、その後も軍のクーデターと民政復帰が繰り返されています。クーデターは、今回を含め19回発生しています。

国王が政治・軍事の権限を保有

タイは国王を元首とする王国です。国王は、国会の開催、内閣の任命、国軍の統括、戒厳令の施行（非常事態に行政権、司法権を停止）、官公庁の局長以上の人事任命権など、政治・軍事の権限を多く保有しています。国王の下に政府が置かれており、軍による政治介入は、国王の承認を得られなければ反乱とみなされます。2014年のクーデター後、国王は軍事政権による統治を承認しており、暫定的に軍政が敷かれています。

プミポン前国王の時代には、混乱が起きた際には自らが直接政治に介入し、事態を収拾するなど国王として社会の安定に貢献しましたが、テーマ12で触れたように、ワチラロンコン現国王は国民の前に姿を現す機会が少なく、現段階では、政治に関する手腕は不透明です。

階層間対立を背景に政局不安が続く

近年の軍政と民政の政権争いには、2001年にタクシン政権が成立したことに遠因があります（図表1）。タクシン首相は、農村と都市の所得格差という根深い問題に目をつけ、農村の低所得層に手厚い施策（負債返済猶予、安価な医療の提供など）を実施し、大票田で圧倒的な支持を集めることに成功しました。

一方、タクシン首相一族による汚職疑惑をきっかけに、軍人や官僚等のエリート、都市中間層は不満を強めました。そして2006年9月、軍がクーデターを起こし、タクシン政権は崩壊し、タクシ

図表1　2001年以降の政治の主な出来事

年月	出来事
2001年2月	総選挙で勝利したタイ愛国党タクシン党首が首相に就任（第一次タクシン政権）
2005年3月	総選挙でタイ愛国党が単独過半数を獲得。第二次タクシン政権発足
2006年1月	タクシン首相一族による不正な株取引が発覚。反タクシン派の反政府デモが頻発
4月	総選挙実施。野党の民主党が選挙をボイコットし、タイ愛国党が475議席獲得、タクシン派が勝利
5月	憲法裁判所が4月の総選挙を無効とする判決
9月	軍事クーデター発生、10月にスラユット暫定軍事政権発足
2007年8月	2007年憲法公布
2008年2月	民政移管、2007年憲法に基づく総選挙でタクシン派のサマック政権発足
8月	反タクシン派が首相府占拠
9月	サマック首相が違憲判決を受け、失職。タクシン元首相の義弟、ソムチャイ氏が首相に就任
11月	反タクシン派がスワンナプーム国際空港、ドンムアン空港を不法占拠
12月	国民の力党などタクシン派の連立与党3党に解党判決。ソムチャイ内閣は総辞職し、反タクシン派で民主党党首のアピシット氏が首相に就任
2010年3月	最高裁判所によるタクシン一族の資産没収判決を受け、タクシン派がバンコクで大規模デモ（約10万人参加、91名の死者）
2011年7月	下院選挙でタクシン派のタイ貢献党が過半数の議席を獲得し、タクシン実妹のインラック氏が首相に就任
2013年11月	タクシン元首相の帰国を可能とする恩赦法案に反対する反タクシン派の大規模デモが発生
12月	インラック首相が下院を解散
2014年2月	下院選挙実施。反タクシン派の妨害により多くの選挙区で投票を実施できなかったが、タクシン派が勝利してインラック政権が継続
3月	憲法裁判所が、2月の選挙を無効とする判決
5月	7日、憲法裁判所がインラック首相の行った政府高官人事について違憲との判決。インラック首相と閣僚9名が失職 20日、プラユット陸軍司令官率いる軍がクーデターを実施
9月	プラユット氏が首相就任、軍事政権発足
2016年8月	民政移管の土台となる新憲法草案への賛否を問う国民投票が賛成多数により可決
10月	プミポン国王崩御
2017年4月	ワチラロンコン新国王の署名を経て、新憲法が公布・施行
8月	職務怠慢の罪に問われていたインラック前首相が裁判所の判決を前に国外逃亡したとの報道
12月	ワチラロンコン新国王の戴冠式
2018年中？	総選挙実施、民政移管

（資料）各種報道より、みずほ総合研究所作成

ン氏は国外に亡命しています。

その後、タイの政治勢力は大きく二分されました。地方農民に都市貧困層が合流したタクシン派と、都市部の中間層、軍や官僚等のエリート層を中心とする反タクシン派です。タクシン派が赤色のシャツ、反タクシン派が黄色のシャツを着てデモを行うことから、赤シャツと黄シャツの対立とも呼ばれています（図表2）。

2006年のクーデターでタクシン政権を倒した軍事政権は、2008年に民政移管に向けた総選挙を実施しましたが、大票田の農村を押さえるタクシン派が勝利して政権に返り咲きました。

これ以降、数で勝るタクシン派が選挙に勝利し政権を樹立すると、選挙に弱い反タクシン派がデモや後述する司法の介入などの選挙によらない方法で政権を奪うというパターンが繰り返され、混乱収拾のために軍の介入を国民が許容することとなったのです。

軍だけでなく司法も政治介入

司法機関としては、憲法裁判所や最高裁判所、汚職を追及する国家汚職追放委員会などがあります。最近は、混乱収拾のために司法機関が政治に介入するケースも目立ちます。2014年2月、タクシン派のインラック政権が、反タクシン派のデモ攻勢を受けて、解散総選挙に踏み切りました。インラック政権は再選を果たしたものの、選挙に不利な反タクシン派は投票所を閉鎖して妨害したことで、同3月、憲法裁判所は、「一部の投票所が閉鎖されており、全国同一日での投票を定める憲法に反する」として、選挙は無効と判決しました。同5月には、インラック首相が2011年に行った政府高官人事に対し、憲法裁により違憲判決が出され、インラック首相は失職しました。

一連の司法の動きは反タクシン派寄りで、タクシン派政権に対する司法クーデターともいわれました。インラック首相の失職後もタクシン派は暫定首相を立てて政権を保ちましたが、これにとどめを刺したのが本テーマの冒頭で述べた軍事クーデターだったのです。

総選挙後も強い政権の誕生は期待できず

タイ政府は、早期の民政移管を目指してきましたが、憲法制定作業の遅れやプミポン前国王の崩御によって、民政移管に向けた総選挙は延期されてきました。総選挙の土台となる新憲法が、2016年8月に国民投票により賛成多数で承認され、2017年4月にワチラロンコン国王の署名をもって公布・施行されたことで、ようやく総選挙の実施の筋道が立てられました。現段階では、2018年後半の選挙実施が予定されています。もっとも、総選挙の実施が必ずしも民主化を意味するとはいえません。この新憲法のもとでは、軍人などの非議員が首相に就任することが可能となっています。また、選挙から5年間は移行期間として、軍部が上院議員を選任できるうえ、民選の下院についても、比例代表により中小政党に議席が配分されやすい制度となっているため、単独で多くの議席を獲得するのは困難です(図表3)。このような選挙制度では、次期政権においても上院で多くの議席を持つ軍部の影響力が強く残る可能性が高いと考えられます。

民政移管後の新政権は、脆弱なものになると思われます。今後も所得格差に根ざすタクシン派と反タクシン派の対立が続くとみられるからです。タクシン派に不利な新選挙制度によって反タクシン派政権が選出されても、タクシン派による大規模デモが発生するリスクは残ります。このため、次期政権は両派に配慮した政策運営を余儀なくされ、リーダーシップを発揮するのは容易ではないでしょう。

図表2　赤シャツと黄シャツの対立

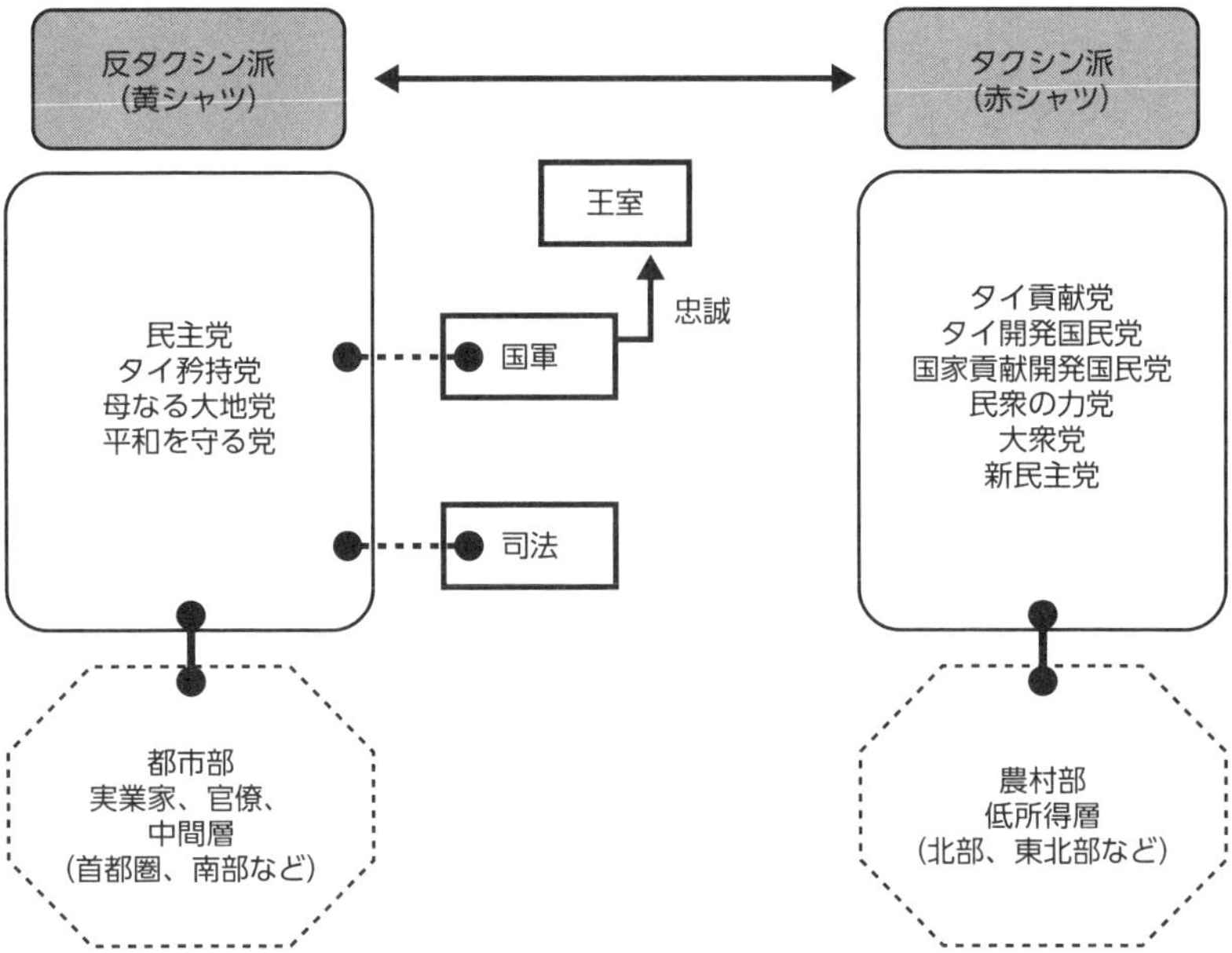

（資料）各種報道より、みずほ総合研究所作成

図表3　憲法の概要

	2011年憲法	2016年憲法
議席数	上院150議席 （約半数が公選）	上院250議席 （非公選：軍部が選任）
	下院500議席（公選）	下院500議席（公選）
下院 選挙制度	小選挙区比例代表並立制 ［小選挙区：375人 比例代表：125人］	小選挙区比例代表併用制 ［議席数は政党の得票数に応じて比例配分（注）］
特徴	・下院のみから首相選出が可	・非議員からも首相選出が可 ・憲法改正に厳しいハードル

（注）議席数は政党の得票数に応じて比例配分し、各政党では小選挙区で当選した候補者に優先的に議席を与える選挙制度。

（資料）各種報道より、みずほ総合研究所作成

テーマ

14

タイの外交

～大国の間でしたたかなバランス感覚を発揮～

日本との深い親交

タイにとって日本は最もつながりの強い国だといえるでしょう。両者の関係は長く、歴史を遡ると、16世紀初めにアユタヤに日本人町が築かれていましたし、江戸時代前期にはビルマ（現在のミャンマー）軍との戦いで活躍した山田長政が、一地方の知事の官位を与えられたという史実もあります。

政府間の外交関係は、1887年に「日・タイ修好宣言」に調印し国交を樹立してから、2017年で130年を迎えました。戦後以降、日本は政府開発援助（ODA）などを通してタイのインフラ整備の一端を担ったほか、アジア通貨危機の際には日本が資金支援などを行いました。テーマ12でみたように民間レベルでみても日本は最大の投資国として、タイの自動車や機械産業の発展を支えています。

また、タイの王室と日本の皇室との親交も深く、タイの代表的な魚のティラピアは、1960年代に、当時皇太子であった天皇陛下からタイ国王に贈呈されたことが普及のきっかけとなりました。天皇・皇后両陛下が即位後初めて訪問した国はタイですし、2016年のプミポン前国王の崩御後にも、両陛下はすぐにタイへと弔問に訪れました。その際には、ワチラロンコン国王が両陛下に会い、国王として初めてとなる王室外交を行いました。

このような歴史的な経緯もあって、タイでは親日的な国民感情が根付いています（図表1）。

タイの軍政問題をめぐり揺れ動く対米関係

タイと米国は条約上の同盟関係にあり、かつて米国はタイを東南アジアで最も重要な同盟国として位置づけていました。東南アジア最大級の多国間軍事演習「コブラ・ゴールド」は1982年から毎年米国とタイの主催で行われてきました。しかし、2014年にタイでクーデターが発生したことに対し、当時オバマ政権下にあった米国政府は、「失望」の念を表すとともに、タイへの支援を見直すとの声明を発表しました。また、米国はそれまで共同で行ってきた軍事訓練への派

図表1　諸外国に対するタイ人の国民感情

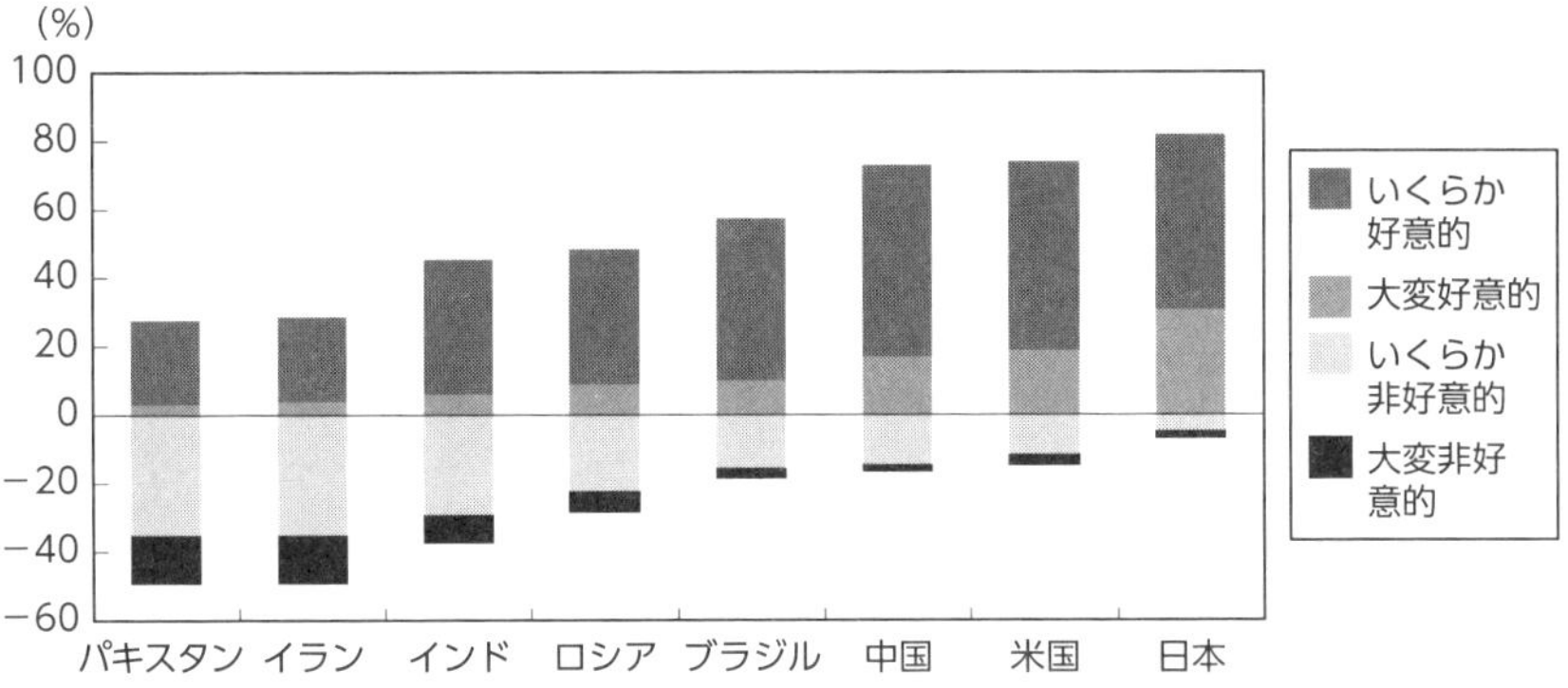

(資料) Pew Research Center “Pew Global Attitudes Project” より、みずほ総合研究所作成

遣員も縮小し、約5億4千万円にものぼる軍事支援も凍結することとなりました。それ以降、米国はタイに早期の民政復帰を呼びかけてきました。

2017年1月のトランプ政権誕生を契機に、米国のタイに対する外交スタンスに変化がみられます。2017年に行われたコブラ・ゴールドには、3年ぶりに米太平洋軍司令官が参加したほか、派遣員も増員しました。また、同年8月にはティラーソン国務長官がタイを訪れたほか、10月にはプラユット首相にとって国際会議以外の場では初めてとなる訪米も実現しました。トランプ大統領との会談では、両国の関係を強化することで一致するなど、タイと米国の関係は再び修復に向けて歩み始めています。

最近は中国に急接近

タイと中国は、地理的に近接していることもあって、古くから交流が行われてきました。過去にはタイが共産主義に対する疑念を持ち、両国の関係が悪化した時期もありましたが、近年は良好な関係を保っています。

特に、軍政移行後に米国との関係が悪化してからは、タイは中国に急接近するようになりました。潜水艦や戦車などの兵器を中国から購入するようになったほか、中国に大型なインフラ案件を委託するようになりました。タイと中国を結ぶ高速鉄道案件では、プラユット首相に事実上全権限を付与する新憲法44条を発動してまで、技術者をタイ人から中国人に入れ替えるなど、軍政の中国重視の姿勢が見受けられます。

経済面のつながりをみても、2013年には日本を抜き中国が最大の貿易相手国となっていますし、タイを訪れる旅行者は中国人がトップになっており、タイにとって中国は、今や欠かせない存在となっています。

テーマ 15

タイの経済

~中所得国の罠脱出に向け産業高度化に挑む~

タイ経済は停滞が続く

資本集約型産業を振興することで上位中所得国にまで発展したタイは、近年は経済の停滞に直面しています。

2010年代に入ってから足元の2016年までの実質GDPの成長率は平均3・6%と2000年代の同4・3%から減速しています(図表1)。発展段階が同程度のマレーシアが同じ期間に5%前後の成長を遂げたことを踏まえても、成長力は弱いといえます。高所得国入りの準備が整う前に生産年齢人口が2019年から減少に転じるなど(図表2)、少子高齢化で成長の活力は失われています。

また、2006年のクーデターによるタクシン政権崩壊後の政治混乱が続くなかで、経済政策が迷走したことも、経済停滞の一因となっています。

特に、2011年の洪水後にインラック首相(当時)が打ち出した過度な景気刺激策は、負の遺産として、このところの景気の重石となっています。その代表例が、「ファーストカースキーム」です。この制度は1台目の自動車を購入する人に対して物品税を還付する政策で、実施時期こそ自動車販売を大きく押し上げましたが、需要の先食いが生じたことで、その後の家計の自動車購入意欲を著しく削ぐ原因となりました。

ファーストカースキームの影響は、家計だけでなく企業の投資行動にも大きな影響を与えています。自動車関連各社は、この制度が実施されたことに伴って生じた大きな自動車需要に対応するために設備投資を拡大しました。しかしながら、それ以降、自動車需要の縮小とともに生産設備の稼働率が低下の一途をたどり、企業は過剰設備を抱えることとなりました。このようにして生じた設備過剰が、現在の民間投資の低迷につながっているといわれています。

また、周辺国に比べて賃金が高いことも、外資系企業が投資を控える要因になっています。これに対して、内資系企業も、教育水準の低さや人材育成不足の問題により、外資系企業に代わる経済の牽引役にまでなれていないのが実情です。タイは、経済が中所得国のレベルから抜け出せない状態、いわゆる「中所得国の罠」にはまっているといわれています。

図表1　実質GDP成長率

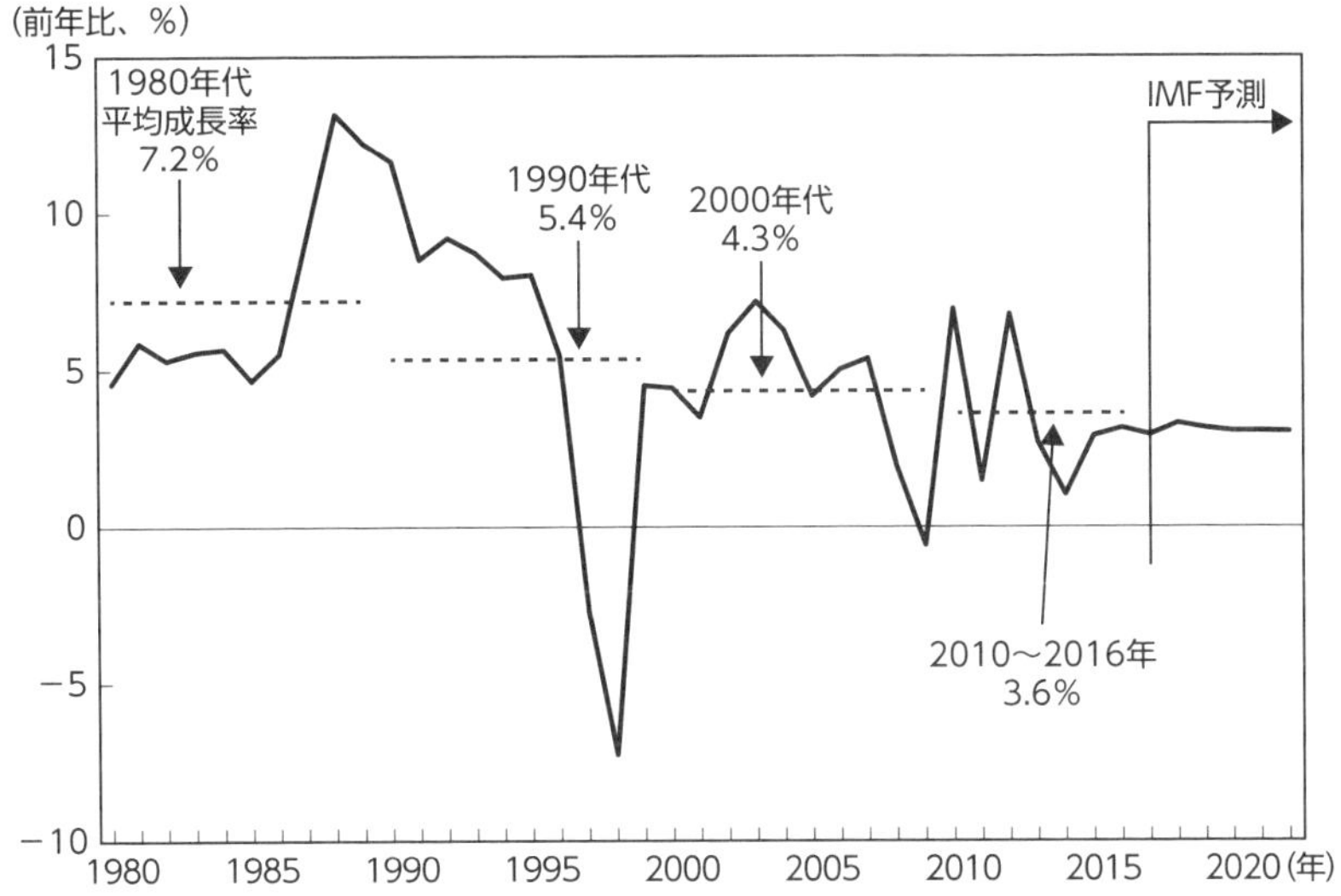

(資料) IMFより、みずほ総合研究所作成

図表2　生産年齢人口増加率

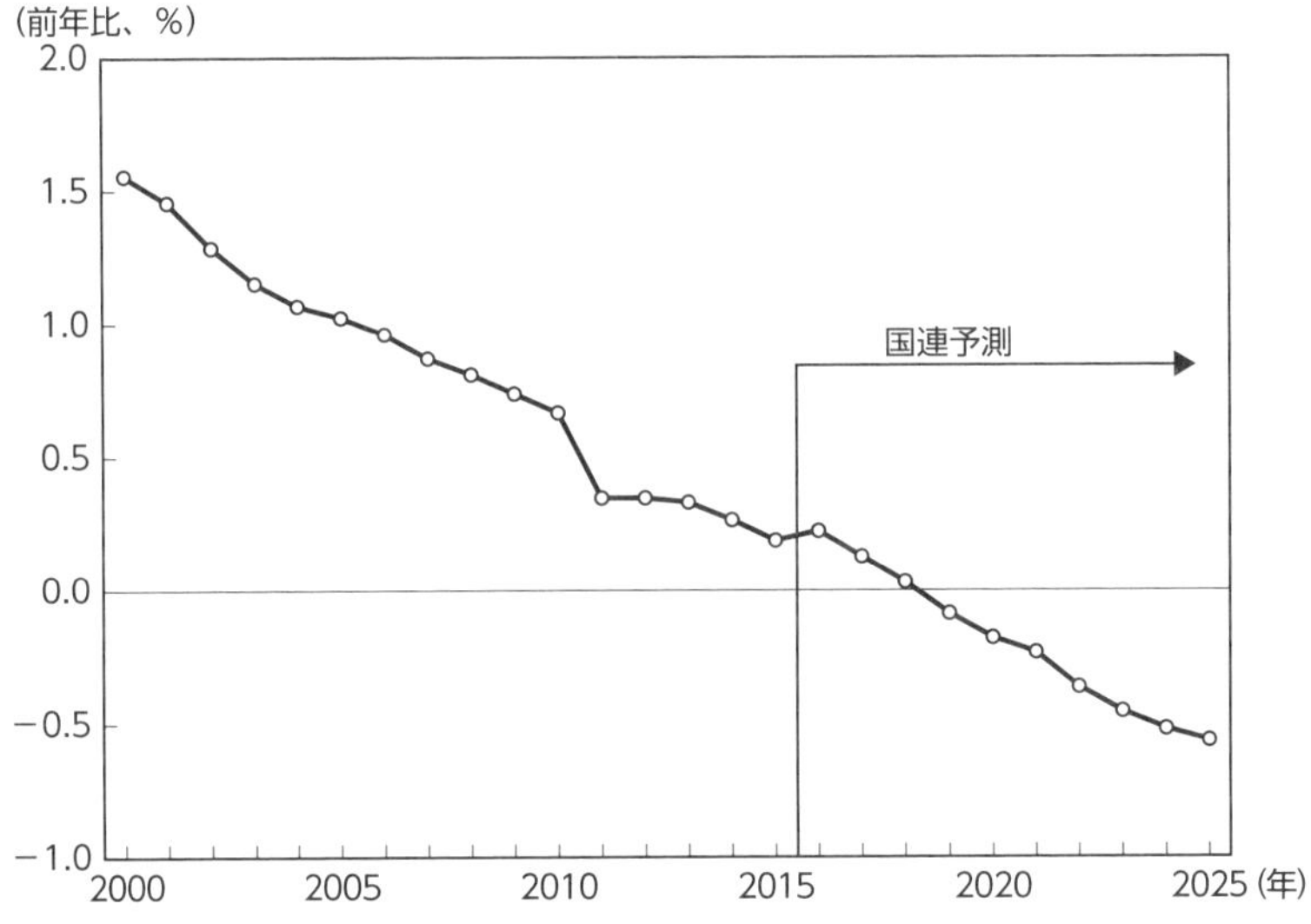

(資料) 国連資料より、みずほ総合研究所作成

停滞脱出の切り札「タイランド4・0」

タイ軍政は、中所得国の罠から脱出するために、「タイランド4・0」の実現に取り組んでいます。これまで経済構造の重点が農業、軽工業、重工業へと移り変わってきましたが、今後はイノベーションや生産性向上などにより持続的に高付加価値な財・サービスを創造する第4の発展段階を目指すものです。それを実現するうえでの重要産業として、自動車などの5つの既存産業に加え、ロボット産業やデジタル産業などの新たな5つの知識集約型産業をターゲット産業として育成していく予定です(図表3)。

この政策の目玉ともいえるのが、「東部経済回廊(EEC)」の開発計画です。首都バンコク近郊の3県を対象に、2017年から5年間で1・5兆バーツ(約4・5兆円)を投じてインフラ整備や税制優遇策などの投資環境整備を行い、ターゲット産業の投資を誘致します。

周辺国のダイナミズムを取り込む

政府は、自国産業の高度化とともに、インフラ整備により周辺国との連結性を高めることで、発展が目覚ましい周辺国の成長のダイナミズムを自国に取り込む方針です。陸路については、タイとCLMV(カンボジア、ラオス、ミャンマー、ベトナム)をつなぐ東西・南北・南部の3つの経済回廊が2015年に概ね完成し、海路についてもEEC開発の一環としてレムチャバン港を拡張する予定です。また、政府開発援助(ODA)予算で周辺国内でのインフラ整備にも取り組んでおり、たとえばタイ国境からミャンマーのダウェー経済特区(SEZ)を結ぶ132キロの南部経済回廊延伸について、45億バーツ(約145億円)の借款供与が承認されています。

このような政策もあって、最近は、タイから周辺国への輸出や直接投資が大きく増加し(図表4)、インフラ投資が進めば、さらなる拡大も期待できます。

当面は長期目標に向けた助走期間

軍政は2018年に予定される総選挙の前には20カ年国家戦略として、今後の開発計画や国家予算の枠組みを打ち出すとしています。そのため、総選挙でいずれの党派が勝ったとしても、現在の政権が目指す産業高度化への流れは大きく変わらないものと考えられます。

ただし、軍政が描くビジョンには、一時的な対策が多く、教育や人材育成といった根本的な経済課題への解決策は示されていません。長期にわたる成長持続のためには、これらの課題に本腰を入れて取り組む必要もあるでしょう。

図表3　タイランド4.0を達成するための10のターゲット産業

＜短・中期的に取り組む分野＞ 既存産業のレベルを上げ、 さらに進展させる。	＜長期的に取り組む分野＞ 新規産業を創出し、 タイ経済を飛躍的に発展させる。
次世代自動車	オートメーション＆ロボット
スマート電子	航空宇宙
高付加価値観光・メディカルツーリズム	バイオ燃料・バイオ化学
農業・バイオテクノロジー	デジタル産業
食品イノベーション	メディカル・ハブ

（資料）タイ投資委員会より、みずほ総合研究所作成

図表4　タイから周辺国への直接投資額と輸出額

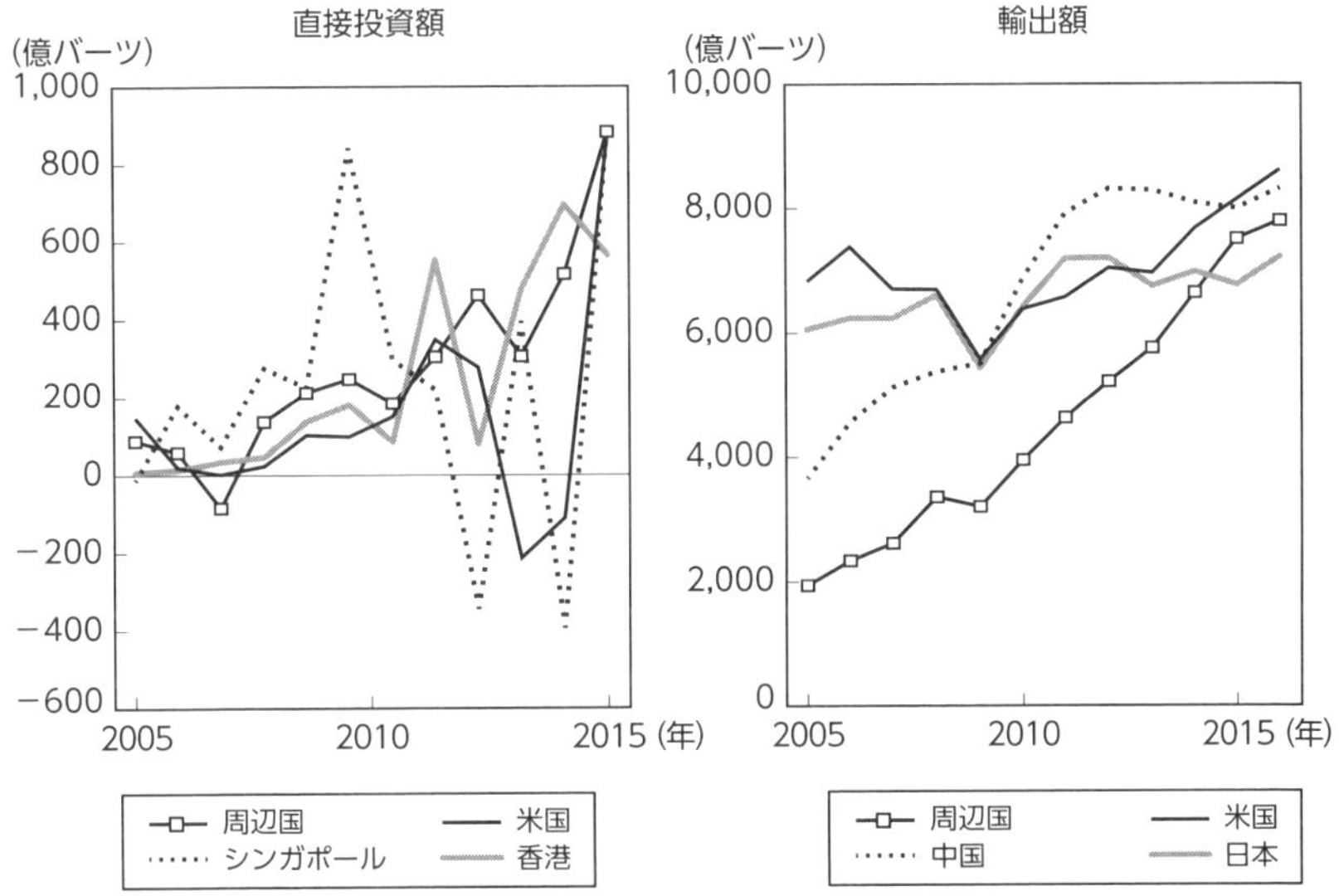

（注）1．直接投資は、現地子会社の設立や地場企業の買収などを目的とした投資。
　　 2．周辺国は、カンボジア、ラオス、ミャンマー、ベトナムを指す。
（資料）タイ中央銀行より、みずほ総合研究所作成

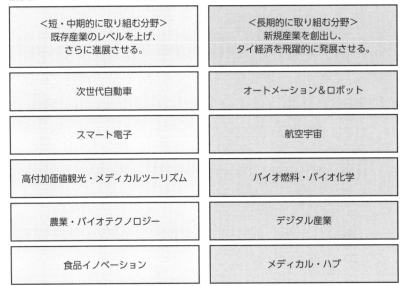

テーマ16

タイの消費市場
～バンコク首都圏を中心に高い購買力～

周辺国よりも高い消費者の購買力

最近のタイ経済は精彩を欠きますが、これまでの経済発展の結果、消費者の購買力はすでに周辺国に比べ高い水準に達しています。タイの所得階層をみると、2000年から2013年にかけて、1人1日当たり10ドル～20ドルの中間層（中所得層）の割合は、17・1％から32・3％に高まっています(図表1)。

実際にこのような所得改善を受けて個人消費は増加しています。2001年と2015年に実施された家計調査をみると(図表2)、1世帯当たりの消費額は、8758バーツから1万8431バーツへと倍になっています。特に、全人口の15％を占めるバンコク首都圏の支出額は、2万6719バーツにのぼり、他の地域に比べて突出しています。バンコクの街を歩くと、大型のショッピングモールが数多くあり、そこで販売されている商品は欧米の高級ブランドなど、先進国で目にするものと大差ありません。

所得増に伴い高価格品への支出が増加

タイの消費の特徴として挙げられるのが、食費への支出割合の高さです。通常所得水準の向上に伴って、食費への支出ウエイトは低下していきます（エンゲルの法則)。しかし、タイの場合は、期間にかかわらず食費が全体の4割弱を占めています(図表2)。この背景には、タイの食生活の変化があります。タイでは、従来外食文化が根付いており、最近では、バンコクだけでなく地方都市にも日系飲食店が相次いで進出しています。また、自宅で食事を摂る場合でも、自分で調理するのではなく、スーパーで惣菜などを買うケースも増えています。このような食生活の変化が食費の増加につながっていると考えられます。

また、最近は車両や通信への支出が増えているのも1つの特徴だといえます。所得の増加に伴い車などの高価なものを買う余裕が出てきたことに加えて、パソコンや携帯電話の普及により通信機器の購入や通信料などへの支出が増加しているようです。タイの携帯電話の普及率は、すでに80％を上回っています。

図表1　所得階層別世帯比率の推移

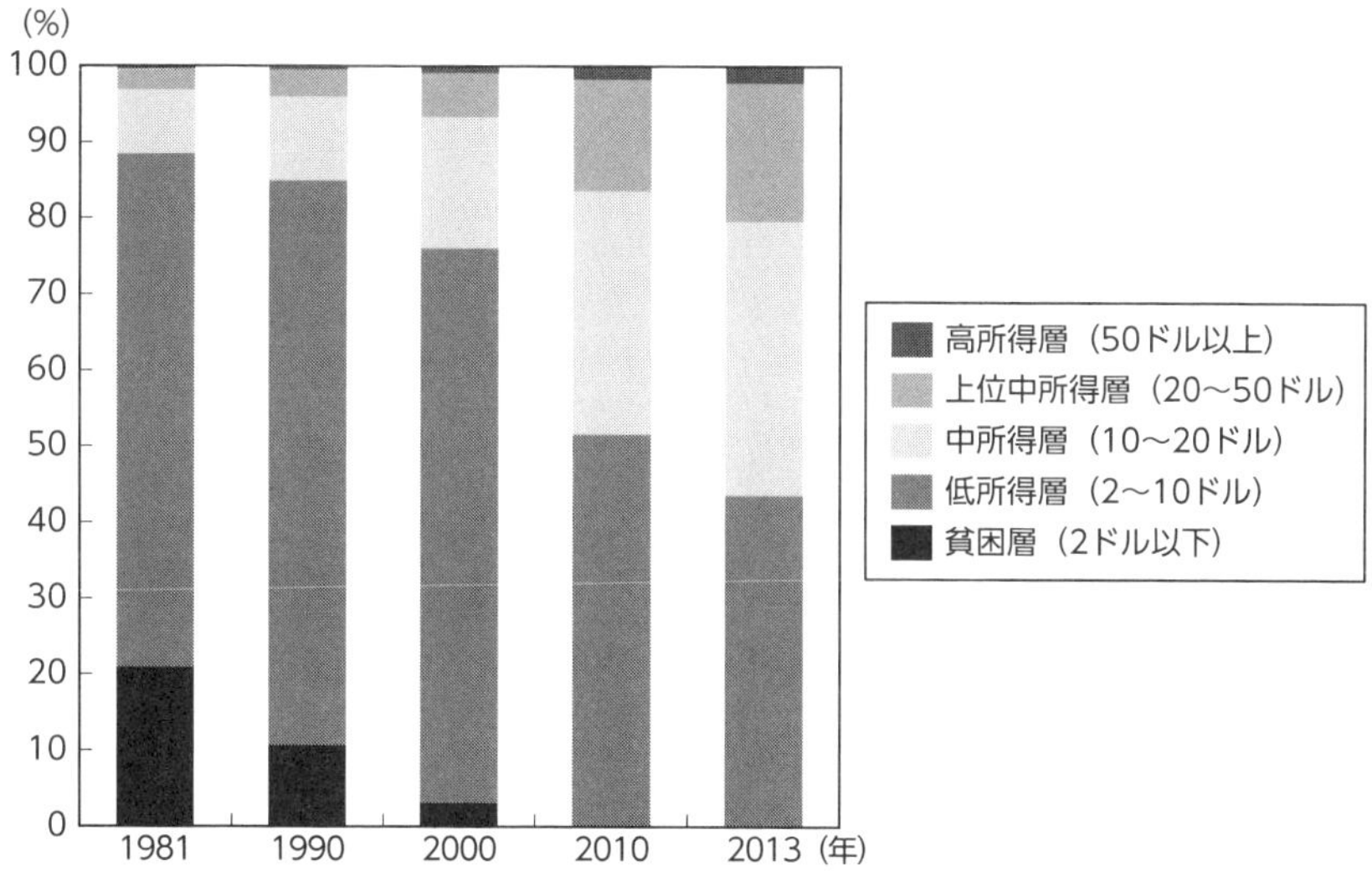

（資料）世界銀行より、みずほ総合研究所作成

図表2　消費支出の内訳（1世帯当たり）

	金額（単位：バーツ）				構成比（%）			
	2001		2015		2001		2015	
	全国	バンコク首都圏	全国	バンコク首都圏	全国	バンコク首都圏	全国	バンコク首都圏
飲食料品	3,261	5,502	6,900	8,477	37.2	33.7	37.4	31.7
アルコール	185	344	140	173	2.1	2.1	0.8	0.6
たばこ	110	179	91	97	1.3	1.1	0.5	0.4
家賃・家具・光熱費	2,249	4,529	4,311	7,281	25.7	27.7	23.4	27.3
被服	318	495	537	747	3.6	3.0	2.9	2.8
個人サービス	271	472	739	1,119	3.1	2.9	4.0	4.2
医療費	264	492	296	507	3.0	3.0	1.6	1.9
車両・交通・旅行・通信	1,573	3,170	4,589	6,983	18.0	19.4	24.9	26.1
教育費	248	707	356	823	2.8	4.3	1.9	3.1
娯楽・信仰活動	187	391	332	474	2.1	2.4	1.8	1.8
その他	92	52	140	38	1.1	0.3	0.8	0.1
合計	8,758	16,333	18,431	26,719	−	−	−	−

（注）1. バンコク首都圏は、バンコク、ノンタンブリ県、パトムターニー県、サムットプラーカーン県。
　　2. 網掛けは構成比が10%を超えることを示す。
（資料）タイ国家統計局「家計社会経済統計」より、みずほ総合研究所作成今後については、中間層だけでなく、富裕層の増加も期待できます。タイでは、中所得層に比べ高所得層になると、急激に住宅への支出ウエイトが高くなる傾向があります。すでに、都市部の高級住宅マンション建設や、住宅にショッピングモール、スーパー、病院などを併設した富裕層向けのシニアタウンの開発計画などが打ち出されています。

近代リテールが躍進

また、最近では小売の業態にも変化がみられます。以前タイ人にとっての買い物先は、地元の市場や零細小売店が中心でしたが、最近では大型ショッピングセンターやコンビニエンスストアなどの業態が主流になりつつあります(図表3)。年々増加するこれらの近代的リテールの店舗は、バンコクのような大都市では、至る所で目にすることができます。日系では、伊勢丹、セブン-イレブン、ファミリーマートなどが参入しており、2018年には高島屋も開店予定です。

家計債務が消費の重石に

消費市場についての懸念事項は、家計債務が積み上がっていることです。

家計債務の推移を対GDP比でみると、2016年末時点で70・2%と先進国並み(74・6%)の水準まで上昇しています(図表4)。この背景には、テーマ15でみたインラック政権下で実施された自動車購入支援策に伴いオートローンが拡大したこと、2011年に起きた大規模な洪水の影響で住居購入のための住宅ローンが増加したこと、クレジットカードが普及したことにより借入がしやすくなったことなどがあります。

現時点では、ローンがどの程度回収困難となっているかを示す不良債権比率はそこまで高まっていないため、足元で家計が債務の返済に大きく苦しめられているとまではいえないでしょう。しかしながら、すでに債務の比率が先進国並みまで上昇していることを踏まえると、これまでのようなペースでさらに債務を積み上げることは考えづらいでしょう。また、タイ中央銀行が家計債務の抑制に向けてクレジットカードや個人向け無担保ローンの規制強化に乗り出していることを考慮すると、今後は家計債務が徐々に圧縮されると予想されます。

つまり、今後は借入を増やして消費を行っていた局面から、消費を控えて債務を返済する局面へ移行していくと考えられます。実際、最近の家計債務対GDP比率の上昇には歯止めがかかっていますし、筆者がタイ現地で行ったヒアリング調査でも、「延滞率や不良債権比率が高まる兆候も見え始めた」といった声や、「最近では住宅ローンの却下率も高まってきており、借入が困難となってきている」という意見が聞かれています。

図表3　種類別の小売店数の推移

	2012年	2013年	2014年	2015年
大型ショッピングセンター／大型スーパー	297	311	340	376
スーパー	266	359	432	463
家具屋	232	284	318	343
家電店	－	1,358	1,351	1,425
コンビニ	10,601	11,632	12,559	13,322
デパート	53	61	69	74
ドラッグストア	－	980	1,146	1,249

（資料）タイ小売業協会より、みずほ総合研究所作成

図表4　家計債務比率と不良債権比率の推移

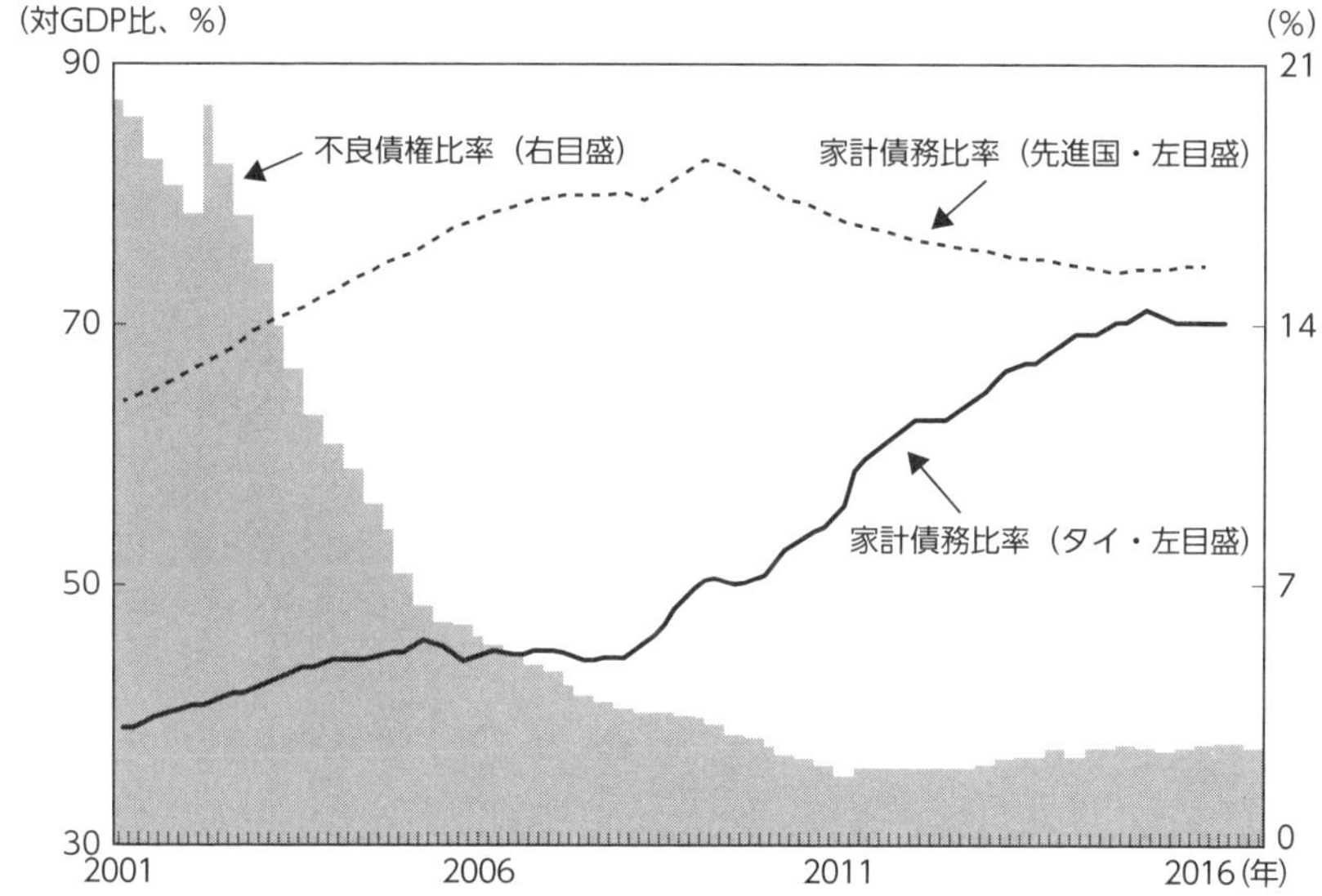

（資料）国際決済銀行、タイ中央銀行より、みずほ総合研究所作成

テーマ

17 タイの有望分野・進出事例

～国家戦略が示す新たな投資分野・機能～

国内外に広がるＥＣ市場

テーマ16では、近代リテールが浸透してきていることをみましたが、最近ではインターネットを利用した買い物、いわゆるＥコマースも増加しています。

インターネット利用者のうちＥコマースの利用経験者は２０１４年には６・４％でしたが、２０１６年には7・9％にまで上昇しています。特筆すべきは、地方の利用者が増加していることです。近年物流網の整備が進み、わざわざ都市部まで買い物に行かなくても、地方からインターネットを介して注文を行うケースが増えてきているのです。

Ｅコマースによる買い物の内訳をみると、衣料品や食料品、機械類などが中心となっています（図表1）。また、利用金額をみると１０００バーツから３０００バーツ程度の買い物が多いようです。

このような電子商取引（ＥＣ）は、タイ国内の消費だけでなく、国境を越えた取引や企業間の決済にも利用されており、２０１６年時点の市場規模は、２兆５２００億バーツに上るといわれています。

さらに、政府は国家ＥＣ計画として、ＥＣ市場を今後年平均で20％のペースで増加させ、２０２１年には5兆バーツへと、現行の倍の規模まで拡大させる方針を打ち出す予定です。

国家戦略から見える有望産業

また、テーマ15でみた政府の目指す「タイランド４・０」に掲げられた10のターゲット産業にも期待がかかります。政府は、東部経済回廊（ＥＥＣ）で対象産業に投資する企業に対し、最長で15年間法人税を免除するほか、補助金を付与するなど、これまでよりも大きなインセンティブが設定されています。

実際に２０１５年1月から２０１７年6月までのターゲット産業への投資申請額は、76・6億米ドルに達しており、産業別では次世代自動車（約30億ドル）やスマート電気機器（約20億ドル）を中心に申請額が大きくなっています。

また、ジェトロと在タイ日本大使館が共同で行った日系企業へのアンケート調査では、28社のうち10社（36％）がＥＥＣ内での投資拡大をすでに予定、もしくは検討中と回答しており、日系企業の関心も高いことが分かります。

発展しつつある統括機能

タイは、ASEANで、シンガポールに次いで地域統括機能を発展させています。日系では、トヨタやデンソーなどのメーカーが統括拠点を構えています（図表2）。政府は、タイに国際地域統括本部を置く企業に、研究開発やトレーニング用機械の輸入税の免除や、外国人による100％の株式や土地の保有を認めています。最近では、タイに生産や部品調達の機能、シンガポールに金融や財務などの経営支援の機能を持つ地域統括拠点を置く棲み分けがなされています。

今後についても、周辺国のカンボジア、ラオス、ミャンマーとの生産分業が広がっていくとみられることから、中心のタイに製造や物流などの管理を行う統括拠点を設置・移設するケースは増えると思われます。

図表1　Eコマースによる買い物の内訳

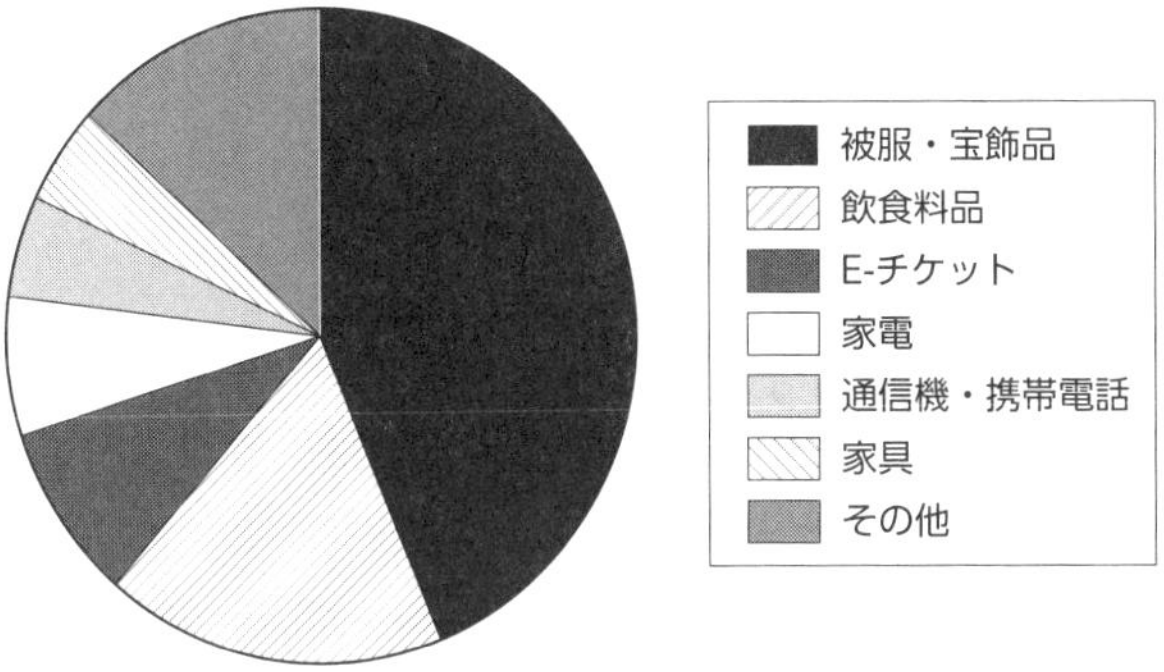

（資料）タイ国家統計局「インターネット使用状況調査」より、みずほ総合研究所作成

図表2　タイに統括拠点を置く動き

企業名	主な動き
トヨタ自動車	2006年、生産・調達・物流分野の本部機能をタイに置く シンガポールの統括販社と連携
日産自動車	2011年、東南アジアの統括会社をシンガポールからタイに移管
デンソー	地域統括会社デンソー・インターナショナル・アジアをタイに置く 2013年、タイを東南アジアの生産・開発の中核と位置づけ集中生産体制を拡充
古河電気工業	2014年、自動車用ワイヤハーネスの統括会社を設立 域内6カ国に有する9子会社の設計・営業・資材調達機能を統括
大同工業	2016年、営業統括拠点を開設
神戸製鋼所	2017年、タイに東南・南アジアの統括会社を設立 経営管理強化やグループ内との連携

（資料）各種報道より、みずほ総合研究所作成

テーマ

18

タイの経済リスク
～経済面でのリスクは大洪水とポピュリズム政策～

大洪水の再発

バンコクおよび周辺の産業集積地帯を流れるチャオプラヤー川の流域は低地となっており、7～11月の雨期には洪水が発生しがちです。近年は地球温暖化の影響により集中豪雨が発生し、大洪水につながることもあります。

2011年秋の大洪水では、チャオプラヤー川流域の複数の工業団地が浸水し、入居する多数の日系企業が稼働停止に追い込まれ、部品供給や物流が途絶したことで、浸水被害にあわなかった工場の生産にも影響が出ました。たとえば、自動車産業では、工場浸水や部品供給の停止により日系メーカー8社が生産停止に陥り、タイから部品供給を受ける国外の工場でも減産の動きがみられました。このほか、電機、素材、食品など多様な産業に影響が及びました。これらの結果、洪水直後の工業生産指数は、洪水前の水準から半分ほどに低下しました。

現在の軍政は、大洪水に備えて治水インフラ整備計画を策定していますが、10年超にわたる長期計画です。過去には、こうした大規模インフラ計画が政権交代によって縮小されたり、中止されたりした経緯もあるため、民政移管後の新政権下で計画が継続するかは不透明です。実際に、この治水計画は2014年の軍政発足時に一度凍結された経緯があります。治水計画が進まなければ、2011年秋のような大洪水が再発し、企業活動に重大な支障をきたす恐れがあります。

ポピュリズムの再来リスク

テーマ15でみたように、タイの経済停滞の背景には、タクシン派政権下で行われたポピュリズム的な政策の反動が出ていることに、その一因があります。

軍政の支持率低下を受けて、現政権もこのようなポピュリズム的な政策を行う可能性は否定できません。2017年8月に私立バンコク大学が実施した世論調査では、政権発足から3年が経過した時点でのプラユット政権の満足度は10点満点中5・27と評価されており、2年経過時点の評価（6・19）を大きく下回っています（図表1）。その内訳をみると、経済面に関する評価の低下が目立ちます。また、同調査での「総選挙までに現政権が取り組むべき事案は何か？」との問いに対して最多の32・5％が「経済の改善と安定」を挙げていることからも、国民は現政権に対して経済面での不満を募らせていることが分かります。

これらを踏まえれば、現政権が総選挙を前にタクシン派を抑制するため、人気を得やすいバラマキなどの政策を行う可能性は十分にあります。このような政策は、判断を誤れば副作用によって経済の低迷につながる危険性もはらんでいます。政府が一時しのぎの対策に終始することなく、長期的な課題への取組みを進展させることが望まれます。

通貨危機の再来リスクは大きく低下

テーマ9で触れたとおり、タイは、1997年に起きたアジア通貨危機の震源地となりました。タイで危機が再発するリスクはあるのでしょうか。

通貨危機の当時は、タイが固定相場制を採用するなかで、経常収支の悪化などを背景にバーツの売り圧力が高まり、外貨準備が過少となって中央銀行がバーツを買い支えられなくなったことが危機の原因となりました。一方で、現在では、変動相場制に移行後すでに20年が経過し、タイの安定的な経済成長や、製造業の発展による輸出拡大を背景に、バーツの国際的な信頼性も向上しました。また、過去20年でタイは外貨準備を積み上げ、現在の外貨準備の水準はＡＳＥＡＮのなかで最も潤沢であるといえます。さらに、テーマ7でみたように、通貨危機が生じた際に、ＡＳＥＡＮと日中韓との間で通貨を融通し合う協定＝「チェンマイ・イニシアチブ」に合意するなど制度面での危機防止策も取られています。

これらを踏まえると、タイで通貨危機が再発するリスクは格段に低下していると評価できるでしょう。

図表1　プラユット政権に対する満足度（10点満点）

	政権発足後2年時点	2年半時点	3年時点
安全保障	7.04	6.90	6.38
運営・法律執行	6.68	6.33	5.75
社会保障	6.04	5.89	5.30
外交	5.70	5.41	5.09
経済	5.49	4.63	3.85
平均	6.19	5.83	5.27

（資料）タイ私立バンコク大学より、みずほ総合研究所作成

テーマ 19

タイの政治・治安リスク

~テロと政治対立には要注意~

テロリスクには注意が必要

過激派組織によるテロには十分注意する必要があります。日本の外務省から渡航中止勧告が出されている深南部（パッタニー、ナラティワート、ヤラーの3県とソンクラー県の一部）では（図表1）、独立国家の樹立を主張するイスラム武装勢力によるテロ行為が相次いでいます。この勢力のテロ行為が活発化した2004年から2017年5月までに1万6000件を超えるテロ事件が発生し、その死者は6700人以上にのぼります。

また、東部のカンボジアとの国境付近では、領土問題を背景に緊張状態が継続しています。特に、両国が所有権を主張していたプレアビヒア寺院を2008年にカンボジアが世界遺産として登録申請したことがきっかけとなり、それ以降武力衝突が激化しています。2013年11月には、国際司法裁判所により、同遺産をカンボジアのものとする判断がなされたものの、いまだに両者の考えには隔たりがあります。

テロ行為は地方だけでなく都市部や保養地など観光客が集中する地域でも起こっています。首都バンコクでは、2015年に観光名所であるエラワン廟の構内で爆発事件が起こり、日本人を含む多数が死傷していますし、2017年には王宮周辺でも爆発事件が起こりました。また、2016年にはホアヒンやプーケットなどのリゾート地で連続的なテロが発生しました。

タイでは許可証さえ取得すれば一般人でも銃が所持できるほか、武器の密輸も横行しており、比較的テロ行為が発生しやすい状況にあるといえます。

政治混乱の再発リスク

また、総選挙に向けてタクシン派と軍部、もしくは反タクシン派との対立が深まる可能性があります。テーマ13でも触れたとおり、新憲法のもとで行われる総選挙では、いずれの支持政党が勝ったとしても、軍部の影響が強く残る政権となる見込みです。現在は、軍政により政治活動が禁止されており、5人以上の集会を行うことも違法とされています。そのため、足元のタクシン派の規模や活動状況は不確かになっていますが、タクシン派の勢力はいまだに強いというのが一般的な見方であり、今後選挙が近づくにつれて現政府に対するタクシン派の不満が反政府デモなどの形で顕在化するリスクは否めません。

政治混乱が再発した場合の経済活動への影響を考えるために、2013年秋以降の政治混乱を振り返ると、まずはデモの拡大により小売業や観光業が打撃を受けました。盤谷《バンコク》日本人商工会議所が実施した日系企業へのアンケート調査では、6割の企業がデモにより売上等の業績に影響が出たと答えています。クーデター発生後にも軍政が治安維持のために夜間外出禁止令の発令や道路封鎖を行い、工場の操業や物流が滞る事態となりました。

タクシン派と軍部・反タクシン派の対立の背景には都市と農村の所得格差という根深い問題があるため、政治混乱のリスクは中長期的にくすぶり続けるとみるべきでしょう。

図表1　地域別の危険情報と警戒レベル（外務省）

警戒レベル	地域	テロ行為の内容	
レベル3（渡航中止勧告）	ナラティワート県	2017年4月	タイ軍兵士6人が乗ったピックアップトラックが武装グループの襲撃を受け、6人全員が死亡。
		2016年9月	タクバイ郡の学校前で爆弾が爆発し、女児とその父親が死亡、8人が重軽傷。
	ヤラー県	2017年5月	パトロール中の兵士が路上に仕掛けられた爆弾や銃による攻撃を受け、兵士2人が死亡。
		2015年5月	ヤラー市の商業地区や銀行など計14カ所で、武装勢力とみられる集団が即席爆弾を爆発させ、十数人が負傷。
	パッタニー県	2017年5月	スーパーマーケットで爆弾が2回爆発し、買い物客ら約60人が負傷。
		2016年10月	飲食店で爆弾が爆発し、1人が死亡、18人が負傷。
	ソンクラー県の一部（ジャナ郡、テーパー郡およびサバヨーイ郡）	2016年1月	カラオケ店で爆弾2発が爆発し、従業員1人が死亡、客・店員ら6人が重軽傷。
レベル2（不要不急の渡航を控える）	ソンクラー県（上記以外の地域）	2013年12月/2014年5月	バイクや自動車に仕掛けられた爆発物による連続爆弾事件が発生。
	シーサケート県のカンボジアとの国境地域東部	2014年10月	カンボジアとタイ国境で、短期間の銃撃が発生したとの報道。
レベル1（十分注意）	首都バンコク	2015年8月	首都バンコク中心部のラチャプラソン交差点において爆発事件が発生し、外国人を含む20人が死亡、日本人１人を含む多数が負傷。
		2017年4～6月	バンコク戦勝記念塔付近の軍関連病院内、民主記念塔付近、国立劇場付近、UNESCOの事務所付近で、小型爆弾による連続爆破事件。
	スリン県の一部（カンボジアとの国境地域）	2011年4月	スリン県のカンボジアとの国境地域（パノム・ドン・ラック郡のタークワイ寺院周辺及びガープ・チューン郡のタームアン寺院周辺）において、タイとカンボジア両国軍との間で武力衝突が発生し、死傷者が出ています。

（注）2017年9月時点の情報に基づき作成。
（資料）日本外務省より、みずほ総合研究所作成

COLUMN ②

タイからCLMVを攻める加工食品産業

ASEAN加工食品市場は、人口増加・所得拡大・都市型ライフスタイルの浸透などを背景として急成長が見込まれる魅力的な市場です。

しかし、民族・嗜好性・食習慣等が国ごとに様々であり、一般にASEANの加工食品市場を「面」としてとらえた事業展開は非常に困難だといえます。

そのようななか、唯一「面」としての攻略が可能だといえるのが、タイを起点としたCLMV（カンボジア、ラオス、ミャンマー、ベトナム）諸国への展開です。ASEANの食品製造大手は、すでに海外展開に目を向けていますが、そのなかでもタイからCLMV諸国への展開を図る事例が目立ちます。

たとえば、タイ最大級のコングロマリットであるチャロン・ポカパングループは、2014年にCLMV諸国における売上高を、向こう５年で倍に引き上げる計画を発表しています。また、タイを代表する飲料メーカーであるタイ・ビバレッジも、ASEANにおける流通網の拡大に注力するなかで、特にCLMV諸国を重点国と位置づけています。

実際に、タイからCLMV諸国に向けた食品の輸出金額は圧倒的に大きく、かつ急速に拡大しています。

もちろん、こうした動きの背景として、タイ＋CLMV諸国において、東西経済回廊や南北経済回廊の開通に伴い、クロスボーダー輸送に対応したインフラが整い始めていることは注目に値します。

しかし、それ以上に重要なのは、タイがCLMV諸国の人々から「身近な先進国」として認識されており、テレビやインターネットの普及も相まって、「タイの食品」に対するイメージが非常に良好だということです。

本来、食の嗜好は地域性が強く保守的ですが、こういった流れのなかで、タイ＋CLMV諸国においては「食嗜好の同質化」ともいうべき現象が起こっているといえるでしょう。また、チャロン・ポカパングループなどはタイで培った生産技術を起点にCLMV諸国でも生産を行っていく方針であり、「生産技術の標準化」現象も同時に進行していくと、予想されます。

タイの加工食品業界は競争が激しいといわれますが、日本産食品フェアが頻繁に開催され、日本食レストランも多数存在するなど、「日本の食品」に対するイメージは良好です。また、比較的に高い所得や、健康志向の高まりも踏まえ、日本企業の海外展開の「入り口」としては比較的選択しやすい市場だと思われます。

ASEANでの事業展開を検討する日本の加工食品メーカーにとって、「タイ＋CLMV諸国」は今後も注目すべき重要な市場だ、といえるでしょう。

第3章

ミャンマーを理解しよう
～離陸に成功したラストフロンティア～

テーマ

20 ミャンマーの特徴

〜潜在力の高いフロンティア〜

地政学的に重要な位置

ミャンマーの国土は68万平方キロメートルで、日本の1・8倍です。中国とインドに挟まれ、インド洋に面するミャンマーは、地政学的に重要な位置を占めています。

たとえば、中国は雲南省とミャンマー西部のチャオピューを結ぶ石油パイプラインを2017年から稼働させています。中国にとっては、マラッカ海峡を封鎖されても原油を輸入できることから、ミャンマーはエネルギー安全保障上の重要な補給路となっているのです。

大多数はビルマ族と仏教徒

人口は5225万人（2016年、IMF推計）で、ASEANではタイの約6900万人に次ぐ第5位の規模です。

人口の7割がビルマ族で、残りは130以上の少数民族から構成されています。また、9割が上座部仏教、残りはキリスト教やイスラム教などを信仰しています。

人々の気質は、真面目で正直といわれます。ミャンマーで忘れ物や落とし物をしても、持ち主のところに戻ってくるという話がよく聞かれます。また、現地の日系企業によると、のんびり屋が多く、がむしゃらに働く人は少ないそうです。

識字率は、国連の統計によると2015年に93・1％で、ASEANの先発5カ国と比べて遜色のない水準です。その理由としては、寺子屋の普及により、貧しくて学校に行けなくても学習する環境が整っているからだといわれます。ただし、寺子屋では経典を読むための文字の学習が中心であるため、計算は苦手ともいわれています。

少数民族との根深い対立

ビルマ族と少数民族の間には、対立の歴史があります。民族対立で国情が不安定だったことは、治安を担当する軍部の台頭を招き、現在の政治にも影響を与えています（テーマ21参照）。

現在でも20ほどの少数民族武装勢力があるといわれ、そのうち8つの勢力は政府との間で停戦に合意していますが、依然として武力対立を続ける勢力があります。また、多数派の仏教系民族と対立す

人口：5225万人（2016年）	政体：大統領制、共和制
面積：68万km²	元首：ティン・チョウ大統領
首都：ネピドー	（2017年12月末時点）
名目GDP：644億ドル（2016年）	言語：ビルマ語など
1人当たりGDP：1232ドル（2016年）	民族：ビルマ族など、130以上
産業構成：（名目GDP比、2016年）	宗教：上座部仏教など
第1次産業：25.5%	会計年度：4月～翌3月
第2次産業：35.0%	※2018年からは10月～翌9月
第3次産業：39.5%	

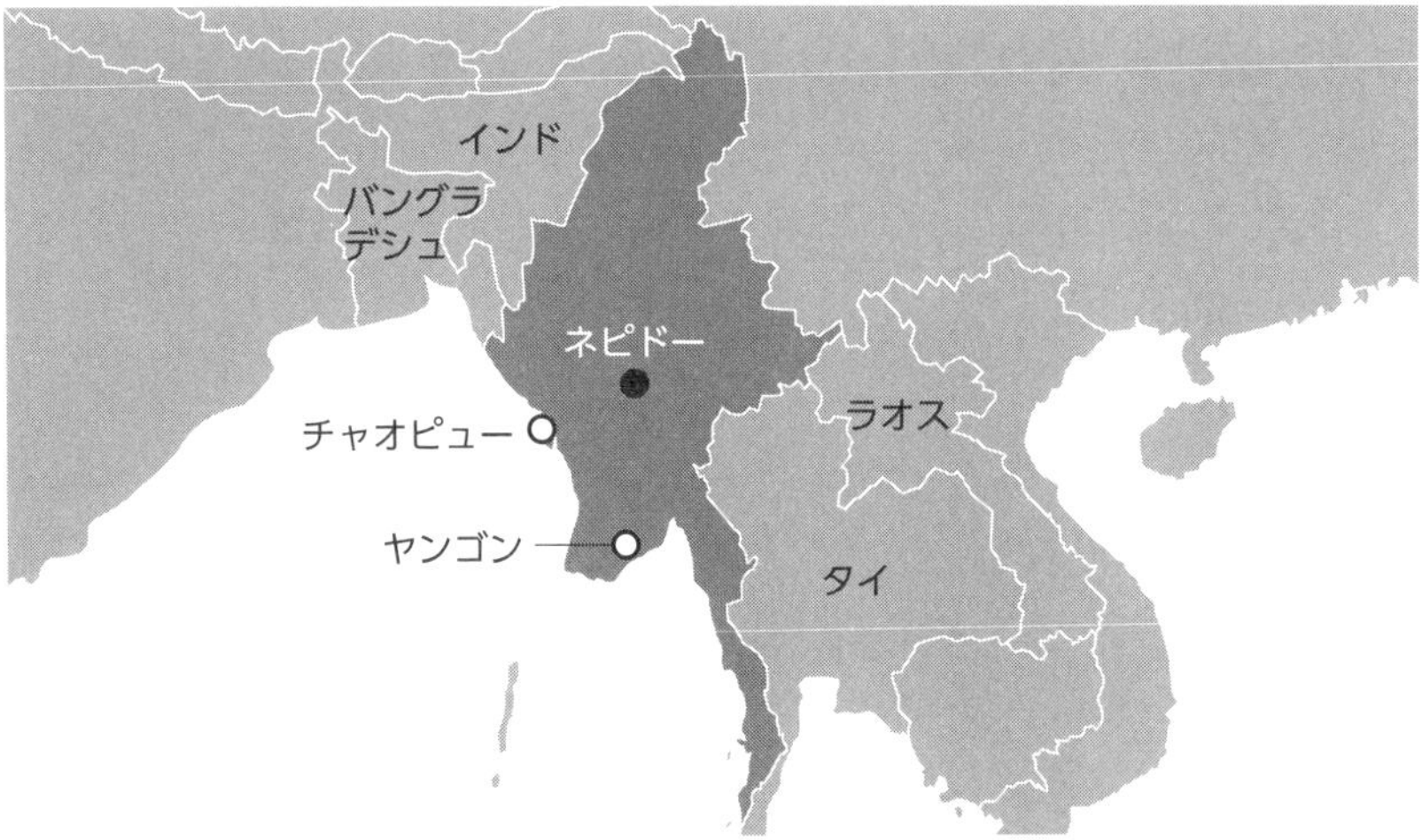

（資料）IMF、外務省ウェブサイトなどより、みずほ総合研究所作成

るイスラム系ロヒンギャ族が難民となって国外に流出している問題もあります。

潜在力の高い経済フロンティア

ミャンマーの1人当たり名目GDPは1232ドルで、ASEANでは最も低く、日本の3%にすぎません。世界銀行による発展段階の分類は、2014年に低所得国から下位中所得国に昇格したばかりです。

主な輸出品目は、天然ガスと農産物、そして縫製品です。資源と1次産業が経済の中心で、ようやく労働集約的な軽工業が勃興してきた段階です。

1962年からの半世紀に及ぶ閉鎖的な軍事独裁体制の下で、ミャンマーの経済発展は遅れました。しかし、2011年に民政移管を果たし世界経済に門戸を開くと、比較的大きな人口を擁するミャンマーは潜在力の高いフロンティア（未開拓地）として注目を集めています。

テーマ 21

ミャンマーの政治

～民主化後も軍が影響力保持～

軍が影響力を持つ民主体制

ミャンマーの政治体制は、大統領を元首とする議会制民主主義です。ただし、軍が政治に対して一定の影響力を持つことに特徴があります。

国会は二院制で、任期は5年です。両院の議席のうち、選挙で決められるのは75%で、残りの25%は無投票で軍人に割り当てられると憲法で規定されています。憲法の改正には75%を超える議員から賛成を得る必要があるため、軍人議員が賛成しない限り改正できません。

大統領は、国会議員の投票によって選出されます。憲法によれば、大統領は閣僚の任命権を有しますが、国防相、内務相、国境相の任命に関しては、国軍の提出する名簿に従います。すなわち、安全保障と治安に関連するポストの人事権は軍が実質的に握るため、文民統制（シビリアンコントロール）は十分に確立されていません。

旧軍政が整えた民主化の枠組

現在の政治体制に至った経緯を振り返ると、ミャンマーは１９４８年に英国の植民地から独立しました。独立後の民主政権下で経済は発展したものの、いくつかの有力な少数民族の武装勢力が地方に割拠して、政治的には不安定でした。

少数民族武装勢力との戦いを通じて軍が存在感を高めると、１９６２年にクーデターで民主政権を倒し、軍事政権を打ち立てました。軍政は閉鎖的なビルマ式社会主義を採用し、その下で経済は疲弊しました。

経済的に苦しくなった国民は、軍政を批判して民主化運動を展開しました。これに対し、軍政は武力を行使して国民を抑圧しました。１９８８年に盛り上がった民主化運動のリーダーが、アウン・サン・スー・チー氏です。スー・チー氏は国民民主連盟（ＮＬＤ）を結成して党首となりましたが、軍政から3度にわたり自宅軟禁の処分を受けました。

民主化運動を弾圧していた軍政ですが、２００３年になると自ら民主化ロードマップを策定しました。軍政自身が民主化に舵を切った背景としては、圧政を批判する国際社会から経済制裁を受けて、経済の悪化に拍車が掛かることに軍政が危機感を持ったことなどが考えられます。

ただし、民主化後も軍が政治に関与できるよう、周到な準備が行われました。民主化ロードマップに沿って、軍政は2008年に憲法を制定し、前述したように軍が影響力を保持できる条文を盛り込んだのです。

まずは元軍人による民主政権

2008年制定の憲法に基づいて行われた2010年の選挙で、スー・チー党首のNLDは、憲法に問題があるとしてボイコットしました。その結果、元軍人らにより結成された連邦団結発展党（USDP）が勝利し、翌2011年に軍政から政権を移管されました。

当初は形ばかりの民政移管ではないかとの見方もありましたが、USDP政権の下で民主化は着実に進展しました。世界銀行が法の徹底や腐敗抑制等を指標化するガバナンス指数は、民主化以前に北朝鮮をも下回っていましたが、USDP政権下で顕著に改善しました（図表1）。

そしてスー・チー政権が成立

次の2015年の選挙では、NLDが参加して圧勝しました。USDPは民主化の実績を挙げましたが、軍との関係を嫌う有権者が多かったようです。

ただし、スー・チー党首は大統領には選出されませんでした。外国籍の夫や子がいる者は、大統領に就任できないという憲法の規定に抵触したためです。代わりに側近が大統領になりましたが、自身は新設の大統領顧問に就任し、実質的なスー・チー政権が成立しています。

一層の民主化を期待されるスー・チー政権ですが、国民の大多数を占める仏教徒と、イスラム系ロヒンギャ族の対立激化に手を焼いています。軍はロヒンギャ系武装勢力と衝突し、大量のロヒンギャ難民が発生しています（テーマ22、27）。

図表1　ガバナンス指数

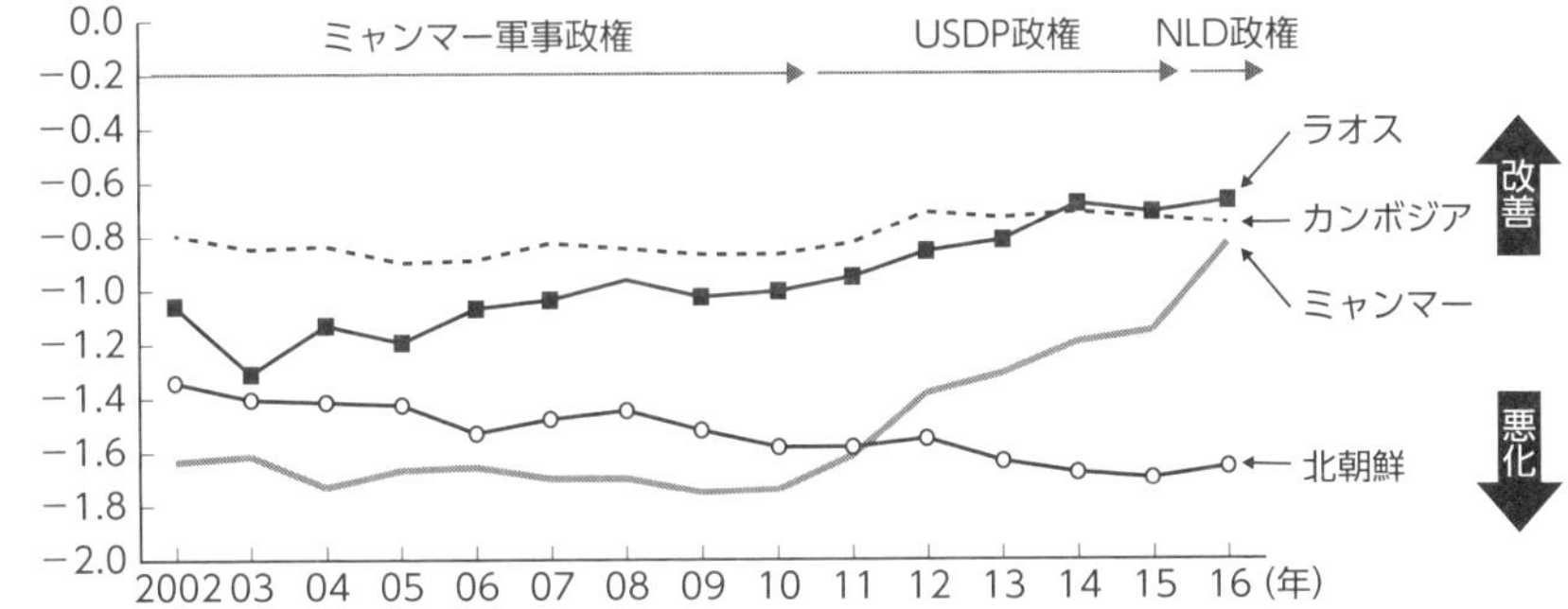

（注）報道の自由、政治安定、統治能力、規制の質、法の徹底、腐敗抑制の6項目に関する評点を単純平均。最高値が2.5で、最低値は−2.5。
（資料）世界銀行 "Worldwide Governance Indicators" より、みずほ総合研究所作成

テーマ

22 ミャンマーの外交

～現政権に対し、国際社会からの支援と批判が交錯～

軍政期に先進国との関係悪化

1962年のクーデターで成立した軍事政権は、鎖国的な政策を採ったうえ、民主化運動を武力鎮圧して国際的な非難を浴びたため、外交面で孤立しました。

民主化と人権擁護を重視する米国は、ミャンマー製品の禁輸を実施して、その内容を段階的に強化しました。また、軍政と関係する法人・個人を特別指定国民（SDN）リストに掲載して、経済取引を禁じました。

欧州連合（EU）も、米国と同様にミャンマー製品の禁輸措置を講じました。

日本は、禁輸こそ行いませんでしたが、円借款は凍結しました。

軍政に手を差し伸べた中国

経済制裁を受けて困窮したミャンマーに対し、経済支援や投資の手を差し伸べたのは中国でした。たとえば、中国はミャンマー北部のミッソンに水力発電ダムを建設し、電気を中国に輸入する投資プロジェクトに着手しました。

しかし、中国の真意は資源の収奪であり、支援を通じた経済支配ではないかとの警戒も、軍政内部ではくすぶっていたようです。軍政自らが民主化に舵を切った背景には、欧米諸国との関係を改善して経済的困窮を脱することのほかに、中国の経済支配を回避する狙いもあったとの見方があります。

前政権は脱中国、先進国寄り

2011年の民政移管で成立したUSDP前政権の下で、ミャンマーの外交は大きく変わりました。

まず、前政権は先進国との関係を改善しました。政治犯を釈放するなどの民主化を進めた結果、EUは原則として禁輸措置を解除しました。米国もヒスイやルビーなどの一部特産品を除き、禁輸を解除しました。日本は円借款を再開し、ミャンマー政府と共同でティラワ経済特区（SEZ）を開発しました。

一方、前政権は中国に対して距離を置くようになりました。特にミッソンダムについて、環境が破壊されると地元住民が反対だったうえ、発電する電力は中国に持っていかれるということで、開発を凍結し、世界の注目を集めました。

スー・チー政権は全方位外交

2016年3月に現政権へ交代すると、政権トップのアウン・サン・スー・チー氏は矢継ぎ早に主要国を訪問する全方位外交を展開し、経済支援を取り付ける成果を挙げました。

中国については、主要国のなかで最も早く、同年8月にスー・チー氏が訪問しました。中国政府がミッソンダムの開発再開を要求したことに対しては慎重な態度を示したものの、関係改善や経済支援の受入れで合意しました。前政権に比べると、スー・チー政権は中国からの支援による実利を重視し、同国との距離を縮めているようです。

米国については、同年9月にスー・チー氏が訪米すると、米国政府は残されていた制裁を全て解除すると表明し、翌10月に実現されました。また、SDNリストに掲載されていた法人と個人も、一部の例外を除きリストから外されました。

日本については、同年11月にスー・チー氏が来日すると、日本政府は官民を挙げたインフラ整備等を柱とする8000億円規模の支援を行うと表明しました。

日米の支援の背景には、ミャンマーの中国への接近をけん制する意図があるほか、ノーベル平和賞の実績をもつスー・チー氏が一層の民主化を進めるとの期待があるといえるでしょう。

スー・チー政権には批判も

国際社会から民主化を期待されているスー・チー政権ですが、ミャンマーでイスラム系ロヒンギャ族が難民化している問題(図表1)で、民主化の基本となる人権が守られていないと国際社会から批判されています。ロヒンギャ問題が改善しないかぎり、人権問題に敏感な先進国が追加の援助に慎重となることや、先進国企業の直接投資は滞る懸念があります。

図表1　バングラデシュにおけるロヒンギャ難民（2017年8月25日以降の新規発生累計）

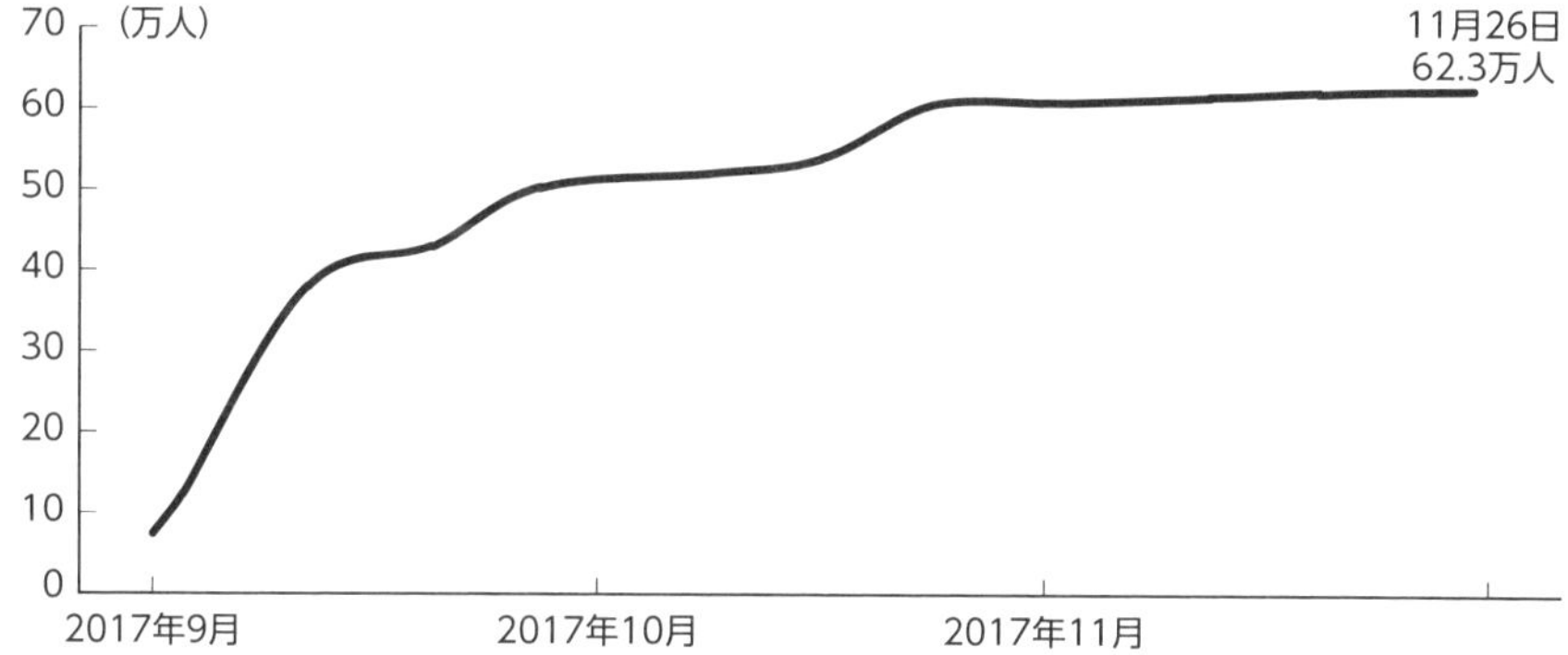

（資料）国際連合より、みずほ総合研究所作成

テーマ 23

ミャンマーの経済
～対外開放で外資急増、インフラ整備はこれから～

軍政期に鎖国、経済は疲弊

１９４８年に英国から独立したミャンマー（当時はビルマ）は、その後の民主政権下で東南アジアの経済優等国となりました。タイよりも経済が発展し、バンコクの日本人駐在員は買出休暇でヤンゴン（当時はラングーン）を訪れたそうです。またシンガポールが、ヤンゴンを都市開発のモデルにしたとの話もあります。

しかし、１９６２年のクーデターで軍事政権が成立すると、経済の発展は止まりました。軍政は鎖国的なビルマ式社会主義を採用し、自由な経済活動を抑圧したからです。

経済への不満を募らせた国民が民主化運動を展開するたびに、軍政は武力で鎮圧しました。これに対して、先進国は経済制裁を課し、ミャンマー経済はさらに悪化しました。結果的に、かつての経済優等国は周辺国に追い越され、東南アジアの最貧国の１つになりました。

民政移管後に対外開放

２０１１年の民政移管で成立した前政権は、経済開放に舵を切りました。まず、外国投資法を改正し、税制優遇を拡充して外資誘致を図りました。また、日本と共同でミャンマー初の経済特区（ＳＥＺ）をヤンゴン郊外のティラワに開発しました。それまでは電力や水道を備えた近代的工業団地はミャンマーにはなかったのですが、２０１５年にティラワＳＥＺが開業して外資製造業の受け皿になりました。

２０１６年からの現政権も、経済開放を継承しています。外国投資法と内国投資法を統合して新投資法の運用を２０１７年から開始し、手続きの簡素化、ルールの明確化などを行いました。

これらの結果、前政権以降に直接投資の受入れが急増しました。ＡＳＥＡＮ各国でみられた外資導入をテコとする経済発展が、今まさにミャンマーでも始まったところです。

国内市場狙いの外資が先行

現状で、ミャンマーに進出する外資系企業は、安価な労働力を活用する輸出企業よりも、内需の成長性に着目した国内市場向け企業が目立ちます。たとえば、ティラワＳＥＺに進出を決めた89社（2017年5月時点）のうち、輸出向け製造業の34社に対し、国内市場向け製造業は54社です（その他は1社）。

国内市場向けの企業が多い背景には、ミャンマーの人口が5225万人とASEANのなかで比較的大きいことがあります。一方、輸出企業が少ない背景としては、道路や港湾など物流インフラの整備が遅れるなど、ミャンマーが国際的なサプライチェーンに組み込まれる条件は整っていない事情があります。

カンボジアとラオスでは、いち早くタイと連結する経済回廊とＳＥＺが整備され、タイプラスワンのサプライチェーンが広がり始めたことに比べると、ミャンマーでは経済回廊は部分的に通じているだけで、ＳＥＺも経済回廊から離れたティラワにしかありません（図表1）。また、ミャンマーには大型貨物船が停泊できる深海港もありません。

将来の輸出拠点化にも期待

遅れていた物流インフラの整備は、これから進む計画です。バンコクから西へ350キロのダウェーまで経済回廊が延びて、このうちミャンマー国内の区間にはタイが45億バーツ（約135億円）の借款を行う方針です。そして、ダウェーには日本とタイ、ミャンマー共同でアジア最大級のＳＥＺが開発され、深海港も建設される予定です。ただ、ダウェーＳＥＺは巨大なため、小規模な工業団地を整備する初期開発だけでも8年を要すると見積もられています。

タイとの連結インフラが整備されるにつれ、カンボジアやラオスのようにタイプラスワンの直接投資がミャンマーでも拡大することでしょう。今後10年ほどを展望すれば、国際的なサプライチェーンが広がって、ミャンマーは輸出拠点としても発展することが期待されます。

ティラワSEZ

Myanmar Japan Thilawa Development Limited提供（2017年11月）

図表1　経済回廊

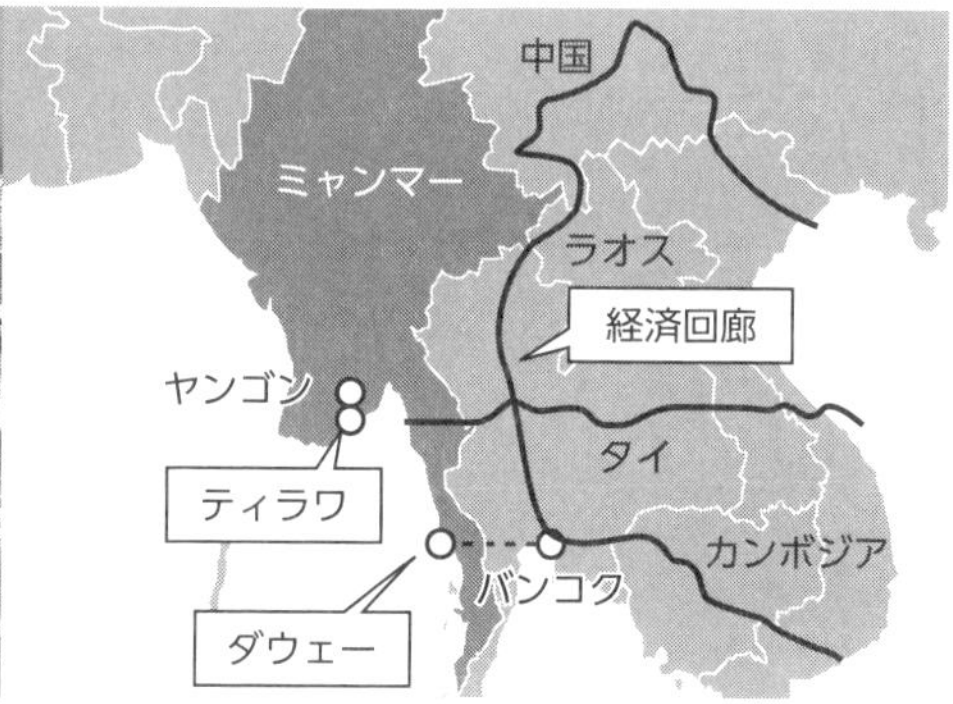

（資料）みずほ総合研究所作成

テーマ

24

ミャンマーの消費市場

~都市を中心に離陸、人口が多く潜在性は大~

消費の中心はヤンゴン

ミャンマーを消費市場としてみる場合、その中心は人口736万人（2014年国勢調査）を擁する最大都市ヤンゴンです。ミャンマーの1人当たり名目GDPは2016年に1232ドルですが、現地の日本人駐在員によると、ヤンゴン中心部では3000ドル程度との印象を受けるそうです。フィリピンと同程度の所得水準になります。

ヤンゴン以外では、首都ネピドー、古都マンダレー、その他の地方中核都市にも消費市場が広がっているようです。たとえば、小売最大手シティマートはスーパーをヤンゴンに集中展開しつつ、上記の都市にも数店舗を展開し始めています。

都市に比べると、農村の消費市場は今のところ限られます。主要耐久財の普及率（図表1）や商業施設の整備状況をみると、農村は立ち遅れています。逆にいえば、農村市場の潜在的なポテンシャルは大きいとみることもできます。

小売業の外資規制は残存

小売業や卸売業など流通業への外資参入については、従来の法律では規制があいまいでしたが、実質的には参入が認められていませんでした。ところが、2016年にイオンが地場スーパーとの合弁会社設立を認められると、外資開放が進むとの期待が膨らみました。イオンは、ミャンマーでの植樹や教育支援への社会貢献活動に長年取り組んでいることが評価され、進出が認められたようです。

その後、外国投資法と国内投資法を統合して新投資法を制定することになり、その細則ドラフトでは流通業での外資規制が定められていなかったため、市場開放の期待は一層膨らみました。

しかし、2017年4月に確定した同法の細則では、①小売業と卸売業は商業省の許可が必要、②床面積929㎡以下の小売店事業は禁止、と明文化されました。地場小売業の反対を受けて、ミャンマー政府は慎重になったようです。外資開放の動きは後退したと現地ではとらえられており、①の商業省の許可の取得も実質的には難しいとの見方があります。

外資小売が商業省の許可を得られない場合、現地企業へのライセンス方式での出店が考えられます。また、卸売業は貿易業も含むため、その許可が得られない場合、外資企業がミャンマーに商品を持ち込んで販売するには、地場企業と輸入販売代理店契約を結ぶことが考えられます。

人口に厚み、潜在性は大

現時点でミャンマーの中心的な消費市場は人口736万人のヤンゴンにとどまっていますが、農村を含む総人口は5225万人で、同じASEAN後発国のラオス（659万人）、カンボジア（1578万人）より大きいです。しかも平均年齢は29歳であるため、今後は若くて活力のあるミャンマーにおいて、ASEAN先発国を追いかけて経済が発展し、厚みのある消費市場が姿を現すと期待されます。そうした観点から、農村市場が持つポテンシャルに着目しておくべきでしょう。

図表1　主な耐久財・サービスの普及率（2014年、都市・農村別）

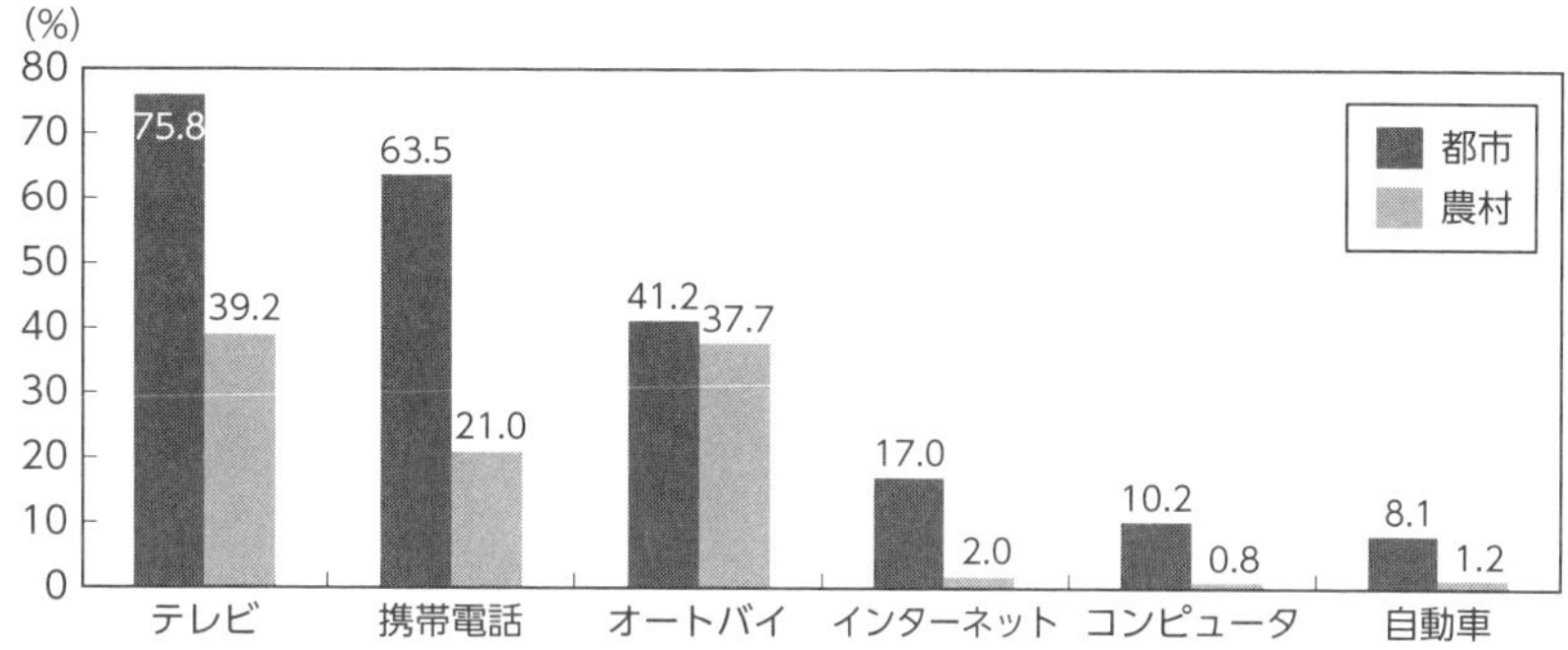

（資料）ミャンマー国勢調査より、みずほ総合研究所作成

ヤンゴン市内の商業施設
みずほ総合研究所撮影（2017年7月）

ヤンゴン郊外の商店
みずほ総合研究所撮影（2017年7月）

テーマ 25

ミャンマーの有望分野・進出事例
～インフラ、国内消費、タイプラスワンに期待～

旺盛なインフラ需要

ミャンマーでは他のASEAN諸国に比べてインフラが整っておらず（図表1）、そのぶんインフラ需要が大きいといえます。政府は国際的な協力を得つつ整備を進めている最中で、これに応えてインフラ分野への外資系企業の進出は盛んです。

代表的なインフラ事業に、ティラワSEZがあります。開発主体は日本とミャンマーの官民によって共同で設立され、日本企業からは商社（住友商事、丸紅、三菱商事）と銀行（みずほ、三井住友、三菱東京UFJ）が出資しています。

今後もインフラ開発は続く見通しで、巨大プロジェクトとしてはティラワの8倍に相当するテーマ23でも触れたダウェーSEZがあります。ダウェーSEZは2段階で開発され、1800億円規模といわれる初期開発事業がミャンマーとタイの共同で着工されています。その後に、日本も加わる本格開発事業が控えています。

厚みのある国内消費市場

人口が多く、国内市場に厚みがあることから、国内市場向け製造業の進出は活発です。ティラワSEZには、エースコック（即席麺）、味の素（調味料）、ヤクルト（飲料）や、東洋製罐（飲料容器）といった消費財関連メーカーが進出しています。

流通分野では、外資規制が不明確だった旧外国投資法の下で、イオンが地場スーパーとの合弁でイオン・オレンジとして進出していますが、新投資法では規制が明文化されたため、新たな進出は難しい可能性があります。

流通分野への外資参入が規制されているなかで、輸入の委託代行や店舗のフランチャイズ展開によって、果敢に進出する事例もあります。双日は、地場最大手スーパーのシティマートと連携し、シティマートを通じて食品を輸入しています。さらに、シティマートと合弁で運送会社を設立し、冷蔵装置を備えたトラックでコールドチェーン物流を行い、シティマートの店頭に配送しています。一方、ダイソーは、1800チャット（約150円）均一の店舗をフランチャイズ方式で展開しています。

タイプラスワンの有望拠点

ミャンマーの安価な労働力は魅力的ですが、道路や港湾などの輸送インフラが整っていないため、現状では輸出向け製造業の進出は部分的です。たとえば、ティラワSEZに進出した輸出向け製造業は、あつみファッション（縫製）、江洋ラヂエーター（自動車部品）、フォスター電機（音響機器）などがありますが、その数は国内市場向けに進出した製造業の6割ほどです。

しかし、将来的には輸送インフラの整備が進むにつれて、次第に輸出向け製造業の進出は増えると期待されます。特に、タイとの間に道路が整備されれば、タイから部品を輸入して、労働集約的な加工組立を行い、製品をタイや第三国に輸出するタイプラスワンの製造業進出が増えると見込まれます。

図表1　インフラの質（2015年）

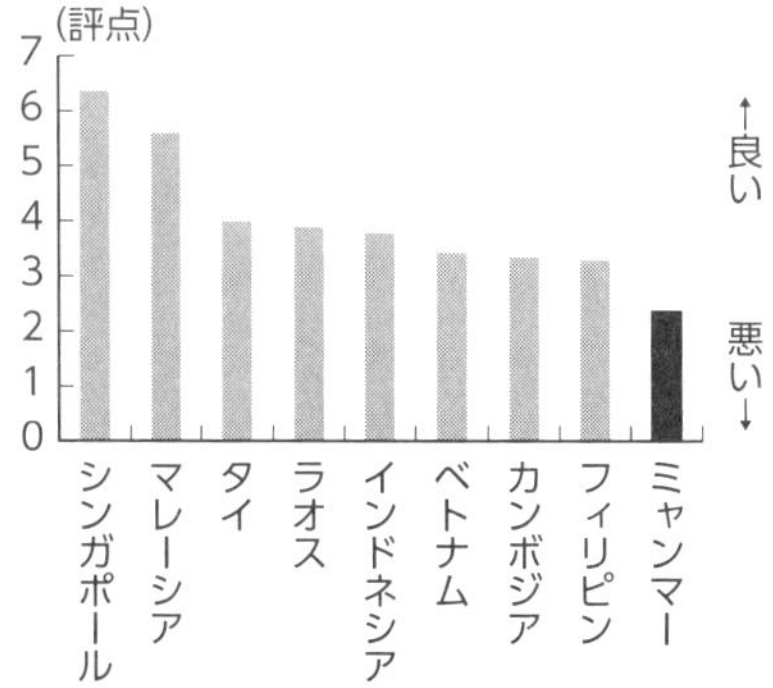

（資料）世界経済フォーラム「世界競争力指数」より、みずほ総合研究所作成

ヤンゴンのイオン・オレンジ
みずほ総合研究所撮影（2017年7月）

ティラワSEZとティラワ港の間の道路陥没
みずほ総合研究所撮影（2017年7月）

ティラワSEZ内のあつみファッション
みずほ総合研究所撮影（2017年7月）

テーマ 26

ミャンマーの経済リスク

～通貨急落とインフレに要注意～

通貨チャットの不安定性

ミャンマー経済は、2011年の民主化・対外開放以降、前年比＋6～8％台の成長を続け、ASEANのなかでは相対的に高い伸びを示してきました。しかし、その一方不安定性も抱えています。

経済の不安定性は、通貨チャットの下落に現れています（図表1）。為替政策が固定制から管理変動相場制に移行した2012年4月以降、チャットの対ドルレートは急落と小康を繰り返しており、2017年初からは小康局面にあります。2012年4月から足元までの下落率は4割で、ASEAN通貨のなかでは際立って減価しています。

通貨安の背景は、経常収支の赤字が2016年に名目GDP比6・5％と大きく、かつ拡大傾向にあることです。主要輸出品である天然ガスの国際商品市況が下落したため、輸出は落ち込んでいます。それだけでなく、財政赤字が膨らんだため、内需が刺激されて輸入は拡大し、経常収支の悪化に拍車が掛かっているのです（図表2）。

ミャンマーの今後の経済発展のためにインフラ整備や人材育成に対する政府支出が増えるのはやむをえませんが、財政規律が緩みやすい構造にあることには注意が必要です。すなわち、中央銀行が政府から独立しておらず、政府は財政赤字を中央銀行の国債引受けで安易に埋めることを行っています。2015年からは国債を市場で売却する入札制度が始まりましたが、依然として国債市場の整備は道半ばで、政府が中央銀行に財政赤字の穴埋めを依存する構造は続いています。

IMFによれば、2017年度の財政赤字は名目GDP比で4・5％にのぼり、このうち0・9％ポイントが中央銀行の国債引受けによって穴埋めされたと推計されています。ミャンマーと同程度の発展段階にある国と比較しても、ミャンマーほど財政が中央銀行の補填に依存する国はないといわれています。

チャット安でインフレのリスク

政府が財政赤字を抑制できなければ、経常赤字は拡大を続け、今のところ小康状態にある通貨チャットの下落圧力を強める恐れがあります。

もっとも、ミャンマーの対外債務は民政復帰を支援する国際社会によって減免されたため、チャットが急落しても対外債務返済に必要な外貨繰りに窮するリスクは限定的でしょう。

むしろ、チャット安で輸入物価が上昇し、インフレが高進するリスクが懸念されます。インフレによって実質的な購買力は低下するため、期待される内需の拡大には水が差される可能性があるでしょう。

サイクロンはテールリスク

2008年にサイクロンのナルギスがヤンゴン周辺に上陸し、甚大な経済被害をもたらしたことがあります。サイクロンとは、北インド洋で発生する熱帯低気圧のうち、最大風速が台風と同基準の約17m／s以上になるものです。

ナルギスの風速は45～67m／sときわめて強く、最大7mの高潮を引き起こして人口密集地帯を襲いました。その結果、死者・行方不明者は14万人、経済損失は13兆チャット（当時の名目GDPの4割）にも及びました。

実は、サイクロンがミャンマーに上陸する頻度は高くありません。1887～2005年までのデータでみると、ほぼ2年に1回の割合です。また、ミャンマーへの上陸地点はヤンゴンより北の人口が少ない地方がほとんどで、ヤンゴンを直撃する割合は3％に過ぎません。

とはいえ、近年の異常気象で、サイクロンの上陸コースは南にシフトしており、ヤンゴンに上陸する可能性を排除することはできません。ナルギス級の巨大サイクロンが再びヤンゴン周辺に上陸することは、テールリスク（確率的には低いものの、発生すると甚大な経済被害をもたらすリスク）といえます。そうした事態に備えておくことは、企業のリスクマネジメントの観点からも重要でしょう。

図表1　チャットの対ドルレート

（資料）Bloombergより、みずほ総合研究所作成

図表2　ミャンマーの経常収支

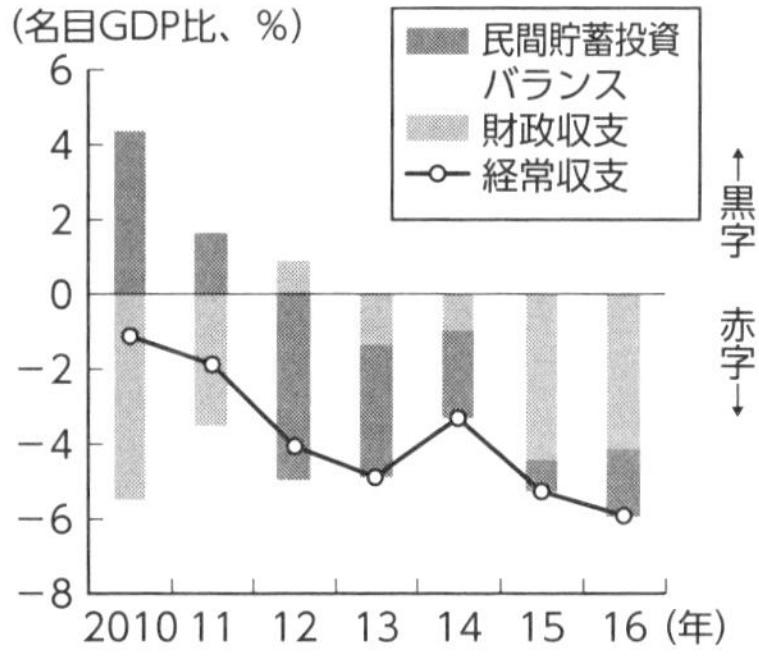

（資料）IMFより、みずほ総合研究所作成

テーマ

27 ミャンマーの政治・治安リスク

〜少数民族との対立、軍の暴走〜

少数民族との武力衝突

外務省によると、ミャンマーでは3地域が渡航中止勧告を意味する「レベル3」に設定されています（図表1）。

その1つは、ミャンマー西部でバングラデシュとの国境に近いラカイン州マウンドーです。この地域でイスラム系ロヒンギャ族が仏教系住民と対立を深めているなか、「アラカン・ロヒンギャ救世軍」を名乗る武装集団が警察署を襲撃する事件が2017年8月に発生しました。これに対し、軍が武装集団の掃討作戦を行ったことを受けて、ロヒンギャ族は難民となってバングラデシュに流出しています。2017年11月時点で、難民キャンプには60万人以上のロヒンギャ族が逃れました。難民キャンプのロヒンギャ族に対しては、IS（イスラム国）がテロリストになるよう働きかけているとの懸念もあります。

残りの2つは、北東部のシャン州コーカンと、カチン州ライザーです。それぞれ、少数民族のコーカン族とカチン族の武装勢力が拠点とする地域です。少数民族の武装勢力は20ほどあるといわれ、そのうち8勢力との間で前政権が2015年に停戦合意を結んでいますが、依然として合意していないコーカン族やカチン族の武装勢力とは戦闘が続いています。

経済政策の停滞

アウン・サン・スー・チー政権は、少数民族との和平を公約の筆頭に掲げて選挙に勝利し、2016年に発足しました。しかし、和平どころか状況は悪化し、政権は苦しい立場に置かれています。

スー・チー政権の担い手は、もともと民主活動家が多く、経済には明るくないといわれます。そのうえ、少数民族問題に忙殺され、経済政策は停滞しています。

政権発足後に新投資法が施行されましたが、同時に目指されていた新会社法の施行は2018年半ばまでずれ込みそうです。旧会社法では外資が少しでも入ると外国企業とみなされて外資規制の対象となりますが、新会社法では外資比率が35％までは国内企業とみなされます。投資環境の改善につながる改正であるため、その施行が待たれます。また、インフラ整備計画や産業振興策も、いまだに具体的方針は打ち出されていません。

ロヒンギャ問題をめぐり、スー・チー政権はロヒンギャ族の人権を擁護していないと国際的な非難を受けています。一方、国民の9割を占める仏教徒のなかには、ロヒンギャ族との和解に否定的な人が少なくないとされ、難民の発生を防ぐことや帰還は難しいとの見方があります。

今後、少数民族問題に忙殺されて経済政策の停滞が続くようであれば、ミャンマー経済の発展が期待どおりに進まないリスクは高まります。

軍と政権の微妙なバランス

ミャンマー憲法によれば、安全保障と治安維持に関連する閣僚ポストの人事権は実質的に軍が握っています。こうしたなか、最近の少数民族問題に際しては、政府が主導権を握れず、軍が過剰な武力を行使しているとの疑惑があります。

また、軍は国会の4分の1の議席を割り当てられると憲法で規定されているため、政治的な影響力も有しています。

当初、スー・チー政権は憲法を改正して軍の権限を弱めようとしました。しかし、改正には国会の4分の3超の賛成が必要なのに対し、4分の1を占める軍人議員は一枚岩でまとまっているため、改正は実現していません。

現状では、スー・チー政権は憲法改正問題を棚上げにしています。改正に固執して軍と対立するよりも、軍と妥協して政治安定を図る現実路線にシフトしたようです。軍も、政治と外交の表舞台はスー・チー政権に任せて、自らは安全保障と治安維持を通じて隠然と影響力を行使することに徹していると思われます。

このように、両者は微妙なバランスを保っていますが、ひとたびバランスが崩れると、軍と政権の対立による政治の不安定化や、最悪の場合はクーデターのリスクが懸念されます。

図表1　渡航中止勧告地域

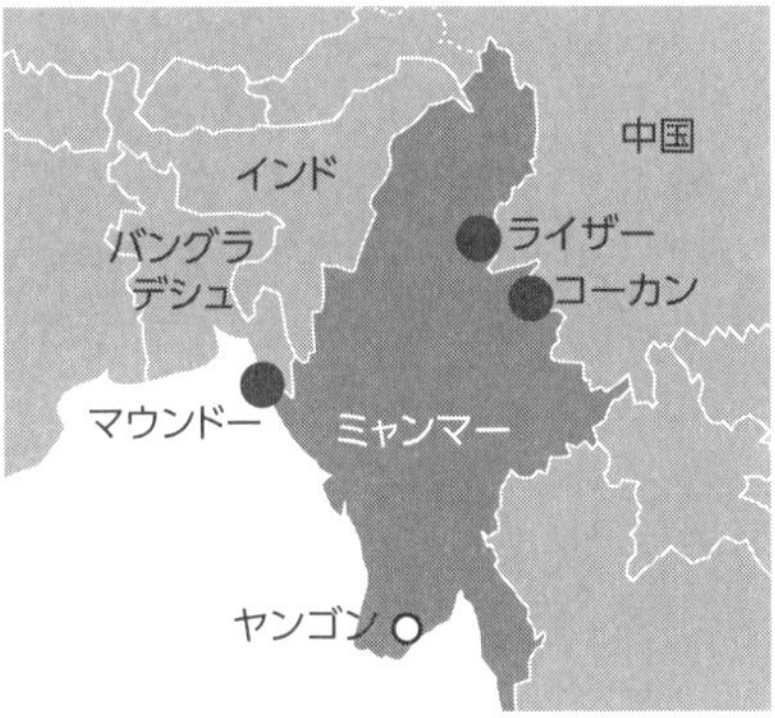

（資料）外務省より、みずほ総合研究所作成

ヤンゴンのアウン・サン・スー・チー邸
みずほ総合研究所撮影（2017年7月）

COLUMN ③

民主化の象徴アウン・サン・スー・チー氏

最も有名なミャンマー人といえば、アウン・サン・スー・チー氏が挙げられるでしょう。スー・チー氏の生涯を振り返ることは、ミャンマーの現代史を振り返ることに相当します。

スー・チー氏は、1945年にヤンゴンで生まれました。父親はアウン・サン将軍で、対英独立運動の指導者でした。将軍は、スー・チー氏が生まれる前に、支援を受けていた日本に滞在したことがあります。

スー・チー氏が２歳のときに、アウン・サン将軍は暗殺されました。将軍は、少数民族から合意をとりつけ、連邦国家としての独立を目指していたのですが、独立前年の1947年に志半ばで倒れたのです。

父親の死後も、スー・チー氏とその家族は、ミャンマーでは一目置かれる存在でした。1960年には母親がインド大使に就任し、スー・チー氏も同行してデリー大学に進学しました。

そして1964年、スー・チー氏はイギリスのオックスフォード大学に留学しました。同じ大学の英国人研究者と1972年に結婚し、英国籍の２人の息子をもうけています。

1985年から１年ほど、スー・チー氏は京都大学の研究員として日本に滞在したことがあります。アウン・サン将軍の研究を行い、日本に残る父親の足跡をたどったようです。

日本から英国に戻ってからも、スー・チー氏は大学に属して平穏な日々を送っていましたが、1988年に転機が訪れました。祖国で民主化運動が盛り上がったのです。スー・チー氏は母親の見舞いを理由に帰国すると、民主化運動のリーダーとなりました。

軍事政権は民主化運動を弾圧し、スー・チー氏は1989年に自宅軟禁の処分を受けました。1991年には、「民主化と人権のための非暴力闘争」を理由にノーベル平和賞を受賞しましたが、自宅軟禁のため受賞式には参加できませんでした。

スー・チー氏は計３回、約15年にわたり自宅に軟禁されました。ミャンマー国民は軍事政権の目を気にしながら、スー・チー氏のことを「ザ・レディー」と呼んで密かに支持し続けました。最終的に自宅軟禁を解かれたのは、2010年のことです。

2016年にスー・チー氏が政権に就くと、国家的な和解に取り組んでいます。軍事政権を支えた軍に対しては、自宅軟禁の恩讐を越えてバランス重視の関係を保っています。少数民族問題には手を焼いていますが、かつてアウン・サン将軍が少数民族との合意をとりまとめたことや、自らは民主化運動のリーダーだった経緯からすると、スー・チー氏をおいて他に問題解決の適任者はいないと思われます。

第 4 章

カンボジア、ラオスを理解しよう
～タイプラスワンの有力候補～

テーマ
28 カンボジア、ラオスの特徴
~ASEANの後発国~

交通の要衝カンボジア

カンボジアの国土は18万平方キロメートルで、日本の半分ほどです。西をタイ、北をラオス、東をベトナムに囲まれ、インドシナ半島の中心に位置しています。周辺国とは陸路やメコン川の河川航路で結ばれ、交通の要衝であることがカンボジアの特徴です。

人口は1578万人で、9割がクメール人です。主な言語はカンボジア語で、主な宗教は上座部仏教です。クメール人は12世紀にアンコール・ワットを建設するなど、かつては高度な文明を誇りました。

カンボジア人の特徴としては、真面目で素直な気質を持ち、手先も器用で視力が良く、ものづくりに適しているといった声が現地駐在の日本人から聞かれます。ただし、識字率は8割弱とASEANのなかで最も低い国の一つです。

カンボジアは縫製業に強み

カンボジアの1人当たり名目GDPは1278ドルで、ASEANでは2番目に低く、日本の3%にすぎません。世界銀行による発展段階の分類では、カンボジアが低所得国から下位中所得国に昇格したのは、ASEANのなかで最も遅い2015年のことでした。

所得水準を反映して賃金が低いことから、産業面では労働集約型のセクターに強みがあります。特に縫製業が盛んで、輸出金額の7割を占めます。

タイ語が通じるラオス

ラオスは内陸国で、中国、ベトナム、カンボジア、タイ、ミャンマーに囲まれています。国土は南北に長く、面積は24万平方キロメートルです。本州と同じくらいの大きさです。

人口は659万人で、ASEANではブルネイとシンガポールに次いで小規模です。民族構成はラオ族が55%、それ以外は少数民族です。ラオ族の話すラオス語は、タイ語とほぼ同じです。少数民族は民族語とともにラオス語も話せるので、ラオスの多くの地域でタイ語が通じます。

人々は上座部仏教への信仰心が篤く、古都ルアンパバーンは早朝に僧侶が行列を作って托鉢を行うことで有名です。

（2016年）	カンボジア	ラオス
人口	1578万人	659万人
面積	18万k㎡	24万k㎡
首都	プノンペン	ビエンチャン
名目GDP	202億ドル	158億ドル
1人当たりGDP	1278ドル	2394ドル
産業構成 （名目GDP比、四捨五入）	1次産業：26% 2次産業：31% 3次産業：42%	1次産業：20% 2次産業：33% 3次産業：48%
政体	立憲君主制	人民民主共和制
元首（2017年12月末時点）	ノロドム・シハモニ国王	ブンニャン・ヴォーラチット国家主席
言語	カンボジア語など	ラオス語など
民族	クメール人など	ラオ族など
宗教	上座部仏教	上座部仏教
会計年度	1月～12月	10月～翌9月

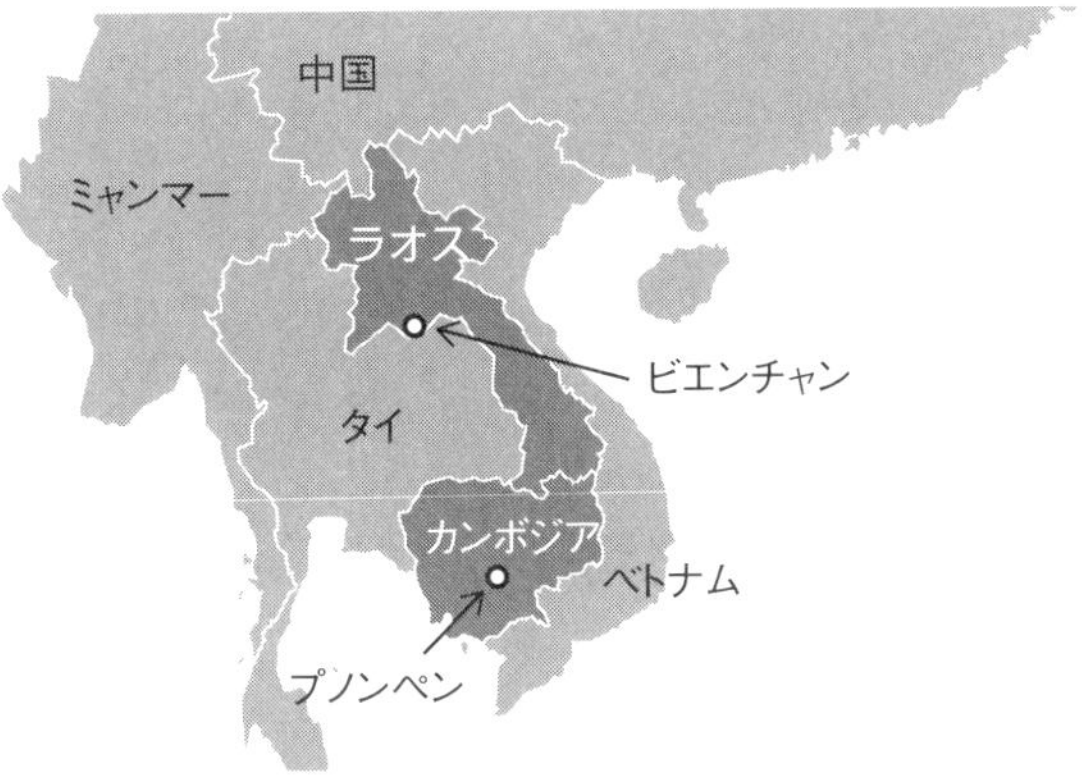

（資料）IMF、ADB、外務省ウェブサイトなどより、みずほ総合研究所作成

ラオス人の国民性は、穏和で真面目といわれます。一方、識字率はカンボジアと同程度で、ＡＳＥＡＮでは最も低い国の一つです。

ラオスは鉱物と電力を輸出

ラオスの1人当たり名目ＧＤＰは２３９４ドルで、ＡＳＥＡＮの中ではミャンマーとカンボジア、ベトナムを上回ります。経済の発展段階は２０１０年から下位中所得国に分類されています。

輸出金額の構成は、金や銅などの鉱物が4割と最大です。貴金属を豊富に産出することから、「ラオス人は宝物の上に座っている」といわれることがあります。

次に多いのが電力の輸出で、3割のシェアを占めます。国土の7割を占める山岳地帯で、高低差と水資源を活かして水力発電を行い、周辺国へ輸出しているのです。このため、ラオスは「インドシナ半島のバッテリー」ともいわれます。

テーマ 29

カンボジア、ラオスの政治

～岐路を迎えるカンボジア、一党支配が続くラオス～

カンボジア長期政権の揺らぎ

カンボジアは第二次大戦後にフランスから独立しましたが、1970年から内戦に陥りました。1991年のパリ和平会議で内戦は終息し、1993年に憲法を制定して国家の再建が始まりました。

政治体制は立憲君主制で、元首は国王です。ただし、「国王は君臨するが、統治しない」と憲法に規定されています。

国会は、直接選挙による下院と、下院および地方議員の間接選挙による上院の二院制です。上院は下院の決定を追認する役割にとどまっているので、実質的には一院制といえるでしょう。下院選挙は任期の5年ごとに行われています。

1998年の選挙以降、人民党のフン・セン党首が首相として長期政権を率いてきました。

しかし、直近の2013年の選挙では、人民党は辛勝に終わりました。55%の議席を確保してフン・セン政権は保たれたものの、新興の救国党が45%を獲得し、強力野党が初めて誕生しました(図表1)。

救国党が躍進した背景には、人民党の多選に対する批判と、救国党が最低賃金を引き上げるポピュリズム公約を掲げたことがあります。開票作業では政権によって不正が行われ、実際には救国党が勝利していたとの見方が現地にはあります。

その後、フン・セン人民党政権は、救国党に対抗して最低賃金を引き上げ、党勢の回復を図ったものの、2017年6月に行われた地方議会選挙では、人民党の退潮が続きました。同党は地方議会の70%で第一党となって勝利したものの、前回地方選挙(2012年)の97%からは後退しました。一方、前回はまだ結党されていなかった救国党は、30%の地方議会で第一党になりました。

躍進する救国党ですが、2017年9月、その党首は国家反逆罪で逮捕されました。そして、政党幹部が罪を犯した場合に当該政党は解党されるとの法律に基づき、救国党は解党させられました。2018年7月の下院選挙を控え、人民党政権が強硬手段を採ったと考えられます。

ラオス人民革命党の一党支配

ラオスでは、フランスからの独立とその後の内戦を経て、1975年からは人民革命党が指導する人民民主共和制の政治体制となっています。

人民革命党は党大会を5年ごとに開き、トップの書記長を決定します。直近の2016年1月の党大会では、ブンニャン・ヴォーラチット書記長が就任し、10年ぶりのトップ交代となりました。

国の組織としては、有権者によって選出される一院制の国民議会があります。ただし、候補者の選定に党が関与するため、議会は党の影響下にあるといえます。

国民議会の選挙はほぼ5年ごとで、最近では2016年3月に行われました。翌4月に初招集された議会では、ブンニャン書記長が前任者と同様に国家主席に選出されました。党の書記長が国のトップを兼任する体制からも、党の国に対する指導性がわかります。

外交は反中国から親中国へ

外交面では、両国とも対中関係の変化が目を引きます。

カンボジア人民党の前身組織は、ベトナムの庇護を受け、ポル・ポト派との内戦を戦いました。このため、ポル・ポト派を支援していた中国とは、敵対関係にありました。ラオス人民革命党もベトナムの庇護を受けていたため、1979年の中越戦争ではベトナム側に立って中国と対立した経緯があります。

ところが、近年は中国がカンボジアとラオスに積極的な経済支援を行っているため、両国ともASEANのなかでは最も中国寄りの姿勢を示しています。たとえば、2016年6月のASEAN外相会議で、一部の加盟国が南シナ海での中国との領有権問題についてASEANの意見を表明するよう求めたのに対し、カンボジアとラオスは反対したといわれます。ASEANの決定は全会一致の原則によるため、ASEANの意見を表明することは妨げられる結果となりました。

図表1　カンボジアの国会選挙結果（獲得議席の構成比）

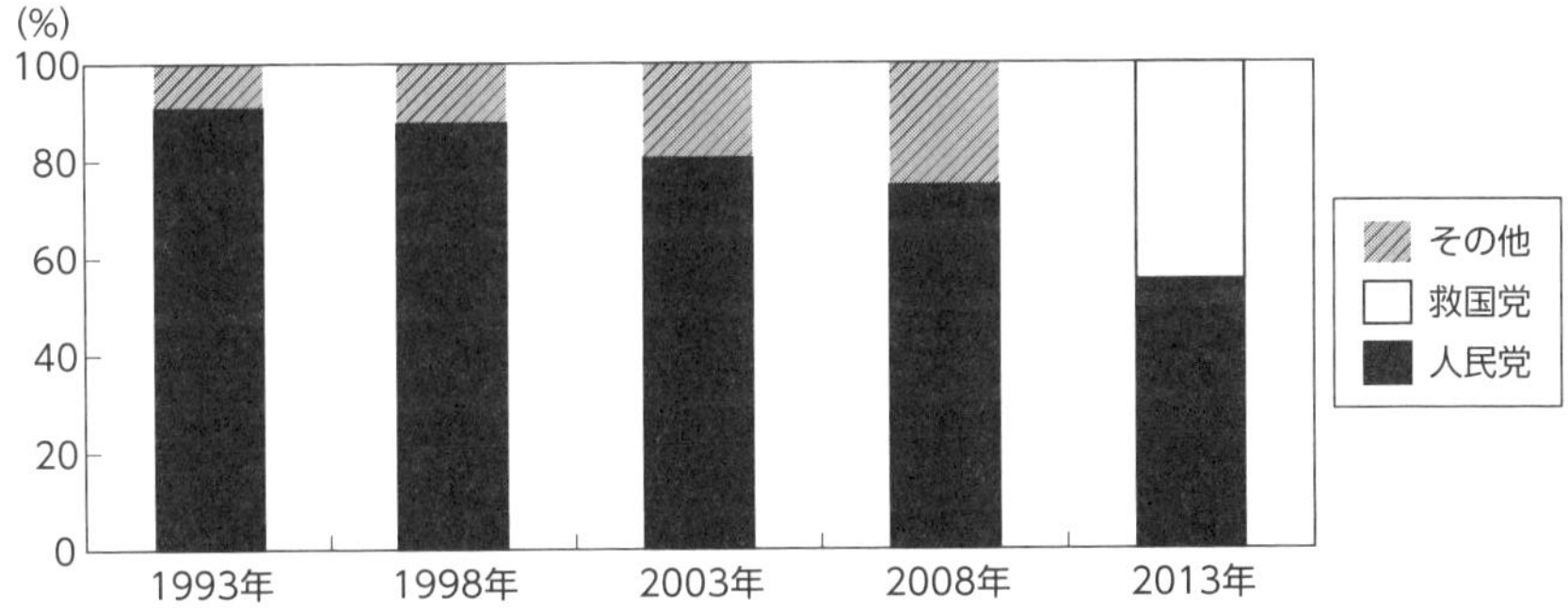

（注）1993年は制憲議会選挙。1993～2008年の人民党には、連立政党の議席も含む。
（資料）山田裕史（2013）「変革を迫られる人民党一党支配体制」より、みずほ総合研究所作成

テーマ 30

カンボジア、ラオスの経済
~周辺国との連携が成長ドライバー~

タイプラスワンの製造業進出

ASEANのなかで経済発展の遅れていたカンボジアとラオスでは、タイプラスワンの直接投資受入れにより、工業化の進展がみられるようになっています。

タイプラスワンとは、ASEANでいち早く産業集積の進んだタイの人手不足や賃金上昇問題を受けて、人件費の低い周辺国にタイの工場を移管または補完する製造拠点を設ける動きを指します。

ミャンマーも人件費が低いのでタイプラスワンの候補ですが、現時点ではミャンマーよりも投資環境の整っているカンボジアとラオスにタイプラスワンの投資が向かっています。まず、カンボジアとラオスは、経済回廊によってタイとのアクセスが良好です（図表1）。さらに、経済回廊沿いやタイとの国境沿いには経済特区（SEZ）がいくつも開発され、それらには工業団地やインフラが備わり、投資優遇税制も付与されています。一方、ミャンマーでは経済回廊が部分的に通じているだけで、SEZも経済回廊とタイから離れたところに1つしかありません。

タイプラスワンでカンボジアやラオスに進出した工場では、安価な人件費を活用して労働集約的な工程が行われています。具体的には、自動車や電気製品に使われるワイヤーハーネス（電線）の接続や、自動車シート用の縫製部品製造などです。輸入した原材料や部品を労働者が加工・組立てし、製品をタイや日本の工場での後工程のために輸出します。

実際に、ラオスとカンボジアの財輸出をみると、依然として1次産品の鉱物や繊維製品といった付加価値の低い物品のシェアが圧倒的ですが、電気や輸送機械のシェアも徐々にではありますが高まっています（図表2）。アジアに張り巡らされた電機や輸送機械のサプライチェーンのなかで、両国が労働集約的な工程の一角を担い始めていることが読み取れます。

消費市場としても浮上

カンボジアとラオスは、製造拠点としてだけでなく、消費市場としても存在感を示すようになっています。

カンボジアの場合、消費の中心地はGDPの6割を産みだす首都プノンペンです。その人口は190万人ほどで、会社

図表1　経済回廊とSEZ

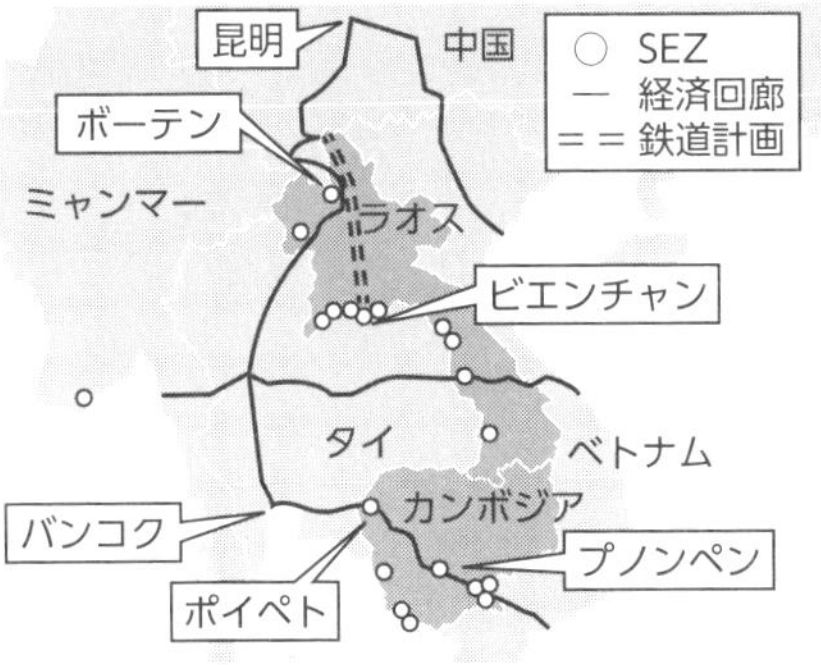

（資料）みずほ総合研究所作成

カンボジアのポイペト近郊の経済回廊
みずほ総合研究所撮影（2017年7月）

図表2　カンボジアとラオスの財輸出金額構成比（上位品目、2010年および2016年）

カンボジア				ラオス			
2010年		2016年		2010年		2016年	
繊維・履物	58.0	繊維・履物	75.8	鉱物	31.7	鉱物	31.7
木材・紙パ	32.5	電気機械	4.8	金属	29.9	農産物・食品	25.4
電気機械	2.7	農産物・食品	4.7	農産物・食品	12.8	金属	11.8
輸送機械	2.1	輸送機械	3.5	繊維・履物	11.6	電気機械	11.3
プラスチック	1.7	皮革	3.3	窯業・土石	7.8	繊維・履物	5.9
農産物・食品	1.6	プラスチック	2.9	木材・紙パ	2.5	化学	4.6
その他	0.7	窯業・土石	2.1	電気機械	1.4	窯業・土石	4.3

（資料）国際連合Comtradeより、みずほ総合研究所作成

勤めをする30代の平均月給は1500～2000ドル（約17～22万円）といわれており、一定の購買力を持つ消費層が育っています。

プノンペンで注目の消費スポットは、2014年に中心部にオープンしたイオンモールです。総合スーパーのイオンと、200近くの専門店からなるカンボジア初のモール型商業施設です。2018年には新興の住宅エリアに2つめのイオンモールがオープンする予定であり、同社の成功ぶりがうかがわれます。

外資導入による経済発展を積極的に図ってきたカンボジアでは、小売業に関して外国企業の出資は100％まで認められます。新規参入は容易ですが、その分だけ競争も激しいといえるでしょう。

ラオスの場合も、消費の中心は首都ビエンチャンです。その1人当たり名目GDPは5052ドル（約57万円）で、全国平均の2・5倍です。

ラオスの小売業への外資参入は、2015年の商工大臣合意によって規制緩和されました。資本金が200億キープ（約3億円）以上の大企業については外資100％の出資が認められるなど、規模が大きいほど外資比率の規制は緩く設定されています。一方、資本金40億キープ（約6000万円）未満の規模については、外資参入がいっさい認められません。

実際に、ビエンチャンでは中国やタイなどの外資主導で、近代的な大型ショッピングモールがいくつも開業しています。ただし、人口が83万人（2015年）のビエンチャンでは、すでにモールは供給過剰となっており、店舗が埋まりきらずに空きスペースが目立っています。

一方、週末になると、ビエンチャン郊外のメコン川沿いに設けられた国境ゲートでは、対岸のタイへと買出しに行く地元の人々が列をなします。ビエンチャン市内では高級なショッピングモールは供給過剰ですが、日用的な消費財を販売する小売業界は依然として未発達なため、買い物客はタイへと流れるのです。

カンボジアはタイとの連携強化へ

中長期的に展望すると、カンボジアでは賃金が急ピッチで上昇しているため、現在の主力産業である縫製業の存在感は次第に低下していくでしょう。

この背景には、2013年の総選挙で野党に肉薄されたフン・セン人民党政権が、支持率てこ入れのために最低賃金を引き上げるポピュリズム政策を採ってきたことがあります（テーマ29参照）。2012年に月額61ドルだった最低賃金は、2017年には153ドルへと2・8倍にもなりました（図表3）。生産コストに占める賃金の割合が特に高く、典型的な労働集約型産業の縫製業にとって、カンボジアの生産拠点としてのメリットは薄れています。

一方、隣国のタイをみると、カンボジア以上に最低賃金が高く、今後も少子高齢化が進展して労働力不足による賃金上昇が想定されます。

したがって、タイとの比較では依然として賃金が低く、かつタイとのアクセスに優れたカンボジアには、タイプラスワンの直接投資が続くでしょう。その結果、縫製業よりも高度な、自動車や電気機械関連の労働集約的な分野が発展することで、カンボジアの経済成長は続くと予測されます。

特に、カンボジアのなかでも、タイとの国境地帯にあるポイペトの発展が期待されます。タイと近いためタイ語を話せる人材が多く、経済回廊が通じているためバンコクから車で3～4時間と至近でもあり、タイプラスワンの進出先としてうってつけです。ポイペトのSEZにはすでに十数社の日系企業が進出しており、今後もその数は増えることでしょう。

ラオスは中国との物流拠点に

ラオスもタイプラスワンの製造拠点として存在感を高めてきましたが、今後についてはカンボジアと異なる発展パターンをたどると思われます。ラオスの人口は６５９万人とカンボジアの半分にも満たないため、労働集約型産業の製造拠点としては、早晩に人手不足の制約に打ち当たると懸念されるからです。

人口の少ないラオスにとって、中長期的な成長ドライバーとして注目されるのは、中国が大部分の費用を負担して建設する鉄道です。中国との国境にある北部のボーテンから、ビエンチャンまでの約４００キロの区間に、ラオス・中国鉄道を建設する工事が２０１６年末に始まり、２０２１年には完成する予定です。

鉄道の総工費は約60億ドルで、ラオスの２０１６年の名目ＧＤＰの約40％に相当します。単純に計算すると、５年間の工事期間にわたり、毎年８％ずつＧＤＰを押し上げることになります。しかし、全区間の工事は中国企業が落札し、資材には中国製の輸入品が多用され、技術者を中心に中国人労働者も雇用されることから、経済効果の大部分は中国に漏れるとみられています。現地のエコノミストのなかには、年々の経済押上げ効果が０・６〜０・８％にとどまると慎重にみている人もいます。

５年間の鉄道建設に伴う経済効果に大きな期待はできませんが、工事が完成して鉄道が運用されることによる恒久的な経済効果には期待が持てます。ボーテンから先の中国と、ビエンチャンから先のタイが線路によってつながるからです。将来的には、中国とタイ・ＡＳＥＡＮを結ぶ物流拠点として、ラオスは発展する可能性があります。

図表3　最低賃金（月当たり、ドル換算）

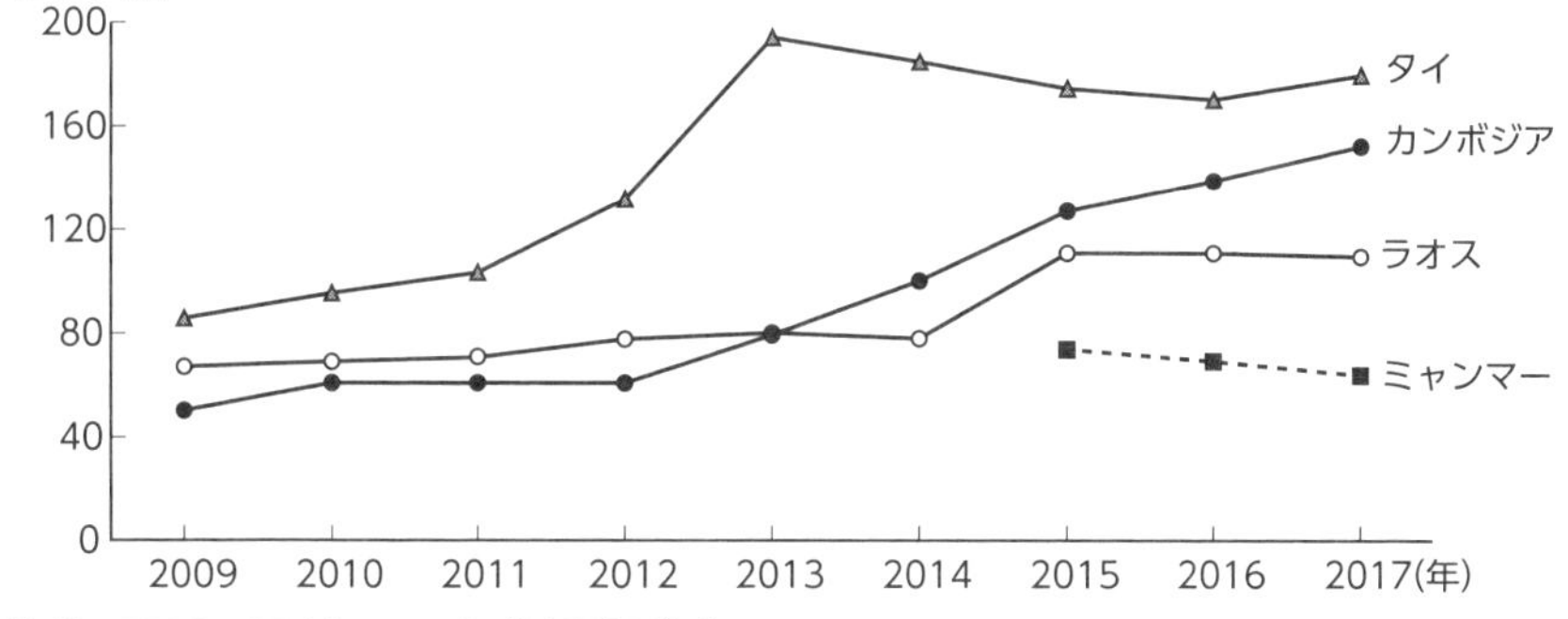

（資料）JETRO、CEICより、みずほ総合研究所作成

COLUMN ④

戦場から工場へと変貌を遂げるカンボジアのタイ国境地帯

カンボジアが誇る世界遺産のアンコールワット。その空の玄関であるシェムリアップ空港から西へ車を走らせること2時間ほどで、タイとの国境の町ポイペトに到着します。

近年まで、カンボジア西部のタイとの国境地帯は戦場でした。カンボジア内戦は1991年のパリ和平会議で終息しましたが、その後もポル・ポト派は戦闘を続け、無数の地雷が埋まるタイ国境地帯を拠点にして立て籠もりました。ポル・ポト派が事実上消滅したのは、1999年のことです。

内戦当時、交通の要衝であるポイペトには、戦火を逃れてタイに渡るカンボジア人が殺到しました。国境の反対側に設けられた難民キャンプには、1980年代初頭に常時４万～５万人のカンボジア人が収容されていたそうです。

そのポイペトで、2010年に、地場デベロッパーが国境から10㎞の地点に経済特区（SEZ）をオープンしました。これに続いて、2013年には、日系デベロッパーも国境から８㎞の地点にSEZを開設しました。この日系SEZでは、当初は大手企業向けの大規模な工場用地が整備されていましたが、2016年には中小企業向けの小型レンタル工場も建設されています。さらに、日系SEZの隣では、別の日系デベロッパーが新たなSEZを開発中です。

テーマ30で述べたとおり、ポイペトにSEZが設置され、工場が進出する背景には、人件費の上昇したタイから、周辺国に生産拠点が広がるタイプラスワンの動きがあります。特にポイペトは、国境沿いのためタイに近く、経済回廊も通じて交通の便が良いことから（テーマ30、図表１参照）、タイプラスワンの受け皿として注目されています。そのうえ、国境から20㎞まではタイの車両が通行を認められていることは、タイプラスワンのサプライチェーンにとって好都合です。

こうした地の利を活かし、ポイペトのSEZでは、進出した工場のほとんどがタイから原材料を輸入し、労働集約的な加工組立を行い、完成品をタイに輸出しています。かつて難民の通った道を、今では商品を満載したトラックが行き交っているのです。

ポイペトでは、電力などのインフラ不足、税関手続きの不透明性など、日系企業がビジネスを行ううえでの課題は依然として多く残されています。しかし、現地では「国境食堂」と銘打った日本人の営むレストランが2017年夏にオープンし、５～７米ドルで日本の定食を食べられるようになりました。日本人の駐在員や出張者の生活環境は少しずつ整いはじめているといえるでしょう。

第5章

フィリピンを理解しよう

〜豊富な人材を武器に成長〜

テーマ31 フィリピンの特徴
～英語力を活かせる産業が発展～

人口規模はASEAN第2位

フィリピンは、約7100の島からなる島嶼《とうしょ》国家で、面積は約30万平方キロメートルと、日本の約8割の広さです。

また人口規模は、ASEANのなかでインドネシアに次ぐ第2位の約1億418万人（2016年）であり、こちらも日本の8割程度です。

民族は大部分がマレー系であり、その他に、中国系、スペイン系、これらの混血と少数民族が存在しています。

ASEAN諸国のなかで最も日本との距離が近いのはフィリピンで、成田—マニラ間の飛行時間は約5時間です。

旧宗主国との共通点が多い文化

16世紀から19世紀にかけ、フィリピンはスペインの植民地でした。この影響で、フィリピン人の姓は、基本的にスペイン系です。その楽天的な国民気質から、アジアのラテンアメリカとも呼ばれています。

また、20世紀初頭は米国の植民地であった影響で、英語を話す人が多く、銃社会であるなど、米国とは文化・社会的な共通点があります。

国語はフィリピン語で、国語が制定された1930年代、話者数が最多で首都マニラで使われていたタガログ語をもとに作られました。

フィリピン語に加え英語も公用語に指定されており、ビジネス、教育、司法などの場で幅広く使われています。なお、英語を話す人の割合は全人口の6～7割に上るといわれています。

宗教的特徴をみると、スペインの広めたカトリックが人口の8割と、大部分を占めています。ただし、ムスリム・ミンダナオ自治地域では、イスラム教徒が9割にも達しています。

カトリック教会の政治的な影響力が強く、これまで人工避妊は認められていないほどでしたが、ようやく、2012年に人口抑制法案が可決されました。最高裁への違憲申立てにより法律の施行はいったん差し止められましたが、2014年に合憲との判断が下され、2017年1月には、ドゥテルテ大統領が同法案の内容を実行に移すための大統領令に署名しました。

人口：1億418万人（2016年）
面積：約29万9404㎢
首都：マニラ
名目GDP：3049億ドル（2016年）
1人当たりGDP：2927ドル（2016年）
産業構成：（名目GDP比、2016年）
第１次産業：　9.7%
第２次産業：30.9%
第３次産業：59.5%

政体：立憲共和制
元首：ロドリゴ・ロア・ドゥテルテ大統領（2017年12月末時点）
言語：国語はフィリピン語、公用語はフィリピン語および英語
民族：マレー系が主体。他に中国系、スペイン系およびこれらとの混血ならびに少数民族がいる
宗教：カトリックが83%、その他のキリスト教が10%、イスラム教は5%
会計年度：1月～12月

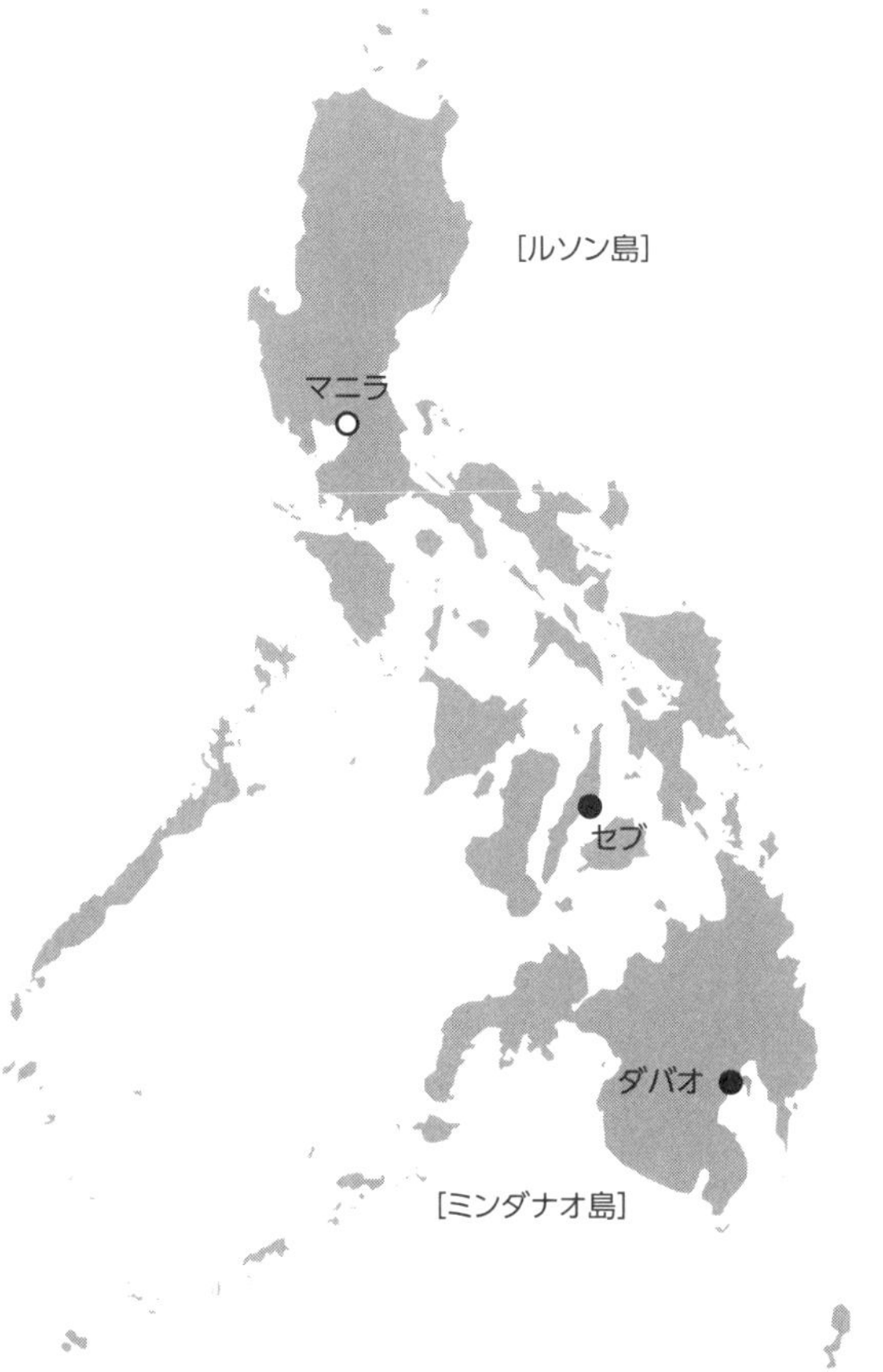

（資料）フィリピン統計機構資料、外務省ウェブサイトなどより、みずほ総合研究所作成

経済面では中国系の財閥がリード役

経済面では、財閥の存在感が非常に大きいことが特徴です。フィリピン総合株価指数を構成する30社のうち、ファストフードのジョリビーや、エネルギー関連のマニラ電力等の一部を除く、ほぼすべての銘柄が財閥関連です。また、総資産額上位10行のうち、国有銀行以外の銀行はほぼ財閥系の銀行です。そして、主要な財閥を経営しているのは中国系の人々です。中国系は、全人口に占める割合は非常に小さいものの、フィリピン経済のリード役といえるでしょう。たとえば、ビールで有名なサンミゲル・コーポレーションを傘下に持つコファンコ財閥や、大手スーパーマーケットを展開するシー財閥などは中国系です。一方、かつて一大勢力を誇ったスペイン系財閥は、アヤラ財閥など一部を除いて衰退しました。

国民の英語力が経済の強み

フィリピンは、現在の1人当たりGDPが3000ドル程度で、世界銀行により下位中所得国に分類されています。分類を確認することができる1987年以降、下位中所得国にとどまっています。

経済発展が進まなかった背景には、政情不安、治安の悪さや汚職の問題、インフラ不足など投資環境上の問題が山積みだったことがあります。この結果、他のASEAN先発国とは異なり、フィリピンでは、外資導入による工業化という発展パターンがみられなかったのです。

工業化が遅れた一方で、国民の英語力を活かせる分野にフィリピン経済の優位性があります。

第1に、サービス業が経済成長をけん引しています（図表1）。この背景には、2000年頃から先進国企業がコスト削減のためにサービス業務の一部を人件費の安い外国に委託する動きが広まったことがあり、英語を話す人材が豊富なフィリピンに注目が集まりました。このような業務委託は、ビジネス・プロセス・アウトソーシング（BPO）と呼ばれます。具体的には、コールセンター、ソフトウェア開発、医療情報管理などの業種があります。特に盛んなのはコールセンターで、フィリピンにおけるBPOの雇用者数・総売上高の約6割を占め（図表2）、売上高は世界1位です。

第2に、国内の雇用機会が乏しいため、英語を武器に海外で就労する労働者（OFW）が1000万人（人口の約10％）にも上っており、彼らが国内の家族に送金し、個人消費の拡大を支えています。OFWは主に、家事労働、医療関係、船員などの職業に就いています。ちなみに、2016年の送金額は、同年の名目GDPの約9％もの規模に達しています。

図表1　産業構成（2016年）

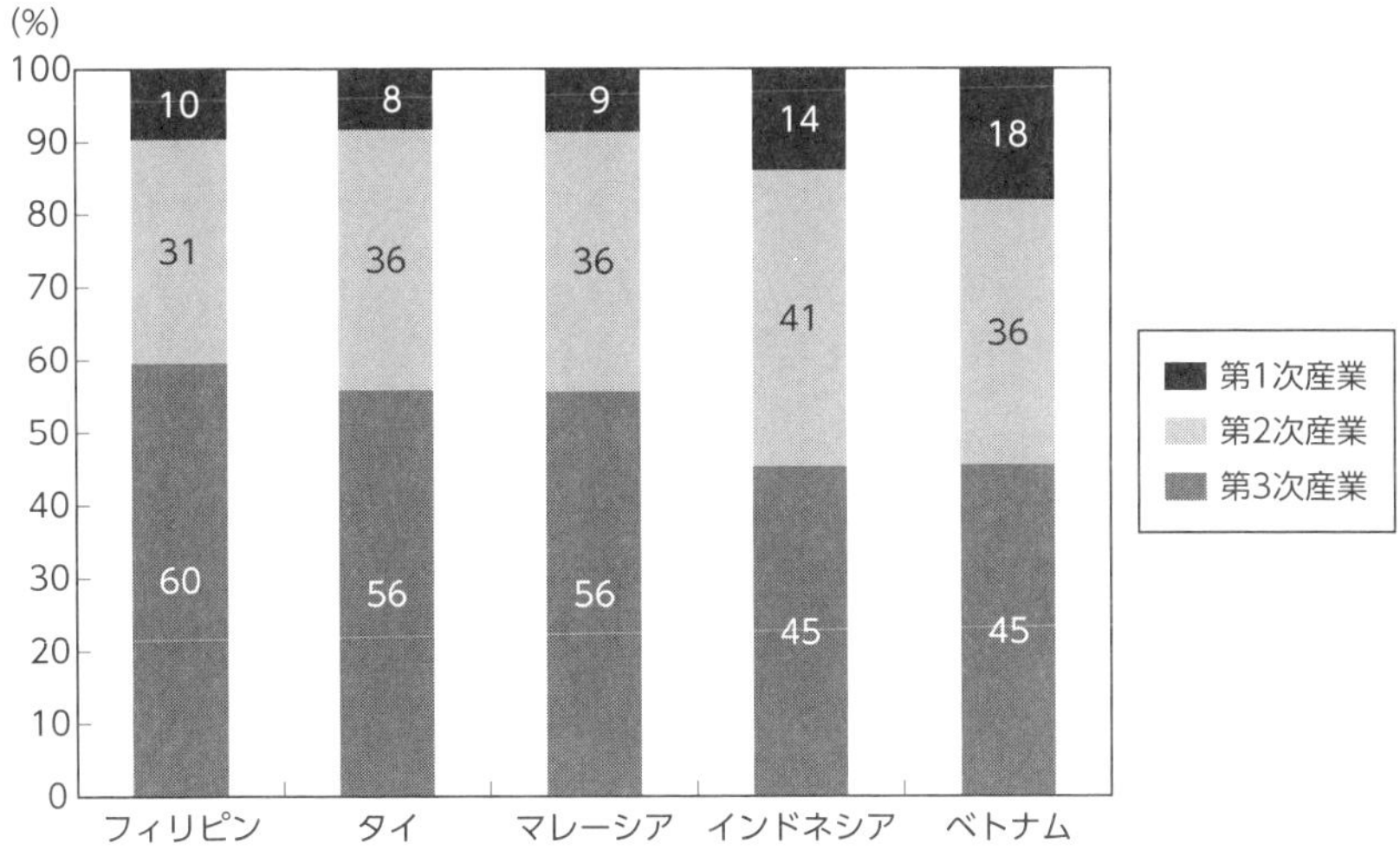

（資料）世界銀行 "World Development Indicators" より、みずほ総合研究所作成

図表2　BPOの内訳

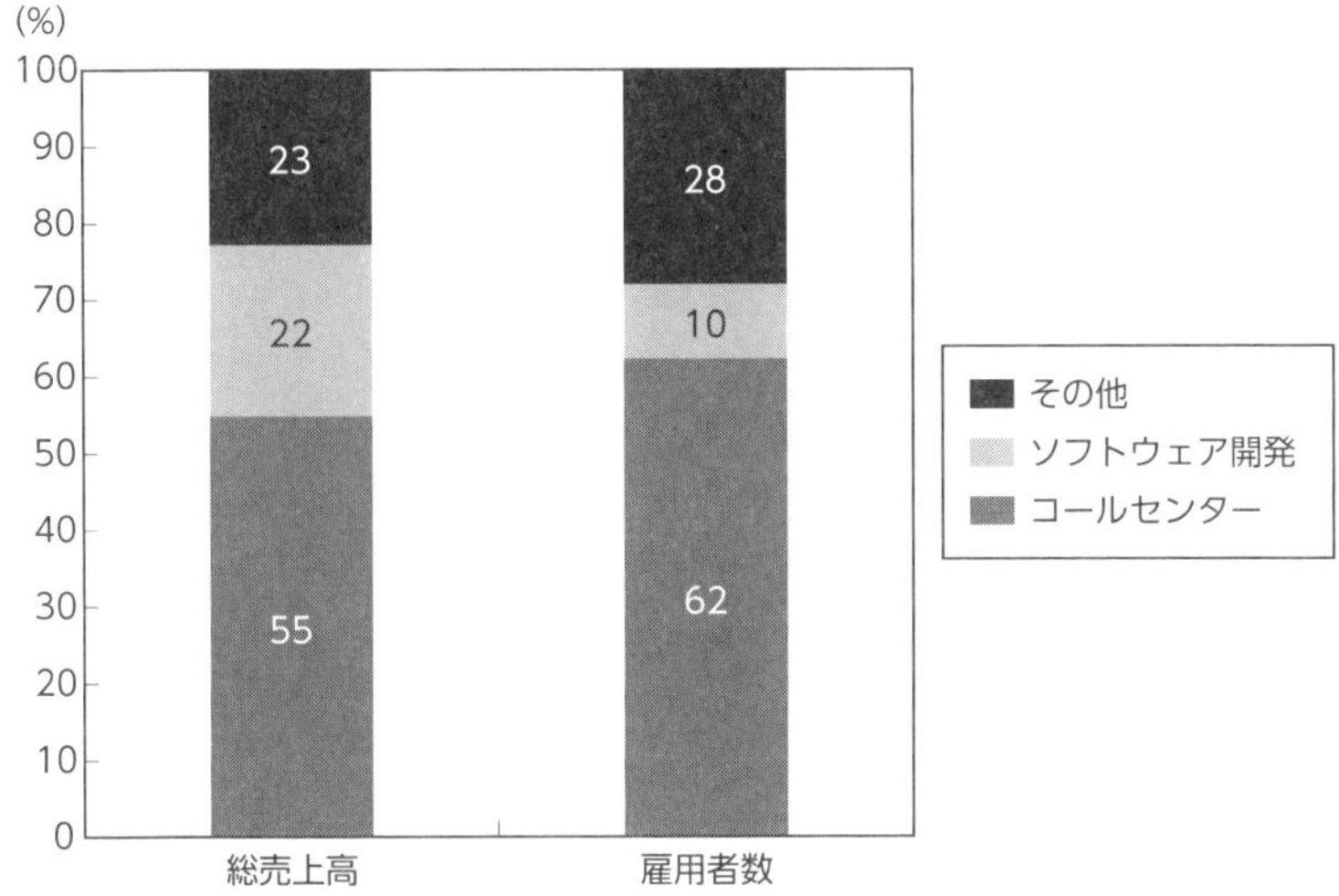

（注）その他には、医療情報管理などのトランスクリプション、動画・静止画作成等が含まれる。
（資料）フィリピン中央銀行より、みずほ総合研究所作成

テーマ

32

フィリピンの政治
～憲法改正、汚職対策強化を進めるドゥテルテ政権～

大統領が元首の立憲共和制

フィリピンは、大統領を元首とする立憲共和制の国です。大統領には、行政、外交、軍事、閣僚の任命権などの権限があります。現在の大統領は、２０１６年に就任したロドリゴ・ロア・ドゥテルテ大統領です。

歴代大統領のなかでは、１９６５年から１９８６年までの約20年間に及ぶ独裁を続けたマルコス大統領の悪名が高く、失脚後の１９８７年に国民投票で制定された現行の憲法では、大統領の任期は6年に限られ、再選も禁止されています。また、大統領による独裁の再来を防ぐため、立法と司法による三権分立も現憲法で定められています(図表1)。

日和見する議員

立法府は、上院議会、下院議会で構成されています。上院の定数はわずか24議席で、任期は6年（3年ごとに半数改選）、連続3選が禁止されています。上院議員は、全国区から選出されるため、全国的に知名度が高い人物が選出される傾向があります。このため、上院は大統領になるための登龍門のようになっており、マルコス政権崩壊後の歴代5名の大統領中、3名が上院議員経験者です。また、下院の定数は２９２議席で、任期は3年、連続4選が禁止されています。国政選挙には、上下両院選挙を同時に実施する中間選挙と、これに加えて大統領選挙も同時に実施する総選挙があります。両者は3年ごとに交互に行われます。

フィリピンの政党は、政策綱領や思想において基本的に大きな相違がなく、各議員は、利害関係に基づいて政党間を移動する傾向があります。実際に、２０１6年にドゥテルテ大統領が当選した直後、多くの議員がアキノ前大統領の所属する自由党から、ドゥテルテ大統領が所属するＰＤＰラバン党に移籍しました。

また、大統領の支持率が高い間は、与党に連なる議員が増え、議会と大統領の関係は良好になる傾向があります。しかし、２００1年に支持率が急落した当時のエストラーダ大統領が議会に弾劾されたように(図表2)、ひとたび支持率が低下すると議会は大統領に厳しい態度をとることがあります。

図表1 行政、立法、司法の構成と役割

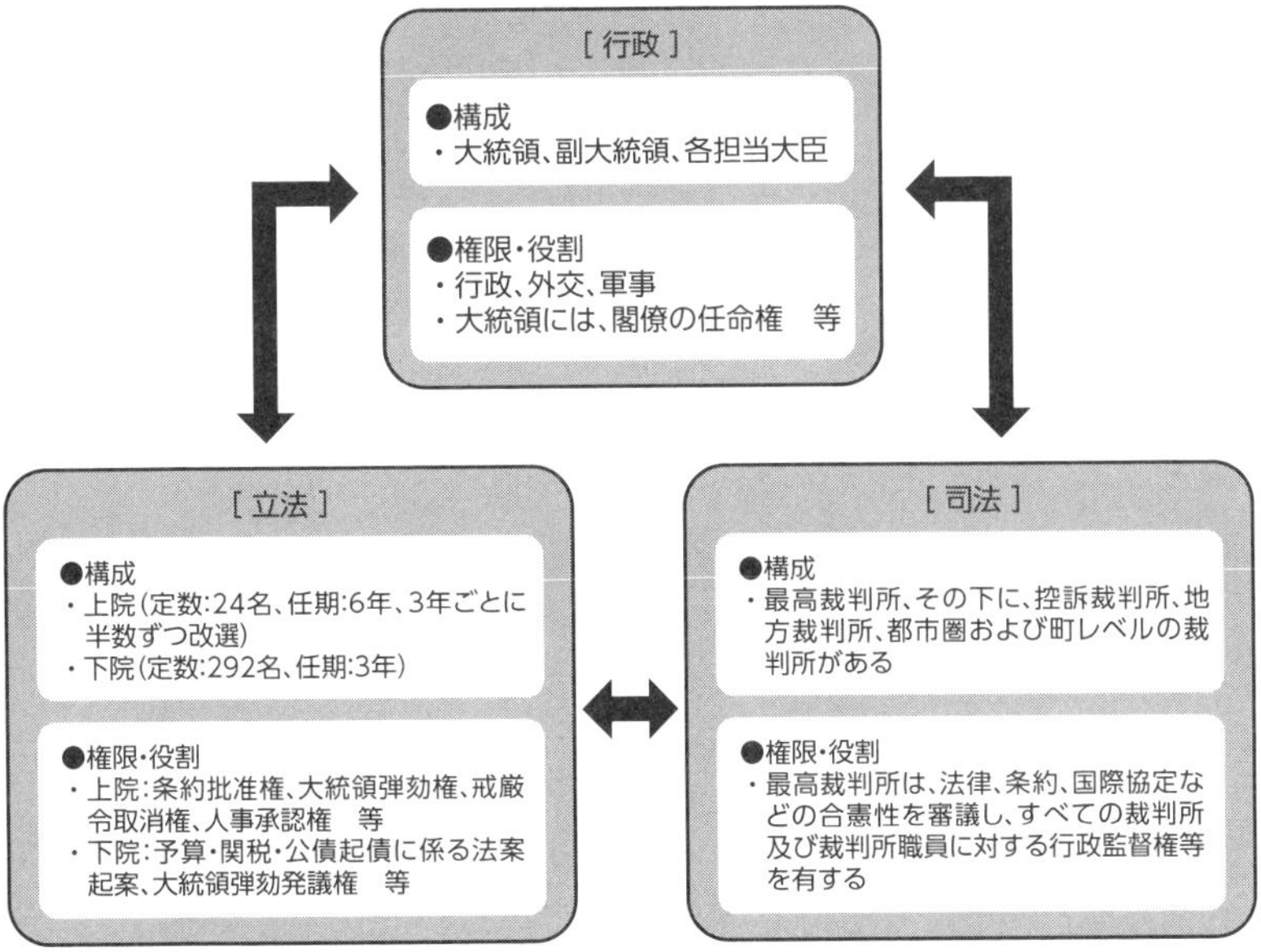

(資料) 国際協力銀行「フィリピンの投資環境」、アジア経済研究所「アジアの司法化と裁判官の役割」より、みずほ総合研究所作成

図表2 歴代大統領の支持率

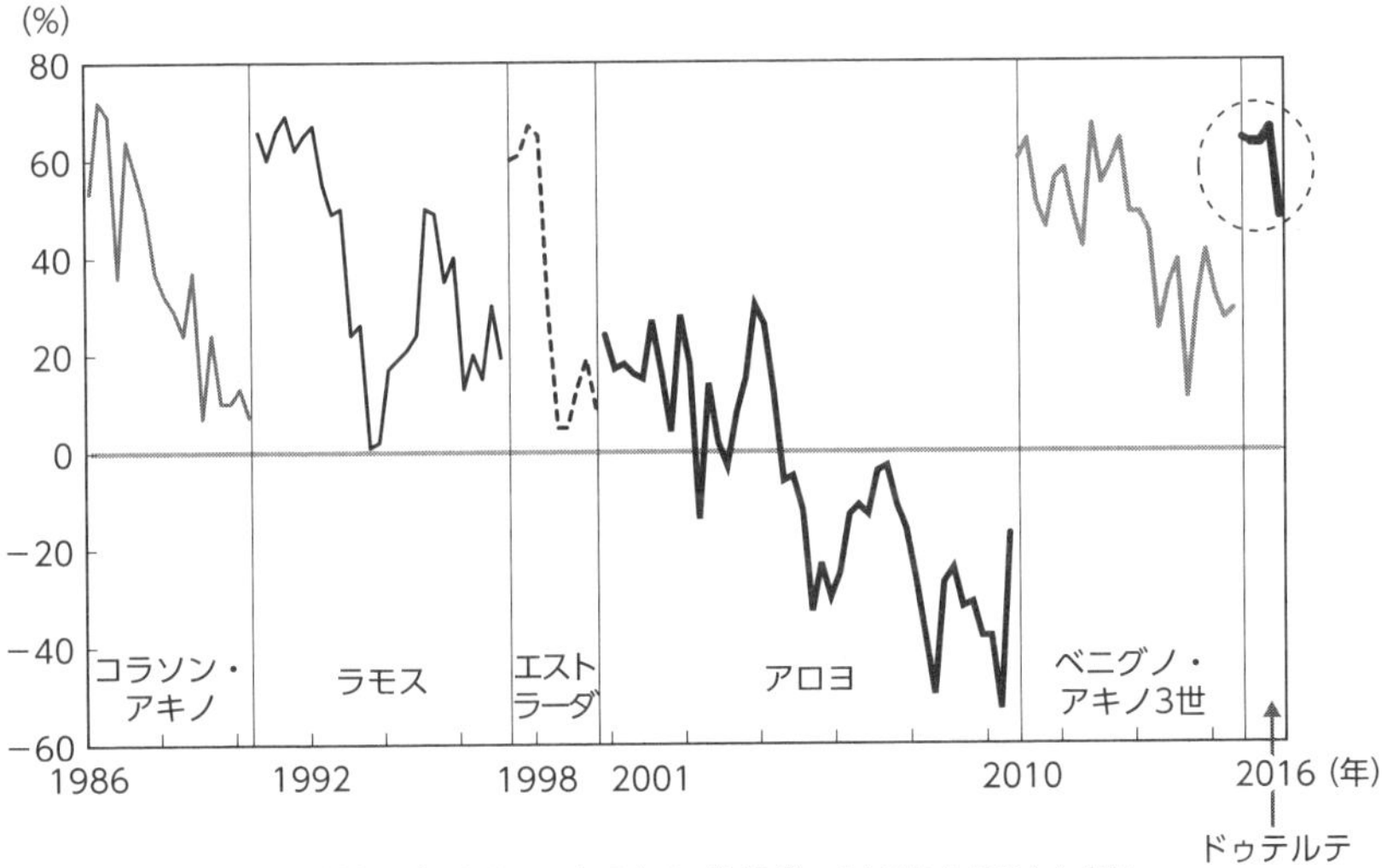

(注) 支持割合から不支持割合を引いたものであるため、数値がマイナスになることもある。
(資料) Social Weather Stations (SWS) 資料より、みずほ総合研究所作成

司法府は、最高裁判所と、その下に控訴裁判所、地方裁判所、都市圏や町レベルの裁判所という4つの階層で構成されています。そのほかに、特別裁判所として、公務員による汚職などの犯罪を扱う公務員特別裁判所と、租税徴収に関する訴訟を扱う税控訴裁判所があります。

剛腕なドゥテルテ大統領

ドゥテルテ現大統領は、過去20年以上にわたってフィリピン南部のミンダナオ島にあるダバオ市の市長を務めて、強いリーダーシップのもとで治安やビジネス環境を大きく改善した実績があります。

大統領就任後もドゥテルテ氏は、市長時代と同様に強いリーダーシップを発揮しています。具体的には、大統領令を積極的に活用して自身が掲げる政策課題を実現しようとしている点が挙げられます。

また、次に述べるように、憲法改正による経済と政治の改革にも意欲的です。

憲法改正の動き①外資規制緩和

フィリピン憲法の経済関連条項では、農地以外の土地、エネルギー資源、木材、動植物などの天然資源すべてが、国によって管理されると定められています。このため、天然資源の探査、開発、利用は、①国家が直接実施する事業、②国家とフィリピン国民との共同事業、または、③国家とフィリピン国民が60％以上出資する会社などとの共同事業に限定されており、外資の参入が規制されています。

このように憲法の規定に基づく外資制限があるため、１９９０年代のラモス政権下において、政府および議会が進めようとした石油産業の規制緩和政策が、最高裁判所の判断で憲法違反とされ頓挫したことがあります。ドゥテルテ大統領は就任当初より、憲法の経済関連条項を改正し、外資出資比率規制を緩和することに意欲的な姿勢をみせています。

憲法改正の動き②連邦制導入

フィリピンは、マニラ首都圏、ムスリム・ミンダナオ自治区、その他の14の地域に大まかに分かれています。地方自治体の最小単位は、50～１００世帯からなるバランガイと呼ばれる村のような集合体です。フィリピンには約4万以上のバランガイがあります。

１９９１年に、新地方自治法が制定され、地方自治が強化されました。この結果、フィリピンはＡＳＥＡＮのなかで最も地方自治が進んだ国といわれています。最小単位のバランガイにさえ、税の賦課徴収などの行政事務権能、議会などが備わっています。

ドゥテルテ大統領は、憲法改正により連邦制を導入し、地方自治の権限を強めることにも意欲的です。

ただし、憲法改正の手続きは、まずその改定内容の検討に時間を要するうえ、最終的な決定のためには国民投票で過半数の賛成を得る必要があり、改正が実現するまでには時間を要するでしょう。

汚職対策は一進一退

フィリピンの汚職は、根深い政治問題です。アキノ前大統領は取締り強化を進め、腐敗度合いを示す指数は２０１４年までは改善していましたが、複数の上院議員による予算の流用疑惑が発覚して以来、同指数は悪化しました（図表３）。

ドゥテルテ大統領も、汚職・腐敗の取締りを強化するためにいくつかの政策を実行しています。

第１の政策が、政府の透明性の強化です。ドゥテルテ大統領は、就任直後の２０１６年７月に、行政府の業務内容等に関する情報公開の実施に向けた大統領令を発布しました。これに沿って、国民からの情報公開請求を受け付けるウェブサイトやホットラインが開設されています。

第２の政策が、許認可手続きの簡素化です。ドゥテルテ大統領の肝いりで、議会では反汚職法案が審議されており、法案の早期成立が目論まれています。同法案が成立すれば、政府機関または地方自治体の事業許認可手続きに要する日数が一定の短期間に制限されます。もし制限日数内に手続きが終わらない場合は、その政府機関または地方自治体にペナルティが課されます。こうした手続きの迅速化義務が課されれば、わざと手続きを遅らせて袖の下を要求するといった行為の抑制につながるでしょう。

これまでの経緯を踏まえると、汚職は一朝一夕に解決する問題ではないと思われますが、ドゥテルテ政権成立後、約１年ですでにいくつかの政策が進んでいることを踏まえると、徐々に改善の方向に向かっていくことが期待されます。

図表3　腐敗度認識指数（世界ランキング）

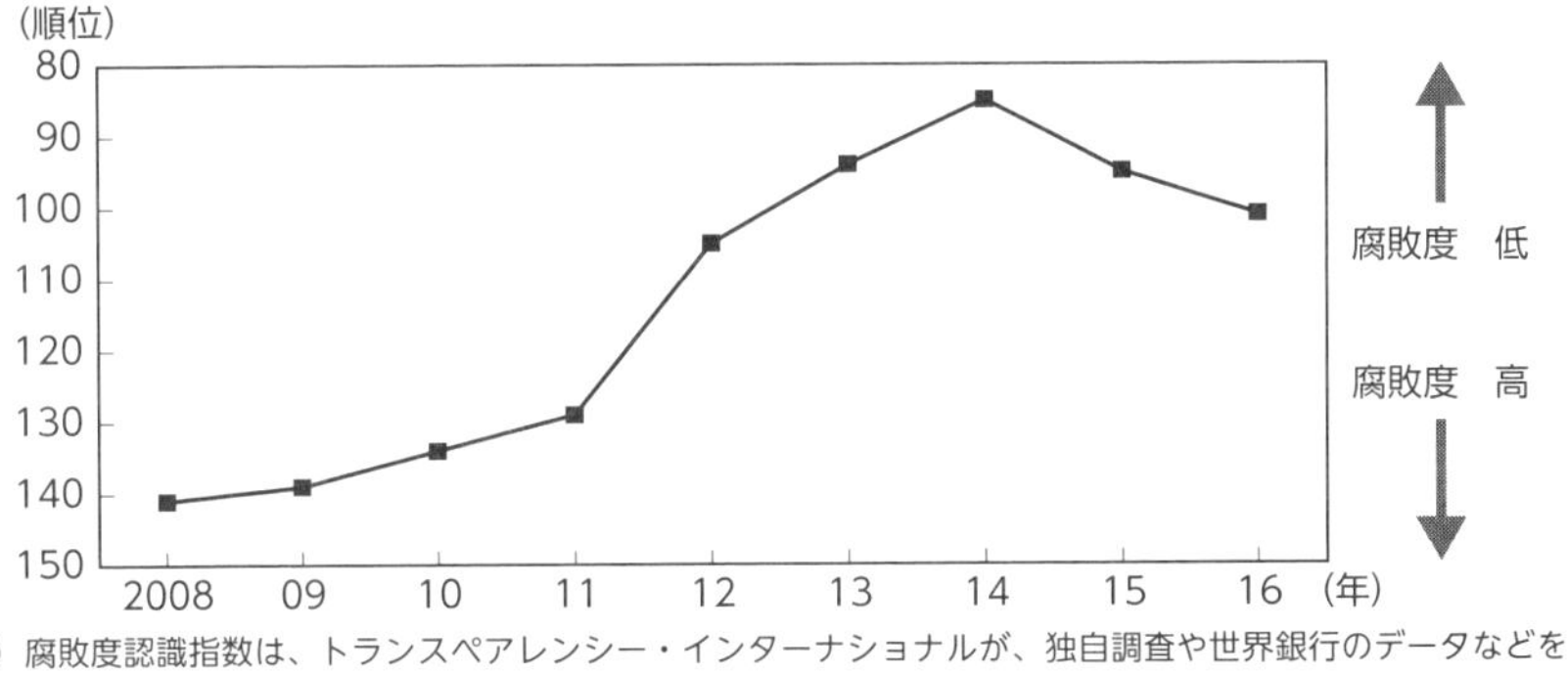

（注）腐敗度認識指数は、トランスペアレンシー・インターナショナルが、独自調査や世界銀行のデータなどを用いて評点したもの。
（資料）トランスペアレンシー・インターナショナルより、みずほ総合研究所作成

テーマ 33 フィリピンの外交
～接近と離反を繰り返す対米関係～

冷戦後に米国と距離を置く

フィリピンは、1946年に米国の植民地支配から独立しますが、その直後の1947年に締結した米比軍事基地協定を基に米軍基地は維持されました(図表1)。同時期に米国との軍事援助協定も締結され、米軍によるフィリピン軍の訓練や育成が実施されるなど、フィリピンの安全保障は米国に大きく依存してきました。また、冷戦期の米国にとっても、同盟国であるフィリピンは重要な中継・補給基地の役割を担っていました。

しかし、1991年の冷戦終結に伴い、米国にとってのフィリピンの位置づけは低下しました。また、同年のピナツボ火山の噴火による火山灰で、クラーク米軍基地の滑走路や設備などが使用できなくなり、莫大な復旧費用が発生しました。一方、同時期にフィリピンでは対米感情が悪化し、フィリピンの議会で米比軍事基地協定の更新が承認されませんでした。これらの出来事が重なり、1992年に、米軍はフィリピンから完全撤退することとなりました。

領有権をめぐり中国と対立激化

米軍のフィリピンからの撤退とほぼ同時期に、中国の海洋権益の拡大が積極化し、南シナ海をめぐりフィリピンを含む一部のASEAN諸国と中国との対立が激化しました。

ただし中国と当事国間で一時的に関係改善を模索する時期があり、2002年には、「南シナ海における関係諸国行動宣言」が採択され、2005年には、中国、フィリピン、ベトナム共同の南シナ海での海底資源調査も始まりました。

しかし、2012年にスカボロー礁で中国の監視船とフィリピン軍が対峙する事件が勃発し、再び領有権をめぐる対立が激化しました。この事件を受け、2013年にフィリピン政府は、領有権紛争を平和的に解決するため、国連海洋法条約(UNCLOS)に基づき、仲裁裁判所に中国を提訴しました。2016年には、仲裁裁判所の裁定が発表され、南シナ海において中国が主権を主張する九段線と称される独自の境界線には国際法上の根拠がないと認定されました。フィリピンの全面勝訴といえる判決です。

対中関係悪化で米国に再接近

中国との対立が深まるとともに、国内でのイスラム過激派の反政府活動が活発化すると、米国との軍事協力関係は再び強まります。1998年には、米軍のフィリピンへの寄港と一時的滞在を認める協定が締結され、2000年以降はフィリピン軍と米軍との共同による軍事演習や対テロ軍事作戦も遂行されました。さらに2014年には防衛協力強化協定が締結され、米軍がフィリピン軍の基地を使用することが可能となりました。

ドゥテルテ大統領の実利外交

こうした親米反中の流れをドゥテルテ政権は大きく変えています。

米国に対しては、特にオバマ前政権期において、ドゥテルテ政権は対立姿勢を強めました。この背景には麻薬問題解決のためには麻薬関連犯罪者の殺害もやむを得ないとするドゥテルテ政権の取組みがあります。こうした取組みが米国をはじめ欧米諸国から大きな反発を受け、国内問題への干渉を嫌うドゥテルテ大統領は、米国との共同軍事演習の取りやめを示唆したり、オバマ前大統領に対して暴言を吐くなど反米姿勢をあらわにしました。ただし、2017年にトランプ政権が誕生して以降、トランプ大統領が麻薬問題への取組みに対する理解を示したこともあり、ドゥテルテ大統領の米国への暴言は聞かれなくなっており、対米強硬姿勢は緩和しているとみられます。

一方、領有権問題で対立していた中国に対しては、歩み寄りの姿勢をみせています。ドゥテルテ政権は、経済的援助の獲得という実利を優先し、仲裁裁判所の判決を棚上げしました。中国もフィリピンのインフラ整備等に約240億ドル（2.7兆円）の支援を表明するなどして応じています。

図表1　主な対米、対中関係の出来事

米国関連	中国関連
1946年　米国からの独立	1995年　中国がミスチーフ礁に建造物構築と発表
1947年　米比軍事基地協定締結	2002年　南シナ海における関係諸国行動宣言
1951年　米比相互防衛条約締結	2003年　平和と繁栄に向けた戦略的パートナーシップ宣言
1966年　米比軍事基地協定改定	2005年　南シナ海での共同探査実施
1991年　米比友好協力安保条約に署名	2012年　スカボロー礁事件勃発
1992年　米軍基地返還	2013年　フィリピンが仲裁裁判所に中国を提訴
1998年　訪問米軍の地位に関する協定締結	2016年　仲裁裁判所の裁定（フィリピン勝訴の内容）
2014年　米比防衛協力強化協定締結	2016年　ドゥテルテ大統領が上記裁定を棚上げ
2016年　ドゥテルテ大統領がオバマ大統領に暴言	

（資料）米国務省・日本外務省ウェブサイト、防衛省「防衛白書」より、みずほ総合研究所作成

テーマ

34 フィリピンの経済

～経済改革を一段と加速させるドゥテルテ政権～

アジアの病人から希望の星へ

２０００年代以前のフィリピンは、外資系企業から投資先として積極的には選ばれてきませんでした。そのため、タイやマレーシアなどのように、外資導入を原動力とする経済発展を実現できず、成長率は主要ＡＳＥＡＮ諸国のなかで最も低かったことから（図表１）、「アジアの病人」と揶揄《やゆ》されてきました。

しかしアキノ前政権下の２０１０年代の成長率は年平均で６％以上に達し、他のＡＳＥＡＮ主要国を超えて中国に迫る勢いとなり、フィリピンは「アジアの希望の星」と称賛されるまでになりました。

アキノ前政権下で成長加速

大きく加速した成長率について、その内訳を歴代の政権ごとに比較すると、成長パターンに関する２つの特徴が読み取れます（図表２）。

１つ目の特徴は、いずれの政権下でも個人消費の伸びが底堅くフィリピンの経済成長率を支えてきたことです。テーマ31で、海外フィリピン人労働者（ＯＦＷ）が全人口の約1割に上り、彼らが本国に送る送金額もＧＤＰの約９％に達することについて言及しましたが、この送金のおかげでＧＤＰの約7割を占める個人消費が安定的に伸びてきました。

２つ目の特徴は、アキノ前政権下で、投資に当たる総固定資本形成の寄与度が大きく拡大していることです。従来からの個人消費に加え、投資も拡大したことが成長率の加速をもたらしました。

投資拡大の背景には、アキノ前政権下での改革の成果が目に見える形で表れてきたことがあると考えられます。

アキノ改革が高成長の原動力

アキノ前政権下での改革により、まず公共投資が拡大しています。アキノ前政権は２０１３年1月に酒・たばこ税を引き上げ、徴税能力を高めて財政を健全化する改革に取り組みました。その結果、税収が膨らみ、インフラ整備費を拡大させることができたのです。２０１１年にＧＤＰ比２・６％であったインフラ整備費は、２０１６年には同４・２％にまで増加しました。また、アキノ前大統領は、民間の資金や技術を活かしてインフラを

図表1　各国の実質GDP成長率

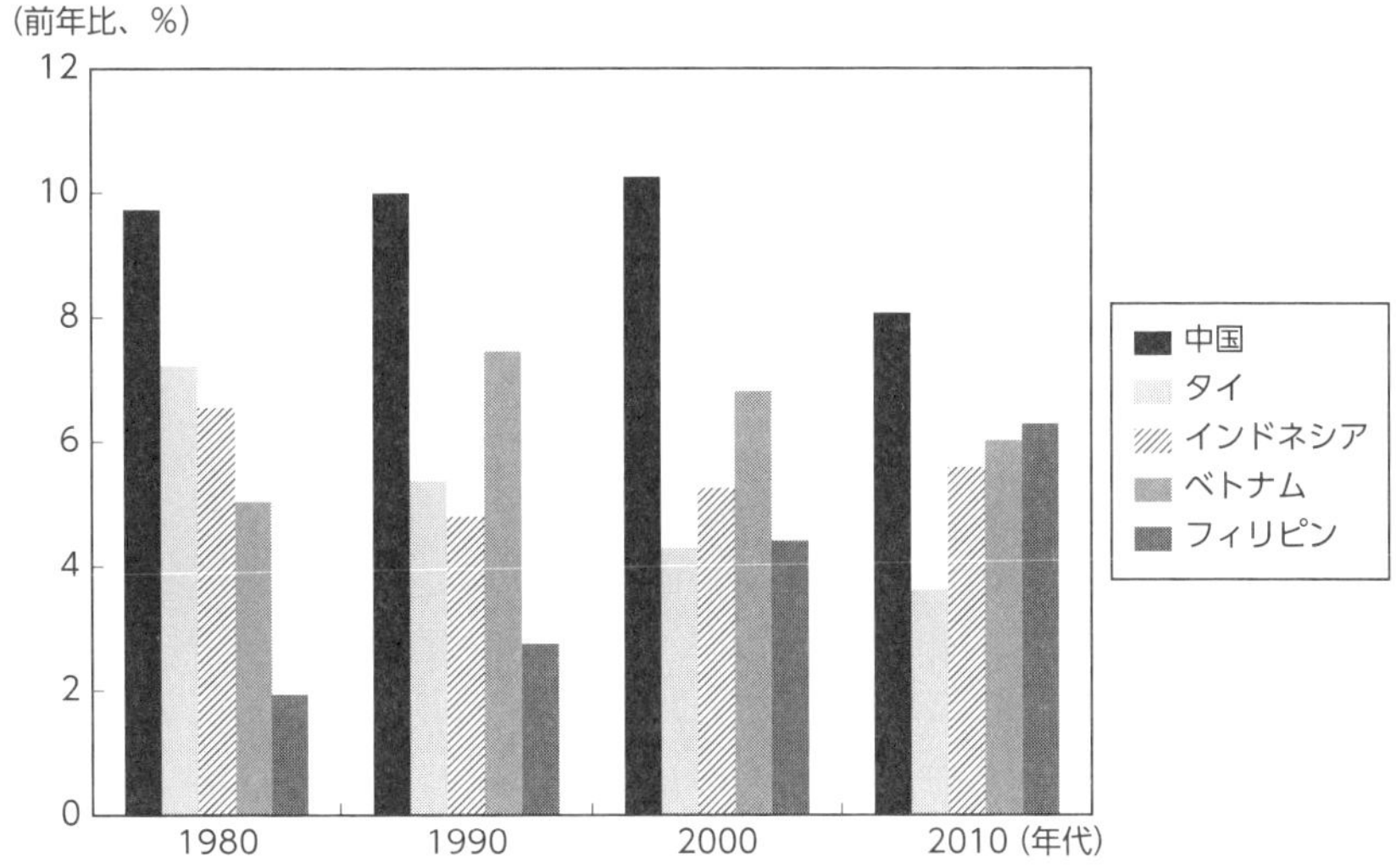

(注) 各年の実質GDP成長率を年代別に平均したもの。
(資料) IMF "World Economic Outlook" より、みずほ総合研究所作成

図表2　実質GDP成長率 (需要項目別の寄与度分解)

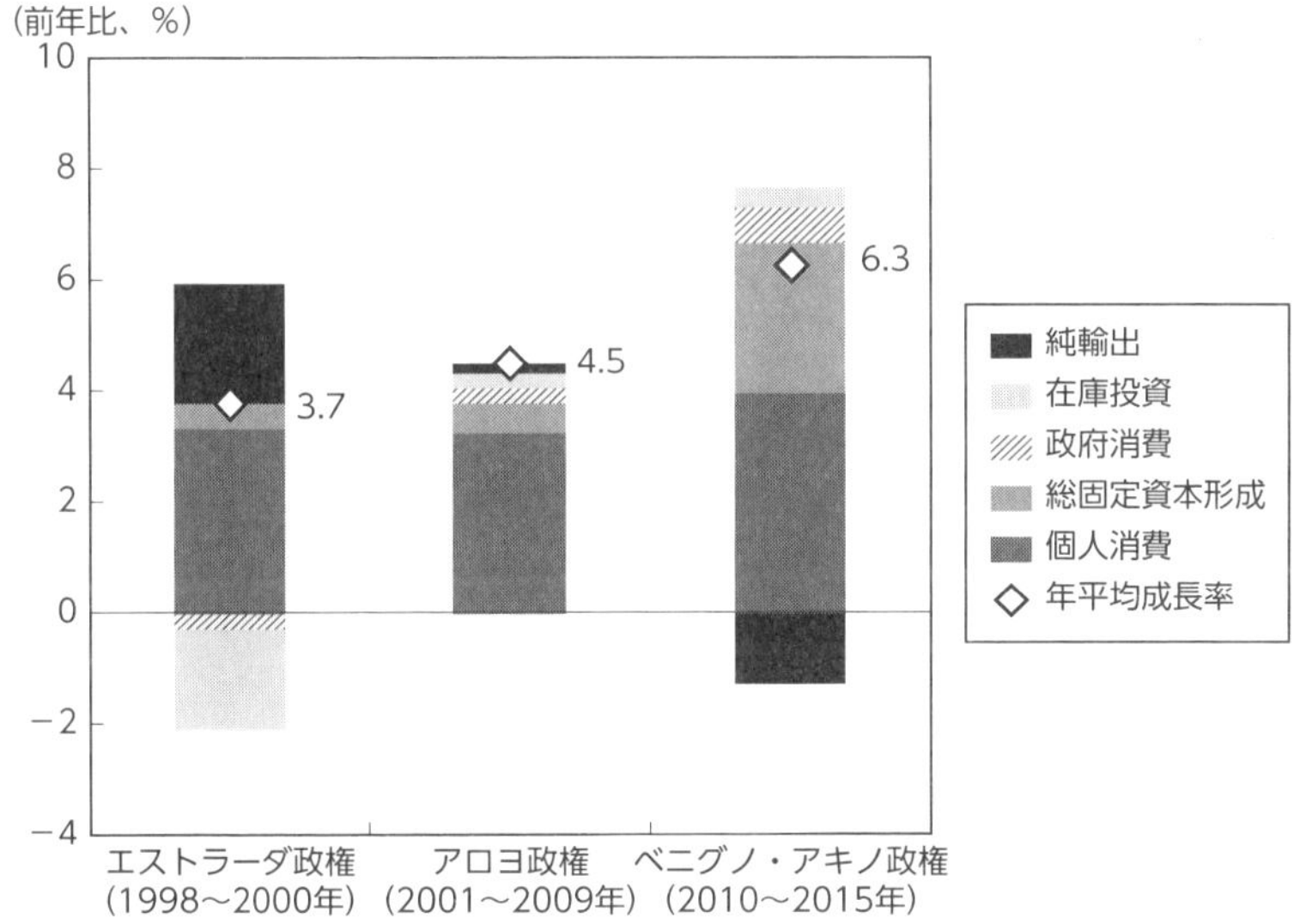

(注) グラフ内に記載した数値は、年平均成長率。
(資料) フィリピン統計機構より、みずほ総合研究所作成

整備する官民連携（ＰＰＰ）事業にも積極的に取り組み、アキノ前政権下で12のＰＰＰ事業の事業者が選定されており、一部事業は建設・運営段階にまで進んでいます。

財政改革等によるインフラ整備に加え、アキノ前政権の汚職対策等の投資環境改革が奏功して、民間投資の拡大にもつながっています。対内直接投資は、２０１１年の20億ドル程度から、２０１６年には80億ドル程度にまで増加しています。タイやマレーシアに後れをとっていた外資導入が、ようやく進むようになってきました。

チャイナプラスワンの候補

また、２０１０年代に中国において賃金が上昇したり、成長率が減速基調になったり、日中関係が悪化したりといった出来事が相次ぎました。これを機に、これまで中国に進出していた外資系企業が、中国以外の国での操業を模索するなかで、「チャイナプラスワン」の候補の１つとして中国との距離が比較的近いフィリピンが浮上したことも、対内直接投資増加の一因となったと言えそうです。

依然として課題は山積み

アキノ前政権下で成長率が高まり始めたとはいえ、フィリピン経済は引き続き課題を抱えています。

最大の課題はインフラの質の低さです。スイスの非営利財団である世界経済フォーラムによると、フィリピンのインフラはＡＳＥＡＮ主要６カ国のなかで最も質が低いと評価されています。前政権下でインフラ整備は進んだものの、まだまだ不十分だと言えそうです。

また、憲法で外資の出資比率規制が定められていたり（テーマ32）、根深い汚職問題を抱えていたりすることなども大きな課題といえるでしょう。

ドゥテルテはアキノ改革を継承

こうしたなか、ドゥテルテ大統領は、アキノ前大統領の経済改革路線をおおむね引き継ぎ、課題の解決に向けた政策を打ち出しています。

ドゥテルテ大統領が最も力を入れて取り組んでいる経済政策は、インフラ整備です。ドゥテルテ政権はインフラ整備費を２０１７年時点の名目ＧＤＰ比５・４％から、２０２２年には同７・３％にまで拡大させるとの計画を発表しています（図表３）。また、こうした数値目標の提示だけではなく、首都圏の地下鉄計画などの大規模プロジェクトを含む多くのインフラ事業の実施を承認するなど、計画を着実に実行に移しつつあります。

ドゥテルテ大統領は、インフラ整備の財源を確保するとともに、税制度を簡素化すること等により投資環境を改善するという目的から税制改革にも積極的に取り組んでいます。具体的には、法人税・所得税の減税、付加価値税の対象除外品目の削減や自動車や石油製品に対する課税を強化することなどが検討され、関連法案が議会で審議されています。

10年以内に上位中所得国入り

今後10年間、テーマ37や38で取り上げるリスクが顕在化しなければ、フィリピン経済は6％近傍の高成長を遂げることができると考えられます。なぜなら、第1に、ドゥテルテ政権が前政権の改革路線を継承し、経済政策を実行に移していることがあり、これが投資の力強い拡大につながると考えられるからです。

第2に、労働力の優位性も高成長に寄与すると考えられます。今後10年間に生産年齢人口の増加がASEAN主要国で最も見込まれることや(図表4)、英語を公用語とするなど、人材の質の面からも優位性があります。

図表3　フィリピンのインフラ整備計画

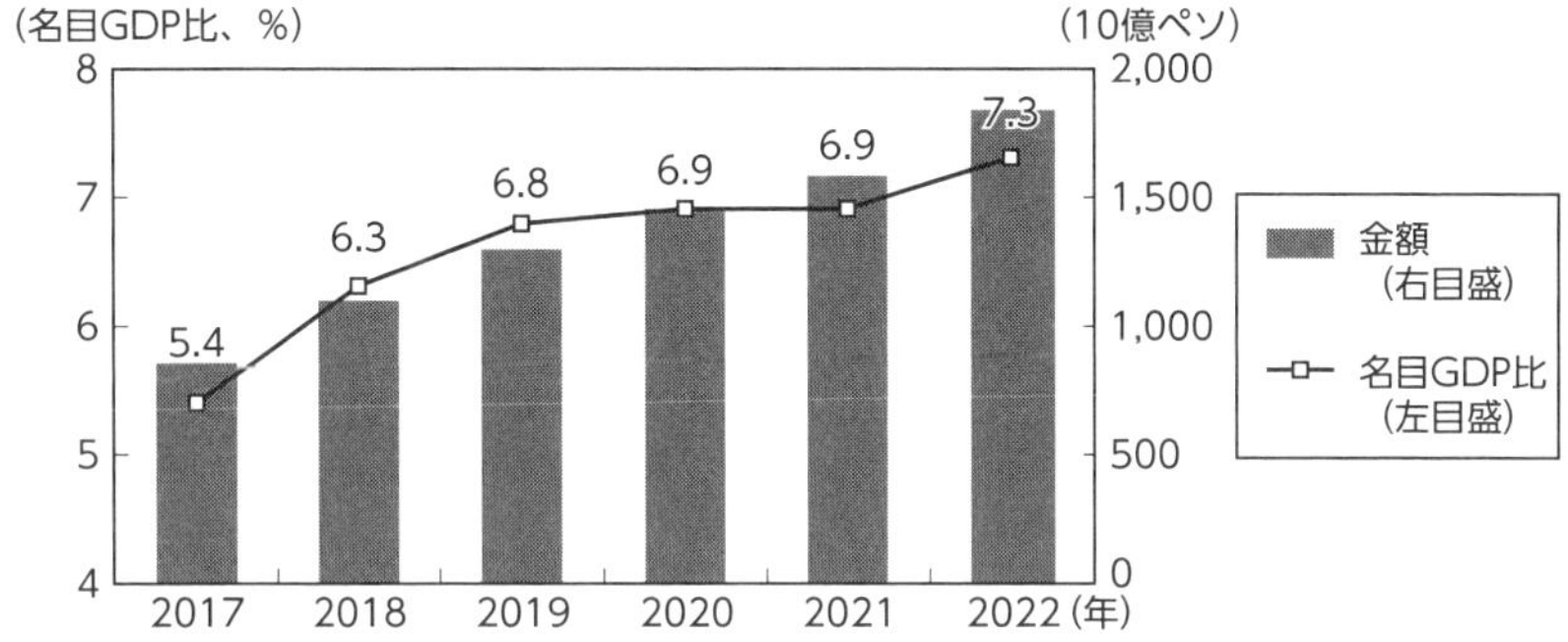

(資料) フィリピン政府資料より、みずほ総合研究所作成

図表4　ASEAN主要国の生産年齢(15～64歳)人口増加率

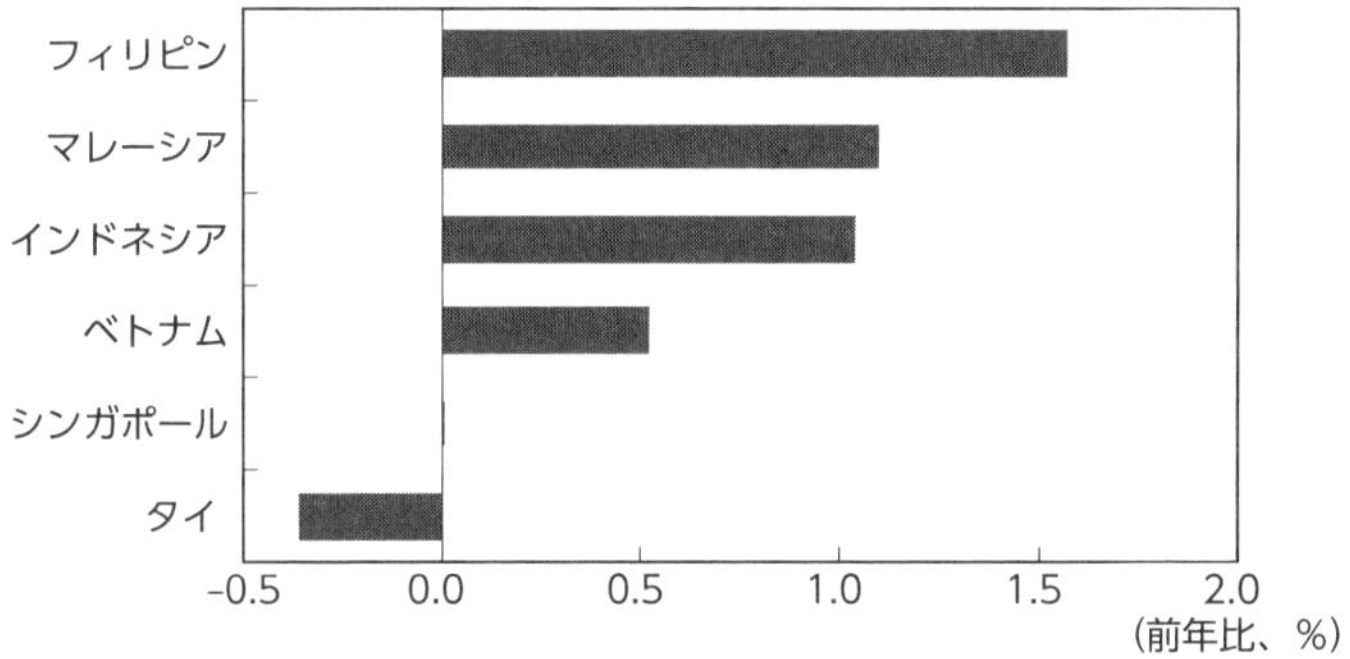

(注) 2018～2027年の伸びを平均したもの。
(資料) 国連人口部より、みずほ総合研究所作成

テーマ 35

フィリピンの消費市場

～顕在化する1億人市場のポテンシャル～

従来は中所得層が伸び悩み

フィリピンの所得階層別の人口割合をみると、1980～1990年代には、債務危機やアジア通貨危機に見舞われて経済が停滞し、また政情や治安が不安定だったため、人口の3割が貧困層のままでした（図表1）。

2000年以降、ようやく貧困層の割合が低下する傾向が現れ、その代わりに中所得層の予備軍と目される低所得層の割合が少しずつ拡大しましたが、依然として中所得層以上の割合は2009年時点でも1割程度でした。

その後、フィリピンの成長率が2010年台に大きく高まったことを踏まえると、足元で中所得層以上の割合はようやく拡大を始めたと推察されます。

今後は中所得層が本格拡大へ

他国の経験を踏まえると、1人当たりGDPの上昇に伴い、中所得層以上の人口割合が増加する傾向があります。ドゥテルテ政権下で、インフラ整備の加速や投資環境の改善等が進むことが期待されるなか、高い成長率が続いて1人当たりGDPも大きく上昇する可能性があることを踏まえると、今後、フィリピンでも中所得層以上の割合が本格的に拡大すると期待されます。

中所得層以上の人口割合が拡大すると、耐久財の普及が加速することが見込まれます。1日1人当たりの所得額をもとに、消費階層を①最下層、②低位、③中位、④高位の4つに分類し、消費支出の内訳をみると、低位に比べて中位では、食品・飲料などの必需品への支出割合が低下し、住居や家具、家電といった住宅関連の支出が拡大します（図表2）。

さらに、中位に比べて高位では、食品・飲料への支出割合が大きく低下するとともに、衣類や靴など半耐久財への支出割合も低下します。一方で、住宅関連に加えて、自動車の割合が高まる傾向があります。

フィリピンでは、すでに自動車市場が拡大する兆しがみられています。経験則から、一般的に1人当たりGDPが3000ドルに近づいてくる段階でモータリゼーションが始まるといわれています。フィリピンでも、1人当たりGDPが3

図表1　所得階層別人口割合の推移

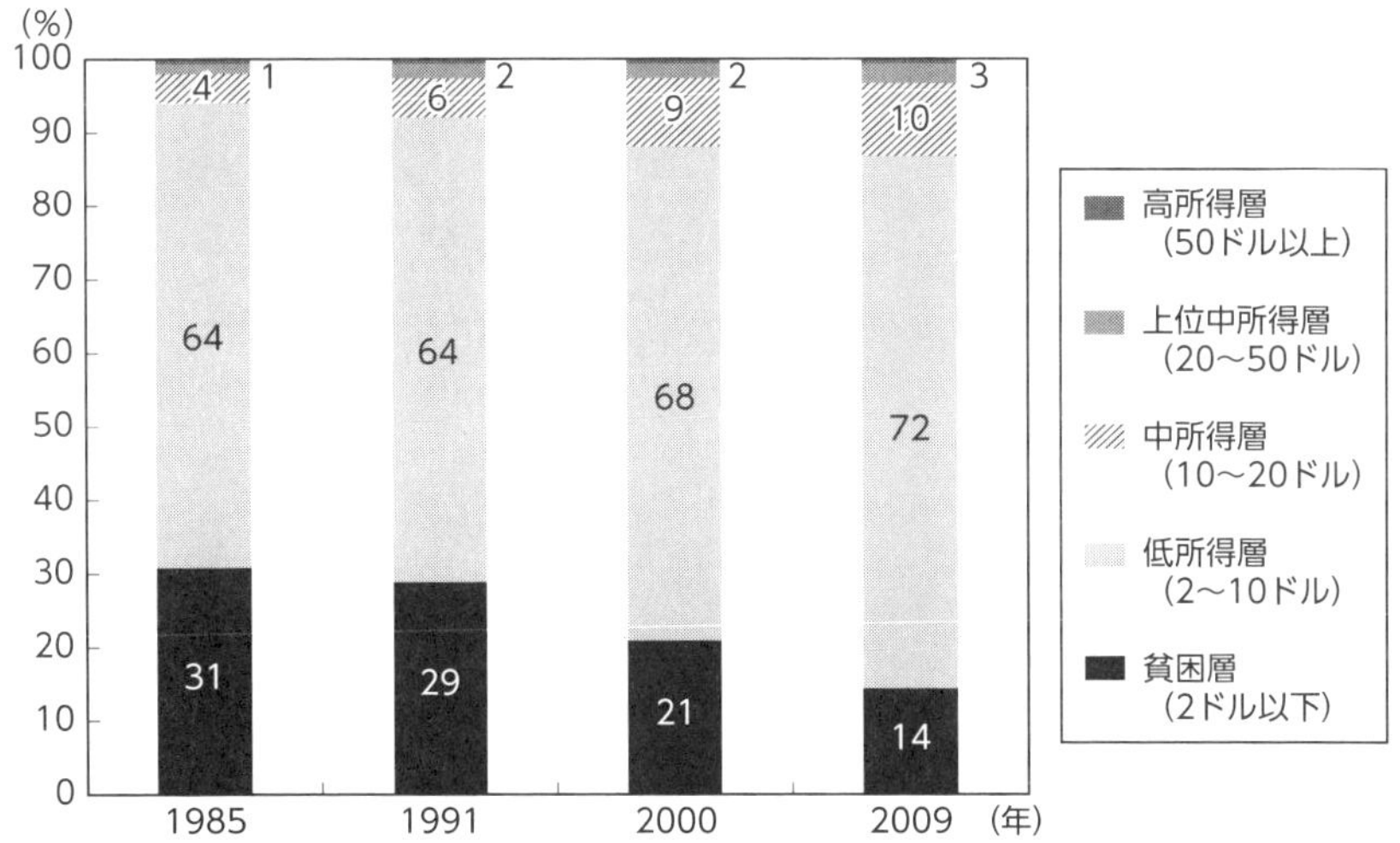

(注) 1. 1人当たり消費額／日のデータを用いて、所得階層を貧困層、低所得層、中所得層、上位中所得層、高所得層に分類。
2. 所得階層の分類方法はPew Research Center "A Global Middle Class Is More Promise than Reality" に基づく。
3. ドルは2011購買力平価（PPP）ベース。

(資料) World Bank PovcalNetより、みずほ総合研究所作成

図表2　消費階層別の支出割合の差

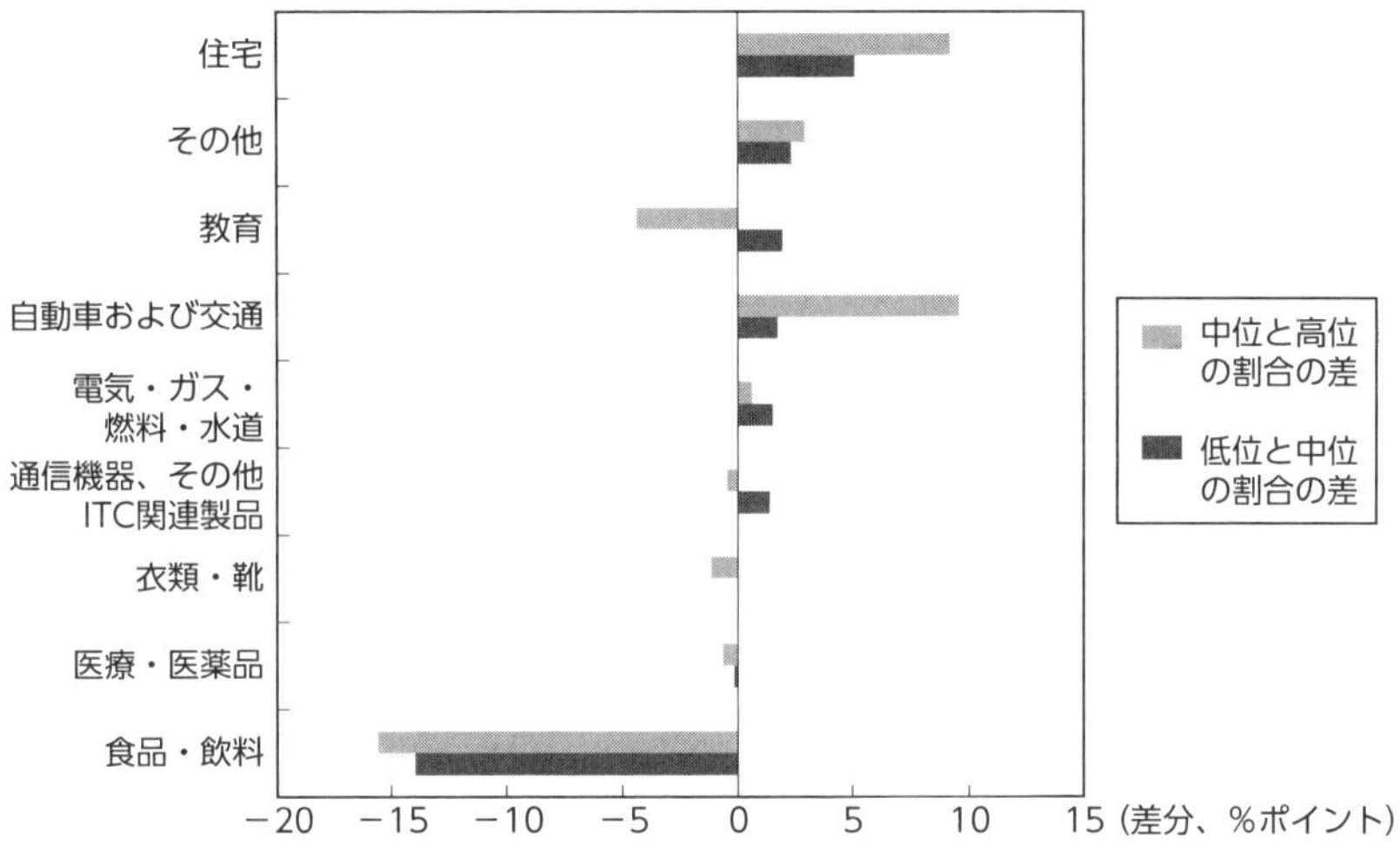

(注) 1. 低位は1人当たり所得／日が2.97 ～ 8.44ドル、中位は同8.44 ～ 23.03ドル、高位は23.03ドル以上。
2. ドルは2011購買力平価（PPP）ベース。

(資料) World Bank Global Consumption Databaseより、みずほ総合研究所作成

000ドルに近づいてきた2014年頃から自動車の販売台数が急速に拡大しています(図表3)。2016年時点でインドネシアの100万台、タイの80万台規模には及びませんが、フィリピンの自動車販売台数は40万台近くになりました。

1億人市場のポテンシャル

今のところ、全国規模では中所得層以上の割合は多くないのですが、マニラ首都圏では2016年時点で1人当たりGRP(域内総生産)が9000ドル以上と全国平均の3倍に達しており、例外的に中所得層の人口が多いと推察されます。このように中所得層が多い首都圏を中心に、消費市場がいち早く拡大しています。

そして、地方自治体の首長としての実績を持つドゥテルテ大統領は、地域振興に意欲的です。ドゥテルテ大統領の掲げるインフラ整備計画には、開発の遅れたミンダナオ島を中心に、地方のインフラ整備を加速させる計画が多く含まれています。また、憲法改正による連邦制の導入で、事業許認可等の規制、徴税機能などの権限を地方へ委譲し、地方が実情に合わせて経済政策を実行できるようにすることにも意欲的です。

ドゥテルテ大統領の改革により、今後は地方の開発も進み、全国規模で中所得層が拡大すると見込まれ、人口が1億2千8万人のマニラ首都圏にとどまらず、1億に及ぶ全国でも消費市場が拡大することに対する期待が高まっています。

消費関連産業で外資導入策

所得水準の上昇を背景に消費市場の拡大が見込まれるなかで、消費関連産業への外資誘致が進められています。

たとえば、アキノ前政権が2015年に国内での自動車生産に財政支援策を打ち出したことで(図表4)、一部の日系自動車メーカーがフィリピンでの生産能力を増強しています。また、2016年には、自動車ローンなどの消費者向けを含むノンバンクに関して、外資出資比率規制が撤廃されました。

なお残る小売規制も緩和方向

ドゥテルテ政権は、さらなる外資規制緩和を進めようとしています。特に焦点となっているのが、小売分野における外資規制の緩和です。

フィリピンの小売分野では、外資系企業が独資で進出するには最低でも250万ドル(約2・8億円)の払込み資本が必要であるなど、参入障壁が非常に高くなっています。

また、フィリピンでは、財閥関連企業が、小売業等において大部分のシェアを占めています。シー財閥関連のSMデパートメントストアや、ゴコンウェイ財閥系のロビンソンズなどが有力な地場小売業者です。このため、外資系企業が単独で進出しても、原料の調達や仕入れなどにおいて十分な競争力を発揮できず、コスト競争力が低下するなど、不利になる可能性があります。したがって、外資が現地で小売業を展開するには、地元の有力財閥との関係構築が重要です。

こうした状況下で、ドゥテルテ政権は、2年に1度実施される外資出資比率規制の見直しに合わせて、小売分野で外資系企業が単独で進出する場合の最低払込み資本を20万ドル（2200万円程度）に引き下げる方針を表明しています。外資に門戸を開くことにより、高品質の商品をより安く消費者に提供することが目的です。フィリピンにおける外資系企業の小売業参入の難しさは、明文化されたものだけではないため、外資規制の緩和だけでは十分ではないかもしれませんが、小売業界を外資に開放する大きな一歩といえるでしょう。

図表3　自動車販売台数

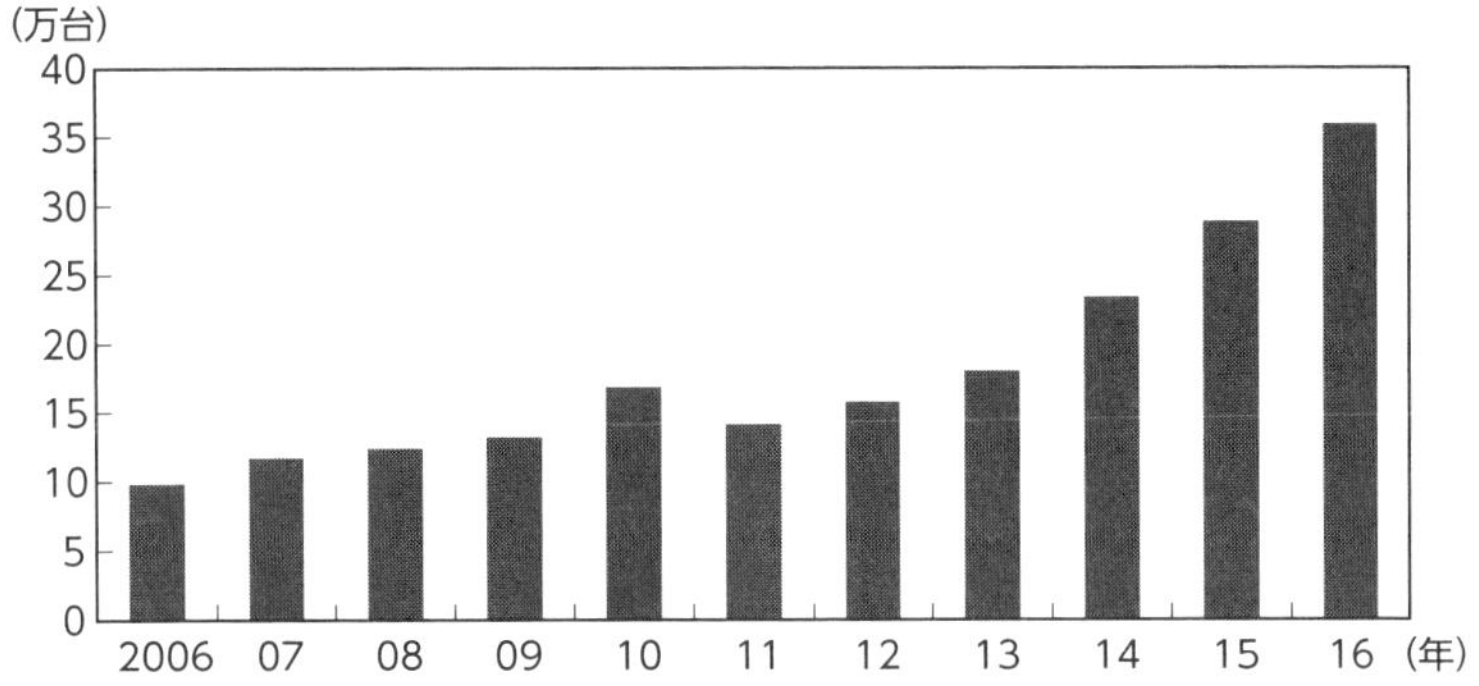

(資料) フィリピン自動車工業会資料より、みずほ総合研究所作成

図表4　包括的自動車産業再生プログラム

対象範囲	・四輪自動車の3つのモデル
対象となる事業活動	・自動車車体組立 ・大型プラスチック部品組立、部品製造 ・フィリピンで生産されていない部品の生産 ・車両・部品への検査施設への投資
対象期間	・2016～2022年の6年間
財政支援の上限金額	・1モデル当たり最大90億ペソ、3モデル合計で最大270億ペソ
財政支援の概要	・固定投資に対する財政支援 —生産立ち上げ時の設備購入、トレーニング費用のために付与 ・生産台数に応じた財政支援 —生産台数、輸入部品の使用割合等に応じて付与

(資料) フィリピン政府資料より、みずほ総合研究所作成

テーマ
36
フィリピンの有望分野・進出事例
～消費関連市場のポテンシャルが評価され、日系企業の参入相次ぐ～

高額消費拡大を見込んで参入

テーマ35でみたように、フィリピンでは中所得層以上の拡大がこれから本格化すると予想されるなか、自動車などの高額な耐久財、住宅の購入費が増加することが見込まれます。この拡大する消費市場を獲得するべく、日系企業が続々と参入しています。

自動車分野では、三菱自動車が生産するミラージュとトヨタ自動車が生産するヴィオスが政府の財政支援策の対象となり、自社工場の生産能力増強が進んでいます。また三菱自動車はフィリピンの環境天然資源省と電動化技術を活用した環境負荷の低減について共同研究する方針を明らかにするなど、新技術事業にも乗り出しています。

不動産の分野でも日系企業の参入が活発化しています。三井不動産は地場の財閥系不動産開発会社と共同で首都圏のマンション開発を実施しています。三菱商事や阪急不動産も、それぞれ地場企業と共同で、マニラ近郊における大型の戸建分譲住宅事業に取り組んでいます。

大型の商業施設展開の事例

小売分野では、外資の参入規制が厳しいため、大型商業施設の開発という不動産業の形態や、合弁やライセンス供与という形態での進出事例がみられます。

大型商業施設の開発については、三菱商事が２０１７年に大手財閥グループと共同で、マニラ中心部のショッピングモール「グロリエッタ」の屋上部分に、日本料理、小売店、エンターテイメント施設が入居する複合商業施設を開設しました。また、同年には、三越伊勢丹と野村不動産が、地場の不動産大手との3社共同で、商業施設と高級分譲タワーマンションの複合開発を手掛けると発表しています。

地場企業との合弁については、大型ショッピングモールへの日系アパレル企業の進出が活発です。２０１２年にファーストリテイリングが財閥系企業と合弁会社を設立して出店を開始し、２０１７年10月時点で店舗数は43店舗にまで急拡大しています。

地場企業へのライセンス供与でショッピングモール内に7店舗展開している良

品計画は、2017年に地場企業と合弁会社を設立し、店舗展開の強化・拡大を目論んでいます。

多くの人が集まるショッピングモール内には、日系の外食産業も合弁やライセンス供与によって展開しています。近年注目を集めているのはラーメン店舗で、一風堂、山頭火、ラーメン凪などが複数のショッピングモールに展開して人気を集めています。また、讃岐うどんの丸亀製麺は、2017年にマニラに1号店を開設しており、2020年までに10店舗展開する目標を掲げています。

金融分野における参入も相次ぐ

高額消費を支える金融の分野でも、政府による外資規制の撤廃が進むなかで、日系企業の参入事例がみられます。それも一般的なリテール銀行業務や、消費者向けノンバンク業務に限らず、フィリピンならではの金融サービスへも果敢に参入する事例があります。

2017年に、イオンフィナンシャルサービスは、トライシクルといわれる自動三輪車の購入資金を貸すオートローンを始めています。また、同年にセブン銀行は、フィリピン最大手銀行と提携して、フィリピンにスマートフォンで送金できるサービスを開始しました。日本で働くフィリピン人が母国に送金する際に、時間や場所を選ぶことなくアプリから簡単に送金できるようになります。

政府の外資誘致政策に期待

2017年にフィリピン政府は、2022年までの中期計画を発表しました。そのなかで今後の発展が期待される優先分野として、住宅および都市開発、金融サービス等が挙げられています。今後、こうした分野のさらなる発展に向けて、政府が外資系企業の誘致を強化すると期待されます。

高層ビルが立ち並ぶマニラ首都圏
みずほ総合研究所撮影（2017年7月）

大型ショッピングモールに出店する無印良品
みずほ総合研究所撮影（2014年10月）

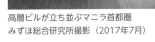

テーマ
37 フィリピンの経済リスク
～ペソ安と自然災害の懸念～

高成長の裏で対外バランス悪化

フィリピンの経済リスクの1つは通貨ペソの下落です。ペソの対ドルレートは2017年初から下落傾向にあり、8月には約11年ぶりの安値をつけました。

ペソ安の背景にあるのは対外バランスの悪化です。フィリピンの経常収支は、2010年代には名目GDP比で2%を超える黒字を維持してきましたが、2015年、2016年と黒字は縮小しました(図表1)。2017年には赤字に転落した可能性があります。

対外バランスの悪化は消費や投資など内需を中心とする景気の過熱を反映しています。2014年に5%だった内需の伸び率は、2016年には同11%にまで高まりました。内需が供給力を上回って拡大したため、資本財や消費財の輸入が膨らみ経常収支は悪化したのです。

今後も、フィリピンの景気過熱と対外バランスの悪化は続く恐れがあります。ドゥテルテ政権は、2017年5月に発表した中期計画で、2022年までの間に政府支出を拡大する方針を示しており、内需は刺激されることになるからです。

一方、先進国での金融緩和からの出口戦略や、中国経済の減速、北朝鮮等の地政学リスクの高まりをきっかけに、新興国から資金が流出する恐れがあります。その時点で対外バランスの悪化が続いていれば、ペソ安の圧力が強まるでしょう。

通貨の下落はインフレ率や金利の上昇を引き起こし、経済にブレーキを掛けます。持続的な成長のためには、内需を過熱させないようなマクロ政策運営とあわせて、政府支出をインフラ整備につなげることで供給力を拡大し、需給バランスの均衡を図ることが求められます。

トランプ米国第一主義のリスク

ペソの安定を脅かす要素としては、トランプ大統領の政策にも要注意です。

フィリピンでは、海外フィリピン人労働者（OFW）の送金と、ビジネス・プロセス・アウトソーシング（BPO）業のサービス輸出が、外貨獲得の有力なチャネルです。

そして、2016年のOFW送金のうち3割以上は米国から(図表2)、BPO関連の収入に至っては7割以上が米国に由来するといわれており、それぞれ米国が重要な役割を果たしています。

しかし、トランプ大統領は米国の雇用を守ることを重要視しています。移民や業務委託に対する規制が強化されれば、米国からのOFW送金とBPO収入が絞られ、外貨の流入が滞ってペソ安の圧力は強まると考えられます。

世界的に高水準の災害リスク

フィリピンは、世界で最も高い自然災害リスクにさらされている国の1つです。世界銀行などによると、地震、台風、洪水、火山噴火などさまざまな災害がフィリピンにとって高い脅威であると位置づけられています。また、自然災害によってフィリピンが被る損失額は毎年約65億ドル（2016年の名目GDPの2%）にのぼると推定されています。企業としても、災害リスクに備えたコンティンジェンシー・プランの整備が重要です。

図表1　経常収支

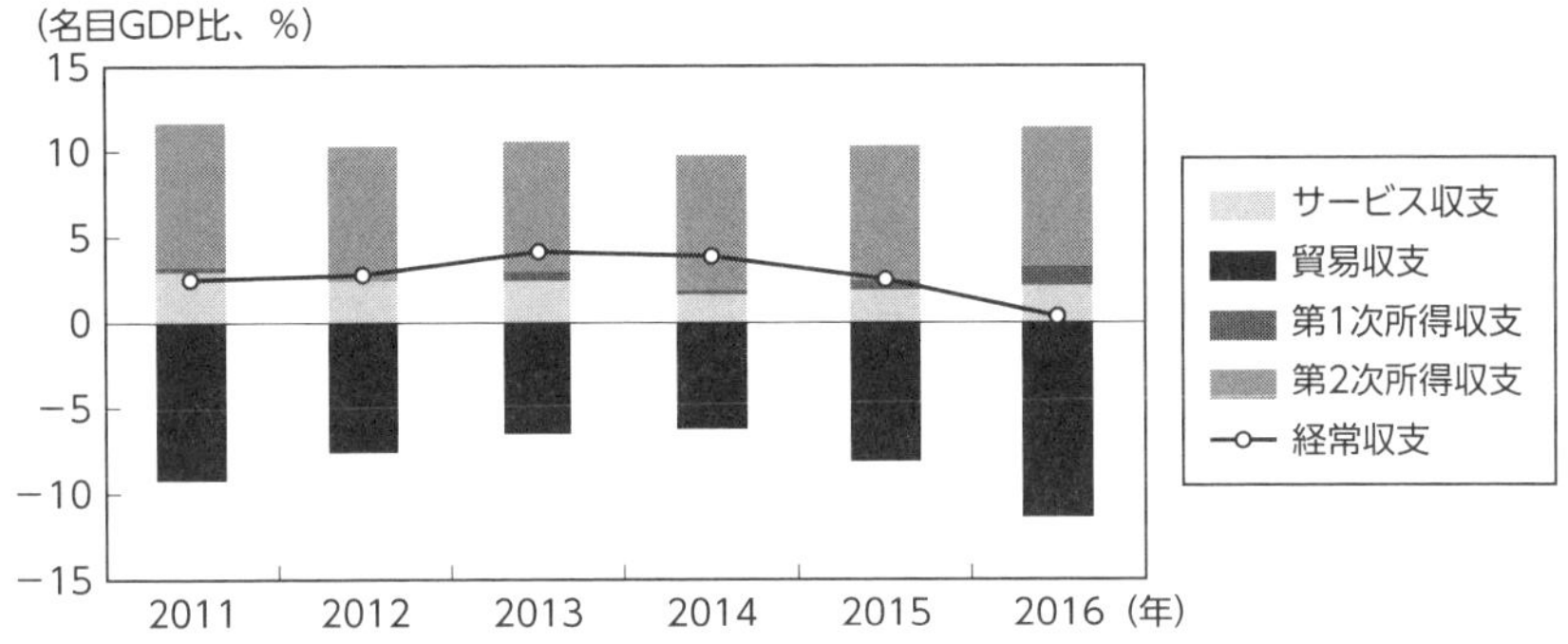

（資料）フィリピン統計機構、フィリピン中央銀行より、みずほ総合研究所作成

図表2　2016年OFW送金の国別内訳

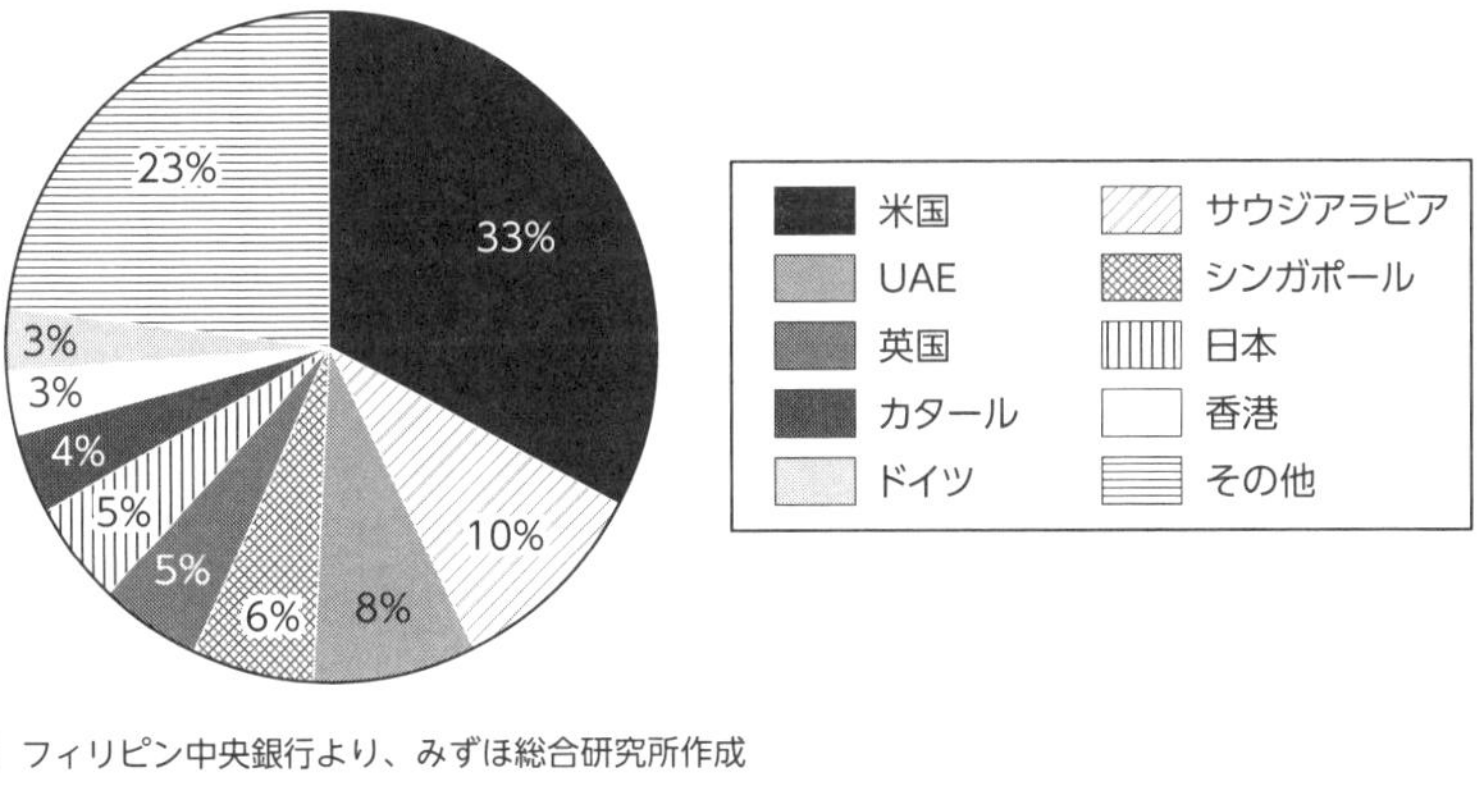

（資料）フィリピン中央銀行より、みずほ総合研究所作成

テーマ
38

フィリピンの政治・治安リスク
~強硬な治安・テロ対策は支持率低下につながる両刃の剣~

危険度は比較的高い

外務省が発表する「海外安全情報」によると、マニラ首都圏のあるルソン島やセブなどの中部ビザヤ等の地域は、渡航や滞在にあたって特別な注意が必要とされるレベル1（危険度が上昇するほど数字が上昇）に位置づけられています。また、戒厳令が発出されている南部のミンダナオ島では、東部がレベル2、西部が渡航中止勧告にあたるレベル3に位置づけられています。

外務省は、ベトナム、タイ、マレーシア、シンガポールについては、一部地域を除いて危険度合いを設定していません。インドネシアについては、ほぼ全土がレベル1ですが、それ以上の危険レベルの地域はフィリピンほど目立っておらず、フィリピンはASEAN主要国のなかで相対的に危険度の高い地域といえます。

強硬な治安対策

フィリピンはASEAN主要国のなかで危険度が高いものの、駐在員に話を聞くと、駐在員が生活するエリアの治安はそれほど悪くはないそうです。筆者は現地に5回ほど出張していますが、一度も危険を感じたことはありません。ただし、スラムなど外国人があまり足を踏み入れない場所の治安は良くないというのが実態だと考えられます。

ドゥテルテ政権は、2016年6月末の就任直後より治安の改善に最も力を入れてきました。特に麻薬犯罪者に対しては、超法規的な殺害も辞さない強硬な方針を掲げており、現地報道によると2017年9月までに6000人以上の麻薬犯罪者が殺害されました。

こうした強硬策の結果、麻薬関連や窃盗、強姦などの犯罪率は顕著に低下しているようです。スラムでも、状況は改善しているという話を耳にします。

一方、強硬な治安対策に対する批判の声もあります。テーマ33で言及したとおり、この治安対策をめぐって米国を中心に欧米諸国からの批判が強まり、外交関係の悪化につながりました。

戒厳令で徹底的なテロ対策

ドゥテルテ政権下では、麻薬撲滅戦争の他に、イスラム系反政府テロ組織や、共産党軍事部門である新人民軍との戦いも激化しています。

同政権は、２０１７年5月にミンダナオ島全域に戒厳令を布告しました。そのきっかけは、ミンダナオ島のマラウィ市において、イスラム国（ＩＳ）との関係が噂《うわさ》されるイスラム系テロ組織とフィリピン国軍との間で銃撃戦が勃発したことです。報道によると、戒厳令布告から２０１７年10月までの5カ月間に、戦闘行為でテロリストは８００人近く、政府側は１５０人以上死亡しました。

政府と共産党との関係も悪化しており、各地でテロ事件やテロ未遂事件が勃発しています。ドゥテルテ政権は、発足当初こそ共産党との和平交渉に乗り出すなど関係改善に努め、共産党も和平交渉に応じましたが、３００人以上の政治犯の釈放をめぐって両者の交渉が決裂し、共産党の軍事部門である新人民軍と国軍との交戦が激化しました。

強硬策の長期化で支持率に陰り

２０１７年9月、マルコス元大統領が戒厳令を発布して独裁を開始してから45年の節目に合わせて、ドゥテルテ大統領の戒厳令発布や強硬な治安対策に反対する数千人規模のデモが実施されました。

また、ドゥテルテ大統領の支持率は高水準ながらも２０１７年第３四半期に低下しています。強硬な治安対策が長期化しているなかで、無実の未成年者が警察に誤って殺害される事件などが起こり、支持率の低下につながっているようです。

最近の世論調査によると、9割が麻薬関連犯罪の容疑者は生かして捕まえるべきだとし、6割が富裕層への麻薬犯罪の取締りは進まず、貧困層だけが殺害されていると認識しています（図表1）。今後も強硬な治安対策が続けられれば、さらなる支持率低下のリスクもあります。

図表1　麻薬関連犯罪に対する世論調査結果

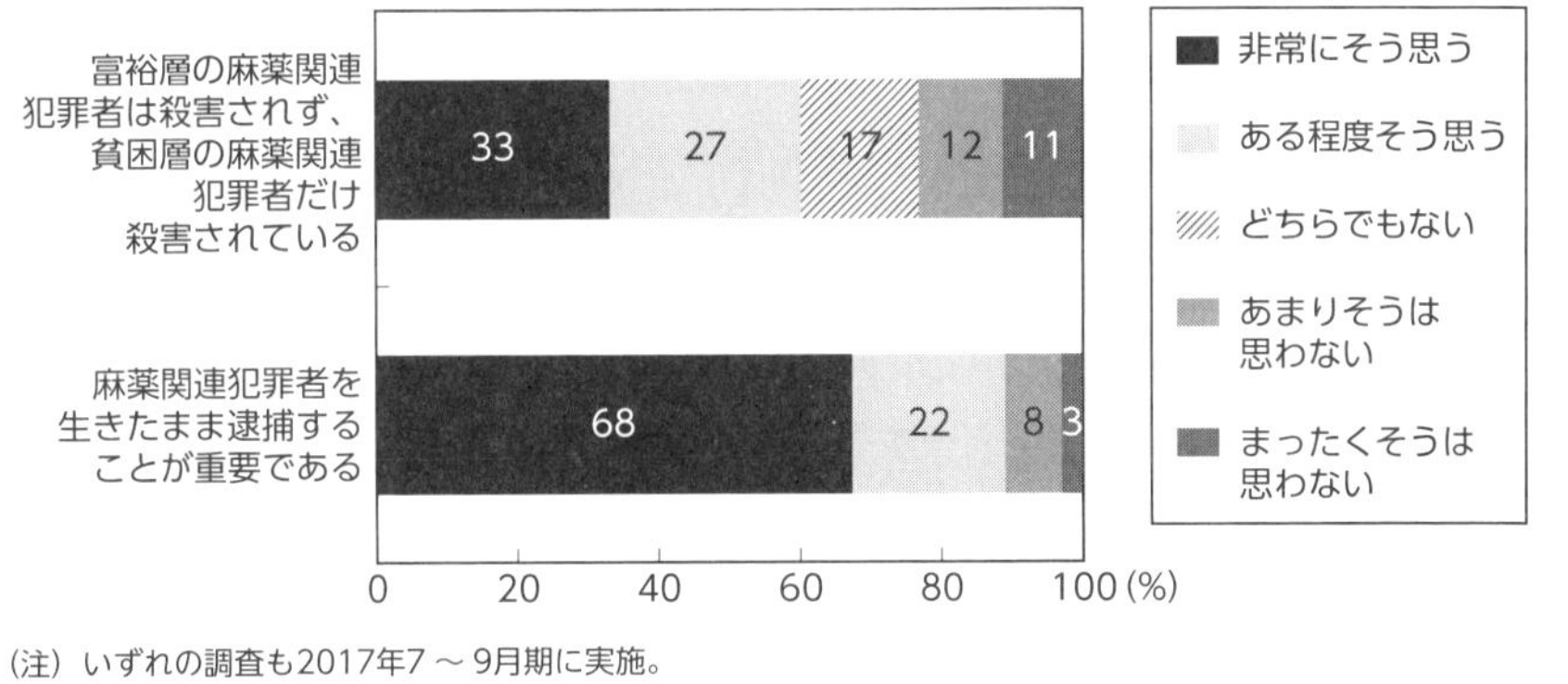

（注）いずれの調査も2017年7～9月期に実施。
（資料）Social Weather Stations（SWS）資料より、みずほ総合研究所作成

COLUMN ⑤

語学留学先としての人気が高まるフィリピン

近年、日本からの語学留学先としてフィリピンの人気が高まっています。個人留学の国別ランキングをみると、フィリピンの順位は年々高まっており、留学者数も急増しています。最新の2015年調査では、中国を抜いて世界で５位となりました（図表１）。フィリピンには語学学校が何百校もあるとされ、なかでも人気の高いセブ島には、100以上の語学学校が乱立しているといわれています。

フィリピンが留学先に選ばれる理由は大きく分けて３つあるでしょう。

第１の理由は、コストが低いことです。先進国と比べると賃金水準が低いため、マンツーマンレッスンなどの密度の濃い授業を比較的安い授業料で受講することができます。また、食費や宿泊料金などの生活費も低く抑えることが可能です。

第２の理由は、日本からのアクセスの良さです。東京から、フィリピンの首都マニラやセブまでの飛行時間はたったの５時間です。たとえば、約13時間を要する日本－ニューヨーク線、日本－ロンドン線などと比べると短時間で行き来できます。このため、社会人など、限られた休暇を利用して短期語学留学したい層のニーズにも応えることができます。

第３の理由は、語学留学に加えて観光やマリンスポーツなどのアクティビティも楽しめることです。セブ島自体が世界有数のビーチリゾートで観光資源も豊富ですし、さらにセブ島から数時間で、周辺の島にも訪れることができます。なかでもパラワン島は2015年の米情報誌で世界のベストビーチにも選ばれており、透明度の高い海と白い砂浜を堪能することができます。

ただし、治安面でのリスクが先進国に比べて高いことは忘れてはいけません。渡航前に外務省が発表する「海外安全情報」をチェックしたり、夜間外出や危険な場所への立入りは控えたり、貴重品は常に携帯するといった安全対策は万全にしておく必要があります。

図表1　留学先国別内訳

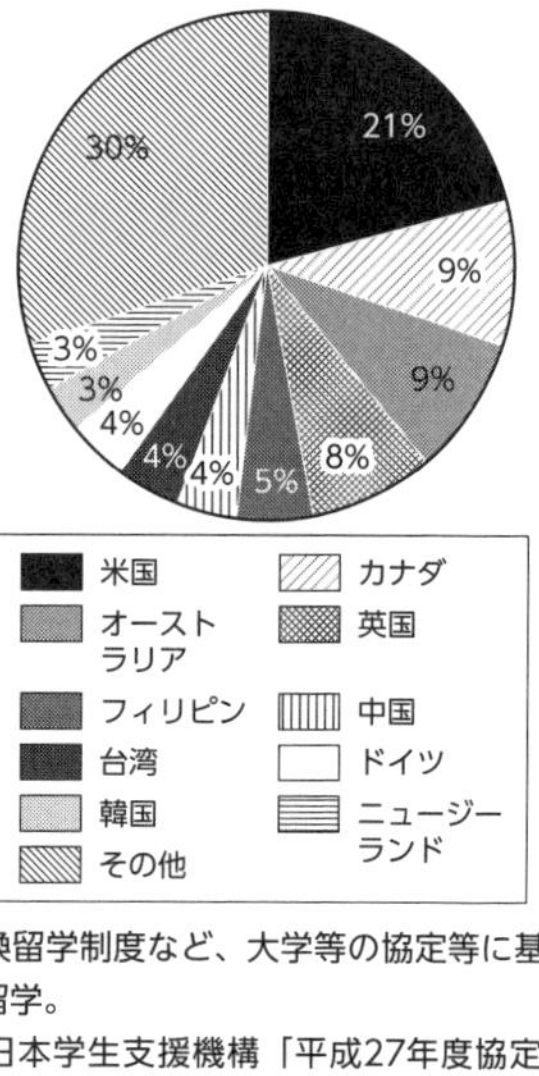

（注）交換留学制度など、大学等の協定等に基づかない留学。

（資料）日本学生支援機構「平成27年度協定等に基づく日本人学生留学状況調査結果」より、みずほ総合研究所作成

第6章

ベトナムを理解しよう
～後発組のトップランナー～

テーマ

39 ベトナムの特徴
～大乗仏教を信仰する親日国～

ASEAN第3位の人口大国

ベトナムには、約9300万人の人々が暮らしています。2002年にフィリピンに抜かれましたが、それでもASEANで第3位の人口大国です。

1980年代後半に始まる改革開放政策（ドイモイ）と、豊富な労働力を背景に、ベトナムは1990年代に入り急速な経済成長を遂げました。かつては貧しい農業国でしたが、いまやASEANの主要な工業国の1つです。

もっとも、経済発展が目覚ましかったとはいえ、1人当たりGDPは2016年時点で2172ドルに過ぎません。経済成長を続ける余地はまだまだ大きいと考えられます。

主な輸出品目を見ると、農産物では、胡椒《こしょう》、コーヒー、コメ、カシューナッツが有名です。これらの4品目については、世界屈指の輸出量を誇っています。そして2000年代以降は、キヤノンのプリンターやサムスンの携帯電話など、エレクトロニクス製品の輸出が急増しています。

南北に長い国土

ベトナムの国土は、南北に約1600キロメートルも広がっています。日本でいえば、北海道と九州の南北差に相当します。面積は約33万平方キロメートルで、北海道・本州・四国を合わせた面積とほぼ同じです。首都ハノイが北部、ダナンが中部、ホーチミンが南部を代表する主要な都市です。

ベトナムの南部と北部は、九州と北海道の風土や生活が異なるのと同様に、いくつかの点が異なっています。

たとえば、南部のホーチミンは、年間を通して暑い気候となっています。世界気象機関が発表している平均気温によると、1年を通して、最低気温は20度以上、最高気温は30度以上です。

一方、北部のハノイは年中暑いわけではなく、日本ほど鮮明ではありませんが四季があります。平均気温は7月が最も高く、最低気温は26・1度、最高気温だと32・9度にも達します。一方で、最も寒い1月は、最低気温13・7度、最高気温19・3度に下がります。暖房設備は設置されていない場合も多く、かなり肌寒

人口：9269万人（2016年）
面積：32万9241k㎡
首都：ハノイ
名目GDP：2013億ドル（2016年）
1人当たりGDP：2172ドル（2016年）
産業構成：（名目GDP比、2016年）
第１次産業：18.1％
第２次産業：36.4％
第３次産業：45.5％

政体：社会主義共和国
元首：チャン・ダイ・クアン国家主席
（2017年12月末時点）
言語：ベトナム語
民族：キン族（越人）約86％、他に53の少数民族
宗教：仏教、カトリック、カオダイ教、ホアハオ教など
会計年度：1月～12月

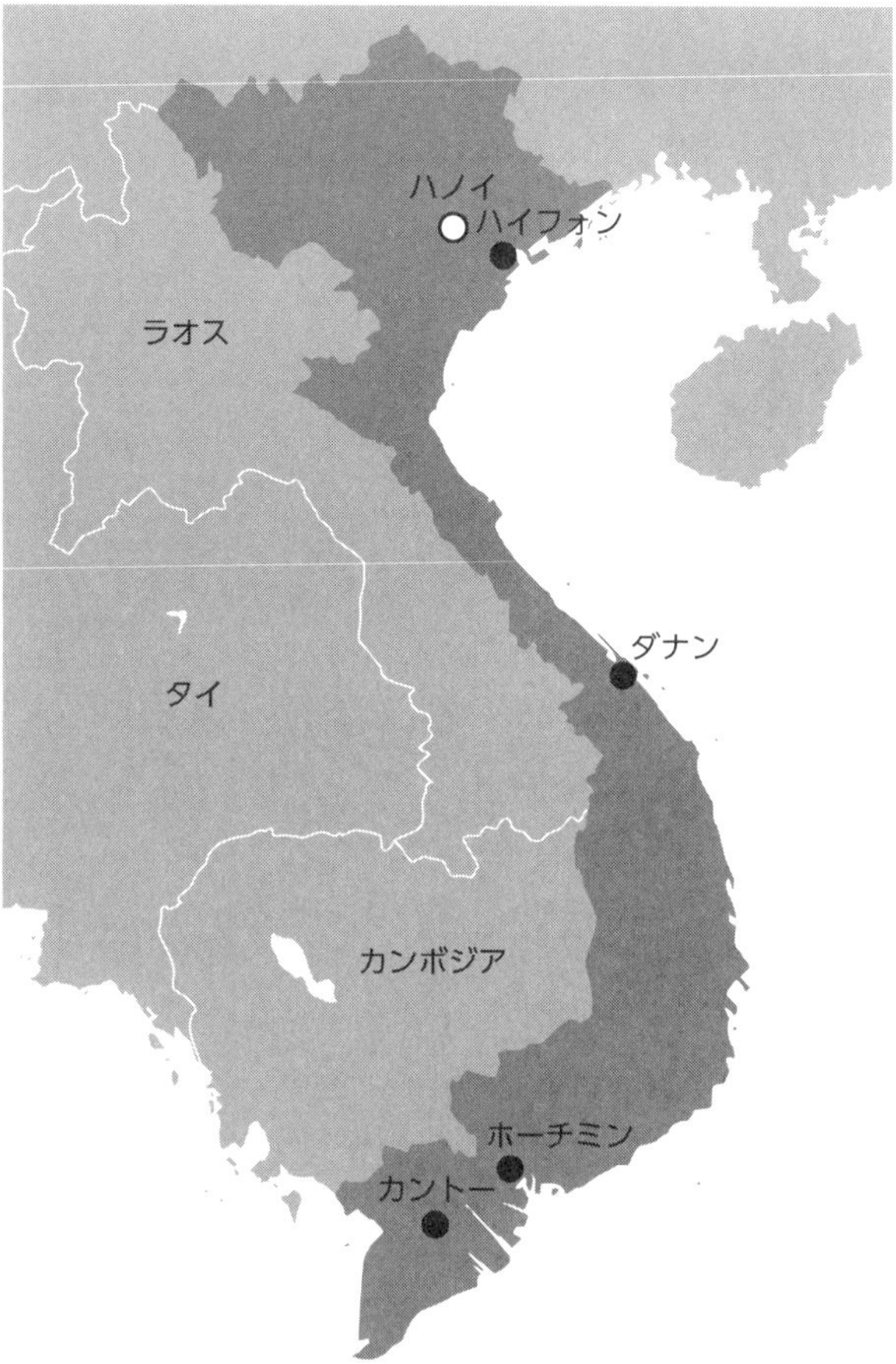

（資料）ベトナム統計総局、外務省ウェブサイトなどより、みずほ総合研究所作成

く感じることもあるようです。

気温だけではなく、自由闊達で新しいもの好きなホーチミンに対し、猜疑心が強く保守的なハノイと、市民の気風にも違いがあるとされています。こうした南北の違いは、消費市場の特徴にも影響するでしょう。

日本と同じ大乗仏教が主流

ベトナムには多くの民族が存在していますが、キン族（越人）が人口の約86％と圧倒的多数を占めています。他に、ホア族（華人）、チャム族、クメール族などが暮らしています。このうちチャム族はマレー系で、ベトナム中部で長期にわたり繁栄したマレー系のチャンパ王国の末裔《まつえい》とされています。また、クメール族はカンボジア系の人々のことです。ホーチミンを含むベトナム南部は、かつてカンボジアの領土だったことがあります。

最大勢力のキン族が用いている言語がベトナム語で、カンボジア語と同じオーストロアジア語族に属しています。ただし、中国との文化的関係が深いため、発音や語彙では中国語の影響もかなり受けています。たとえばベトナム語には、いわゆる「声調」があります。

文字は、かつては漢字と、漢字から派生したチュノム（字喃）を用いていました。しかし、19世紀後半にフランスの植民地となって以降は、フランスがもたらしたクオック・グーと呼ばれるアルファベットの表記が普及し、現在もこれが用いられています。

宗教については、仏教徒が多数を占めています。ＡＳＥＡＮの仏教国では、タイ、ミャンマー、ラオス、カンボジアなど、上座部仏教を主流とする国が多いのですが、ベトナムの主流は日本と同じ大乗仏教です。このほか、カトリック、イスラム教など、さまざまな宗教の教えを取り入れた新興宗教であるカオダイ教、仏教系新興宗教のホアハオ教などがあります。

このように、多様な民族と宗教を抱えるベトナムですが、民族間対立や宗教間対立は少なく、大きな問題にまで発展することはまれです。

対日関係は極めて良好

日本とベトナムとの二国間関係は極めて良好で、双方ともお互いを重要なパートナーと受け止めています。テーマ41で見るとおり、ベトナムは１９７０年代後半から国際社会で孤立していましたが、日本は１９９１年にベトナムが国際社会に復帰した翌年から援助を再開し、その後も多くの支援を行ってきました。現在も、ベトナムへのＯＤＡ（政府開発援助）において、日本は世界最大の出し手国となっています（図表１）。

また、ベトナムの経済改革が進んで投資環境が改善すると、日本企業はこぞっ

図表1　ベトナム向けODAの出し手国別内訳

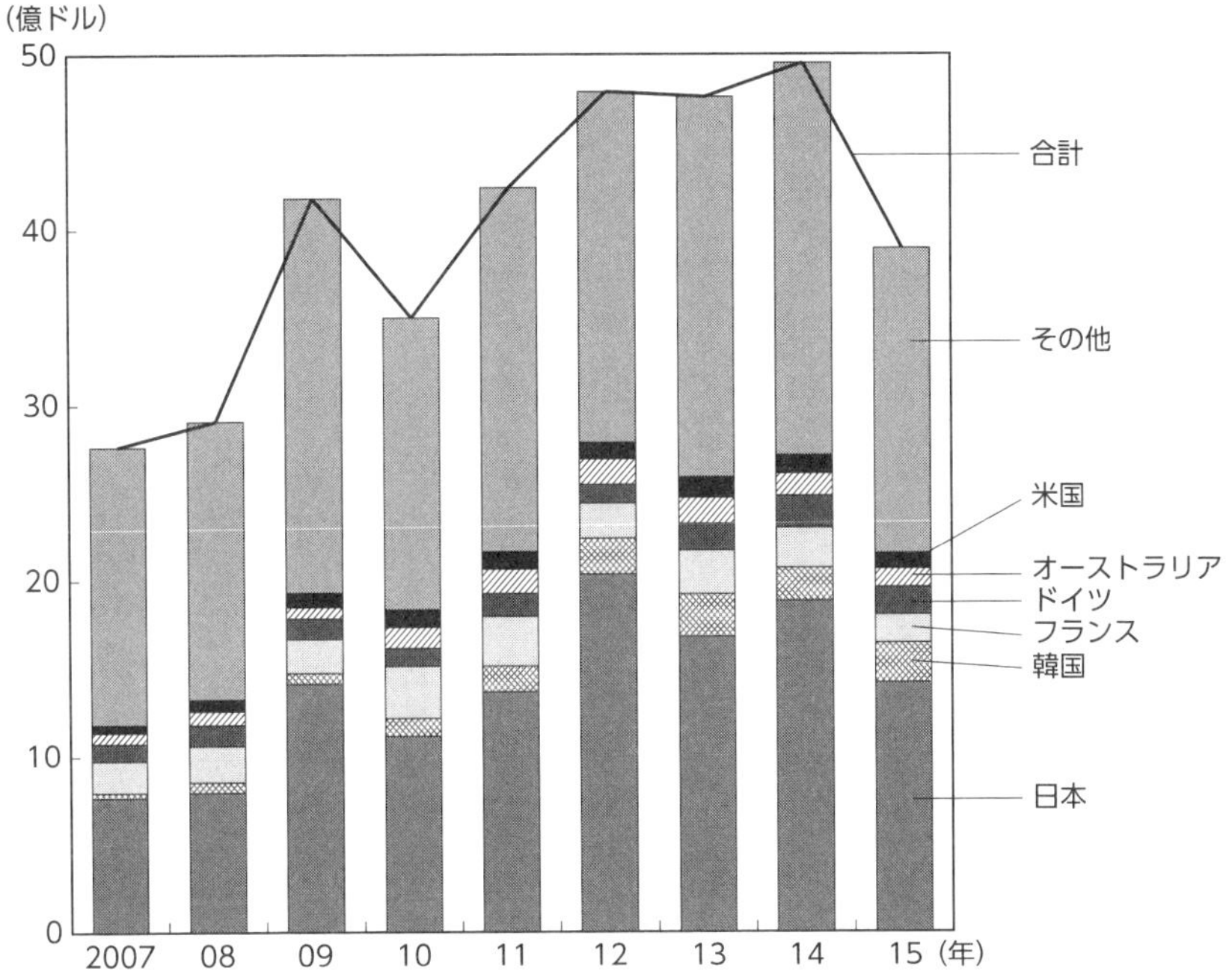

（資料）OECD/DAC資料より、みずほ総合研究所作成

て投資し、現地の雇用増加に貢献しました。ベトナムの直接投資認可額の残高を国別にみると、日本はサムスン電子などの携帯電話関連が増加する韓国に次いで2位につけています。日本からは、資源関連やエレクトロニクスといった分野で投資額のウエイトが大きくなっているようです。

こうした経済関係の深まりを背景に、ベトナム人は日本に対する期待を持っています。たとえば、２０１６年に日本の外務省が実施した対日世論調査によると、将来における重要なパートナーはどの国かとの問いに対し、59％が日本と回答しています。これは、調査対象となったASEAN10カ国のなかで、最も高い割合となっています。

親日的で、宗教的にも近いベトナムは、今後も日本にとって重要なパートナーであり続けるでしょう。

テーマ

40 ベトナムの政治

～比較的透明性の高い共産党～

共産党が国家を指導

ベトナムでは、旧ソ連、中国、北朝鮮などと同じく、共産党の一党支配体制が採られており、共産党が国家を指導する立場にあります。

共産党内の最高意思決定機関は、5年に1度開催される党大会です（図表1）。ここでは、党の基本方針の策定に加え、党の最高指導機関にあたる中央委員会の委員の選出が行われます。中央委員会は基本的に年2回開催され、共産党大会以外での党の政策方針の策定や、党の最高指導部である政治局員の選出を行います。

国会は共産党の意向を反映

具体的には、どのように共産党の意向が政策に反映されるのでしょうか。

ベトナムの法律は、基本的に人民の代表機関である国会で制定されます。国会は定数500人の一院制で、中選挙区制が採用されています。選挙権は満18歳以上、被選挙権は満21歳以上です。

国会選挙に立候補するためには、ベトナム共産党が主導する大衆動員組織（ベトナム祖国戦線など）の推薦が必要となります。このように、共産党は立法機関である国会の議員選挙に関与し、政策立案に影響力を行使するのです。

また、要職者の人事においても、共産党の意向が強く反映されます。行政のトップである首相や、司法のトップを選任する国家主席は、制度上は国会によって選出されることになっています。しかし、実際には、それ以前に共産党の政治局によって人事は内定されているのです。

党内・国会は意外に議論闊達

ただし、党指導部の数人が独断的にすべてを決めているわけではありません。党内や国会での議論は比較的闊達です。たとえば、2013年5月に行われた共産党政治局員の増員に際しては、書記長や国家主席が推薦した候補は、党内の支持を得られず選出されませんでした。幹部の決定した党人事が覆されることは、他の共産主義国ではなかなか考えにくい現象です。

国会も、ただ党指導部に従っているだけではありません。前首相が中心となっ

図表1　ベトナムの政治構造

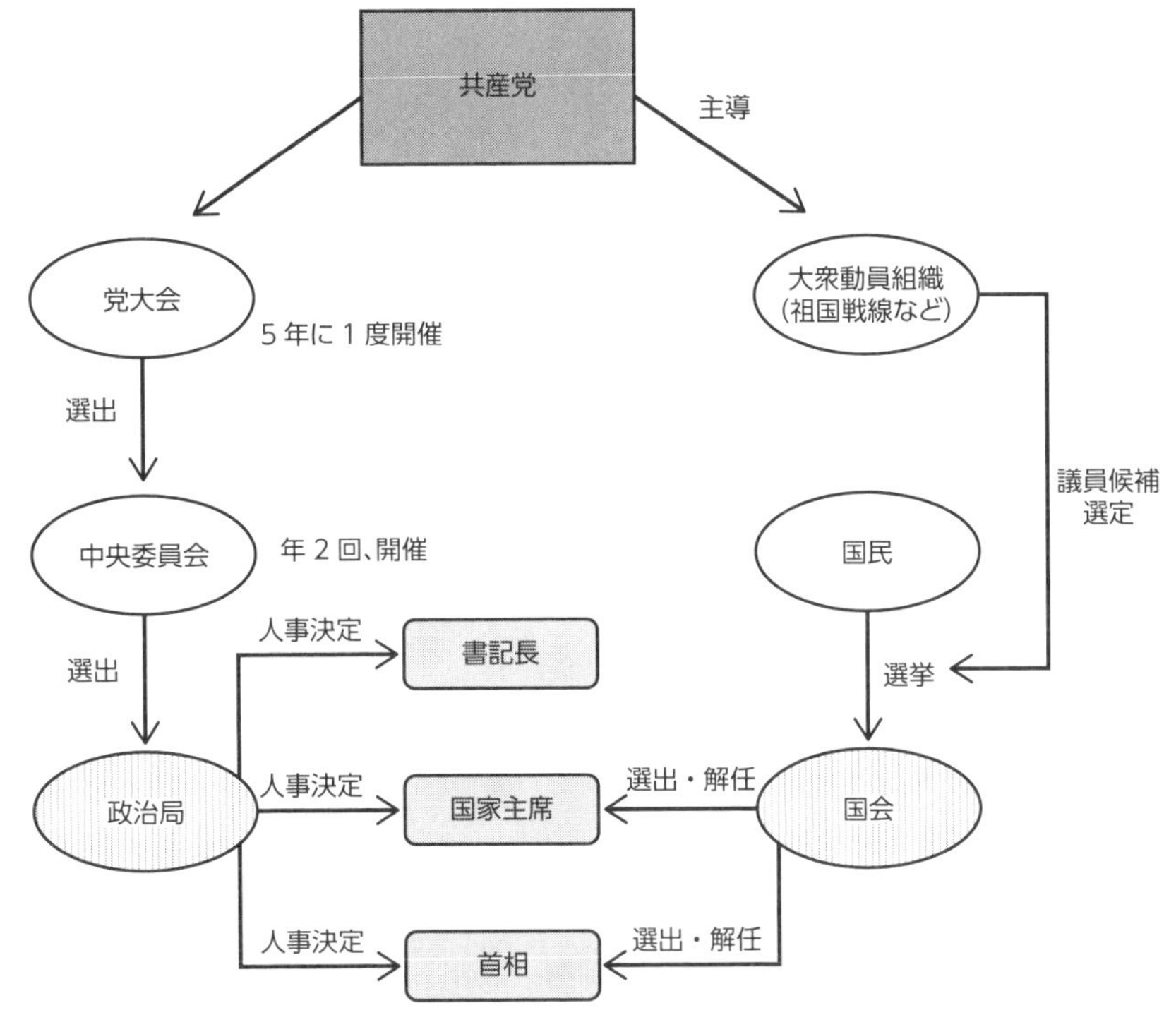

(資料) 各種報道資料などより、みずほ総合研究所作成

て推進してきた新幹線の建設計画は、2010年に国会で否決されました。2013年からは毎年、党指導部の国家主席や首相を含め、国会が選出・承認した役職者に対し、信任投票も行っています。これは、「高い信任」「信任」「低い信任」のいずれかを投票するもので、議員総数の3分の2以上が「低い信任」とした場合、または2年連続で過半数が「低い信任」とした場合、解任のための投票が行われることになっています。

　このように、共産党指導部が全体の方向性を決めつつ、具体的な人事や政策の内容には、党内や国会の意見が一定程度反映される構造になっています。こうしたベトナム政治の意外に高い透明性が、政治を比較的安定させている1つの要因になっていると考えられます。共産党支配体制のもとで言論や結社などの自由は制限を受けているものの、SNSなどに対する規制はそれほど強くありません。

清廉で強靭な共産党を目指す

2016年に行われた第12回共産党大会では、2016～2020年の期間における政治局の人事や、政策の方向性が示されました。

この党大会での注目点の1つが、行政のトップとして改革路線を強く推し進めてきたズン前首相の去就でした。結果的には、ズン氏の強権的な改革姿勢に対し党内の反発があったとみられ、ズン氏は引退しました。後任には、コンセンサスを重んじる穏健派とされるフック副首相が内定しました（図表2）。また、国家の最高指導者でもある中央委員会書記長には保守派のチョン書記長の留任が決定したほか、国家主席にはクアン公安相、国会議長には同職で初の女性となるガン国会副議長が選出されました。総じて見れば、今回の人事は概ね穏当だったといえるでしょう。

政治・経済の運営方針を示した「総括目標」では、汚職や腐敗の撲滅により「清廉で強靭な党建設」を目指すことが強調されています。これまで汚職根絶のために、法整備や対策委員会の設置などを行ってきました。ベトナムでは汚職に対する最も重い刑罰として死刑が設けられています。しかしながら、トランスペアレンシー・インターナショナルの調査では、2016年時点で、カンボジア・ラオス・ミャンマーを除くＡＳＥＡＮ諸国のなかで、ベトナムは最も腐敗した国と評価されています。こうした汚職や腐敗は党の信頼性の低下につながっているとみられます。政府調達、通関、徴税など、あらゆる場面で賄賂が必要となる国柄ですので、そうした行政の手続きを透明化する必要があります。

そのほか、総括目標には、経済政策の指針として「成長モデルの刷新（ドイモイ）」と「3つの戦略的突破口」により、これまでの労働集約型社会から脱却し、高度人材やハイテク産業が根ざす高度な社会を実現することが掲げられています。ここでの「3つの戦略的突破口」とは、①市場経済体制の整備、②人的資本形成、③インフラ建設を指し、これらを突破口に中所得国の罠の回避を図ることを目的としています。

また、これらの定性的な目標に付随して、定量的な数値目標も設定されました。経済指標には、2016～2020年におけるＧＤＰの平均成長率が6％台後半、1人当たりＧＤＰが中所得国の基準となる3200ドルを上回ることが目標とされています。ＩＭＦの経済見通しをみると、この期間におけるＧＤＰの平均成長率は約6・2％、1人当たりＧＤＰは約2900ドルと予想されており、共産党が掲げる目標はやや野心的と評価できるでしょう。

図表2　第12回共産党大会で決定された人事

役職	氏名	前職	前任
党書記長	グエン・フー・チョン	党書記長	－
国家主席	チャン・ダイ・クアン	公安相	チュオン・タン・サン
首相	グエン・スアン・フック	副首相	グエン・タン・ズン
国会議長	グエン・ティ・キム・ガン	国会副議長	グエン・シン・フン

（資料）各種報道より、みずほ総合研究所作成

図表3　2016～2020年の数値目標

項目	2011～15年の実績	2016～20年の目標
1. 経済指標		
GDP成長率（5年間平均）	5.9%	6.5～7%
1人当たりGDP	2109ドル	3200～3500ドル
GDPに占める工業・サービス業の割合	82.6%	85%
総資本投資対GDP比（5年間平均）	32.6%	32～34%
財政赤字対GDP比	－	4%
GDP成長率への全要素生産性（TFP）の貢献	29%	30～35%
労働生産性上昇率（5年間平均）	4.2%	5%
エネルギー消費量対GDP比（5年間平均）	－	1～1.5%
都市化比率	－	38～40%
2. 社会指標		
農業従事者の割合	44.3%	40%
訓練を受けた労働者の割合	51.6%	65～70%
都市失業率	2.3%	4%以下
人口1万人当たり医師数	－	9～10人
人口1万人当たり病床数	－	26.5床
医療保険加入率	75%	80%
貧困世帯率（5年間平均）	4.5%	1～1.5%
3. 環境指標		
きれいな水を使える割合	82%	都市部：95% 地方部：90%
有害廃棄物処理割合	－	95～100%
森林のカバー率	40.7%	42%

（資料）各種報道より、みずほ総合研究所作成

テーマ

41 ベトナムの外交
～全方位外交を基本とする外交スタンス～

全方位外交が基本姿勢

外交を振り返ると、ベトナム戦争終結直後の1978年に、ベトナムは隣国カンボジアに侵攻したため、国際社会で孤立してしまいました。

その後は、1986年からのドイモイ政策（テーマ42参照）の下、閉鎖的な社会主義政策の見直しを契機に、外交的にも国際社会との協調路線に舵を切りました。1991年にカンボジアと和平協定を締結して各国との関係が改善し、1995年にはASEANにも加盟しました。

ドイモイ導入後のベトナムの基本的な外交姿勢は、あらゆる国と協調する全方位外交です。

日本とは、非常に良好な関係にあります。テーマ39でも見たとおり、1992年には円借款が再開されるなど、日本はベトナムに最大の援助を実施している国です。近年では、こうした経済面に加え、中国の海洋進出を牽制するため、安全保障面でも協調姿勢がとられています。

米国とは、1995年の国交正常化の後、経済的にも軍事的にも関係が深まっています。両国は南シナ海で合同演習も行っており、日本と同様に、対中牽制で協力する関係にあります。かつてベトナム戦争で敵対した両国の関係からは、大きく様変わりしています。

ロシアとは、歴史的な友好関係にあります。ベトナム戦争で旧ソ連から支援を受けたことに加え、カンボジア侵攻後は旧ソ連がほぼ唯一の友好国でした。ドイモイやソ連崩壊（1991年）を経て、ロシアとの関係は旧ソ連時代よりも希薄になりましたが、現在も様々な分野で協力関係にあります。たとえば、ベトナム軍の武器の大半はロシアから購入されており、石油開発や原子力技術など、エネルギー分野でも協力しています。また、ロシアが主導するユーラシア関税同盟の加盟国と自由貿易協定（FTA）を結び、経済的な関係も深めています。

中国とはつかず離れず

中国との関係は非常に複雑です。ベトナム人の対中感情は、元来あまり良くありません。939年にベトナムの呉朝が独立するまでは中国の支配を受けてきたことや、その後も宋、元、明、清など、

図表1　ベトナムの対外関係

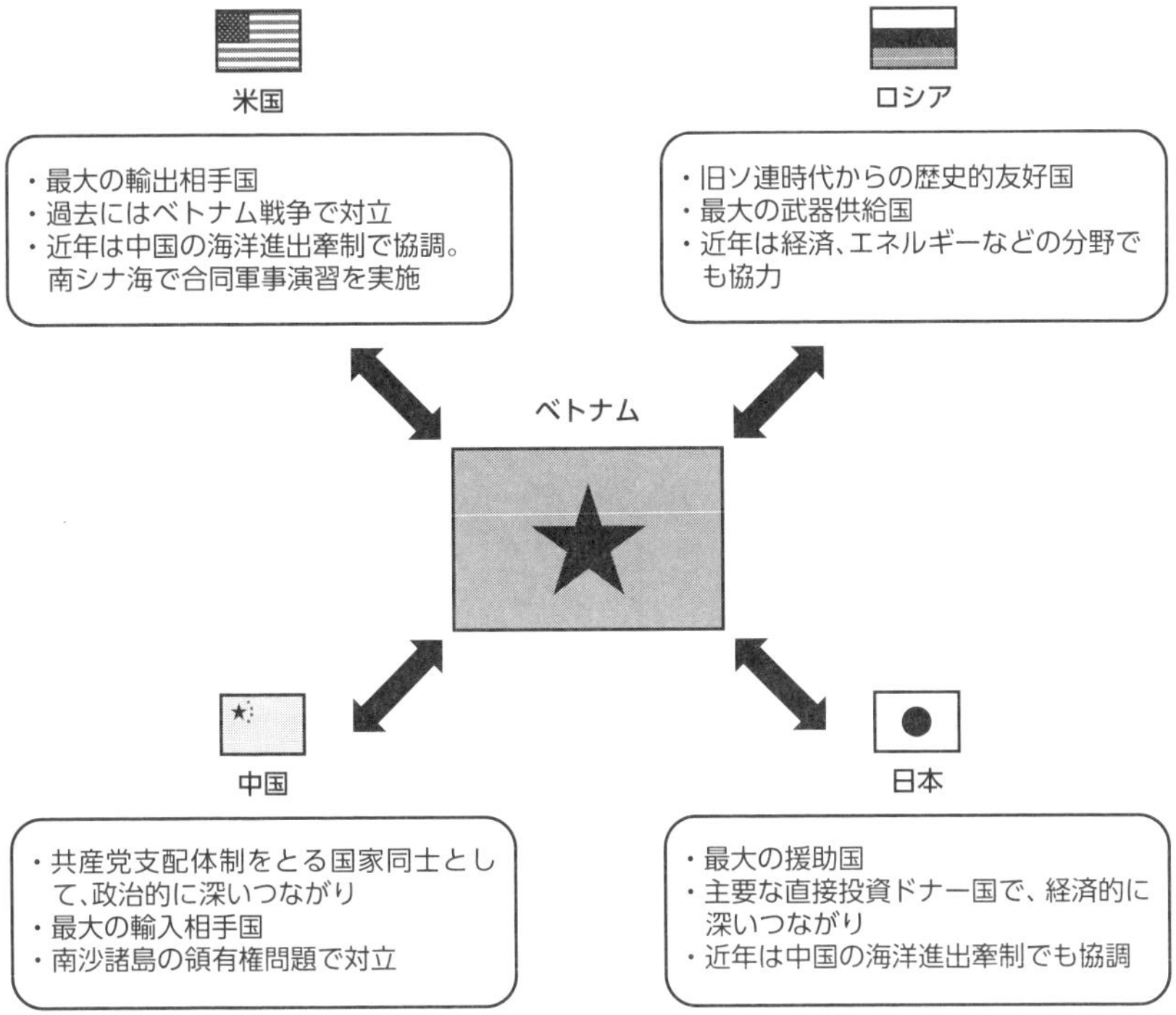
米国
・最大の輸出相手国
・過去にはベトナム戦争で対立
・近年は中国の海洋進出牽制で協調。南シナ海で合同軍事演習を実施
ロシア
・旧ソ連時代からの歴史的友好国
・最大の武器供給国
・近年は経済、エネルギーなどの分野でも協力
ベトナム
中国
・共産党支配体制をとる国家同士として、政治的に深いつながり
・最大の輸入相手国
・南沙諸島の領有権問題で対立
日本
・最大の援助国
・主要な直接投資ドナー国で、経済的に深いつながり
・近年は中国の海洋進出牽制でも協調

(資料) 各種報道資料などより、みずほ総合研究所作成

中国歴代王朝との間で戦闘が続いたことなどが原因です。1979年にも、ベトナムのカンボジア侵攻をめぐって中越戦争を経験しました。ドイモイ後は関係改善が進みましたが、現在も南シナ海において領有権問題を抱えています。2014年には、ベトナムが領有権を主張する西沙諸島（パラセル諸島）近海に、中国が石油掘削リグを設置したことをきっかけとして、ベトナム国内で大規模な反中デモが発生しました。

一方で、中国との関係がベトナムにとって非常に重要であることも事実です。中国はベトナムの最大の輸入相手国であり、両国の経済的な相互依存関係は深まっています。また、同じ共産党支配体制を敷く中国とは、イデオロギー的にも近く、政治家などの相互交流も比較的活発です。人権問題などで対立することもある米国との関係とバランスをとる観点からも、対中関係は重要です。

テーマ42

ベトナムの経済

～中長期的には外資主導の成長モデルの転換が課題となる可能性～

ドイモイ政策で躍進

ベトナムは、１９８６年にドイモイ（刷新）と呼ばれる改革開放政策を開始して社会主義経済を見直し、市場経済の導入に舵を切りました。この背景には、同じ社会主義国のなかでも、中国が改革開放政策を掲げて市場経済の導入による経済浮揚に成果を挙げる一方、ソ連の経済退潮が明瞭になったことがあります。

１９８７年には外国投資法が制定され、直接投資の受入れ態勢が整いました。また、ベトナム軍のカンボジア侵攻が、米国など主要国との関係改善を阻害する要因となっていたことから、１９８９年にカンボジアからの撤退が実行されました。さらに、ＡＳＥＡＮや世界貿易機関（ＷＴＯ）への加盟などを通じて、貿易自由化が推進されてきました。

以上のような経緯で、ベトナムは対内直接投資の受入れを通じた外資企業主導の輸出拡大に成功しました（図表1）。現在では、ＧＤＰの約2割を外資系企業が担うまでとなっています。

外資主導の成長モデルにより、ベトナムは近年急速に経済発展を遂げています。２０１０～２０１５年の実質ＧＤＰの平均成長率は６・０％と、周辺国と比べても高い伸びを示しています（図表2）。

最近ではサムスン電子をはじめ韓国勢を中心にスマートフォンなどのエレクトロニクス産業への直接投資が盛んです。２０１６年時点で、ベトナムで生産される携帯電話は2億台に上り、携帯電話の世界の輸出基地となっています。

税制優遇と安価で優秀な人材が強み

経済発展の原動力である外資系企業の投資が増加している背景には、貿易自由化などの対外開放政策への取組みに加えて、外資誘致に有利な税制が導入されていることがあります。ベトナムの法人税の標準税率は20％と、同程度の発展段階にあるフィリピン（30％）やインドネシア（25％）といった周辺国に比べて低い税率が設定されています。さらには、ＩＴやハイテク産業をはじめとした幅広い分野で法人税の優遇や免税を行っており、多くの企業がこれらの恩恵を目的にベトナムに参入しているといわれています。

図表1　輸出の推移

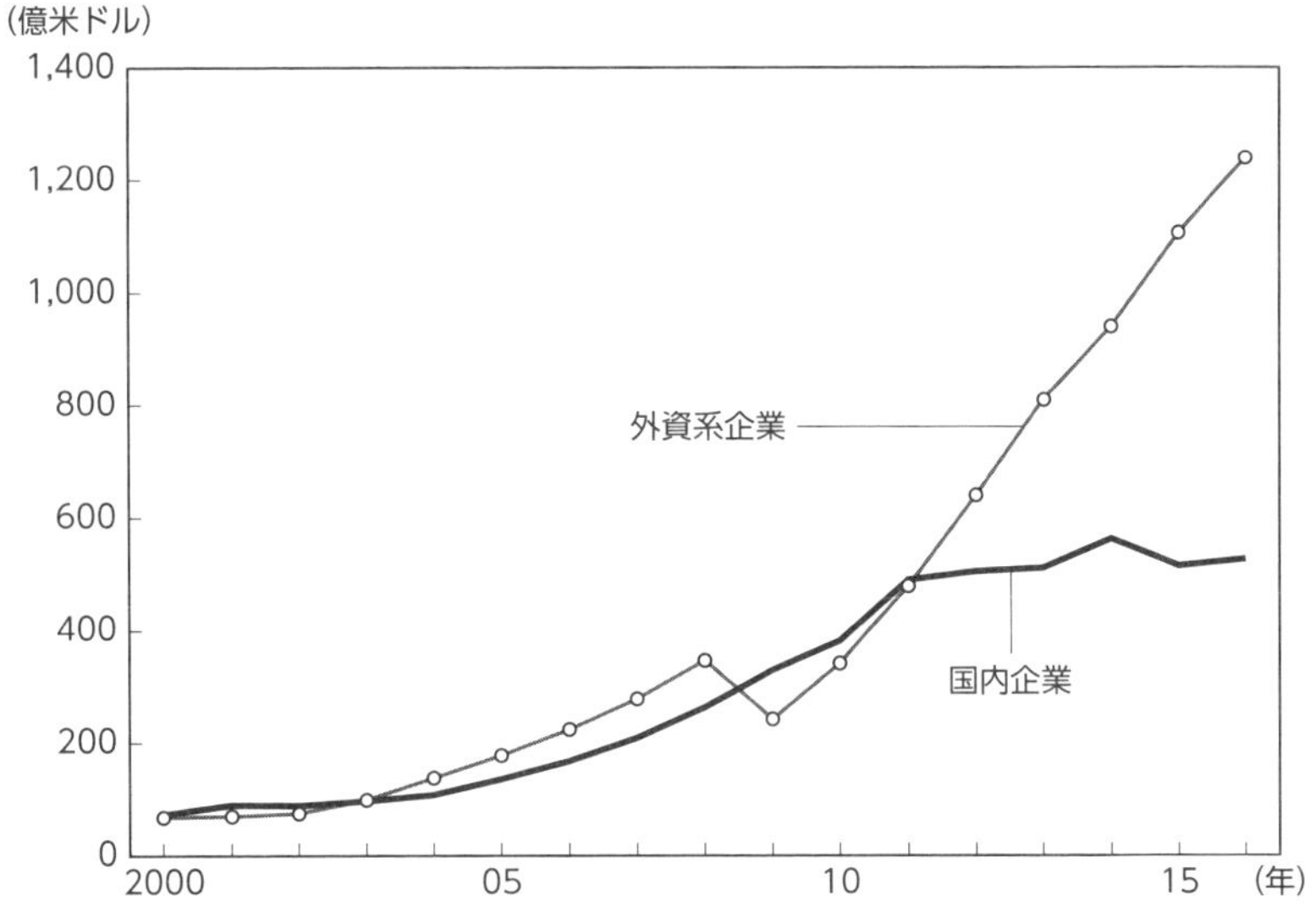

(資料) ベトナム統計総局より、みずほ総合研究所作成

図表2　実質GDP成長率の推移

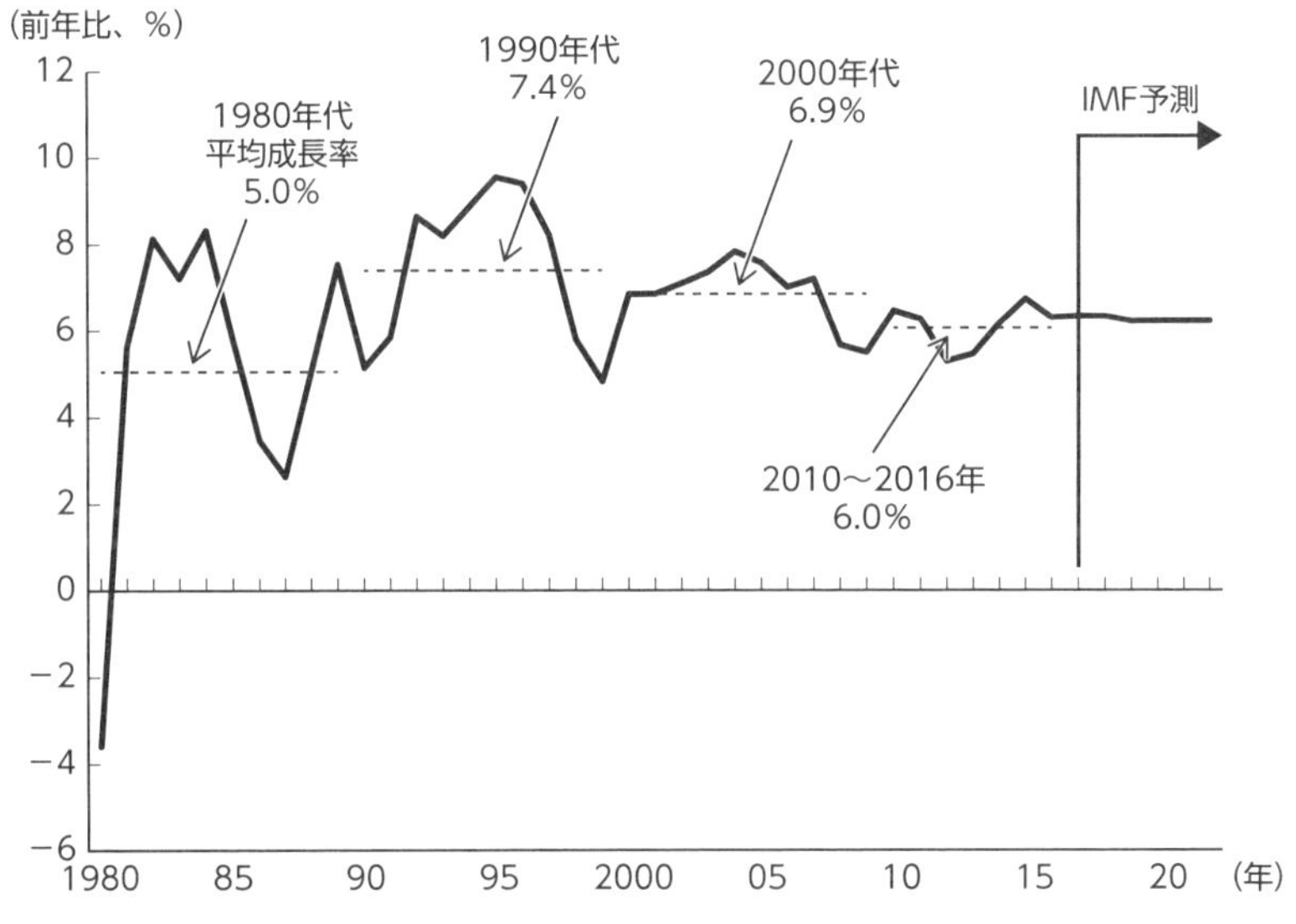

(資料) IMFより、みずほ総合研究所作成

また、人材面での魅力も高いといえるでしょう。国際協力銀行が日本企業を対象に行ったアンケート調査では、ベトナムで事業を行う有望理由として、「安価な労働力」と「優秀な人材」が、他の国に比べて高く評価されています。実際のデータをみても、ベトナムのワーカークラスの月額賃金は周辺国と比べて安価になっています（図表3）。また、2015年にOECDが実施した学力テスト（PISA）では、ベトナムは「数学」、「読解力」、「科学」いずれの分野においてもシンガポールに次ぐ2番手となっており、学力レベルはASEANのなかでも高い方です。こういった人材面での優位性は短期間で衰えるものではないため、当面はベトナム経済の強みとなるでしょう。

最近でも韓国企業や日本企業がベトナムへの投資計画を発表していることを踏まえても、今後しばらくは外資主導の成長モデルが継続すると予想されます。

中長期的な成長には課題も

一方、中長期的にみれば、ミャンマーなどのより労働賃金が低い国がベトナムに代わり直接投資の受け入れ国として台頭する可能性があります。その結果、外資主導の経済成長モデルの持続が困難となる恐れがあり、その場合に内資系企業が競争力や生産性を高めることが課題となります。しかしながら、現段階では内資系企業の労働生産性は、外資系企業に比べて低く、その改善ペースも緩やかです（図表4）。

生産性の改善が緩慢な理由として、外資系企業から内資系企業への技術移転が進んでいないことが挙げられます。2017年に世界経済フォーラムが発表した報告によると、ベトナムは外資系企業からの技術移転がASEANのなかで最も出遅れています。ベトナムでは、組み立てなどの単純作業を行うワーカークラスの労働者は潤沢な一方で、管理者や専門家といった高度人材が不足していることが、技術移転の障害となっています。

非効率といわれる国営企業の存在も、生産性を抑制する要因といえます。2000年代後半には、国営造船会社のビナシンなどが、国営企業の信用力を背景にノンバンクや不動産業に手を広げる多角化経営を行って失敗しました。その結果、不動産バブル崩壊と、金融機関の不良債権問題を引き起こしたのです。現在、政府は国営企業改革の一環として株式会社化を進めていますが、入札方式や売却価格の不透明性から、投資家が出資を躊《ちゅう》躇《ちょ》しているとの声もあり、国営企業改革の進捗は必ずしも順調とはいえません。

高度人材育成や国営企業改革は、短期間で達成できるものではありません。持続的な経済発展を遂げるためには、政府や企業が痛みを伴いながらも、構造改革に真摯に取り組む必要があります。

図表3　各国の月額賃金（ワーカークラス）

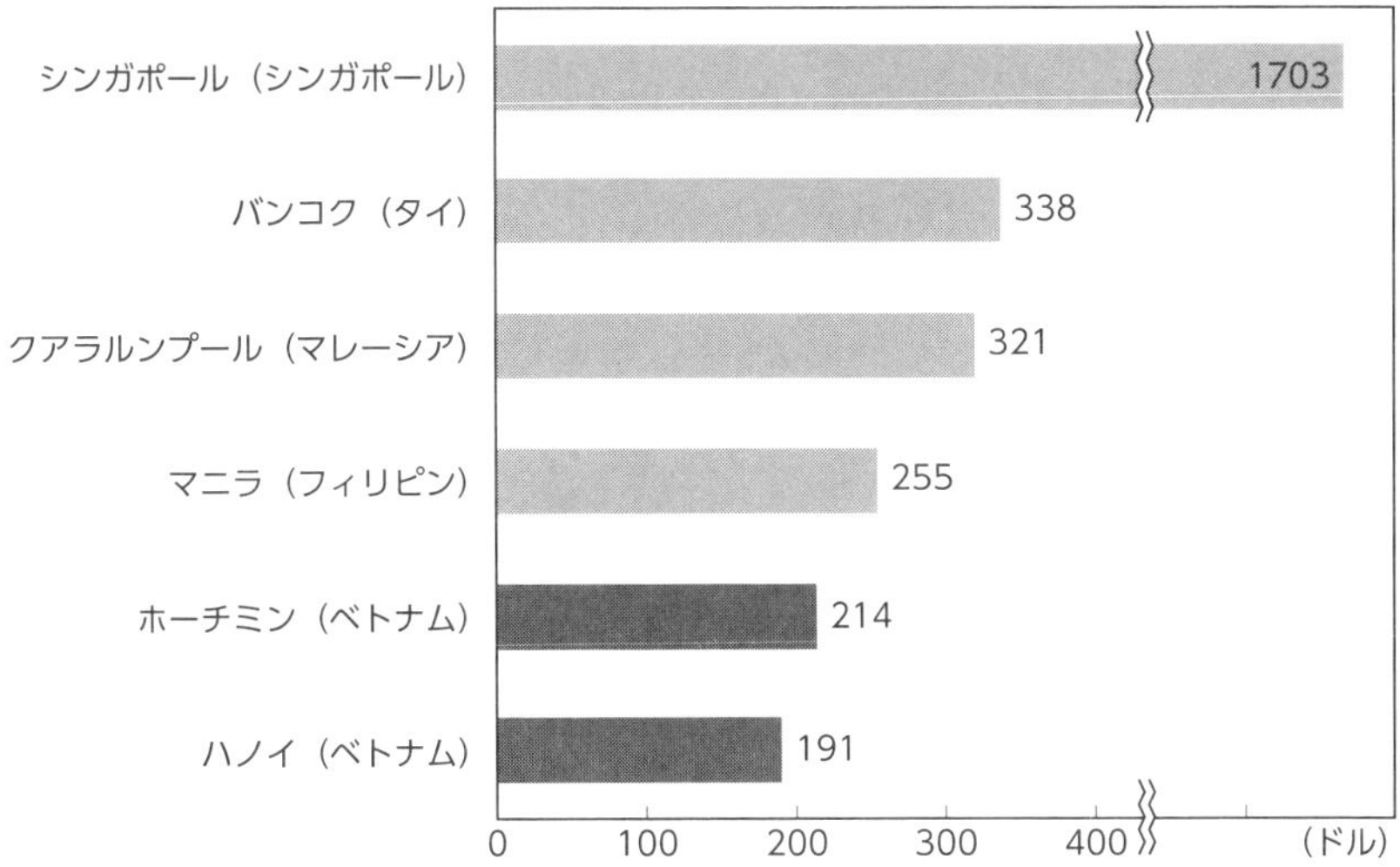

（資料）JETROより、みずほ総合研究所作成

図表4　ベトナム企業の労働生産性

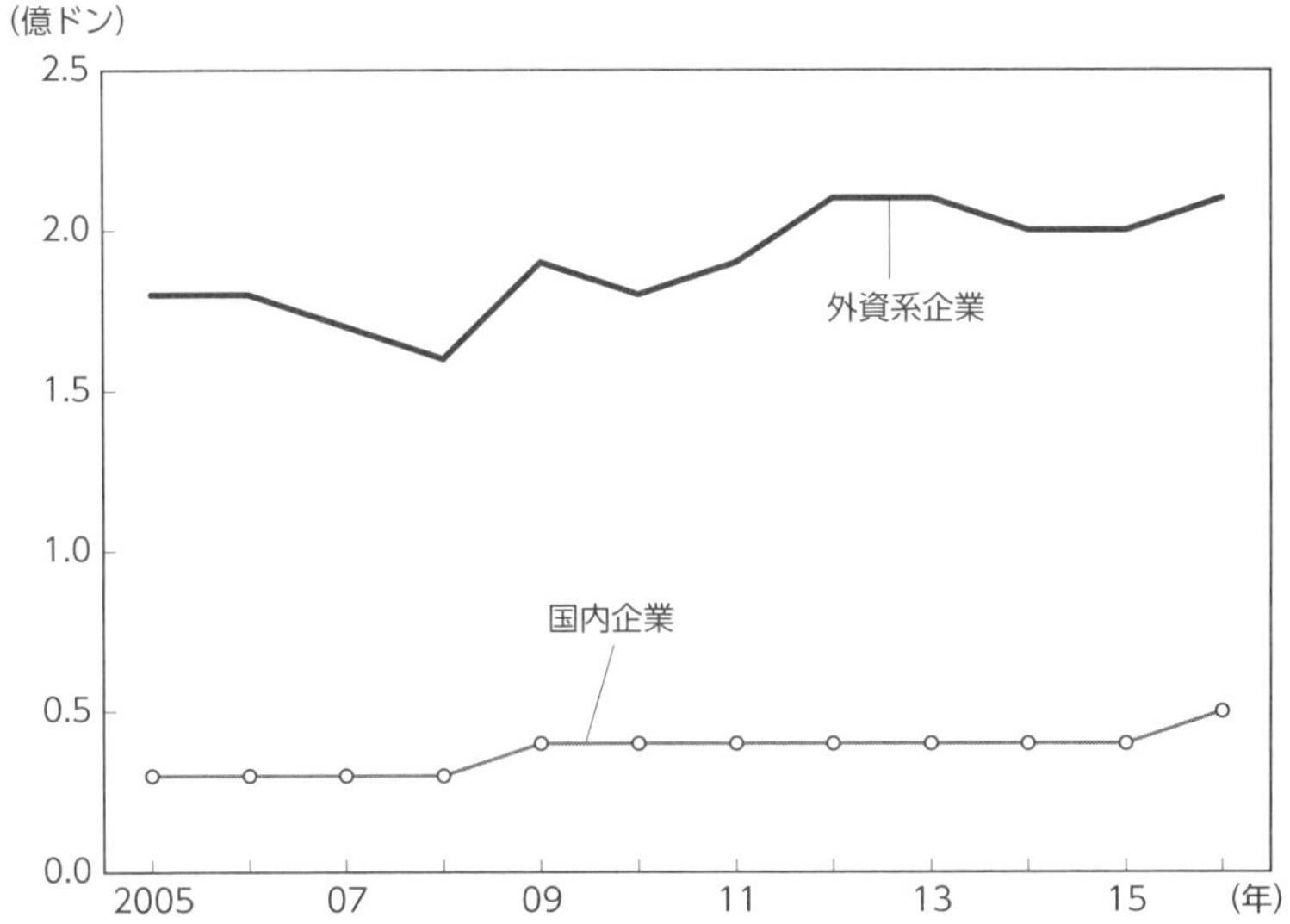

（注）1年間で労働者1人当たりが生み出す実質GDPの金額（実質GDP÷労働者数で計算）。
（資料）ベトナム統計総局より、みずほ総合研究所作成

テーマ
43
ベトナムの消費市場
～中間層の拡大により贅沢品が増加～

徐々に中間層が拡大

ベトナムの1人当たりGDPは、2016年時点で2172ドルに過ぎず、ASEAN10カ国中、7位にとどまります。しかし、所得階層別に人口構成をみると、「中所得層」や「上位中所得層」が徐々に広がりを見せています(図表1)。以前は食材費などの必需品が支出の多くを占めていましたが、最近では、これら中間層の増加に伴い、外食や旅行・通信費といった贅沢な財・サービスへの消費が増えています。こうした高価格な商品に対する支出は、経済発展の深化に伴って、今後も拡大すると予想されます。

低通信費でスマホブーム到来

ベトナムの100世帯当たりの耐久財保有率をみると、近年は電話が急速に普及していることが分かります(図表2)。その中心はスマートフォンなどの携帯電話です。

この背景には、通信費が安いことがあります。国際電気通信連合(ITU)によると、2015年時点のベトナムにおける携帯電話の通信料は、ASEANのなかでは、カンボジア、シンガポールに次いで安くなっています(図表3)。

こうした低い通信費を背景に、スマートフォンブームが起きています。アップルのiPhoneの人気が高いようですが、新品は高価なため、一般的なベトナム人労働者にはなかなか手が出ません。そのため、比較的に低価格なモデルが売れているほか、最近では中国や台湾、ベトナムの地場メーカーなどの格安スマートフォンもシェアを拡大しています。また、iPhoneなど高価なモデルを買いたい人のために、中古品市場も発達しているようです。

押し寄せるバイクの洪水

テレビはほとんどの世帯に普及していますが、自動車を保有している世帯はまだごく一部にとどまります。

自動車が普及していない代わりに、ベトナムではバイクが普及しており、保有率をみても1家に1台以上はバイクがあるほどです。あまたのバイクが大挙して道路を走る様子を、ニュースなどで見たことがある人も多いでしょう。

図表1　所得階層別世帯比率の推移

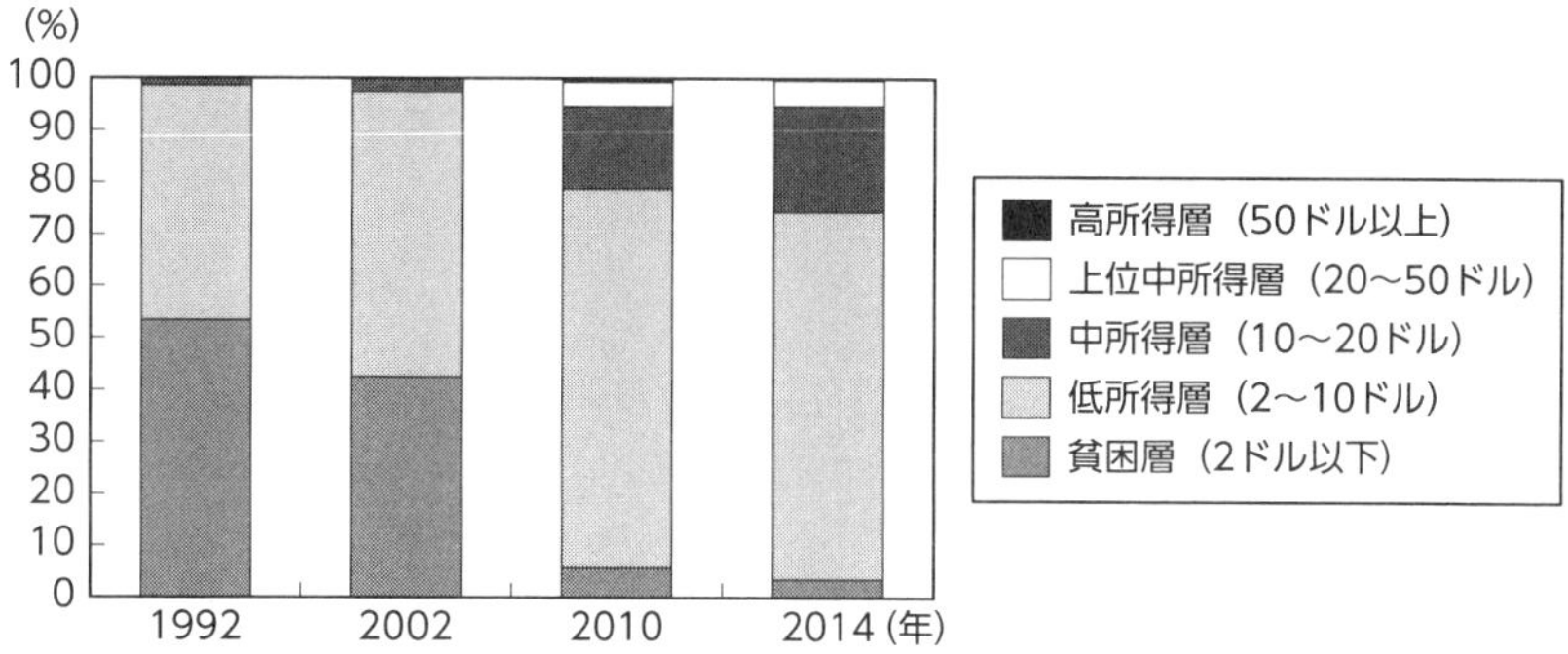

（資料）世界銀行より、みずほ総合研究所作成

図表2　耐久財保有率

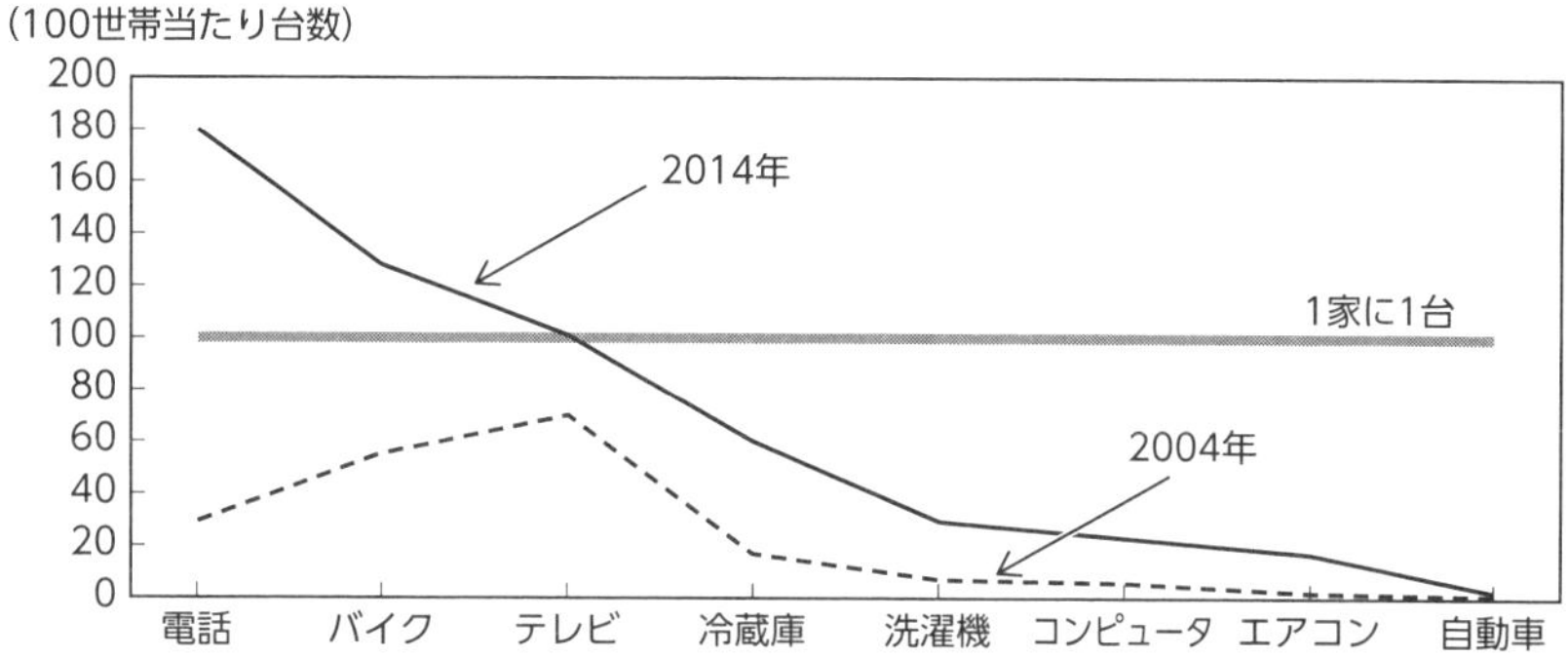

（資料）ベトナム統計総局より、みずほ総合研究所作成

図表3　携帯電話通信費（500メガバイト当たり）

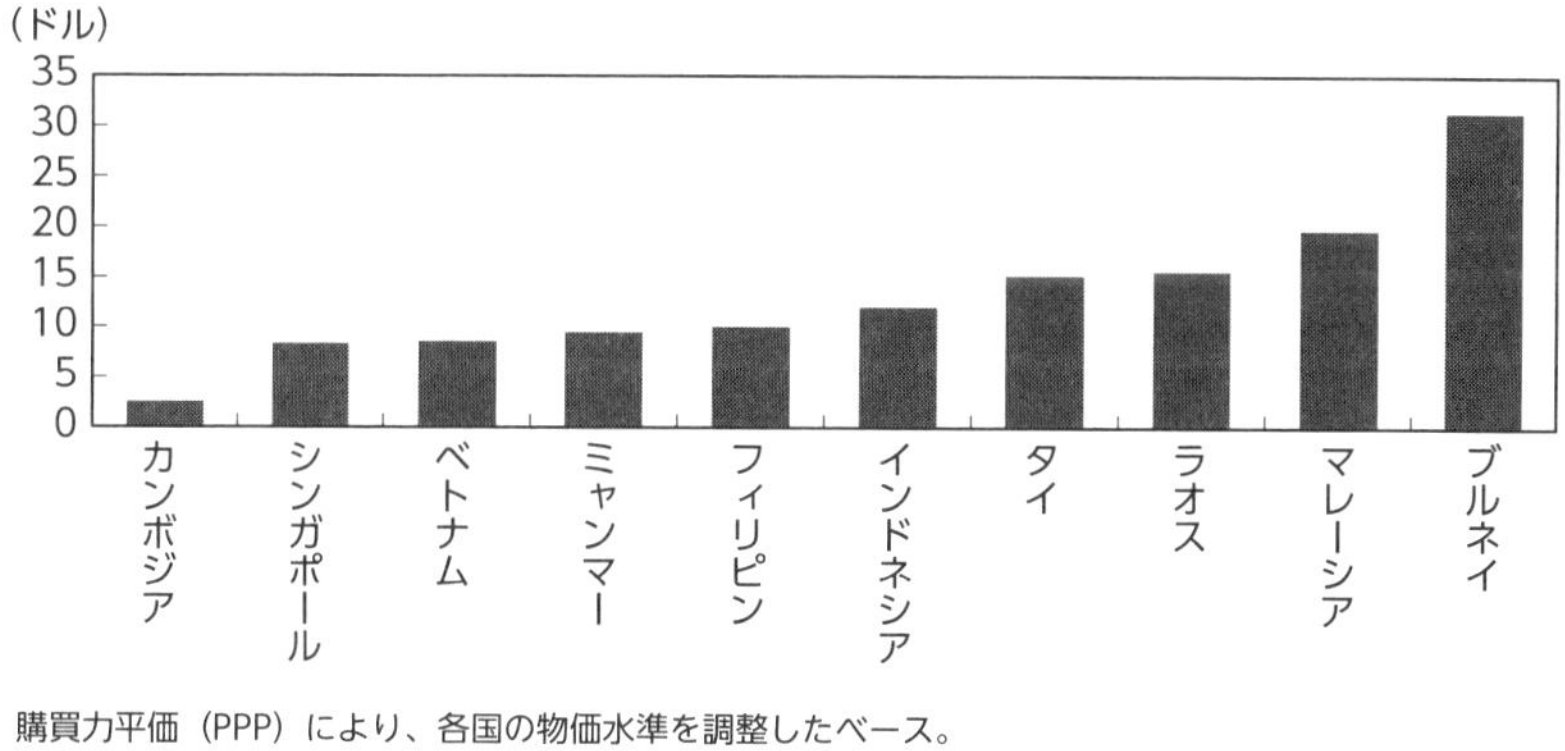

（注）購買力平価（PPP）により、各国の物価水準を調整したベース。
（資料）国際電気通信連合（ITU）より、みずほ総合研究所作成

現在、路線バス網が徐々に拡充されてきたほか、ハノイとホーチミンでは地下鉄の工事も進んでいます。公共交通機関が整備されれば、バイクの洪水は緩和されるかもしれません。

モータリゼーションには課題

現段階では一部に偏っている耐久消費財の普及は、経済発展に伴って今後は徐々に広がりをみせると期待されます。マレーシアやタイなどの国では、発展とともに冷蔵庫、洗濯機といった耐久財が普及したことを踏まえると、ベトナムでもこれらの財のニーズが徐々に高まるものと予想されます。

また、自動車については、2014年時点では普及率が低水準にとどまっていますが、2014~2016年にかけての販売台数は3年連続で前年比30％を上回るペースで増加しており、足元の普及率は上昇しているものとみられます(図表4)。ベトナムの1人当たり名目GDPは、自動車が普及し始める水準とされる3000ドルにあと800ドル程度で到達します。IMFの見通しでは2021年頃に、概ねその水準に達します。所得の観点からみれば、モータリゼーションが起こるための条件は整いつつあると評価できるでしょう(図表5)。

その一方で、自動車が普及するためには課題もあります。需要を抑制する2つの要因があるからです。

1つは、国内税制です。ベトナムでは自動車購入の際に、自動車の保有税や登録料など複数の税金がかかり、それらが自動車需要を抑制する要因になっています。最近では、テーマ3でみたようにAECの取組みの一環で、2018年にASEAN域内での自動車輸入関税の撤廃に伴って、ベトナム政府は自国産業を保護するため、輸入車が割高になるような特別関税をかけています。

国内の自動車産業を振興したい商工省は税制の見直しを求めていますが、税収を確保したい財務省が見直しに反対しているため、なかなか税率が下がりません。

もう1つの抑制要因は、インフラ整備が不十分なことです。ベトナムでは道路や駐車場などの整備が遅れているため、このまま自動車が普及すると、大混雑が予想されます。政府もこの点は認識しており、急速な自動車の普及には慎重な姿勢を示しています。

モータリゼーションには、まず道路の整備が不可欠です。駐車場については、ホーチミンなどの一部地域で、公定料金の割安な駐車料金が設定されていますが、コストと採算が釣り合わず、供給が不足しているようです。したがって、公定料金の引上げや、料金設定の自由化が必要となるでしょう。政府はインフラ整備状況をにらみながら税制を緩和し、自動車の普及ペースを調整するとみられます。

図表4　自動車販売台数の推移

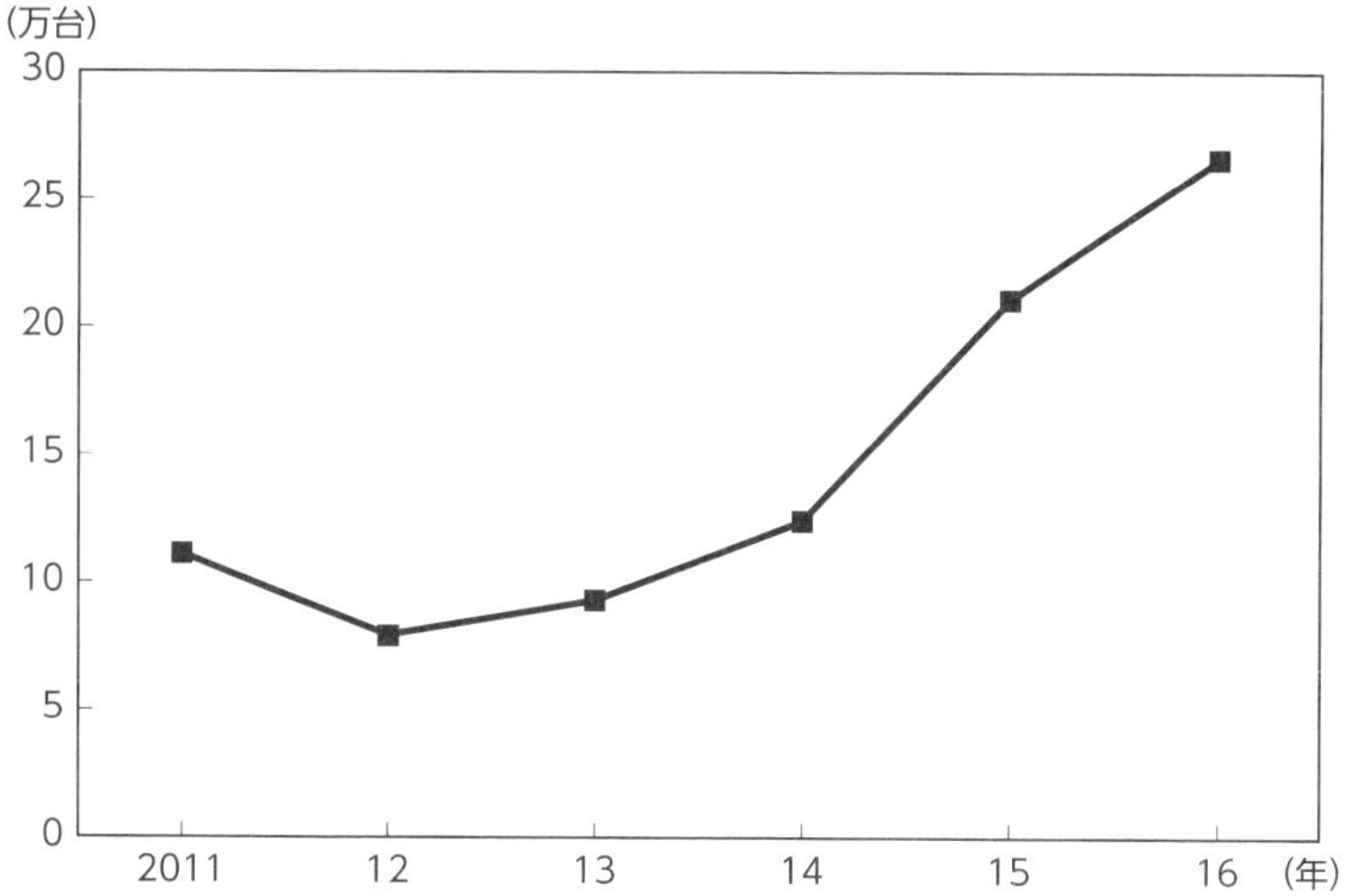

（資料）ベトナム自動車工業会（VAMA）より、みずほ総合研究所作成

図表5　IMFによる1人当たり名目GDPの見通し

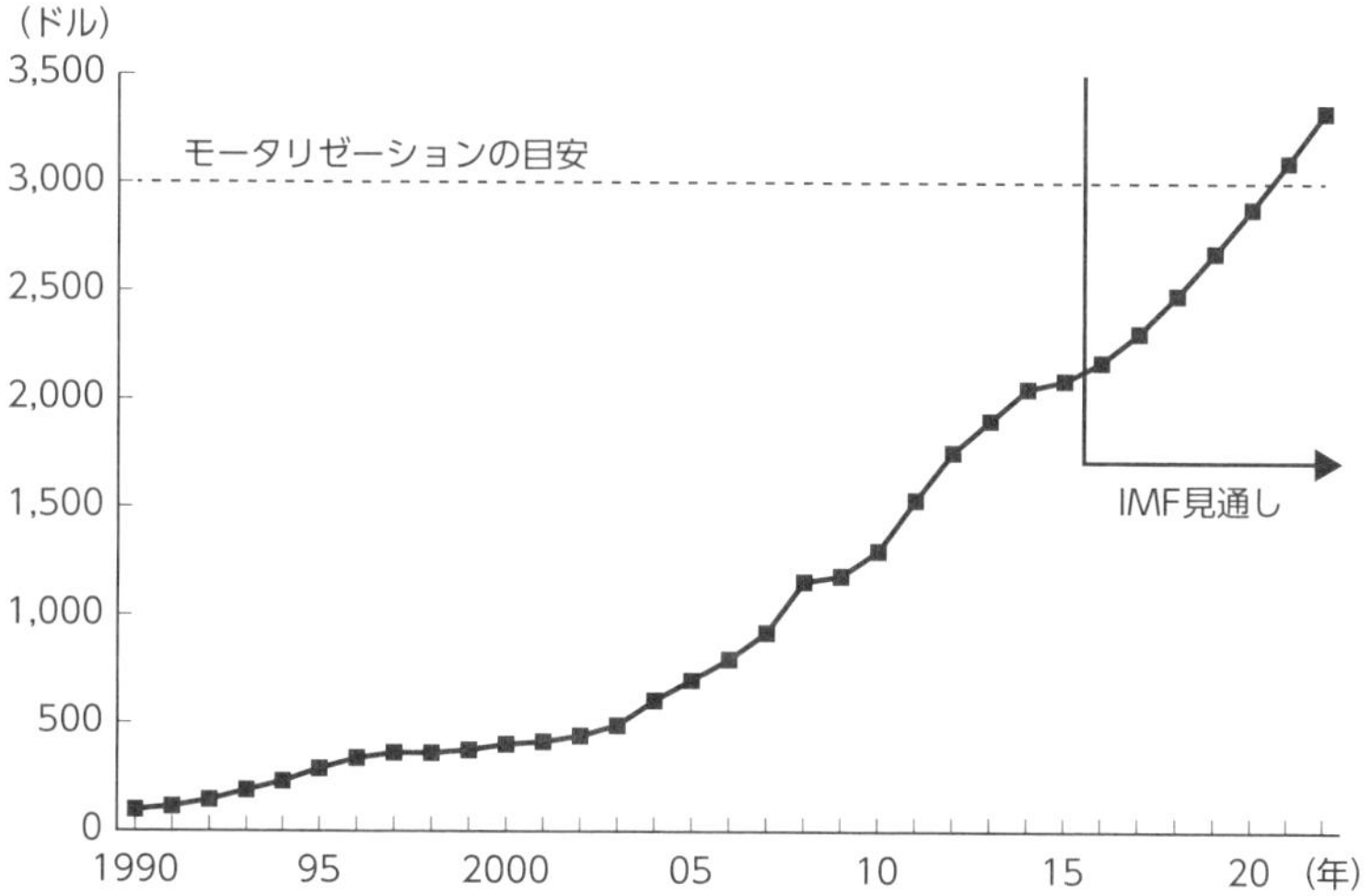

（資料）IMFより、みずほ総合研究所作成

テーマ

44 ベトナムの有望分野・進出事例

〜近代リテールに加え、Eコマースが伸長〜

耐久消費財の普及に期待

ベトナムでは、国民の所得水準がまだ低く、またサービス業には出店規制があるため、日本企業による内販市場の開拓は容易ではありません。しかし、そうしたなかでも、すでに一定の実績を上げた日本企業が多数あります。

最も顕著な日本企業の成功事例は、何といってもバイクメーカーです。ベトナムは世界でも有数の巨大バイク市場であり、その魅力は非常に大きいといえます。トップメーカーはホンダで、ベトナムではバイクの代名詞的な存在となっています。ヤマハもシェア2位の有力メーカーで、ほかにスズキも工場を構えています。このところバイクの販売台数は伸び悩んでいますが、テーマ43でみたとおり、自動車の普及には、しばらく時間がかかるとみられ、当面は重要な移動手段であり続けるでしょう。

次に家電分野をみると、日本企業に対する信頼感は非常に高く、ベトナム市場にかなり浸透しています。特に三洋電機が、古くから内販市場での成功事例として知られていました。同社は2011年に中国のハイアールに買収されましたが、ほかにも、パナソニックが洗濯機などの複数の工場を持っており、シャープや三菱電機なども販社を設立しています。今後、所得の増加とともに普及の本格化が見込まれることから、家電市場はますます重要になるでしょう。

このほか、比較的安価な非耐久消費財の分野で、多くの成功事例があります。たとえば、久光製薬（湿布）、ロート製薬（目薬等）、エースコック（即席めん）、味の素（調味料）、大正製薬（栄養ドリンク）などで、これらの大企業の製品はベトナム人の日常生活に深く浸透しています。所得の向上とともに、今後はもう少し高価な製品が売れるようになるか注目したいところです。

近代リテールも増加

また、小売の業態にも変化がみられます。ベトナムでは依然として個人商店のような伝統的な形態が主流ですが、最近は都市部を中心にスーパーや大型ショッピングモールなどのいわゆる近代リテールも徐々に数が増えてきています。日系ではイオンや高島屋が進出しています。筆者が現地で行ったヒアリング調査では、「都市部では可処分所得や人口が増加しており、今後も近代リテールの成長が期待できる」との声も出ています。

さらには、テーマ43でみたように、ベトナムでは携帯電話の普及が進んでいることから、実店舗を持たず、インターネットを通じて商品を販売するEコマースによる販売も増加しているようです。すでに中国最大の電子商取引事業者アリババ傘下のＬａｚａｄａが参入しているほか、ＦａｃｅｂｏｏｋなどのＳＮＳを利用した販売も行われています。商工省によると、２０１６年時点のＥコマースによる販売額は約50億ドルとなり、小売全体の約３％を占めるまでになっています。また、一部の機関が行った推計では、２０２０年までにはＥコマースが現在の２倍の規模に相当する約１００億ドルに達するとの見方もあります。

教育関連分野は有望

ベトナム人は、子供のためなら出費を惜しまないといわれています。実際に、消費支出に占める教育費の割合は５％程度にまで上り、アジアの国々のなかでも高水準だとされています。今後についても所得の増加とともに教育分野のニーズ拡大が期待できます。

日本企業にとっても、教育や習い事の分野で、大きな商機があるかもしれません。公文の学習塾、ルネサンスのスイミングクラブ、ヤマハの音楽教室などがすでに進出しています。ほかには、外国語学校、通信教育なども有望だといえるでしょう。

日本で暮らしたことがあるベトナム人にインタビューしたところ、日本の幼児向け教材は良くできており、また日本式幼稚園教育も素晴らしいとの声が聞かれています。

イオンモール
みずほ総合研究所撮影（2017年7月）

テーマ
45 ベトナムの経済リスク
〜インフラ投資の足枷となりかねない財政問題〜

公的債務の積み上がりが懸念

ベトナム経済における最大の懸念事項は、足元で急激に公的債務が積み上がっていることです。過剰な公的債務の積み上がりは、輸出拠点を整備するうえで重要となるインフラ投資の足枷《あしかせ》になりかねないからです。

ベトナム財務省は、2016年の公的債務の対名目GDP比が63・7%となり、政府が定める債務上限の65%に迫っていることを明らかにしました(図表1)。政府は、公的債務を抑制するために、その約2割を占める政府保証債務に目をつけ、国営企業による新規借入れに対する政府保証の停止を発表しました。政府保証とは、国営企業などが発行する債券のうち、政府がその元本と金利の支払いを保証するものです。規模が大きいインフラ事業が頓挫《とんざ》した場合、企業が大きな損害を被る可能性があります。政府保証は、そのようなリスクが事業推進の障害となることを避けるために、万一の場合には政府がその損失の一部を肩代わりするものです。インフラ投資の多くは政府保証がつけられているため、これが停止されれば、インフラ整備はたちまちストップしてしまいます。すでに、一部のインフラ事業が遅延、または停止しているという話も出ています。そもそもこのように公的債務が積み上がった背景には、外資系企業誘致のための税制優遇、AECに伴う関税の削減、歳入の多くを占める資源の価格低迷などが政府の歳入を抑制してきたことがあります。

ベトナム政府は、引き続き外資誘致に取り組む姿勢を崩しておらず、原油価格の大幅な上昇も望めません。財政面の制約がかかりやすいなかで、インフラ整備を遅らせないためには、今後政府が税制の見直しによる歳入増加や、経費節減による歳出削減を通して、財政再建に取り組めるかが重要です。

米トランプ政権の保護主義に懸念

これまで外需主導で経済成長を遂げてきたベトナムにとって、世界的な保護主義の動きは1つの懸念材料といえるでしょう。特に、貿易の不均衡是正を唱える米国の動きに注視しなければなりません。

図表1　公的部門の債務の推移

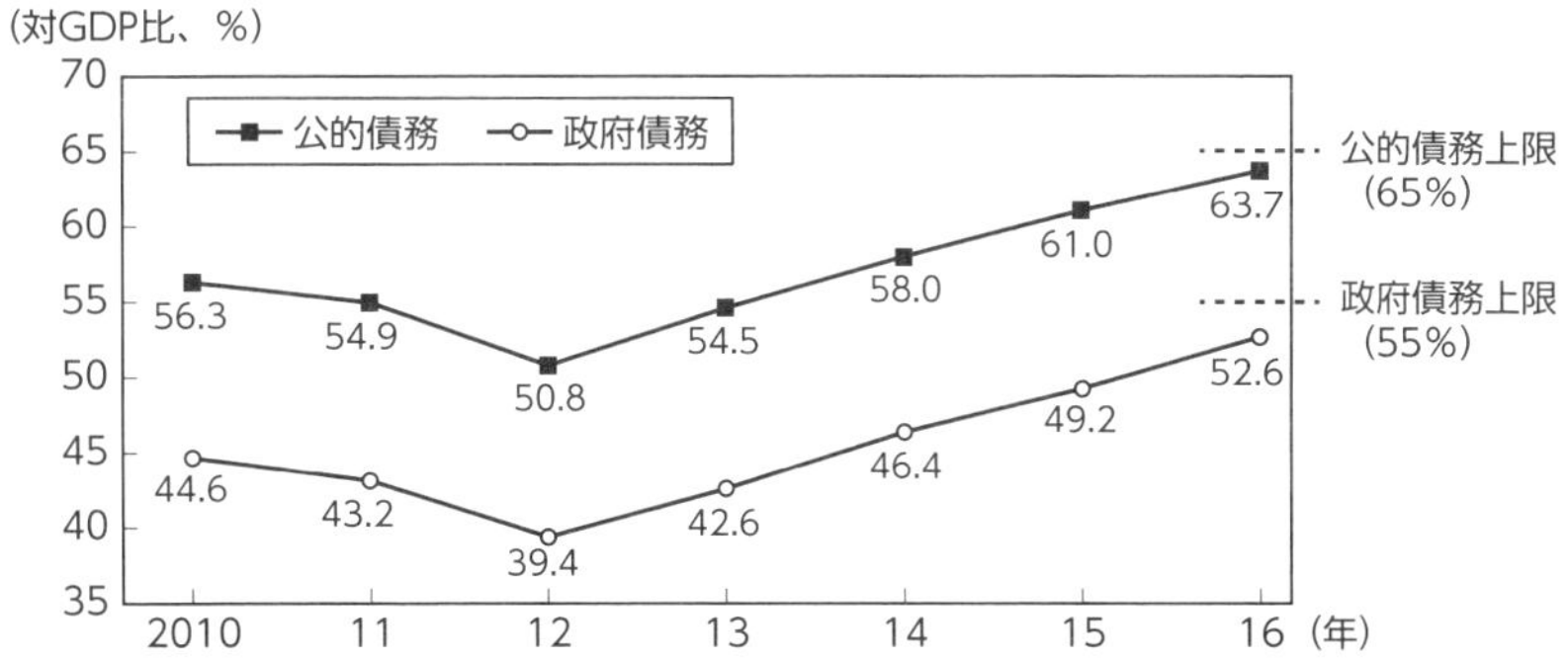

(資料) ベトナム財務省より、みずほ総合研究所作成

たとえば、ベトナムが参加国のなかで最も恩恵を受けるとされていた環太平洋経済連携協定（ＴＰＰ）については、米国の離脱表明により、ベトナム経済への好影響は大幅に薄れたといえます。２０１７年３月、トランプ大統領は、米国が大幅な貿易赤字を抱える、ベトナムを含む16カ国を名指しで批判し、これらの国々との貿易赤字の要因を究明する内容の大統領令に署名しました。米国が抱えるベトナムとの貿易赤字は、世界で６番目に大きく、ＡＳＥＡＮのなかでは最大となっています。また、米国が嫌気する為替介入の疑いもあり、ベトナムは米国の標的となりやすいといえるでしょう。現在ベトナムと米国との間で二国間自由貿易協定（ＦＴＡ）を締結する案が浮上していますが、こうした外交上の問題もあって、米国がベトナムに強硬姿勢をとる可能性も十分にあり、交渉は一筋縄にはいかないとみるべきでしょう。

風水害リスク

自然災害の発生頻度が高いことも、１つのリスク要因です。ベトナムでは、台風や洪水が毎年発生しています。労働者に占める農業従事者の割合は４割と高く、また人口の大部分が河川流域に居住していることから、風水害の被害も大きくなりがちです。

直近の例をみると、ベトナム統計総局の発表では、２０１６年に起きた自然災害により、２６４人の死者に加え、４３１人の負傷者が報告されています。その被害額は約40兆ドンと、ＧＤＰの約１％に相当する影響が出ています。

また、２０１７年10月には、北部や中部の各所で、豪雨により洪水や土砂崩れが発生し、死者は54人にも達しました。

このように多大な被害が生じる可能性があることを踏まえると、災害への備えを怠らないことが必要です。

テーマ 46

ベトナムの政治・治安リスク

～内政面のリスクは少ない一方、外交面では対中関係に火種～

国内の政治・治安リスクは低い

テーマ40でみたように、ベトナムの政治は安定しています。民主化デモや、民族・宗教間対立などは、皆無ではありませんが、周辺国のように大ニュースとなるほどの政治的な騒ぎはめったにありません。

治安についても、凶悪な犯罪は、相対的には少ない方の国だとみなされています。日本の外務省は、必要に応じて治安等への注意喚起を促す「危険情報」を海外渡航者向けに発信していますが、現時点（2017年10月時点）では、ベトナム、シンガポール、ブルネイに対しては、危険情報は出ていません。また、2017年に経済平和研究所が発表した世界平和度指数の「社会的な治安・安全」の項目をみても、ASEANのなかでベトナムは、上位につけており、治安リスクは他の国に比べて低いと判断できるでしょう（図表1）。このような内部環境の安定も近年の直接投資の増加につながっていると考えられます。

対中関係悪化のリスク

一方、テーマ41でみたような、南シナ海における中国との領有権問題が、経済の悪化に飛び火する可能性は十分にあるといえるでしょう。現在、ベトナムは中国との間で、南シナ海に位置する西沙諸島（パラセル諸島）や南沙諸島（スプラトリー諸島）の領有権をめぐって対立しています（図表2）。2014年には、パラセル諸島近海で中国が石油掘削を強行しました。これに対して、ベトナムでは大規模な反中デモが発生し、経済にも影響が及びました。リスクの高まりを受けた資金の流出で通貨安圧力が強まり、ドンの切下げを迫られました。また、ベトナムへの訪問客数も中国人を中心に前年比10％近く減少しました。

2017年に入ってからも、両国の緊張状態は続いています。パラセル諸島沖で、7月には、今度はベトナムが中国側の猛抗議を差し置いて石油掘削を強行したほか、8月にはベトナムの漁船が中国から襲撃を受け、うち1隻が沈没する事件が起こりました。領土問題は落としどころを見出すのが難しく、リスク要因として燻り続けるでしょう。

図表1　ASEANの社会的治安・安全

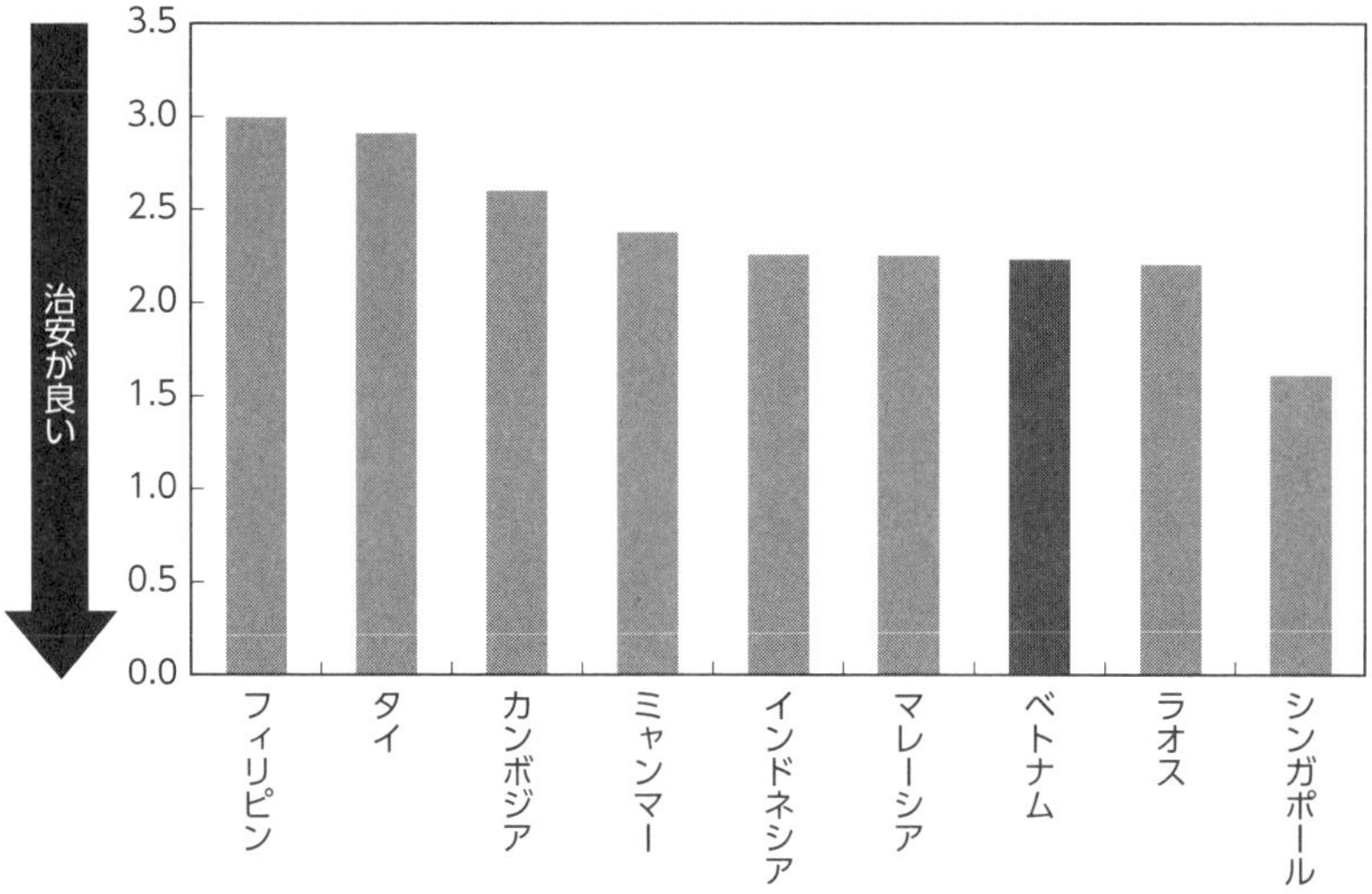

（資料）経済平和研究所 “Global Peace Index” より、みずほ総合研究所作成

図表2　中国との領有権問題

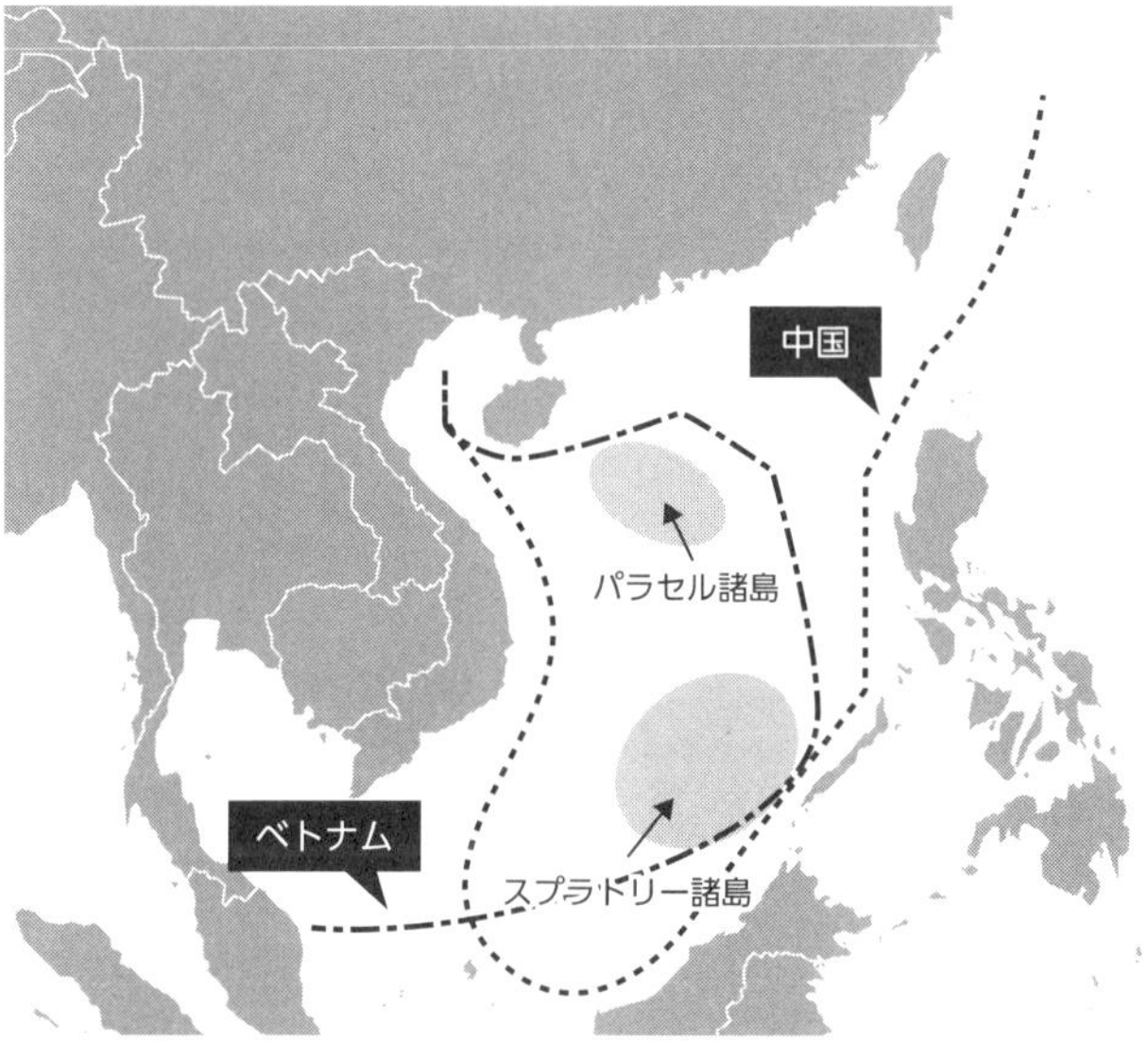

（資料）各種報道より、みずほ総合研究所作成

COLUMN ⑥

急速に拡大するベトナムの観光業

近年、ベトナムを訪れる旅行者数が急増しています。ベトナム統計総局によると、2016年の訪越旅行者数は前年比26%増となり、初めて1000万人の大台を突破しました。旅行収入は名目GDPの4.0%に相当する83億ドルにのぼり、今や観光業はベトナムにとって欠かせない産業になりつつあるといえます。

このようにベトナムへの旅行者が急増している背景には、欧州の一部の国に対するビザ規制の緩和や、所得改善に伴って中国人の観光客が増加していることがあるようです。訪越旅行者の国別の内訳をみると、中国や欧州が上位を占めています（図表1）。

観光地が多いことも、ベトナムの魅力といえます。ベトナムには、ハロン湾やホイアンなどの計8つの世界遺産があり、ASEANのなかではインドネシアと並び、最多の登録数を誇る（図表2）だけでなく、ダナンやニャチャンなど、リゾート地も豊富です。また、安定している治安や、周辺国と比べて物価が安いことも観光分野における強みになっています。

今後も観光業の好調が続くとみられます。ベトナム政府は、2020年までに外国人旅行者数を1700万～2000万人に増やし、観光収入を200億ドルまで引き上げることを目標としています。この目標を達成するために、政府は、観光開発への投資に新たなインセンティブを設けるほか、観光業の人材育成やプロモーションを支援するファンドを立ち上げる予定です。

同じASEANのタイやマレーシアでは、経済発展とともに旅行者が増加し、今では2500万人超に上ります。今後都市開発やインフラ整備が期待されるベトナムにとって、観光業のポテンシャルは十分に高いといえるでしょう。

図表1　訪越旅行者の国別内訳

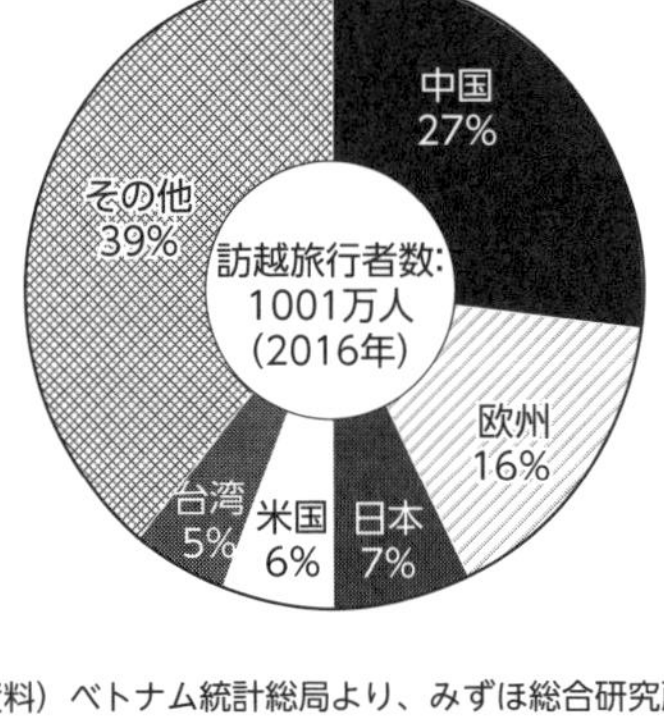

（資料）ベトナム統計総局より、みずほ総合研究所作成

図表2　世界遺産登録数

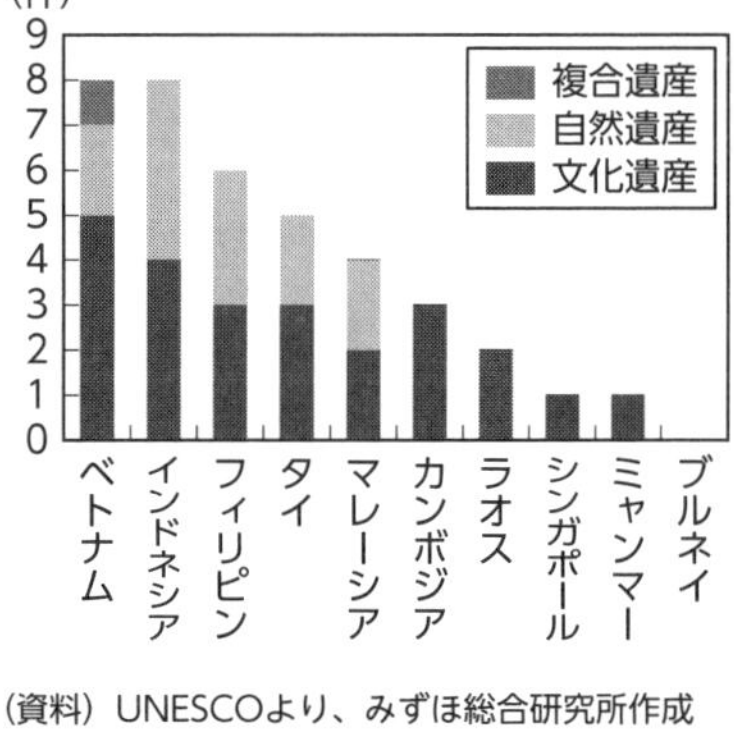

（資料）UNESCOより、みずほ総合研究所作成

第7章

インドネシアを理解しよう

～ASEAN随一の大国～

テーマ

47 インドネシアの特徴

～ＡＳＥＡＮの超大国～

ASEANでは圧倒的規模

インドネシアの特徴は圧倒的に人口が多いことで、まさにＡＳＥＡＮ随一の大国といえるでしょう。人口だけでなく、名目ＧＤＰ、国土面積でも、インドネシアはＡＳＥＡＮ全体の4割強を占めています。

人口は2億５８７１万人（２０１６年）で、ＡＳＥＡＮでは2位フィリピンの倍以上と群を抜いた1位です。人口増加率は、今後もＡＳＥＡＮの中では相対的に高水準で推移するとみられています。

名目ＧＤＰで見た経済規模は９３２４億ドル（２０１６年）で、やはり2位タイの倍以上です。成長率がタイよりも高いことから、今後もますます差が開くと予想されます。

国土面積は１８９万平方キロメートルで、2位ミャンマーの3倍近く、日本の約5倍となっています。南北１８００キロ、東西５１１０キロに及ぶ、大小あわせて約1万７０００の島々で構成される世界最大の島嶼《とうしょ》国家です。このうち、面積が特に大きい島は、スマトラ島、ジャワ島、カリマンタン島、スラウェシ島、ニューギニア島の5つです。首都ジャカルタはジャワ島にあります。また、世界的に有名な観光地であるバリ島は、ジャワ島の東の小スンダ列島にあります。

市場としても存在感

実質ＧＤＰ成長率は、１９９７年のアジア通貨危機の影響で一時は大きく落ち込みましたが、２００７年以降は概ね年平均５％から６％程度で推移しています。

1人当たり名目ＧＤＰは、２００７年の約２０００ドルから、２０１６年には約３６００ドルに達しました。

所得の上昇を背景に、消費市場は大きく拡大しています。バイクの年間販売台数は６００万台近くで、ＡＳＥＡＮのなかでも圧倒的に大きな市場規模です。

また、モータリゼーションもちょうど始まったところです。ＡＳＥＡＮ自動車連盟の統計によると、２０１６年のインドネシアの自動車販売台数は約１００万台で、ＡＳＥＡＮ全体の3割超を占めています。２０１４年に、インドネシアはタイを抜いてＡＳＥＡＮ最大の自動車市場となりました。

多様な資源輸出国

主な産業は、1次産品の生産と加工です。輸出の大部分は、鉱業製品（石炭、天然ガス、原油、鉱石（金、銀、銅、スズ、ニッケル））、パーム油、ゴム製品などで占められています（図表1）。特にパーム油、スズの輸出量は世界1位です。

多様な民族、言語、宗教

民族の大半は、プリブミ（先住民）と呼ばれるマレー系です。マレー系は、さらに約300の種族に分かれています。2010年の国勢調査によると、全人口の約40％はマレー系のジャワ人で、主にジャワ島に住んでいます。ジャワ人の次に多く、全人口の約15％を占めるのが、同じくジャワ島に住むマレー系のスンダ人です。

非マレー系である華人の割合は、シンガポールやタイなど周辺アジア諸国と比

人口：2億5871万人（2016年） 面積：約189万km² 首都：ジャカルタ 名目GDP：9324億ドル（2016年） 1人当たりGDP：3604ドル（2016年） 産業構成：（名目GDP比、2016年） 第1次産業：14.0% 第2次産業：40.8% 第3次産業：45.3%	政体：立憲共和制 元首：ジョコ・ウィドド大統領 （2017年12月末時点） 言語：インドネシア語 民族：大半がマレー系 （ジャワ、スンダ等約300種族） 宗教：イスラム教が約9割、他にキリスト教など 会計年度：1月～12月

（資料）インドネシア中央統計局資料、外務省ウェブサイトなどより、みずほ総合研究所作成

べて低く、全人口の1％程度です。華人の人口比率は高くないのですが、大部分の有力財閥が華人系であるなど、経済活動は華人が牛耳っているといっても過言ではないでしょう。

公用語はインドネシア語で、マレーシアで話されるマレー語とほぼ同じです。読み方や文法などが容易で学びやすい言語とされ、交易の用語として、東南アジアの海洋地域では広範に使われてきた歴史があります。そのほかにバタック語、スンダ語、ジャワ語、バリ語などの地方語も存在し、各地域で日常的に使われています。

インドネシアでは、全人口の9割近くがイスラム教徒です。そのほかに割合は多くはありませんが、キリスト教のプロテスタントとカトリック、ヒンズー教、仏教、儒教などを信仰する人々がいます。地域別に見ると、オランダの影響を大きく受けた北スマトラ州のバタック人や、北スラウェシ州のミナハサ人などの多くは、キリスト教を信仰しています。バリ島などではヒンズー教を信仰する人の割合が多いです。また、土地固有の祖先崇拝信仰やアニミズムも各地に残っています。

多様性を包含する国是

インドネシアには多様な民族が存在し、多様な宗教を信仰する人々がいるため、これを統一するための国是があり、それはパンチャシラ（建国5原則）と呼ばれます。このパンチャシラのもとで多様な宗教の共存が図られています。前述したように、国民の9割がイスラム教徒ですが、イスラム教は国教ではありません。イスラム教、カトリック、プロテスタント、ヒンズー教、仏教、儒教の6宗教が国家公認の宗教とされ、そのうちどれを信じるかは個人の自由で、お互いの宗教を尊重すべきとされています。

教育水準は高まるも残る貧困

UNESCO（国際連合教育科学文化機関）の統計によると、インドネシアの就学率は年々高まっています（図表2）。

一方で、不就学児（当該レベルの教育学齢にありながら不登校の児童）の比率は依然として高水準です。たとえば、2015年における小学校の不就学児の比率は10％近くで、同年のマレーシアの約2％、東南アジア地域平均の約6％と比べて大幅に高くなっています。この背景には、国全体の所得水準が上昇して就学率が高まったとはいえ、貧困層など一定割合の世帯では、依然として子どもの教育を犠牲にして働かせざるを得ない経済状況があるのではないでしょうか。

現政権下で進む教育政策

教育水準を向上させるために、政権は様々な政策を実施しています。

最も大規模な政策は、貧困層への教育機会の提供です。政府は、貧困世帯に対して補助金を支給し、教科書代や文房具代などの教育費を補填しています。政府発表によると、2000万人以上の学童が補助金を享受しています。また、職業訓練を強化しており、企業が求める人材を輩出できるようなプログラムを実施しています。

日本語学習者数は世界2位

教育に関連して、インドネシア人は日本語学習意欲が高いという特徴があります。日本語は、高校で第2外国語に採用されているほか、日本語学校での学習者も急速に増えています。2015年度の国際交流基金「日本語教育機関調査」によると、インドネシアにおける日本語学習者数は約74万人と、中国の約95万人に次ぐ世界第2位の規模です。

図表1　輸出品目別項目（2016年）

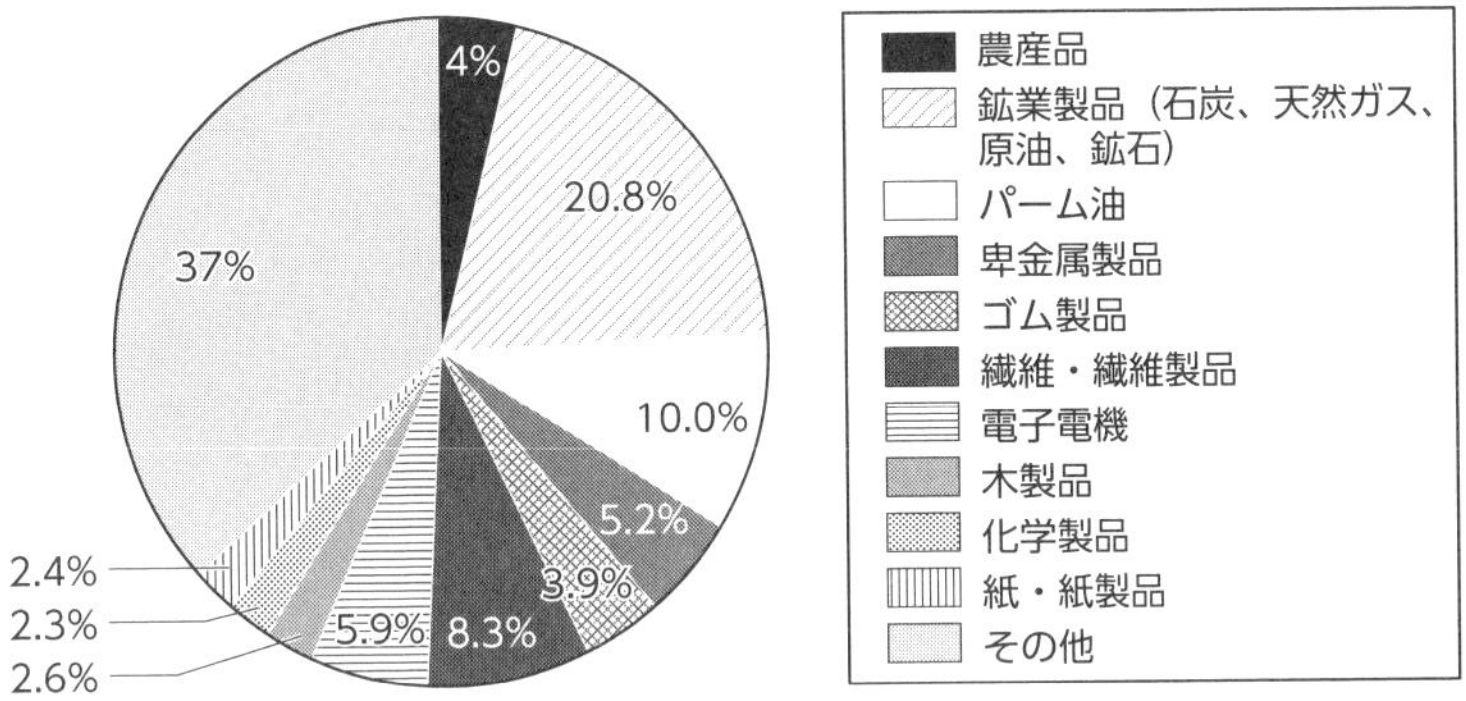

（資料）インドネシア中央銀行資料より、みずほ総合研究所作成

図表2　就園率、就学率

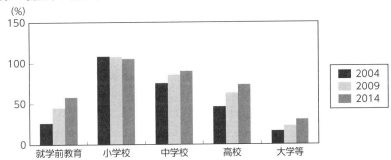

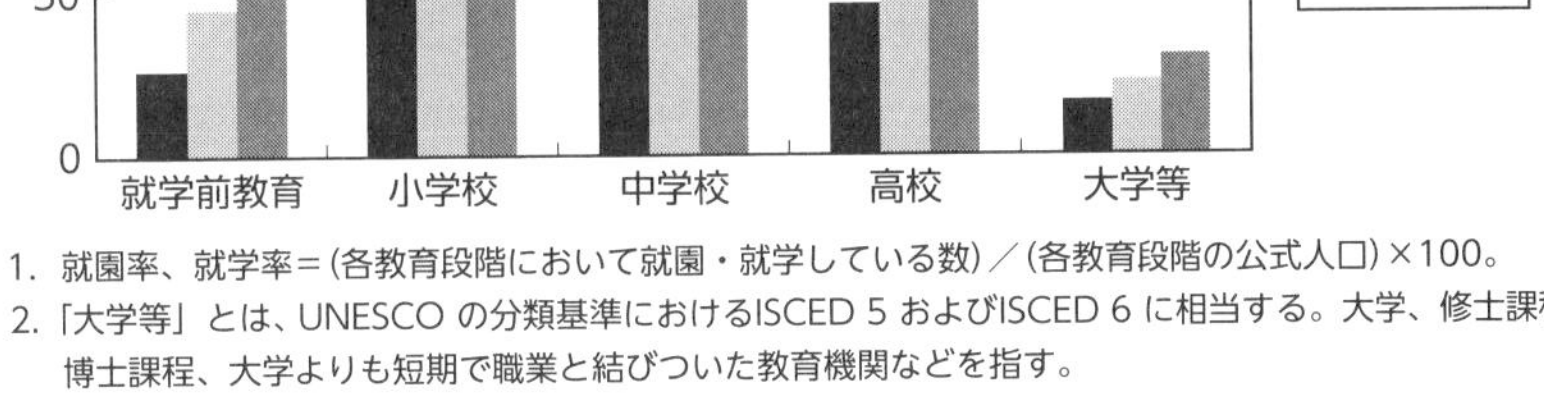

（注）1. 就園率、就学率＝（各教育段階において就園・就学している数）／（各教育段階の公式人口）×100。
2.「大学等」とは、UNESCO の分類基準におけるISCED 5 およびISCED 6 に相当する。大学、修士課程、博士課程、大学よりも短期で職業と結びついた教育機関などを指す。

（資料）UNESCO資料より、みずほ総合研究所作成

テーマ 48

インドネシアの政治

～続投に向けて政治基盤を固めるジョコ政権～

長期独裁政権を経て民主化へ

立憲共和制を採用するインドネシアは、インド、米国に次ぎ、世界で3番目に人口が多い民主主義国家です。ただし、インドネシアが民主化されたのはそれほど古い話ではありません。1998年まで30年以上にわたり、独裁色の濃いスハルト政権が続いていました。同政権下で経済が安定成長を続けている間は、国民も独裁体制に従っていました。しかし、1997年のアジア通貨危機後に経済が極端な不振に陥った結果、国民の怒りが反政府運動に発展し、1998年にスハルト大統領は退陣を表明しました。

混沌とした民主化過渡期

スハルト政権崩壊後の6年間の、ハビビ、ワヒド、メガワティの三政権は、いずれも1年から3年の短命に終わり、政治的に不安定な時期が続きました。

スハルト政権期に行われてきた抑圧に対する反動もあり、スマトラ島のアチェ州から、ニューギニア島のパプア州にいたる国内の様々な地域で、分離独立運動が盛んになりました。

そして、イスラム過激派によるテロ活動も活発化しました。たとえば、2002年にバリ島で202名の死者をもたらした自爆テロ事件が発生し、その後もジャカルタ市内のホテルや大使館等を狙ったテロ事件が続きました。

憲法改正を経て民主主義が定着

スハルト政権崩壊後、4回の憲法改正を経て、ようやく民主主義が定着しました。長期独裁政権の再来を防ぐため、大統領の任期を2期（1期は5年）に限定することや、大統領、国会議員、地方自治体の首長を直接選挙で選出することなどが定められました。

また、憲法改正により、行政、立法、司法の三権分立の仕組みも定められました(図表1)。同じく大統領制を敷く米国と比べて、大統領の権限が議会に及びにくい仕組みとなっている点に特徴があります。たとえば、米国大統領は議会の制定した法律に対する拒否権を有しますが、インドネシアの大統領は拒否権を有していません。

インドネシアでは5年に一度、4月に

比例代表制による国会（一院制）の選挙が実施されます。国会選挙の結果、一定割合以上の議席を獲得した政党または政党連合のみが、その年の7月に実施される大統領選挙に候補を擁立できます。7月の大統領選挙でいずれの候補も過半数の得票をとれなければ、9月に上位2候補の間で決選投票が実施されて大統領が決定されます。なお、直近の国会、大統領選挙は2014年に行われ、次期選挙は2019年に実施される予定です。

多党乱立の国会

1999年から直接選挙が実施されるようになった国会では、多数の政党が乱立し、いずれの政党も単独では過半数を確保できていません。現在は、議席割合が最大の政党ですら、全体の20％前後しか議席割合を有していません。

議会で多数の政党が乱立する要因は、各政党がどの地域に強いかなどの地域性があること、人気や資金力のある個人が大統領選に出馬するためだけに政党を設立すること、宗教や民族などが多様であることなどが考えられます。そして、比例代表制が採用されているため、こうした多様性が議席割合に反映されやすくなっているのでしょう。多くの政党がありますが、いずれも国民に受けのよいポピュリズム的な政策を掲げており、その主張に大きな違いは見られません。

どの政党も単独過半数を形成できないことから、複数の政党による与党連合が形成されています。連立工作・維持のために、政党間では政治的な取引が横行しているといわれています。

前政権の改革は失速

直接選挙で選ばれた最初の大統領であるユドヨノ前大統領は、元軍人のエリートでかつ農業経済学の博士号も有しており、インテリで清廉潔白な学者のイメー

図表1　行政、立法、司法の三権分立

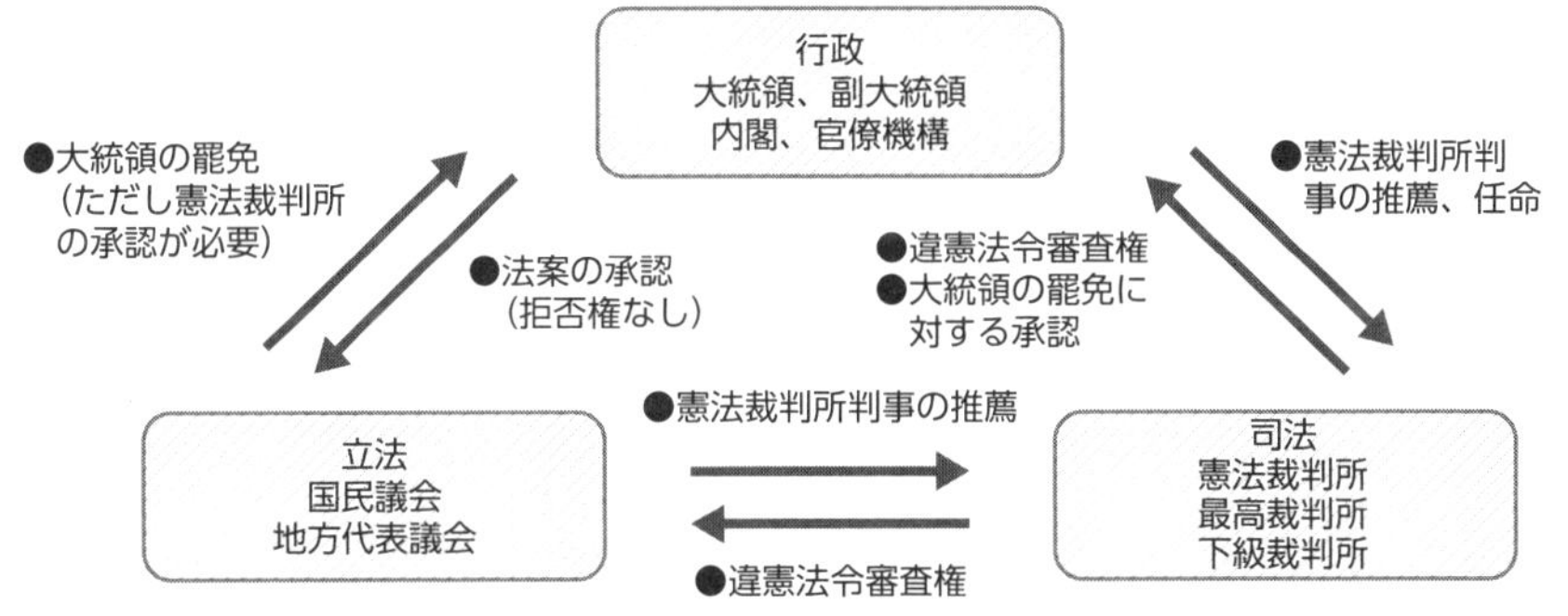

（資料）総務省「インドネシアの行政」、川村晃一「インドネシアの大統領制と政党組織」『選挙研究』28巻2号、島田弦「インドネシアにおける政治の司法化に関する研究ノート」（今泉慎也編『アジアの司法化と裁判官の役割』ジェトロ・アジア経済研究所、第3章）より、みずほ総合研究所作成

ジで国民の支持を集めました。ユドヨノ前大統領は、就任当初、高い支持率を背景に指導力を発揮し、投資環境の改革を断行するなどの成果をあげました。

しかし政権終盤では、大統領の所属政党・民主党の幹部がかかわった汚職事件が多数発覚し、大統領の支持率が低下しました。この結果、２０１２年頃から改革は後退しました。反対に、国民の歓心を買うために、資源輸出規制、零細小売業保護のためのコンビニエンスストア営業制限など、保護主義的・ポピュリズム的な政策が目立つようになりました。

庶民派ジョコ大統領の改革

２０１４年にユドヨノ前大統領の後を継いだジョコ現大統領は、家具輸出業者から身を起こし、地方自治体の首長を歴任した「たたき上げ」です。また、ジョコ大統領は「ブルスカン」と呼ばれるアポなしの視察を実施し、政策の実施状況を確認したり、政策に対する住民の声に耳を傾けたりするなど、透明性の高い庶民派の政策スタイルで支持を高めました。

発足当初のジョコ政権は、議会での基盤は弱かったものの、高支持率を背景に指導力を発揮しました。与党内部からも反対が大きかった補助金改革に着手し、外国人投資家からも高い評価を得るなど好スタートを切りました。

高支持率の下で進む基盤固め

ジョコ政権は、発足当初は高い支持率を誇りましたが、汚職に対する不十分な取組みが懸念されたことや、通貨ルピアの下落、景気の悪化等を背景に、２０１５年前半を中心に一時的に支持率が落ち込みました。しかし、２０１５年半ば以降に打ち出した経済改革姿勢が好感されたことなどから、支持率は回復しています（図表２）。

こうした高支持率を背景に、ジョコ政権の闘争民主党（ＰＤＩ－Ｐ）を中心とする連立与党は、最大野党だったゴルカル党も取り込むなどして勢力を拡大させ、さらに政権基盤を固めてきました（図表３）。

次期選挙に向けた動き

２０１７年４月にジャカルタ州知事選挙をめぐり与野党の対立が激化し、野党の擁立する候補が選出されましたが、各種世論調査をみてもジョコ大統領の支持率は高いまま維持されています。州知事選での与党の敗北による大統領支持率への影響は、それほど大きくないようです。

ジョコ大統領は現時点では次期大統領選への出馬意思を明確にしていませんが、高い支持率を維持し、連立工作により政権基盤を固めているため、２０１９年の選挙に出馬すれば、再選される可能性は低くないでしょう。

図表2　ジョコ大統領支持率

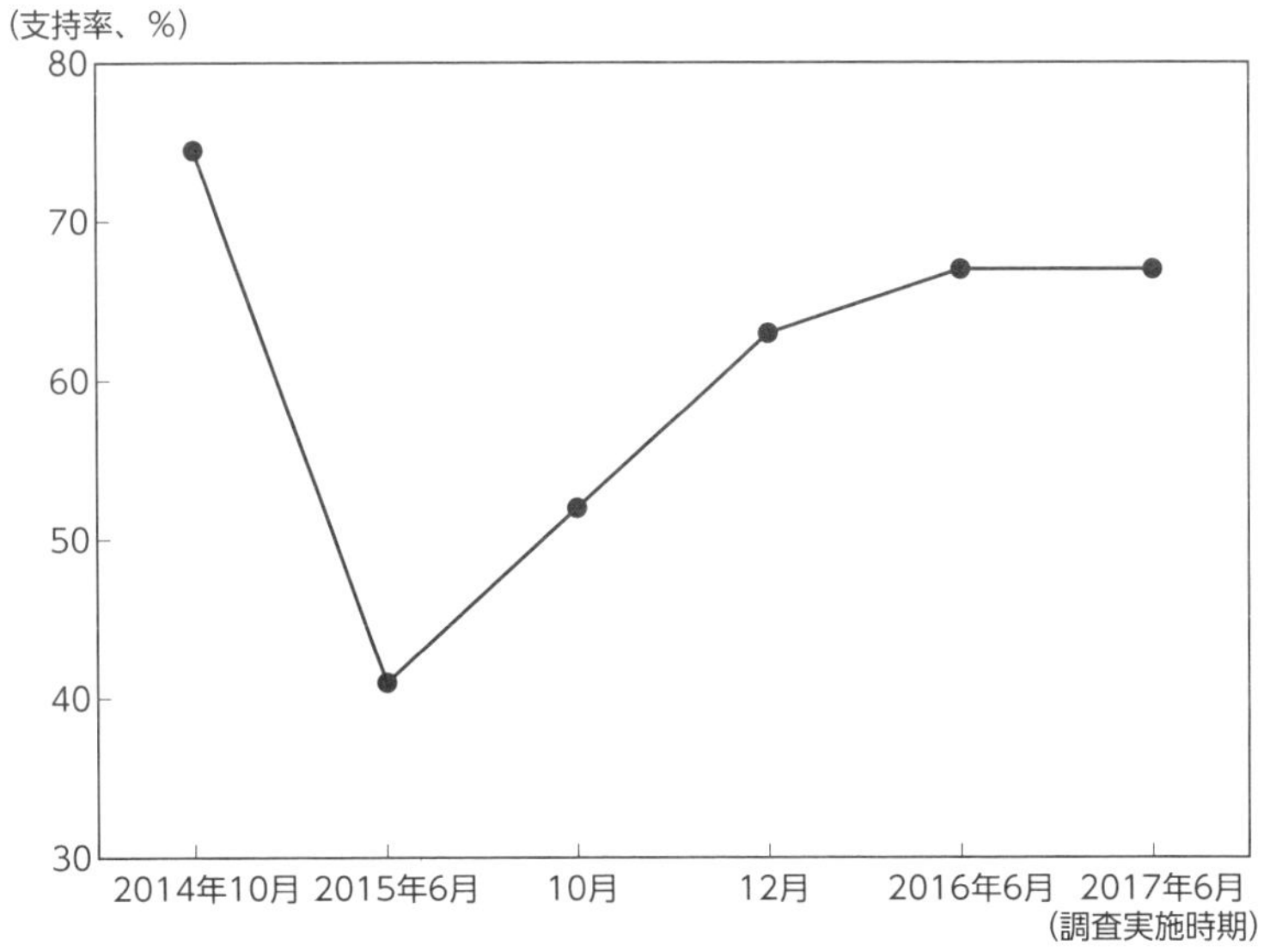

（資料）インドネシアの調査機関（SMRC）に関する現地報道より、みずほ総合研究所作成

図表3　議会構成

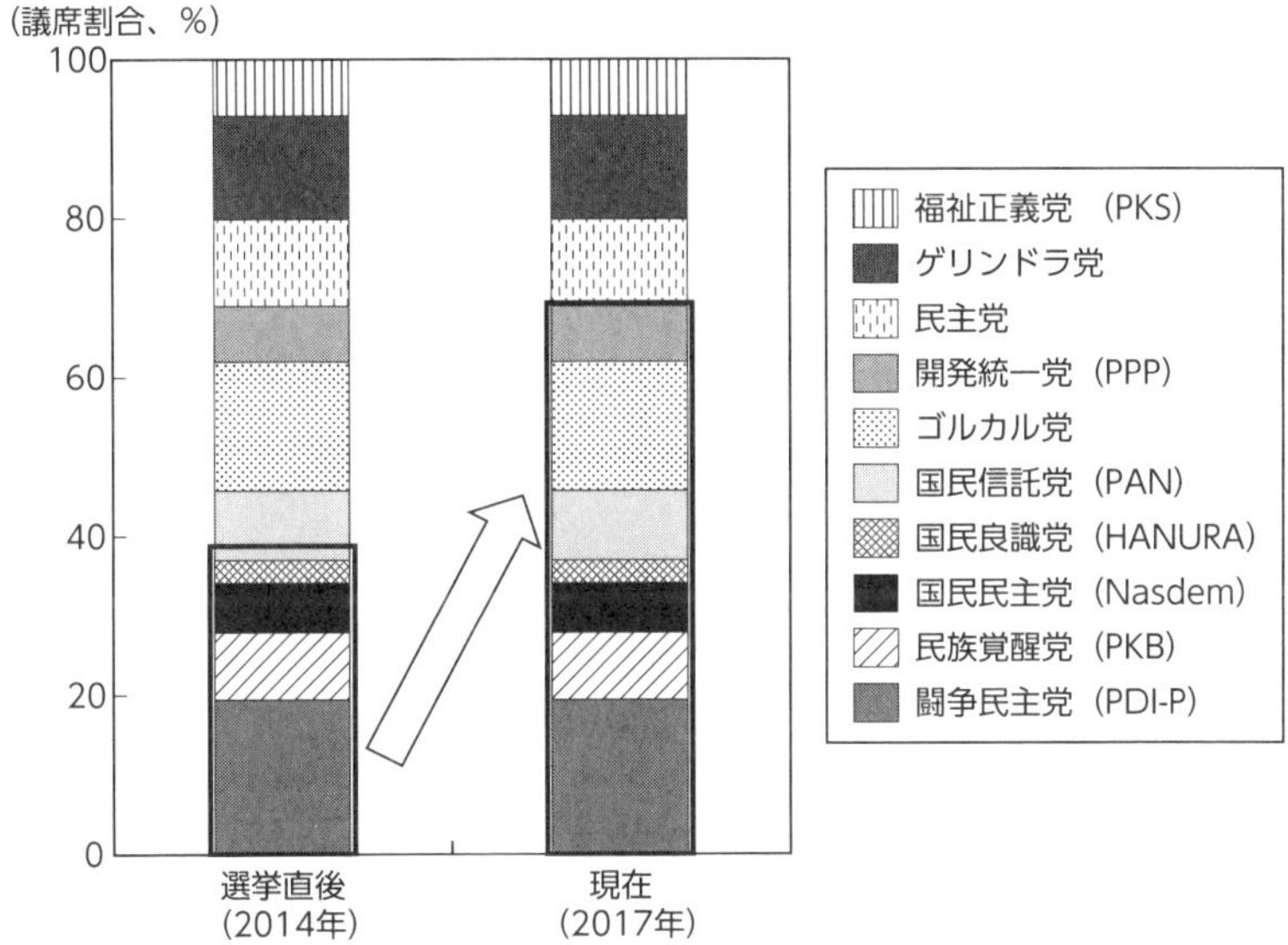

（注）太枠の四角で囲った部分は連立与党。
（資料）各種報道より、みずほ総合研究所作成

テーマ 49

インドネシアの外交
～大国意識を示す歴代政権とジョコの経済外交～

大国意識を示す歴代政権

インドネシアの歴代大統領は、国際社会において大国としての政治的プレゼンスを確立することを基本方針として外交政策を展開してきました。

初代スカルノ大統領（1950～1967年）は、第2次世界大戦後に独立を果たした新興国である第三世界のリーダーとして、インドネシアの都市バンドンで、第1回アジア・アフリカ会議を主催し、第三世界のリーダーの1人として脚光を浴びました。

長期独裁政権を敷いたスハルト大統領（1968～1998年）は、1967年にASEAN創設を主導し、事務局をジャカルタに誘致するなど、ASEANのリーダーとして存在感を高めました。

ユドヨノ前大統領（2004～2014）は、インドネシア史上初の直接大統領選挙で勝利し、世界最大のイスラム教人口を有する民主主義国家として一躍有名になりました。また、2008年には、アジア太平洋地域における民主主義の発展に向け、参加国間で過去の経験等を共有しあう場として、「バリ民主主義フォーラム」を創設しました。さらに、こうしたプレゼンス向上等を背景に、同年には、ASEANで唯一のG20加盟国にもなりました。

ジョコ政権は経済重視

ジョコ現大統領は、外交政策の軸足を政治から経済へと移しました。インドネシアへの投資誘致に軸足を置くジョコ大統領の外交政策は、しばしば「経済外交」、「地に足の着いた外交」とも呼ばれています。具体的には、ジョコ大統領は定期的にオーストラリア、EU諸国などの先進国を歴訪し、インドネシア政府の投資環境改善に向けた取組みやインドネシア経済の魅力を相手国政府や企業にアピールしています。日本には就任以降2度来訪し、西ジャワ州パティンバンの新港湾施設などインフラ整備事業を中心に協力を求めています。また、各国に駐在する大使や外交官にも「ブルスカン」と呼ばれるアポなしの視察を実施し、その国のビジネスの情報を収集したり、インドネシアへの投資を呼びかけたりする役割が期待されるようになっています。

是々非々の対中外交

ジョコ政権は、域外での投資拡大を目論む中国に対しても、インドネシアへの投資を積極的に呼びかけています。こうした外交努力の効果もあり、２０１６年における中国からの対内直接投資額は前年比4倍以上に拡大しました。また、２０１５年には、首都ジャカルタと西ジャワ州バンドン間の約１４０キロを結ぶ高速鉄道整備事業において、中国企業をパートナーに選定しました。

ただし、投資拡大に伴い、いくつかの問題も生じています。たとえば、中国からの直接投資拡大に伴う中国人労働者の急増への反発から、反中感情が高まっており、これを警戒した中国企業が、インドネシアへの投資に二の足を踏む事例も出てきているようです。また、前述の鉄道整備事業が計画どおりに進展しておらず、政府の対中不信も強まっています。

ジョコ政権は、自国領土内での外国人の違法行為に対して歴代政権よりも厳しく対応しています。たとえば、水産資源確保の観点から、スシ海洋水産大臣は、自国の海域で違法操業する外国船籍の漁船を拿捕《だほ》し、一部を爆破処分する措置を取っています。その多くは周辺ＡＳＥＡＮ諸国の漁船ですが、中国船も含まれます。

また、自国の権益保護という観点から、インドネシア政府は、２０１７年7月より、中国が一方的に権益を主張している南シナ海の一部海域を「北ナトゥナ海」と名付け、自国の地図上に明記するなどの措置を講じています。

外交政策を動かす国内問題

最近では、国内でイスラム保守派層の声が大きくなり始めています。２０１７年のジャカルタ州知事選挙において、華人でキリスト教徒の現職候補がコーランを冒瀆《ぼうとく》するような発言を行ったとの疑いがかけられたことをきっかけに、国内のイスラム保守化、反華人感情の拡大といった傾向が強まっています。

ジョコ政権はイスラム教徒に配慮した外交政策を積極的に打ち出していますが、その背景には、こうした保守化の傾向があるのかもしれません。たとえば、２０１７年8月ごろから、ミャンマーの少数派イスラム系住民ロヒンギャに対する弾圧問題が注目を集めましたが、インドネシア政府も、ミャンマー政府にロヒンギャに対する暴力行為をやめるよう呼びかけたり、外務大臣がミャンマーやバングラデシュを歴訪してロヒンギャ保護のための支援を呼びかけたりするなど、異例の積極的な対応をとったりしています。また、弾圧が起こった州の復興や食料等物資の支援等にも迅速かつ積極的に取り組んでいます。

テーマ 50

インドネシアの経済

〜ジョコ改革進展で投資環境は改善〜

景気は緩やかな減速傾向

インドネシアの成長率は２００４年のユドヨノ前政権発足以降に高まり、２００４年から２０１０年までの平均成長率５・６％、２０１０年以降の３年間は連続して前年比６％を超えました。

しかし、２０１３年以降の景気は緩やかな減速傾向をたどり、直近の２０１６年の成長率は前年比５・０％となっています(図表１)。

景気減速の背景①資源価格下落

景気減速の背景には、第1に資源価格の下落があります。インドネシアの輸出の大部分は資源を中心とする1次産品やその加工品ですので、資源価格の下落により、関連輸出や投資が伸び悩み、景気を下押ししました。

経常収支悪化、通貨急落

輸出が大幅に減少したため、経常収支も急速に悪化し、２０１２年には赤字に転落、２０１３年、２０１４年には赤字幅が名目ＧＤＰ対比で３％超にまで膨らみました(図表２)。

インドネシアの経常収支赤字が拡大するなか、２０１３年5月に、米国が量的金融緩和政策を縮小し、世界中にばらまかれたドルが米国に還流し、これにより、経常収支赤字国は外貨不足に陥るとの懸念が強まりました。インドネシアは、ブラジル、インド、トルコ、南アフリカとともに経常収支赤字が大きい5大脆弱国(フラジャイル・ファイブ)とされ、通貨ルピアの対ドルレートは、２０１３年5月から3カ月の間に、13％も急落しました。

景気減速の背景②金融引締め

通貨の急落を受けて、インドネシア中央銀行は、２０１３年6月から２０１４年11月までの間に、２％ポイントの利上げを実施しました。

この金融引締めが、２０１３年以降の景気減速の第2の背景です。金融引締めにより、自動車などの耐久財を中心に個人消費が伸び悩むとともに、設備投資が減少に転じるなど投資も抑制され、内需が減速しました。

一方、景気が減速したことで、経常収

図表1　実質GDP成長率

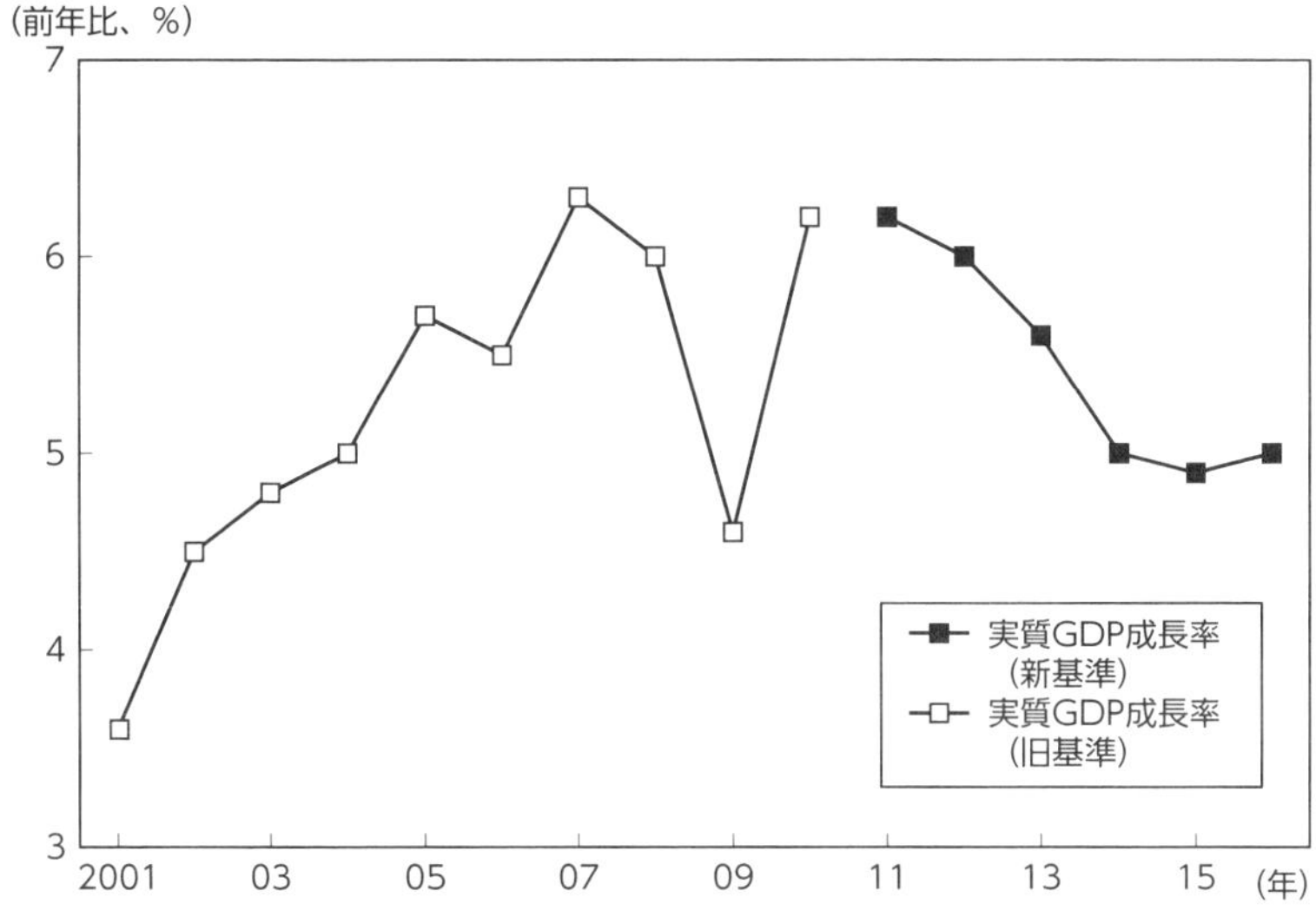

(資料) インドネシア中央統計局資料より、みずほ総合研究所作成

図表2　経常収支

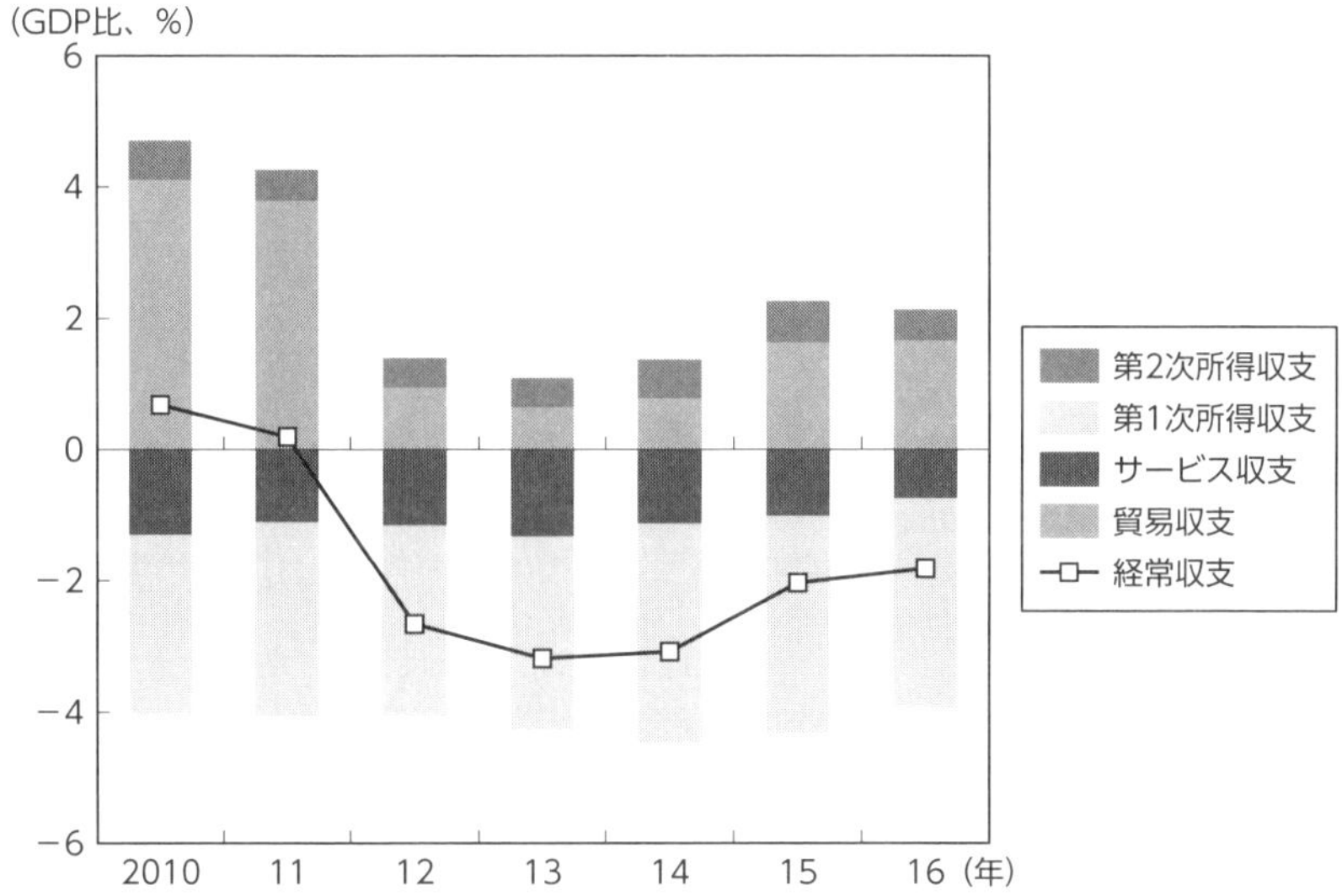

(資料) インドネシア中央統計局、インドネシア中央銀行資料より、みずほ総合研究所作成

支赤字が縮小傾向に転じ、また後述するように、ジョコ政権が投資環境改善の姿勢を徐々に示したことを背景に、2015年秋以降、通貨は下げ止まり、その後上昇に転じています。

ジョコ政権の経済改革

ジョコ政権は、就任以来、財政改革によるインフラ整備の拡大や投資環境の改善に向けた取組みを進めています。

財政面では、就任直後の2015年1月に、燃料補助金を撤廃して政府の歳出抑制に取り組みました。また、2016年に租税恩赦（タックス・アムネスティ）を実施し、高所得層を中心にこれまで当局へ申告されなかった資産や所得が自主的に開示されるようになり、歳入拡大につながりました。ジョコ政権は、無駄な歳出の抑制や歳入拡大により、インフラ整備を進める方針を掲げています。

投資環境の改善という面では、2015年9月以降2017年10月までの間に、16弾にわたる経済政策パッケージを発表しています。経済政策パッケージのなかでは、輸入手続きの一元化、通関に要する日数を短縮するための手続きの簡素化、投資手続きの簡素化・短縮化などを掲げています。

こうしたジョコ政権の取組みを背景に、投資環境への国際的な評価は高まっています。世界銀行が毎年実施するビジネス環境調査をもとに、その評価をみると、インドネシアのランキングは2016年以降に上昇しています（図表3）。

さらに、2017年5月に、3大主要格付け機関の1つのS&Pが、インドネシア国債の格付けを投資適格級に引き上げ、主要機関の格付けが適格級で並びました。この背景には、ジョコ政権の歳出抑制、歳入拡大などの財政改革や、経済政策パッケージなどが好感されたことがあるようです。

人口ボーナスの追い風

インドネシアの人口を年少人口（0〜14歳）、生産年齢人口（15〜64歳）、高齢者人口（65歳以上）に分類すると、2030年ごろまでは、全人口に占める生産年齢人口の比率が上昇する人口ボーナス期が続くと予測されます（図表4）。全人口の内、所得を生み出す労働力は主に生産年齢人口なので、この人口の比率が高まる人口ボーナス期には経済発展に追い風が吹くというメリットがあります。

求められる政策対応

ただし、人口ボーナスのメリットを享受するには、適切な政策を実施することが必要です。具体的には、増加する生産年齢人口を質の高い労働供給につなげるため、教育改革や職業訓練が必要です。また、そうして供給される質の高い労働者への需要を創出するため、インフラや法制度の整備、優遇税制など投資環境の整備を行い、企業活動を活発化させることも必要となります。

前述のとおり、ジョコ政権は、人口ボーナスのメリットを享受するために必要な政策を概ねカバーする措置を打ち出しています。現時点では、まだタイやマレーシアなどの周辺国と比べると投資環境は整っていませんが、ジョコ大統領は徐々に政治的な手腕を発揮して支持率を高め、議会からの支持も取り付けているので、今後は打ち出した政策を次第に実行に移していくと期待されます。

インドネシアは「2025年までの上位中所得国入り」という目標を掲げています。ジョコ大統領が2期目（2019～2024年）も続投する可能性が高まるなか、こうした経済政策が着実に進展することにより、目標の実現は、次第に視野に入ってくることでしょう。

図表3　ビジネス環境調査（総合ランキング）

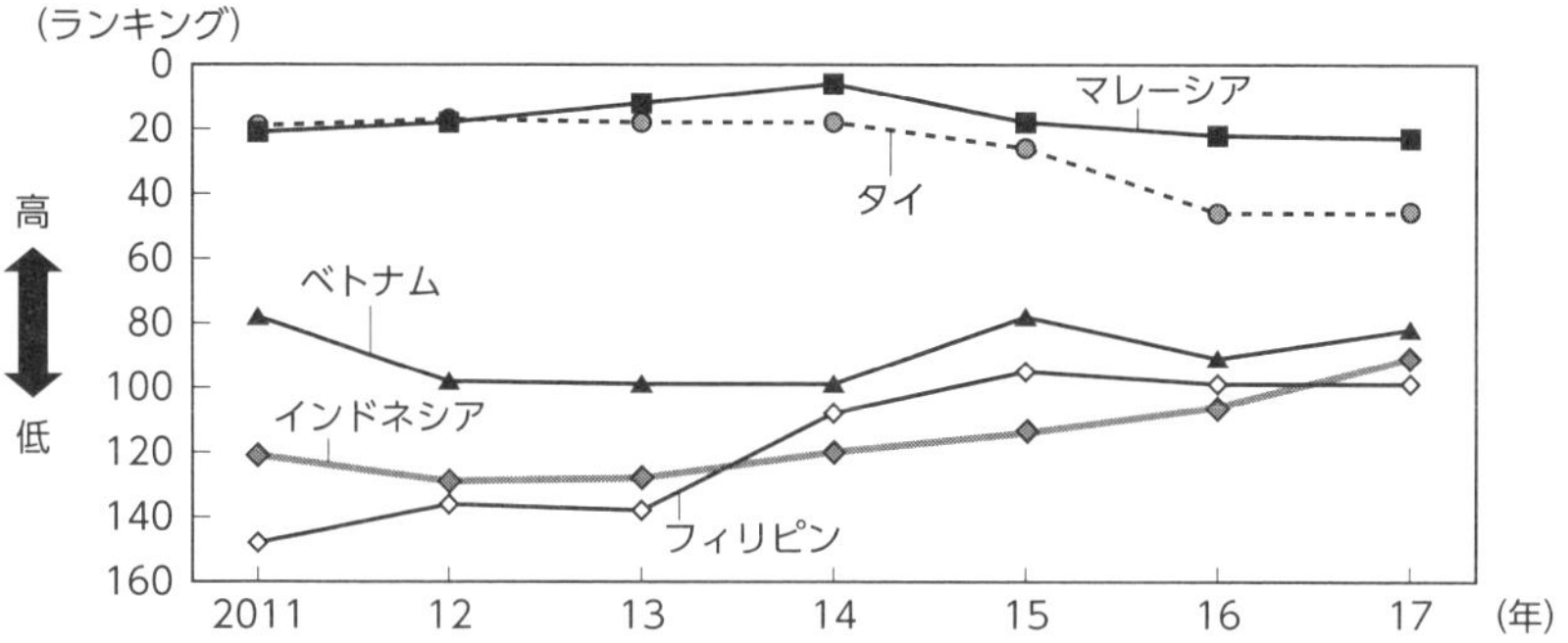

（注）対象となる国や評価項目の詳細は、調査年により異なる。
（資料）世界銀行より、みずほ総合研究所作成

図表4　生産年齢人口比率の変化

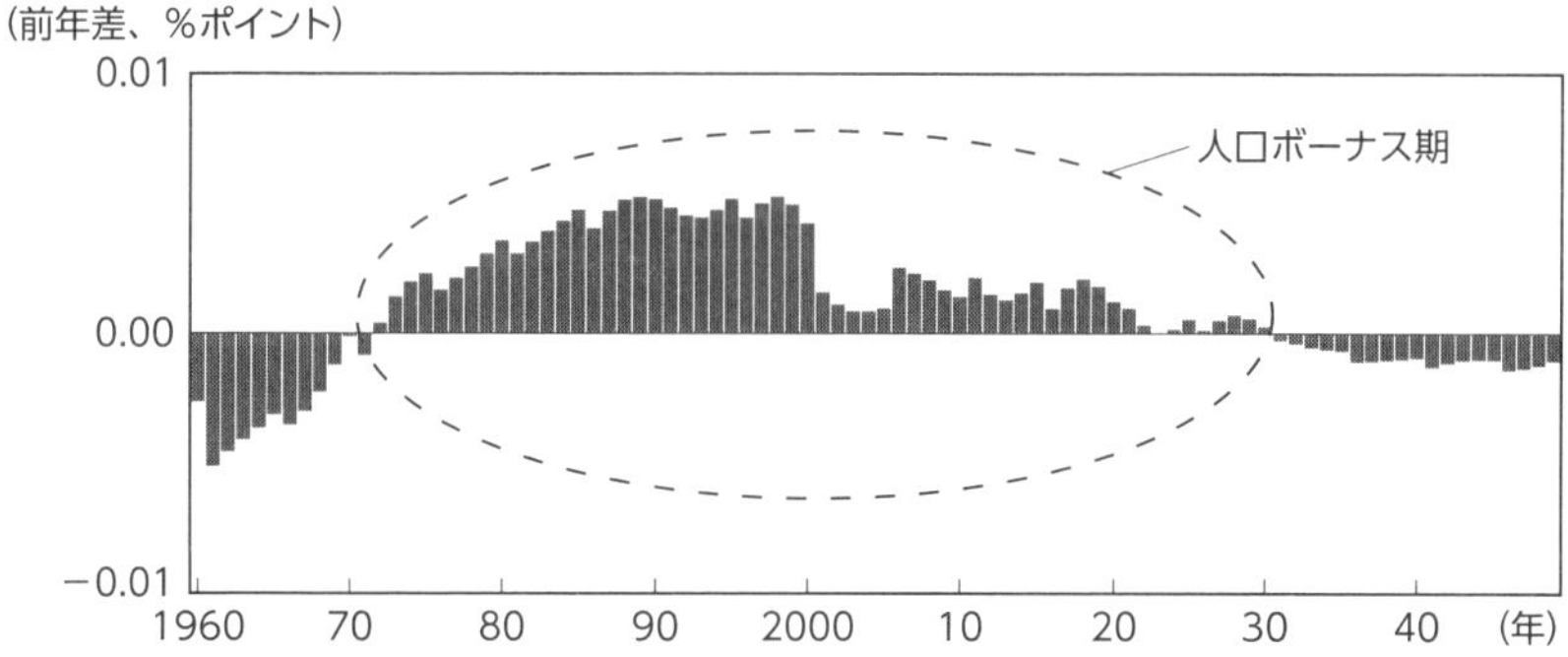

（注）生産年齢人口比率＝生産年齢人口／全人口。
（資料）国連人口部より、みずほ総合研究所作成

テーマ

51 インドネシアの消費市場

～厚みを増す中間層の魅力～

現在は低所得層中心の市場

インドネシアでは、ユドヨノ前政権（2004～2014年）下で世界的な資源需要の拡大を追い風に経済成長が加速したことから、結果的に貧困削減が進んで、貧困層に代わって低所得層の厚みが増しています。具体的には、アジア通貨危機直後の2000年に5割近くを占めていた貧困層の割合は、直近の2014年には1割程度にまで低下し、一方で、低所得層の割合は、2000年の50％程度から、2014年には80％程度にまで拡大しました（図表1）。

さらに、近年では中所得層以上の階層の割合も徐々に高まっています。ただし、この状況には都市と地方で差がみられます。たとえば都市の中所得層以上の割合は15％程度と全国平均より高いのですが、地方では5％未満にすぎません。

特徴的な白物家電市場

人口の8割程度が低所得層の市場であり、上下水道や電力などのインフラが整っていないという事情も加わり、普及する白物家電にはインドネシア特有の傾向がみられます。

たとえば、日系家電メーカーが比較的高いシェアを保持する洗濯機は、価格の低廉な二槽式が主流です。また、上水道が発達しておらず水質が悪いため、浄水機能を搭載したモデルも人気です。

また、冷蔵庫は、所得水準が低いためタイやマレーシアで普及しているような2ドアではなく、相対的に安価な1ドアのものが多くなっているようです。頻繁な停電に対応するため、蓄冷機能を備えた冷蔵庫の人気も高いようです。

徐々に厚みを増す中所得層

他国の経験を踏まえると、1人当たりGDPの上昇に伴い、中所得層以上の人口割合が上昇する傾向があります。2014年からのジョコ政権が投資環境を改善する経済改革に取り組むなか、インドネシアは5％程度の安定した経済成長を遂げており、中所得層以上の人口割合は上昇を続けていると考えられます。

またジョコ大統領は、中部ジャワ州のソロ市で2005～2012年に市長を務めた経緯もあり、地方への対内直接投

図表1　所得階層別人口割合の推移

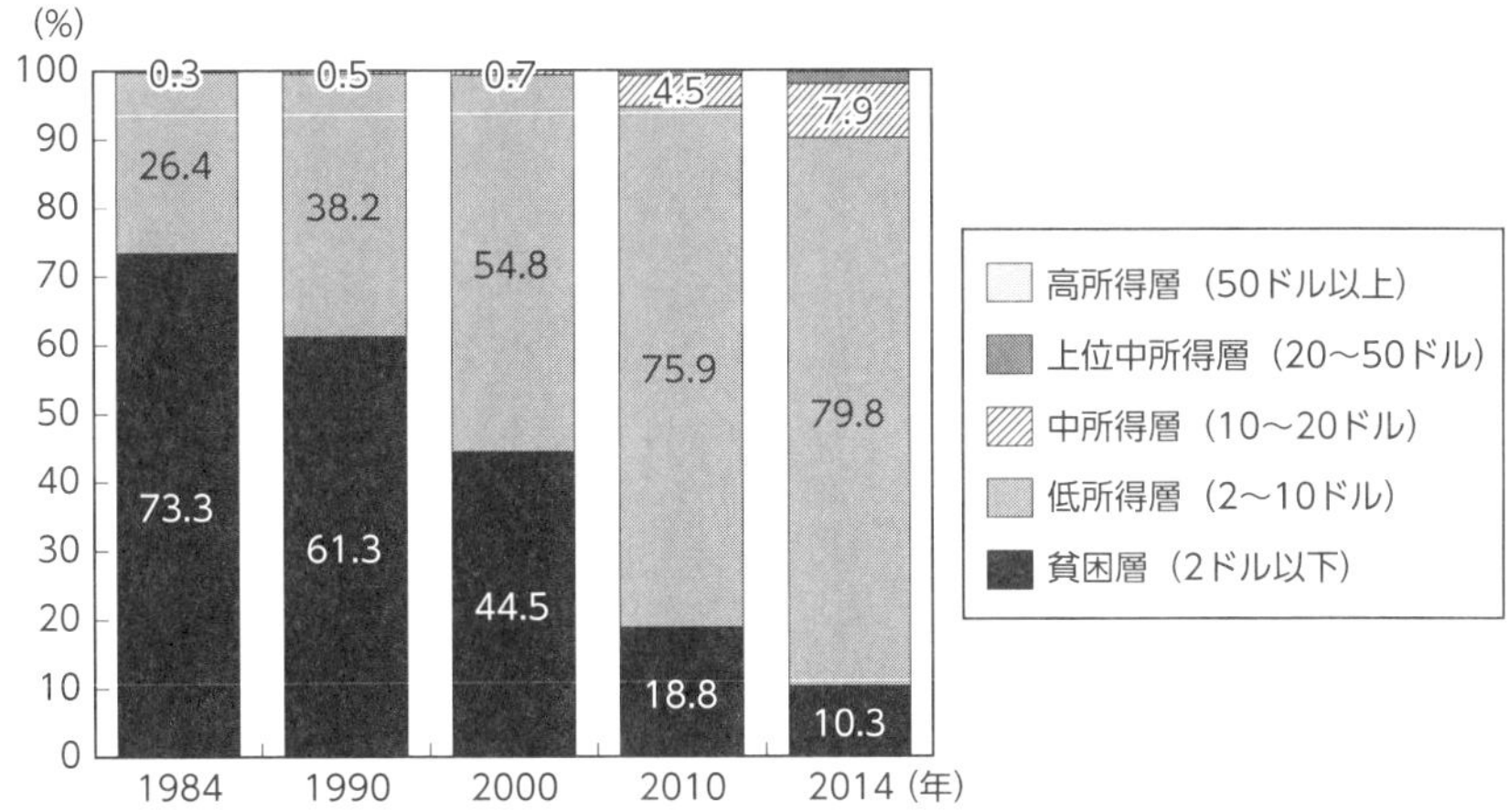

（注）1. 1人当たり消費額／日のデータを用いて、所得階層を貧困層、低所得層、中所得層、上位中所得層、高所得層に分類。
2. 所得階層の分類方法はPew Research Center "A Global Middle Class is More Promise than Reality" に基づく。
3. ドルは2011購買力平価（PPP）ベース。
（資料）World Bank PovcalNetより、みずほ総合研究所作成

図表2　消費階層別の支出割合の差

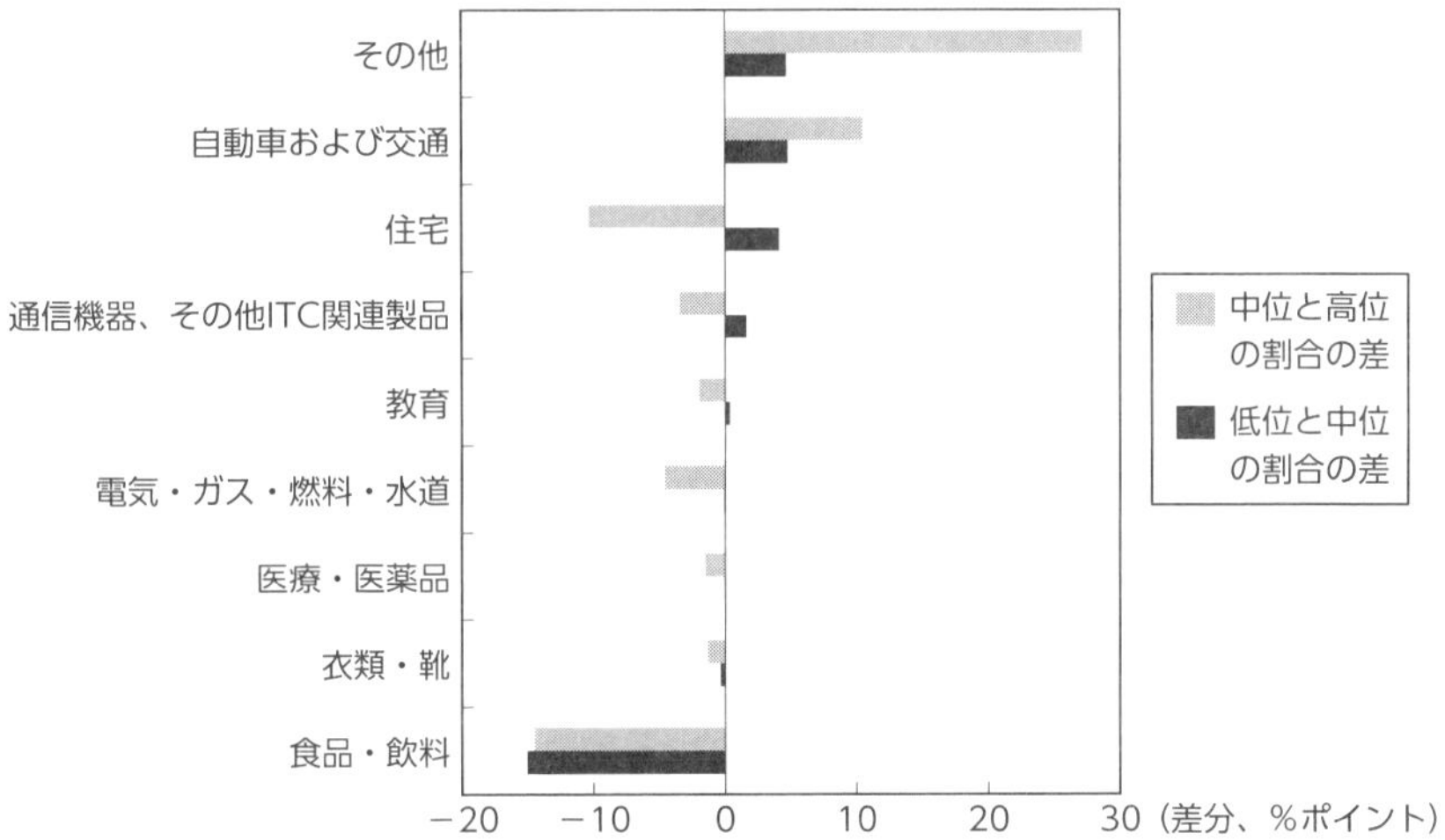

（注）1. 低位は1人当たり所得／日が2.97～8.44ドル、中位は同8.44～23.03ドル、高位は23.03ドル以上。
2. ドルは2011購買力平価（PPP）ベース。
（資料）World Bank Global Consumption Databaseより、みずほ総合研究所作成

資を誘致したり、地方政府へのインフラ整備費の配分を高めたりするなど、地方の開発・発展に対して積極的な姿勢を打ち出しています。こうしたことから、今後、地方の消費市場が拡大することも期待されます。

耐久財の普及加速に期待

中所得層以上の人口割合が拡大していくなかで、今後は耐久財の普及が加速されると見込まれます。１人１日当たりの所得額をもとに、消費階層を①最下層、②低位、③中位、④高位の４つに分類して消費支出の内訳をみると、低位に比べて中位では、食品・飲料などの必需品への支出割合が低下し、自動車や情報通信関連製品などの耐久財や住宅などへの支出割合が高まります（図表２）。

さらに、中位に比べて高位では、再び食品・飲料への支出割合が大きく低下するとともに、衣類や靴など半耐久財への支出割合も低下します。一方で、自動車への支出割合が高まる傾向があります。なお、他のＡＳＥＡＮ諸国では、高位の所得階層で住宅への支出割合が高まる傾向があるのですが、インドネシアでは高位の所得階層で住宅への支出割合が低下しています。低所得者向け住宅の普及に政府が注力してきたことから、比較的所得水準が低い段階で入手できる住宅が多いのかもしれません。

モータリゼーションの到来

国際自動車工業連合会によると、インドネシアにおける２０１５年の自動車普及率（１０００人当たり乗用車および商用車保有台数）は87台で、マレーシアの４３９台、タイの２２８台と比べて低水準にとどまっています。逆にいえば、市場拡大余地は大きい、といえます。

一般的に、自動車が爆発的に普及するモータリゼーションの到来は１人当たり名目ＧＤＰが３０００ドル前後に達する頃からとされています。インドネシアの１人当たり名目ＧＤＰは、２０１６年に約３６００ドルなので、モータリゼーションが始まって間もない状況といえるでしょう。

インフラ整備が市場拡大の要

２０１６年の自動車販売台数は約１００万台で、圧倒的な人口規模を背景に２０１４年にタイを上回りＡＳＥＡＮ最大となりました。今後はモータリゼーションの本格化に伴い、１人当たり普及台数が上昇し、市場拡大が加速すると期待されます。

ただし、自動車市場の拡大に伴って慢性的な交通渋滞が発生しており、これが自動車購買意欲の悪化にもつながっていると思われ、足元で自動車の販売台数は伸び悩んでいます（図表３）。ジョコ政権は、首都ジャカルタの地下鉄整備や地方のインフラ整備拡大などに取り組んでおり（テーマ50）、こうした動きが渋滞解消につながれば、再び自動車の販売台数も拡大に転じると期待されます。

渋滞が生み出す新たな商機

慢性的な渋滞は、新しい消費形態の発展にもつながっています。たとえば、渋滞のなかをすり抜けて目的地まで行けるバイクタクシーについては、ゴジェック、グラブ、ウーバーなど様々な企業が展開しています。特にゴジェックは、乗客を輸送するサービスだけでなく、買い物の代行やレストランからの料理宅配など、多様なサービスをドライバーが提供します。そして、代行や宅配の注文や支払いは、スマートフォンを経由して行われます。渋滞に巻き込まれず、手軽に買い物や食事を楽しめるため、ゴジェックはインドネシアの日常生活に密接に結びついています。

図表3　自動車販売台数の推移

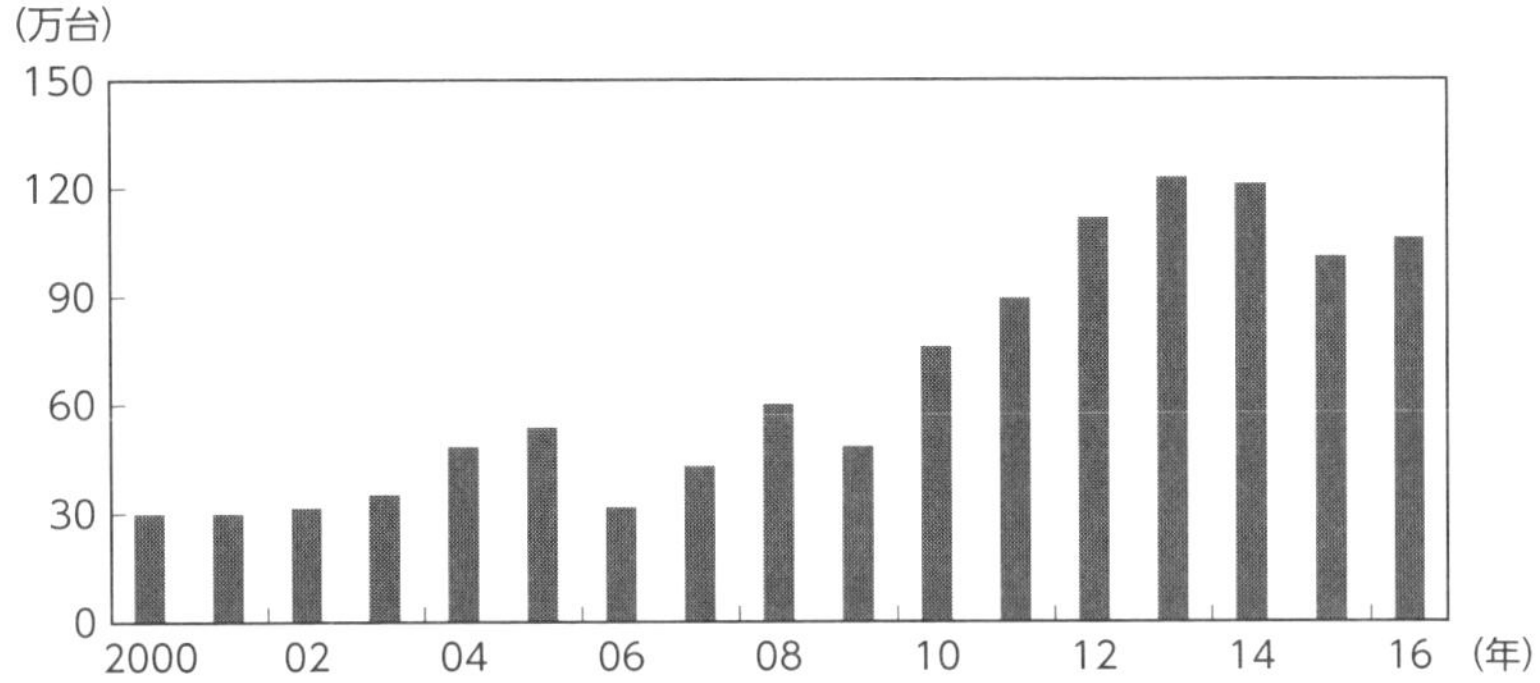

（資料）インドネシア自動車工業会（ガイキンド）より、みずほ総合研究所作成

ゴジェックバイクタクシー
みずほ総合研究所撮影（2016年12月）

二槽式洗濯機
みずほ総合研究所撮影（2016年12月）

テーマ

52 インドネシアの有望分野・進出事例

～巨大消費市場を狙って大混戦～

日系小売の進出が相次ぐ

消費市場拡大への期待が大きいインドネシアでは、日系小売企業の進出が相次いでいます。大型デパートやモールの分野では地場コングロマリットの存在感が大きいのですが、イオンモールが２０１５年に１店舗目を開店しており、２０１７年には２店舗目を展開しています。

大型商業施設のなかには、日系の専門小売店が多く進出しています。たとえば、カジュアル衣料品を販売するユニクロは２０１７年９月末で14店舗、無印良品は１６店舗を展開しています。このほか、１００円ショップで有名なダイソーもインドネシアに進出しており、２万５０００ルピアショップを展開しています。

日本食の人気は高い

また、日本食の人気も高く、日系外食企業も多数進出しています。たとえば、丸亀製麺の店舗は２０１７年10月時点で38店舗あり、インドネシアより経済の発展段階が上位であるタイの31店舗を上回ります。豚肉を食べないイスラム教徒に配慮し、鶏肉だんごや甘辛く味付けした牛肉などを主力のトッピングとして打ち出して現地の好みに合わせたメニューをそろえています。また牛丼の吉野家も、２０１７年９月時点で66店舗展開しており、ＡＳＥＡＮに展開している１２０店舗中の半数以上がインドネシアにあります。

コンテンツ産業の進出も進む

日系企業の活躍は小売や外食の分野に限らず、コンテンツ産業の進出の動きも出ています。スタジオジブリは、２０１７年４月から、インドネシアでジブリの22作品の公開を始めたことに合わせて、同年８月に作品に関連する模型や原画などを展示する世界最大規模のジブリ展を実施して活況を呈しました。

マーケティングで攻勢

日系企業のインドネシアへの海外展開を支援すると同時に、日本へのインバウンド需要を取り込むことを目的として、２０１４年に日本通運がインドネシアで「Ｆｕｎ！ Ｊａｐａｎ」という情報サービスサイトをスタートしました。これをもとに、２０１６年８月にはＪＴＢと三越伊勢丹ホールディングスも加わって、アジア向けにデジタルマーケティングを展開する合弁会社「Ｆｕｎ Ｊａｐａｎ Ｃｏｍｍｕｎｉｃａｔｉｏｎｓ」を立ち上げ、インドネシアで始めた取組みを、マレーシア、タイ等でも展開しています。

拡大するEコマース分野

このようにインドネシアの消費市場に対する関心が集まるなか、２０２０年までに東南アジア地域のデジタル先進国になるという目標を掲げているインドネシア政府は、ＩＴを活用して消費市場の深化・近代化を図ろうとしています。具体的にはＥコマースによる年間取引総額を１３００億ドル、デジタル分野での起業社数を１０００社とする目標を掲げています。外資の参入で市場を活性化するため、インドネシア政府は、２０１６年５月に、現地の中小零細企業または協同組合とのパートナーシップを条件に、通信販売やインターネット販売分野に外資が１００％の出資で進出することを許可すると発表しました。

市場拡大を見越して競争激化

巨大市場の拡大余地に注目するのは日系企業だけではなく、中国や香港、韓国など他のアジア諸国の企業もインドネシアの消費市場に参入しています。また、強力な商品調達力や物流ネットワーク網を有する地場のコングロマリットも、コンビニなどの近代的な小売業やＥコマースなど新しい分野に乗り出しています。

他のアジア諸国の地場企業も参戦して競争が激化するなかで、インドネシアから撤退する小売企業やＥコマース関連企業などの事例も散見されます。競争が加速する現地で成功するには、競争環境に関する情報収集を十分に行い、参入機会を慎重に見極める必要があるでしょう。

行列ができる丸亀製麺
みずほ総合研究所撮影（2016年12月）

勤務先など最寄りのロッカーで荷物を受け取ることにより、渋滞による配達遅延の影響を受けない
みずほ総合研究所撮影（2017年7月）

テーマ53

インドネシアの経済リスク

～改革の後退、資本流出への脆弱性、災害の頻発～

改革の停滞・後退のリスク

ジョコ政権は2015年9月以降、投資環境改善を目的とする一連の経済政策パッケージを打ち出していますが、今後2019年4月に予定される選挙を前に、国民におもねるようなポピュリズム的政策姿勢に転じるリスクはあるでしょう。

具体的には、第1に、保護主義的・資源ナショナリズム的な政策実施の可能性があります。たとえばユドヨノ前大統領は、政権終盤の支持率低下に伴い、零細小売業を保護するためのコンビニエンスストア営業制限や、資源輸出規制などの政策を採用しました。同様の政策がとられれば、外資の参入や事業継続の障害となる恐れがあります。

第2に、ばらまき的な政策実施の可能性があります。貧困層に配布している条件付き現金給付の拡大や、2015年に撤廃した燃料補助金を復活させる展開も考えられます。

このほか、大幅な利下げにより、景気が過度に刺激されるリスクがあります。ジョコ大統領は2014年の就任当初は前年比7％成長を目標としていたので、金融緩和により再び高成長を目指す方向に舵をきる可能性もあるでしょう。

金融緩和やばらまき政策は内需を刺激して輸入を膨らませるため、安定してきた経常収支赤字が再び拡大して通貨の急落を招くことが懸念されます。また財政の悪化につながり、インフラ整備の進捗が遅れるリスクもあります。

資本流出への脆弱性

経常収支赤字国であるインドネシアは、赤字をファイナンスするために外国資本を取り入れる必要があります。足元では、より高い利回りを求めて、先進国からインドネシアをはじめとする新興国に資本が流入しており、この結果、直接投資のような長期性の安定資金よりも、流出しやすい証券投資資金への依存度が高まっています(図表1)。特にインドネシア国債は、外国人投資家の保有比率が4割にも達しています(図表2)。

今後は先進国が金融緩和策の出口戦略として引締めを進めると想定され、新興国から先進国へ資本が逆流する可能性があります。このようなときに、資本流出に脆弱な資金調達構造を持つインドネシアが、前述した金融緩和やばらまき政策で経常収支の赤字をさらに拡大させれば、ルピアの急落や国債価格の急落（金利の急上昇）に見舞われ、景気が悪化するリスクに注意が必要です。

頻発する地震・火山の噴火

インドネシアは環太平洋火山帯に位置し、火山の噴火、地震、津波などのリスクにさらされています。特に地震については、死者数が28万人以上にのぼった2004年のスマトラ島沖地震が大きくニュースに取り上げられましたが、それ以外にもほぼ2～3年に1度のペースで、スマトラ島やジャワ島を中心に大規模な地震に見舞われています。また地震以外にも、しばしば火山が噴火しており、住民が避難を余儀なくされ、農作物の生産低下により経済に大きな影響が出たりします。

図表1　金融収支

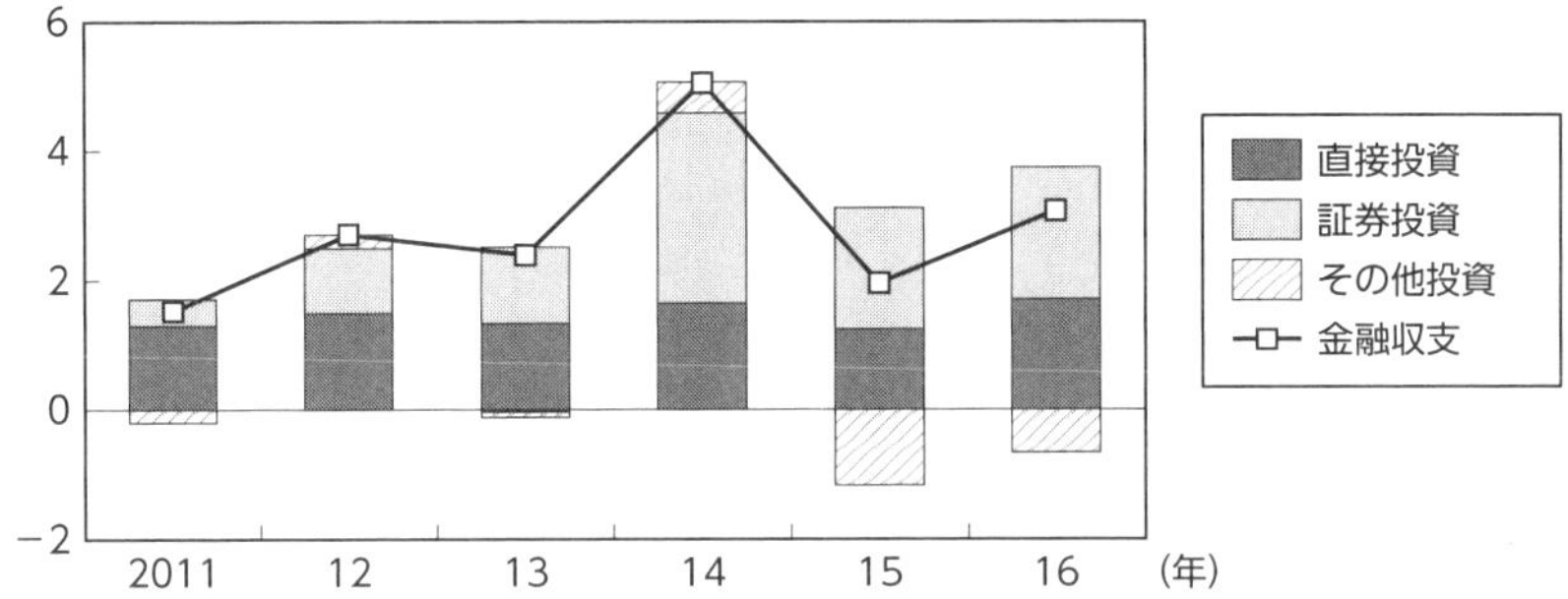

（資料）インドネシア中央統計局、インドネシア中央銀行より、みずほ総合研究所作成

図表2　インドネシア国債の所有者別割合（2016年）

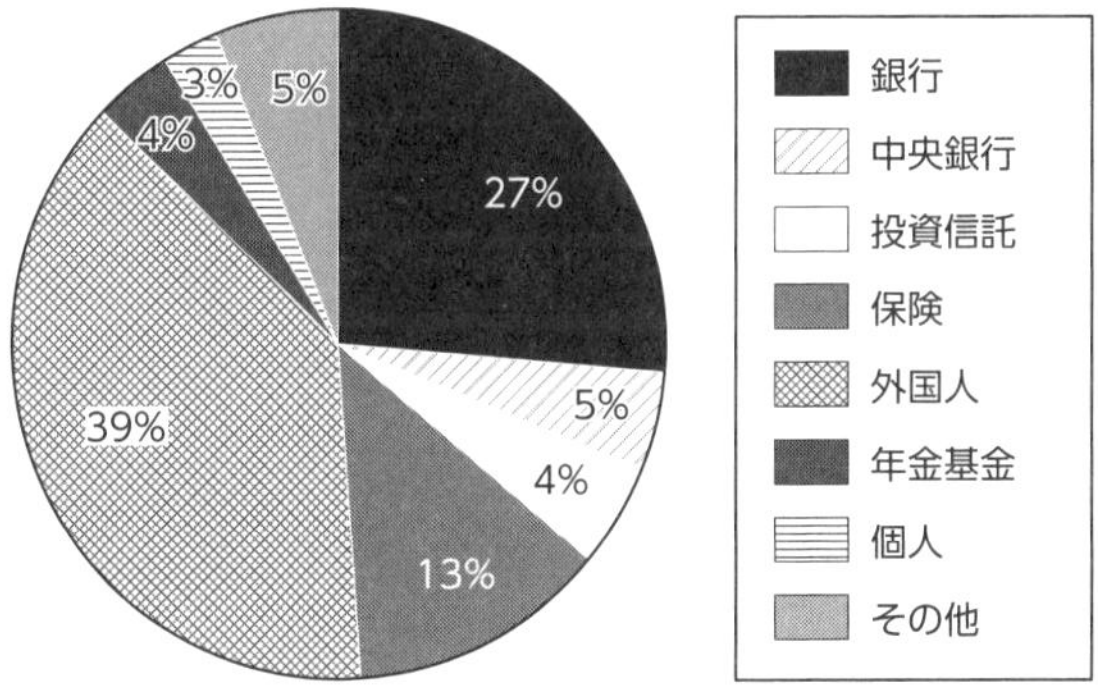

（資料）インドネシア中央銀行より、みずほ総合研究所作成

テーマ
54
インドネシアの政治・治安リスク
～ジョコ政権の内憂外患～

危険度は比較的高い

外務省が発表する「海外安全情報」によると、インドネシアの一部地域を除くほぼ全域が、渡航や滞在にあたって特別な注意が必要とされるレベル１（危険度が上昇するほど数字が上昇）とされています。また、分離独立や州の分割問題を抱えるパプア州の一部地域、イスラム過激派の活動拠点がある西スラウェシ州ポソは、不要不急の渡航が奨励されないレベル2とされています。

外務省は、ベトナム、タイ、マレーシア、シンガポールについては、一部地域を除いて危険度合いを設定していないことから、インドネシアはフィリピンと並んでＡＳＥＡＮ主要国のなかでは、比較的治安の悪い国だといえます。ジャカルタでは、追いはぎや引ったくりにあうリスクがあるため、歩道をスーツ姿で歩く人をみかけることはごくまれです。

盤石ではない政治基盤

連立与党は議会で過半数以上を占めていますが、ジョコ大統領の所属する闘争民主党（ＰＤＩ－Ｐ）の議席は2割しかありません。また、前与党の民主党はユドヨノ前大統領によって作られた政党であるのと対照的に、ジョコ大統領はＰＤＩ－Ｐの幹部ですらなく、同党内ではメガワティ元大統領が党首として絶大な影響力を発揮しています。このため、ジョコ大統領が政策を遂行するには、ＰＤＩ－Ｐ内部での調整や、連立政党との調整が必要となります。

ジョコ大統領は、政策遂行にあたって、与党内部や連立与党との内部調整が必要なだけでなく、野党との対立にも向き合わなくてはなりません。２０１７年4月に実施されたジャカルタ州知事選挙をめぐって、政権与党と野党との対立が先鋭化しているからです。

政権与党側は、現職知事であったバスキ候補を擁立しました。選挙運動中、華人でキリスト教徒のバスキ候補がコーランを冒瀆《ぼうとく》するような発言を行ったとの疑いがかけられたことをきっかけに、首都ジャカルタを中心として反バスキのデモが相次ぎ（図表1）、バスキ支持者に対する嫌がらせも横行しました。

バスキ候補への批判が高まったことに

乗じて、野党側が擁立したアニス候補は、自身が敬虔なイスラム教徒であることや急進派イスラム組織との関係が深いことをアピールし、ジャカルタ州知事に当選しました。以来、与党と野党との対立は、宗教対立も絡んで激化しています。

急進派イスラムの活発化

政治だけでなく宗教対立も刺激したジャカルタ州知事選後、急進派イスラムの活動が拡大しています。たとえば、急進派イスラムの団体であり、前述の反バスキ・デモを首謀したといわれるイスラム防衛戦線（FPI）が、不道徳でイスラムの文化に合わないとして、バーやナイトクラブの閉鎖を求めています。ジョコ大統領は、多様性を容認するパンチャシラの国是に反するグループの存立は認めないとする大統領令を発出するなど、急進派の動きを抑制するための対策を進めています。これに対し、急進派は政権の動きは特定の思想団体を取り締まるものであり、民主主義に反するとして反発を強め、政府との溝は広がっています。

テロのリスク

2000年代に外国人が大勢集まるバリ島で大規模爆破事件を起こして多数の死者を出すなど、オーストラリア大使館爆破事件に関与したとされる過激派組織ジェマー・イスラミヤは、2010年代にはテロ活動を実施していません。一方、イスラム国（IS）関連のテロ事件やテロ未遂・摘発事件は頻発しています。2016年1月には、首都ジャカルタ中心部で銃撃・自爆テロが発生し、4人が死亡し、この事件発生後にISは事件への関与を示唆する声明を発表しました。中東地域でISは急速に衰退していますが、戦闘員として中東にわたりISに参加した多数のインドネシア人が、帰国してテロリスト化する恐れはあります。

図表1　2017年のジャカルタ州知事選をめぐって実施された主な反バスキ・デモ

実施日	概要
2016年10月14日	・規模は約5000人
2016年11月4日	・規模は約5万～10万人 ・一部デモ参加者が暴徒化し約350人が負傷、1人死亡 ・ジョコ大統領は通常の政務を行いデモを静観する姿勢
2016年12月2日	・規模は20万人以上 ・ジョコ大統領がデモの中心で演説を行い、演説の最後にデモ参加者に帰宅を促す ・暴動は起こらず
2017年2月11日	・規模は10万人以上 ・投票前のため街頭デモ活動が警察により禁止されたことから、モスクでの集会を実施 ・ジャーナリストが一部デモ参加者に暴行を受ける
2017年3月31日	・規模は1万～2万人

（資料）現地報道より、みずほ総合研究所作成

COLUMN ⑦

顕在化しつつある、インドネシアのコールドチェーン需要

○ASEAN域内最大の消費市場へ

コールドチェーンとは、生鮮食品や加工食品を産地から消費地まで一貫して冷蔵・冷凍の状態を保ったまま流通させる仕組みを指します。ASEANのコールドチェーンは多くの国で整備途上の段階ですが、経済発展に伴う所得水準の向上を背景に、温度管理の必要な製品（たとえば、乳製品、アイスクリーム、冷蔵・冷凍加工食品）の消費量が急増しており、2015年にはASEAN全体で（2010年比）1.6倍に増加しています。こうした製品の消費量は、2020年にはさらに（2015年比で）1.5倍の増加が見込まれ、特にインドネシアは域内最大の消費市場へと成長すると期待されています。

○コールドチェーン需要の顕在化

2017年4月、インドネシアコールドチェーン協会の話によると、インドネシアでは現在、最終消費地までの輸送で65%の食品ロスが発生しています。実際、ジャカルタ市内のスーパーでは、すでに大部分の葉が剥かれた状態のキャベツが販売されており、食品ロス率の高さがうかがえました（写真参照）。食品ロスの改善は、インドネシア政府でも食の安全性向上の観点から、対策が急務と認識されています。2016年には外資規制が緩和され、冷蔵冷凍倉庫業に関しては、外資企業の100%独資での参入が可能となりました。インドネシアでは、国内へコールドチェーンの導入を図るため、外資企業からの投資が求められています。

○外資企業にとって参入機会あり

インドネシアのコールドチェーンは、現地メーカーやその物流子会社がインハウスで対応している場合がほとんどです。島嶼国インドネシアでは全国的なコールドチェーン物流網を持つ企業は数少なく、一定地域の範囲内で事業を営む企業が多いと思われます。しかし最近では、コールドチェーン需要の高まりから、大規模な冷蔵冷凍倉庫や多くの温度管理車両を保有する地場企業の出現もみられます。規制緩和による外資企業の参入が進めば、現地の競争環境は将来的に厳しくなると想定されます。外資企業にとっては、需要が顕在化しつつあり今後成長が大きく見込めるインドネシアのコールドチェーンへの参入検討を早期に進めることが有効となるでしょう。

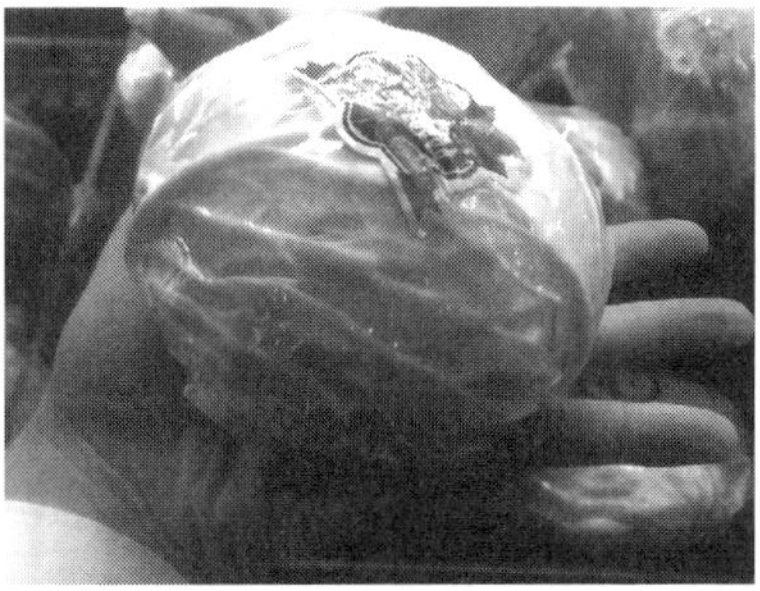

手のひらサイズまで剥かれたキャベツ
みずほ銀行撮影（2017年4月）

第8章 マレーシアを理解しよう
～ASEANの２番手を走る中規模国家～

テーマ 55

マレーシアの特徴

～豊富な資源がある、多様性に富んだ国～

資源に恵まれた豊かな国

マレーシアは、主要な国土としてマレー半島南部とボルネオ島北部から構成されており、長大な海岸線を有する海洋国家です。面積は約33万平方キロメートルで、本州、北海道、四国の合計とほぼ同じです。場所は赤道の少し北に位置し、1年中高温多湿です。インドネシア、ブルネイ、タイと陸上で国境を接しているほか、海を挟んでシンガポール、フィリピンとも隣接しています。

マレーシアの最大の特徴は、様々な資源に恵まれている点にあります。主な鉱物資源は、原油、スズ、金、鉄鉱石、ボーキサイト、石炭、原油、天然ガスです。また、気候が熱帯植物の生育に適しているため、農業も盛んです。たとえば、パームオイルの輸出量は世界屈指です。このほかに、天然ゴム、サトウキビ、ココナツなどが生産されています。現在においても、これらの資源や農産物は、主要な輸出品目になっています。

観光資源にも恵まれており、コタキナバル、ランカウイ島といった世界的に有名なビーチリゾートがあります。さらに、マレー半島では、マラッカ海峡の歴史都市群（ジョージタウンとマラッカ）、レンゴン渓谷の考古遺跡、ボルネオ島北部では、東南アジア最高峰を擁するキナバル公園、多種にわたる動植物が生息するグヌン・ムル国立公園が、世界遺産に指定されています。

輸出志向型の工業化が進展

１９８０年代中頃からは、輸出志向型の工業化が急速に進展しました。輸出加工区の設置や税制優遇とともに、輸出企業に対して外資１００％の企業設立を認めるなどの規制緩和を行ったためです。１９８５年のプラザ合意後の円高進展も、日本の輸出企業によるマレーシア進出に拍車をかけました。

とりわけエレクトロニクス産業の発展が目覚ましく、現在においても主要な輸出品目になっています。また、国内資源を生かした石油製品、石油化学製品、ゴム製品などの輸出も盛んです。

人口動態の追い風は弱まる

これまで、人口動態はマレーシア経済

人口：3163万人（2016年）
面積：33万km²
首都：クアラルンプール
名目GDP：2965億ドル（2016年）
1人当たりGDP：9374ドル（2016年）
産業構成：（名目GDP比、2016年）
第1次産業：　8.8%
第2次産業：38.9%
第3次産業：52.4%

政体：立憲君主制
元首：ムハマド5世第15代国王
（2017年12月末時点）
言語：マレー語、英語
民族：マレー系（中国系、インド系を除く他民族含む）67%、中国系25%、インド系7%
宗教：イスラム教61%、仏教20%、キリスト教9%、ヒンズー教6%
会計年度：1月～12月

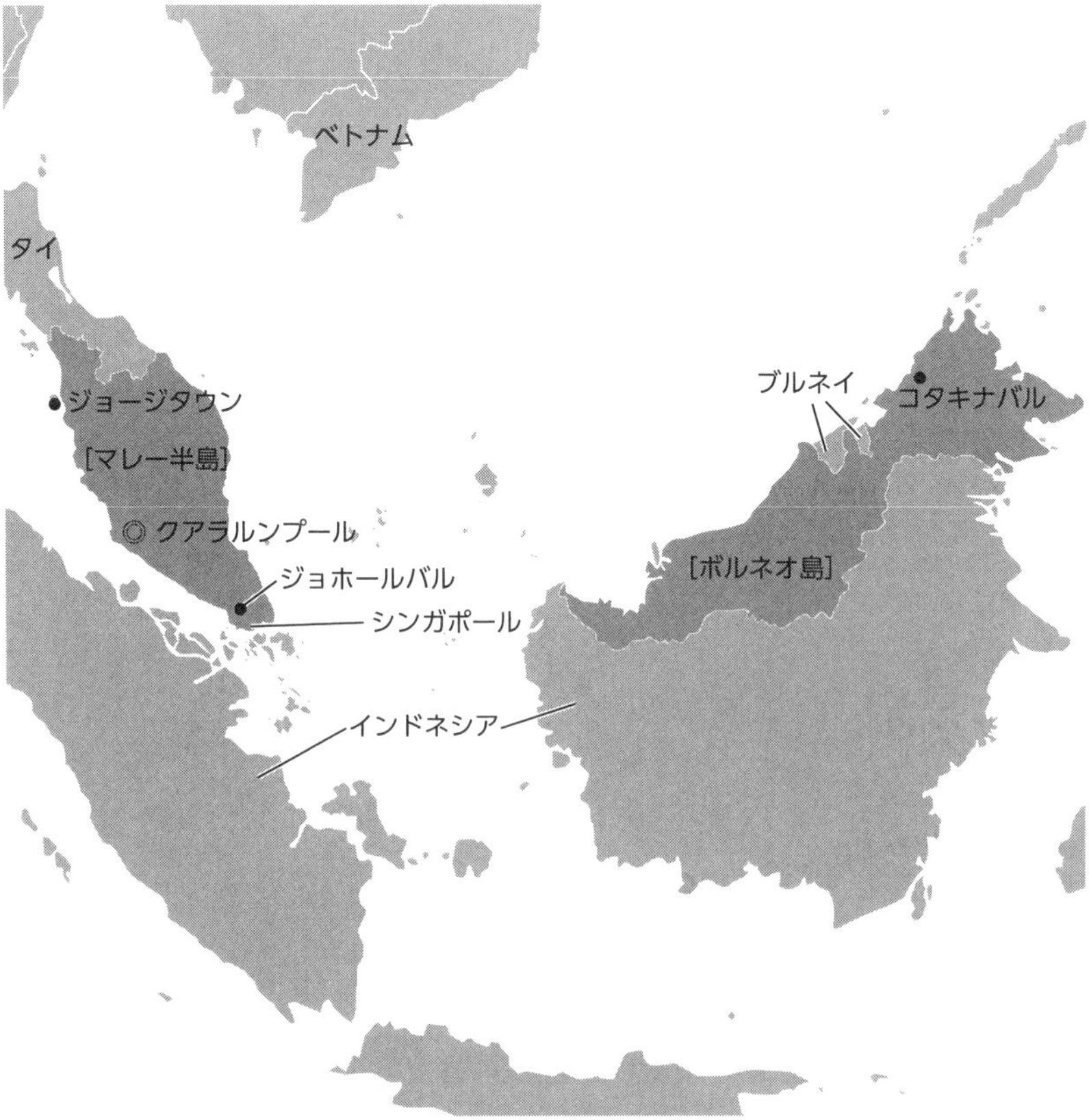

（資料）マレーシア統計局、外務省ウェブサイトなどより、みずほ総合研究所作成

にとり、追い風でした。生産年齢人口（15～64歳）増加率は、1990年代には3％以上にも達していました。2000年代以降、同増加率は緩やかに低下していますが、2016年においても1・7％という高い水準です。

ただし、生産年齢人口が全人口に占める比率は、2020年以降に低下に転じる見通しです。働かない人の割合が徐々に高くなることを意味し、国民1人当たりの所得が伸び悩む要因になります。このため、人口動態の追い風は、ゆっくりと弱まることになるでしょう。

多様な民族・宗教が混在

マレーシアの人口は、ASEANのなかで、少ない方から順にブルネイ、シンガポール、ラオス、カンボジアに次ぐ約3200万人です。民族はマレー系が約3分の2を占め、中国系が25％、残りがインド系となっています。マレー系が多数派ですが、経済界では中国系が重要な地位を占めています。

言語はマレー語が公用語です。マレー語はアルファベットを用いますが、発音は英語と異なり、ローマ字読みに近いです。ただし、英国の植民地であった経緯もあり、ほとんどの地域で英語が通じます。多民族が存在するため、異なる民族間のコミュニケーションに用いられる実質的な共通語は英語です。

宗教的特徴をみると、マレー系住民の多くがイスラム教徒です。イスラム教は、憲法で国教に定められています。中国系は仏教徒が、インド系はヒンズー教徒が中心です。このほか、キリスト教徒も比較的多くなっています。

多様な宗教構成を背景に、年に何度も祭りが開かれます。具体的には、イスラム教徒の断食（ラマダン）明けの祭、中国系の春節（旧正月）、ヒンズー教徒の新年であるディーパバリや、同教の祭りであるタイプーサムなどです。

なかでも、タイプーサムは奇祭として名高く、これを見るために世界中から観光客が訪れています。苦行に耐えることで神への信仰心を表す祭りで、ヒンズー教徒が体や頬などに長い串を刺し、寺院に参拝します。その過激さから、本国のインドでは禁止されているほどです。

マレー系住民優遇策を採用

中国語が公用語に指定されていないなどの不満をもつ中国系住民と、経済の中枢を中国系に握られていることに不満をもつマレー系住民の間で、古くから対立関係があります。こうした対立がエスカレートし、1969年には両者の間で大規模な衝突が発生したほどです。

多数派マレー系の経済的な地位を向上させるため、マレーシアでは1971年以降、マレー系（ボルネオ島等の先住民族を含む）に対し一定の優遇政策をとってきました。これが「ブミプトラ政策」です。具体的には、大学の入学枠を割り当てる、低価格住宅を建設する、といった内容となっています(図表1)。

ブミプトラ政策は、国内マレー系の不満を抑え、社会の安定を図るという意味では大きな成果があったといえます。一方で、マレー系の自助努力への意欲や、中国系住民のやる気を殺ぎ、経済成長を阻害しかねない政策ともいえます。

マレーシア自体の経済発展の結果、差別される形となった中国系住民が、大規模暴動などの過激な行動に走ることは近年ありませんでした。しかし、デモや選挙といった平和的な形ではありますが、現在も中国系住民の不満が表面化することがあります。

宗教対立の火種はある

マレーシアでは、暴動などのあからさまな形での宗教対立はみられません。しかし、イスラム教保守派と他宗教信者の間に、対立の火種はあります。

たとえば2010年、イスラム教徒がキリスト教会を襲撃する事件が発生しました。唯一神の呼称である「アッラー」のイスラム教徒以外による使用について、高等裁判所が合憲とする判決を出したことに反発したものといわれています。

またテーマ56で詳しくみますが、全マレーシア・イスラム党が、よりイスラム教の教えに則った形で刑法を改正するよう要求しています。この要求はかねてからありましたが、最近勢いを増しています。非イスラム教徒は、こうした動きに対し反発を強めています。

IS(イスラム国)に感化されたイスラム過激派の台頭もみられます。実際にテロが起こることは多くありませんが、テロに関与した疑いで逮捕者が出ることは珍しくなくなりました。政府は、過激派の動きに警戒を強めています。

図表1　ブミプトラ政策の概要

分野	内容
教育	・マレー語を母国語と定め、中国系学校においても必修科目とする ・大学の入学定員をマレー系55%、中国系35%、インド系10%に沿って割り当てる
就職	・雇用をマレー系55%、中国系35%、インド系10%に沿って割り当てる
住居	・マレー系向けに、低価格住宅を建設する ・マレー系に不動産を優先的に値引き販売する
資本	・原則として、マレー人・マレー系企業による出資比率30%以上を求める
融資	・マレー人、マレー系企業向けの低利融資制度を設定する
資産	・投資信託を設立し、マレー系の資産形成を支援する
その他	・将来性のある公営事業については、マレー系に優先的に払い下げる

(資料) 各種報道より、みずほ総合研究所作成

テーマ 56

マレーシアの政治
～一票の格差が大きいため、与党優位が続く～

立憲君主制のもとで議院内閣制

マレーシアは、13州からなる連邦国家です。国王を元首とする立憲君主制のもとで、議院内閣制を採用しています。13州のうち9州には君主（スルタン）がおり、国王はその互選によって選ばれます。なお、国王に政治的な権限はほとんどありません。

議会は、70議席で任期3年の元老院（上院）と、222議席で任期5年の代議院（下院）からなる二院制です。上院議員は、国王が44人、13の州議会が2人ずつ（計26人）を任命します。下院議員は、小選挙区制の選挙により選ばれます。

行政府のトップである首相は、下院議員のなかから国王によって任命されますが、慣例的に下院の最大政党の党首が就任しています。現在はナジブ・ラザク首相（第6代）です。首相は、両院議員のなかから閣僚を選任します。なおナジブ氏は、第2代首相アブドゥル・ラザク氏の長男で、第3代首相フセイン・オン氏の甥にもあたる名門一家の出身です。

地方に目を転じると、各州に州政府、州議会が存在しますが、一般に権限はそれほど大きくありません。連邦制とはいえ、地方分権的な色彩は比較的薄くなっています。

独立以来の長期与党

マレーシアの前身・マラヤ連邦が1957年にイギリスから独立して以降、下院では与党連合の国民戦線が選挙で過半数の議席を占めており（図表1）、現在に至るまで長期政権を維持しています。

国民戦線を構成する政党数は、時期によって異なりますが、現在は13政党です。最大勢力を誇るのは、マレー系の統一マレー国民組織（UMNO）で、党員資格はマレー人に限られています。このほか、中国系のマレーシア華人協会、インド系のマレーシア・インド人会議、サバ州・サラワク州の地域政党などがあります。

与党連合が選挙に強い理由

では、マレーシアでは、なぜこれほどの長期政権が続いているのでしょうか。

第1に、最も直接的な理由は、与党支持層が多いボルネオ島のサバ州とサラワ

図表1　総選挙での与党連合・国民戦線の得票率と議席占有率

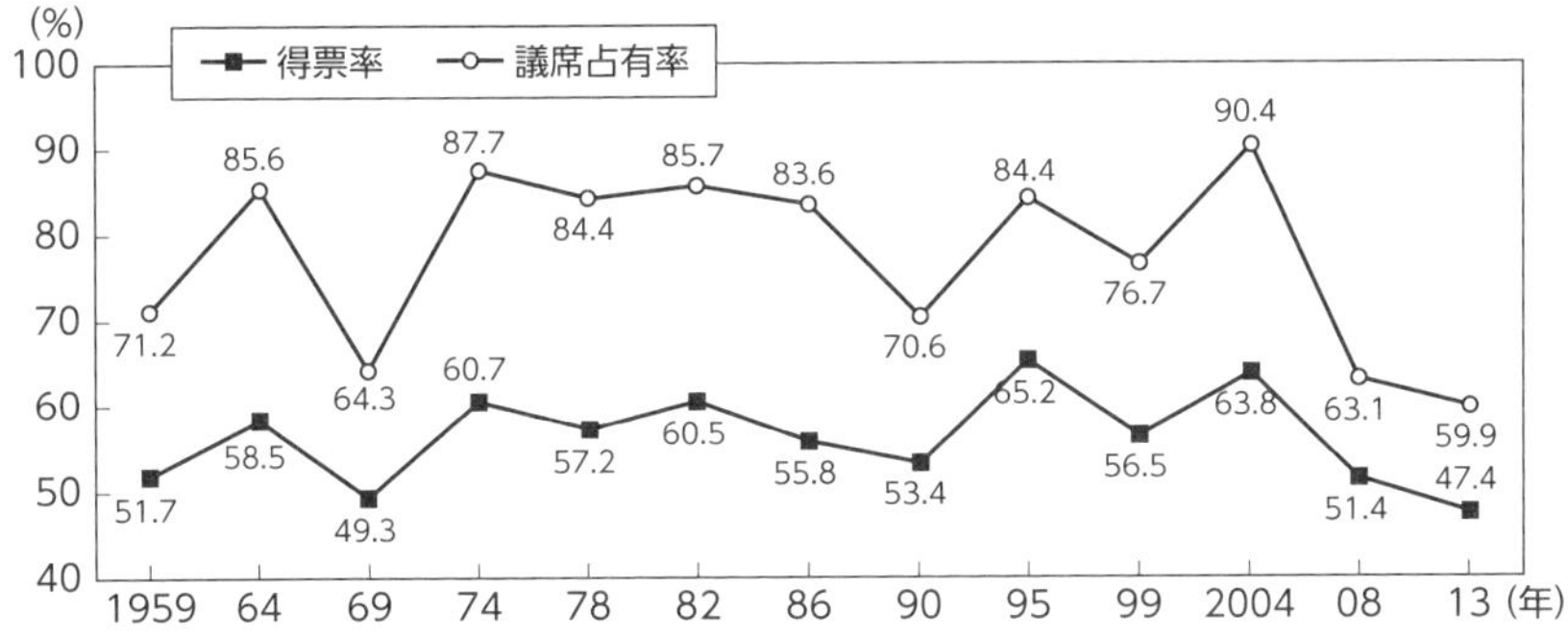

（資料）日本貿易振興機構「マレーシア第13回総選挙の概要」（2013年5月）より、みずほ総合研究所作成

ク州に、人口対比で過剰に多くの小選挙区が割り当てられていることです。2013年5月に実施された総選挙では、連立与党の得票率は過半数を割り込みましたが、1票の格差が最大9・13倍にも達していたため、過半数の議席を獲得できたのです。

なお政府は、最大民族のマレー系や、サバ・サラワク両州で多い先住民族を優遇する、ブミプトラ政策を採用しています（テーマ55参照）。

第2に、報道の自由が制限されています。メディアへの検閲は厳しく、与党批判を行った記者が逮捕されることもあります。かつてのマハティール政権下では、野党寄りの報道を行った新聞3社が、発行禁止命令を受けました。

第3に、政権の反対勢力がしばしば逮捕されています。1990年代後半に、マハティール首相と意見が対立して副首相を解任されたアンワル氏が、マレーシアでは犯罪とされる同性愛の罪などで逮捕されたことが代表例です。アンワル氏は一審でいったん無罪となったものの、上級審で無罪判決が覆され、2015年2月に有罪が確定し収監されています。このほか、選挙制度改革などを求める反政府デモに関与した多数の野党議員や市民が逮捕されています。

汚職疑惑も反政府運動は広がらず

2014年4月、政府系投資会社ワン・マレーシア・デベロップメント（1MDB）の債務が急増したことが明らかとなると、同社の債務問題が政府の信用を低め、格付などにも影響するのではないかとの懸念が広がりました。その過程で、マハティール元首相がナジブ首相の責任を追及し、退陣を要求しました。

その後1MDBについては、資産売却によるリストラや、アブダビ系投資会社

IPICの支援などが決まりました。一時債務返済に苦慮するなど紆余曲折はあったものの、債務問題については一定の前進がみられたといっていいでしょう。

一方、2015年7月、米国の『ウォール・ストリート・ジャーナル』が、1MDBからナジブ首相の個人口座に7億ドルが流れたと報じました。債務問題と同時に、汚職疑惑問題ともなったわけです。これをきっかけに、政府を糾弾する機運が盛り上がり、2015年8月には、非政府組織連合「ブルセ（公正）」による大規模な反政府デモも発生しました。

ところが、こうした大規模な反政府運動は、長続きしませんでした。国内的には、ナジブ首相は不正資金を受け取っていないとの結論が出されました。また、マスコミ関係者の逮捕や、政敵追放といった事件も起こっています。こうした状況下、反政府勢力は政府を攻めあぐねています。

ハッド導入をめぐり野党分裂

野党に目を転じると、前回総選挙の際は、中国系の民主行動党、アンワル元副首相系の人民正義党、全マレーシア・イスラム党の主要3野党が人民同盟を結成し、選挙協力を行いました。

しかし全マレーシア・イスラム党は、イスラム刑法に基づいた刑罰（ハッド刑）を、いっそう刑法に反映させるよう主張するようになりました。具体的には、一定の案件についてイスラム教徒だけを対象とするシャリア裁判所での量刑について、現在の最長刑期3年、最大罰金5000リンギ、鞭打ち6回を、それぞれ30年・10万リンギ・100回に引き上げるよう提案していると報じられています。将来的にさらに罰則が強化され、非イスラム教徒にも適用されることになる可能性が拭えないことから、特に民主行動党が強く反発しました。そして、2015年7月、より野党間協力を重視する勢力が全マレーシア・イスラム党から分裂し、国民信託党を結成しました。そして、民主行動党、人民正義党、国民信託党は新たに野党連合の希望同盟を創設、後にマハティール元首相が設立した統一プリブミ党も合流しました（図表2）。

下院議員の任期満了で2018年には総選挙が行われますが、支持率をみると野党合計が与党を上回ります（図表3）。しかし、下院の選挙制度は小選挙区制ですから、分裂したままでは、野党は苦戦を強いられそうです。実際、2013年に野党統一候補が惜敗したスンガイ・ブサール選挙区とクアラ・カンサー選挙区において、2016年に行われた下院補欠選挙では、野党候補が惨敗しました。マハティール元首相は、全マレーシア・イスラム党の野党連合入りを模索しましたが、これまでのところ、うまくいっていません。

図表2　下院勢力図

与党：国民戦線		132
	統一マレー国民組織（マレー系）	86
	[サバ州・サラワク州の地域政党合計]	32
	マレーシア華人協会	7
	マレーシア・インド人会議	4
	その他	3
野党：希望同盟		71
	民主行動党（中国系）	36
	人民正義党（アンワル元副首相系）	28
	国民信託党（全マレーシア・イスラム党から分離）	6
	統一プリブミ党（マハティール元首相系）	1
野党：独立系		19
	全マレーシア・イスラム党	14
	その他	5

（注）2017年9月15日時点。
（資料）マレーシア議会、各種報道などより、みずほ総合研究所作成

図表3　政党・政党連合支持率

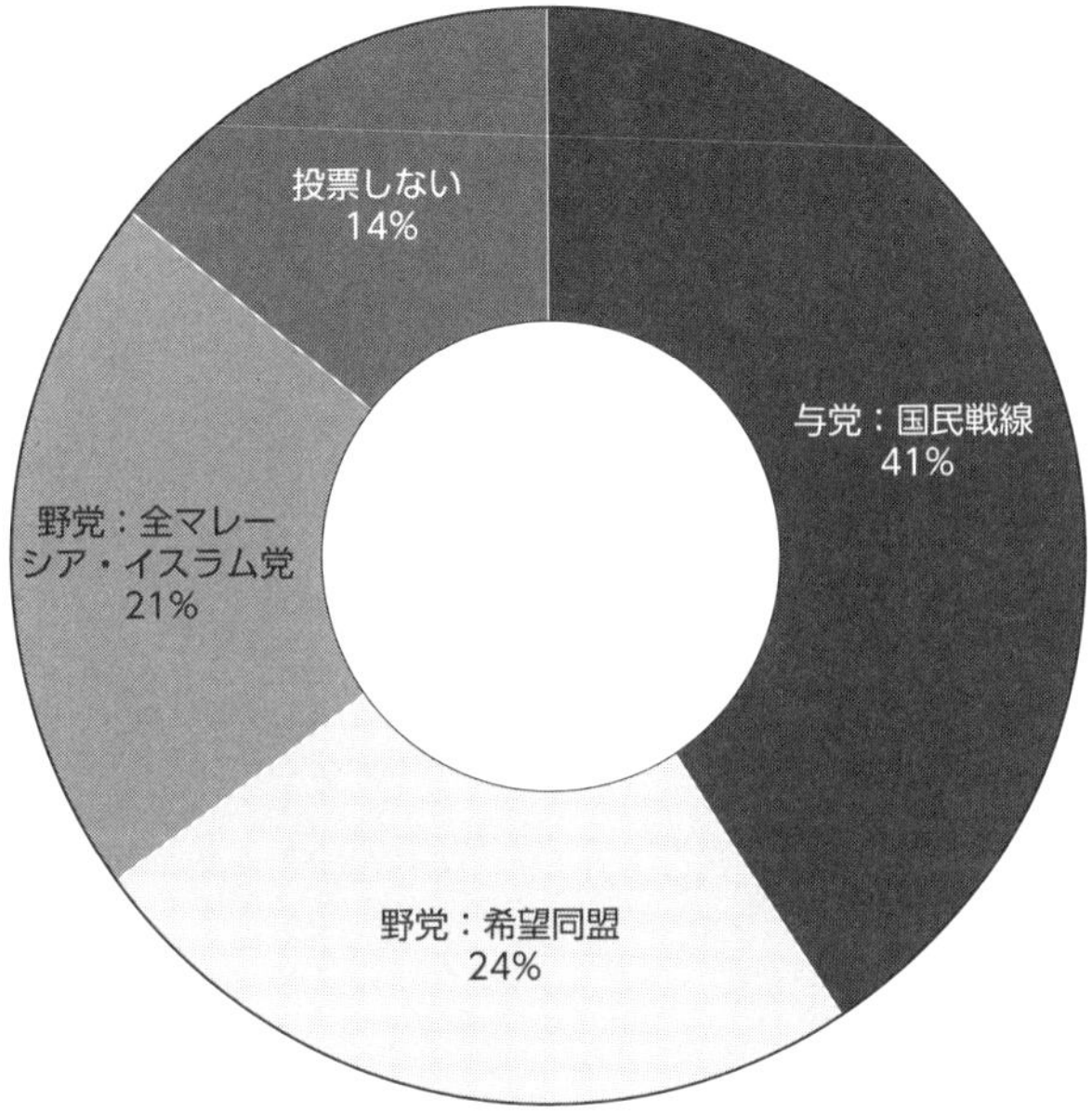

（注）2016年12月25日から2017年1月15日にかけて実施。回答総数は104,340。
（資料）I-CPI "GE14 Survey", January 2017より、みずほ総合研究所作成

テーマ
57 マレーシアの外交
~等距離外交が基本~

主要国とは等距離外交

前身のマラヤ連邦（1957年独立）時代を含め、マレーシアはかつて、やや親西側色が強い国でした。中国共産党の影響を受けた武装勢力との国内紛争があったことなどが理由です。1967年発足のASEANも、当初は反共防波堤的な色彩が濃いものでした。1971年には、英国、オーストラリア、ニュージーランド、シンガポールとの間で5カ国防衛取極を結び、現在まで続いています。

一方で、1970年に非同盟諸国会議に参加し、西側一辺倒ではない外交姿勢を示しました。そして、様々な国々との友好関係を深めていきます。特に、欧米に対して率直な物言いをするマハティール首相（1981~2003年）の時代には、親西側的な色彩がいっそう弱まりました。マレーシアは、経済面では市場経済を重視しつつも、外交面では主要国と等距離を維持するようになっています。

ASEANの創設メンバー

ASEANには創設メンバーとして参加しており、加盟国との関係強化や、域外国との通商交渉の基盤として重視しています。2015年には議長国としてASEAN共同体の設立を実現しました。

ASEAN個別国との関係は基本的に良好ですが、イスラム教徒のロヒンギャ族を弾圧しているとして、ミャンマーに対しては厳しい態度をとることが多くなっています。

対日関係は「ルックイースト」

マハティール元首相（在任1981~2003年）は、目覚ましい発展を遂げていた日韓などに学ぶべきとして、日韓等への留学・研修を公費で行うルックイースト政策（東方政策）を推進しました。こうした事情もあり、日本との関係は基本的に良好です。アンケート調査によれば、日本を好意的にみるマレーシア人の割合は84％に達しています（図表1）。

2016年からは、名称を「東方政策2・0」とし、先端技術の分野などで、政府は引き続き留学生や研修生を派遣しています。

マハティール期の反米は薄まる

図表1　諸外国に対するマレーシア人の印象

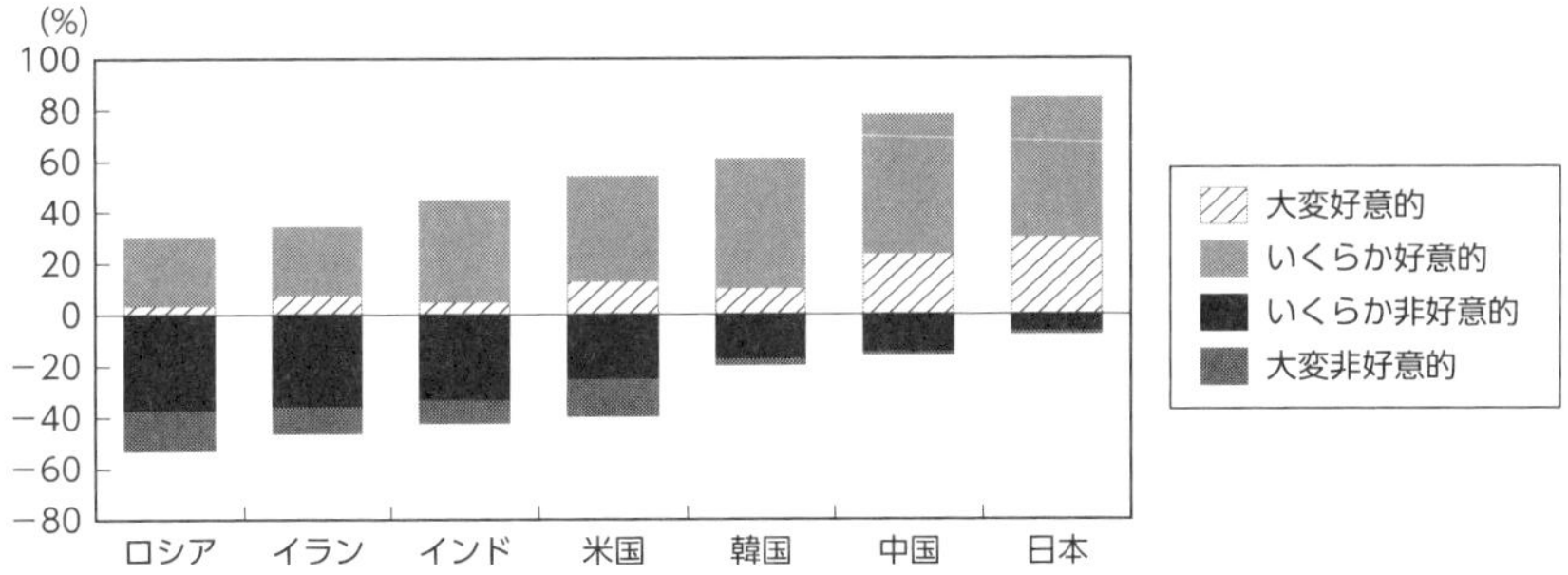

（注）2015年4月6日から5月27日にかけ、アジア・米国の1万5313人を対象に、対面・電話で実施したアンケート調査。マレーシアのみの対象人数は不明。
（資料）Pew Research Center “Topline Questionnaire Spring 2015 Global Attitudes Survey” より、みずほ総合研究所作成

輸出を経済成長のエンジンとしていることもあり、反欧米色が強いとみなされていたマハティール首相の時代にも欧米との関係を決定的に損なう政策が打ち出されることはありませんでした。欧米に対しては、是々非々の姿勢で接していたということです。米国オバマ政権が主導していた環太平洋経済連携協定（TPP）への参加を決めた現在のナジブ首相は、より親米的です。同首相は、通商面では引き続き米国との関係を重視しており、2017年9月に対米FTAの初期交渉を開始すると表明しました。

対中関係も良好

前述のとおり、共産主義武装勢力を国内に抱えていた関係で初期の対中関係は微妙なものでした。しかし1974年には、中国と国交を樹立しています。その後は対中経済関係を深め、現在の両国関係はかなり親密です。国民感情をみても、依然国内的には中国系とマレー系の対立が残されているものの、中国を好意的にみる人の割合はかなり高くなっています。

イスラムビジネスの基盤・中東外交

マレーシアはイスラム教国との関係を重視しています。1969年に発足したイスラム諸国会議機構（現イスラム協力機構）の創設メンバーになると共に、当時のアブドゥル・ラーマン首相が同機構の初代事務局長に就任しました。イスラム教国のなかでも、とりわけサウジアラビアとの関係を重視しています。2017年2月にはサルマン国王がマレーシアを訪問し、メッカ巡礼者数のマレーシアへの割当て拡大などで合意しました。

こうしたイスラム教国との良好な関係が、イスラム金融、ハラル食品の輸出、観光客の受入れといったビジネスの基盤になっています。

テーマ58

マレーシアの経済

～5％弱程度の経済成長が続く見通し～

マレーシア経済の特徴

マレーシアは、天然資源に恵まれ、また農産物も豊富にとれる国です。このため、当初は第1次産業を主体とする経済構造でした。

その後、外資導入を原動力とする工業化に取り組み始めました。輸出加工区の設置や輸出企業に対する外資100％出資の容認などの政策をとったマレーシアは、1985年のプラザ合意後に加速した日本企業の海外進出の受け皿となるなど、多くの外資企業の生産拠点を誘致しました。こうして外資が輸出の担い手となり、輸出指向型の工業化が大きく進展したのです。

特に発展が目覚ましかったのは電気・電子機械産業で、テレビ、後工程を中心とする半導体、パソコン部品、ハードディスクドライブなど、どちらかといえば労働集約的な分野で産業集積が進みました。ただし、1995年に政府主導でシルテラ・マレーシア社が設立されるなど、資本集約的とされる半導体の前工程を取り扱う企業もいくつか存在しています。現在、賃金上昇とともに労働集約的な製造工場は衰退しつつありますが、半導体製造は、主力輸出産業として引き続き発展しています。

また、豊富な資源を活かした製造業も発展しています。特に、原油を用いた石油製品製造、石油化学品製造は主力産業となっています。同様に資源を活かした、金属製品やゴム製品も、依然有力な輸出品目です。こうした産業構造を反映し、マレーシアの輸出は、電気・電子機械、鉱物燃料、化学がかなり大きなウエートを占めています（図表1）。

非製造業では、IT技術の活用を目指した動きがみられます。その代表例が、1996年に打ち出されたマルチメディア・スーパー・コリドー（MSC）計画です。これは、MSCの対象となる地域のインフラ整備を進め、ソフトウェア産業などの集積を目指すもので、すでに一定の成果を収めています。

強み① 原油の存在

マレーシア経済の強みは、まず資源があるという点です。とりわけ原油はかねてからの有力な輸出品目であり、原油関

図表1　通関輸出の品目別構成（2016年）

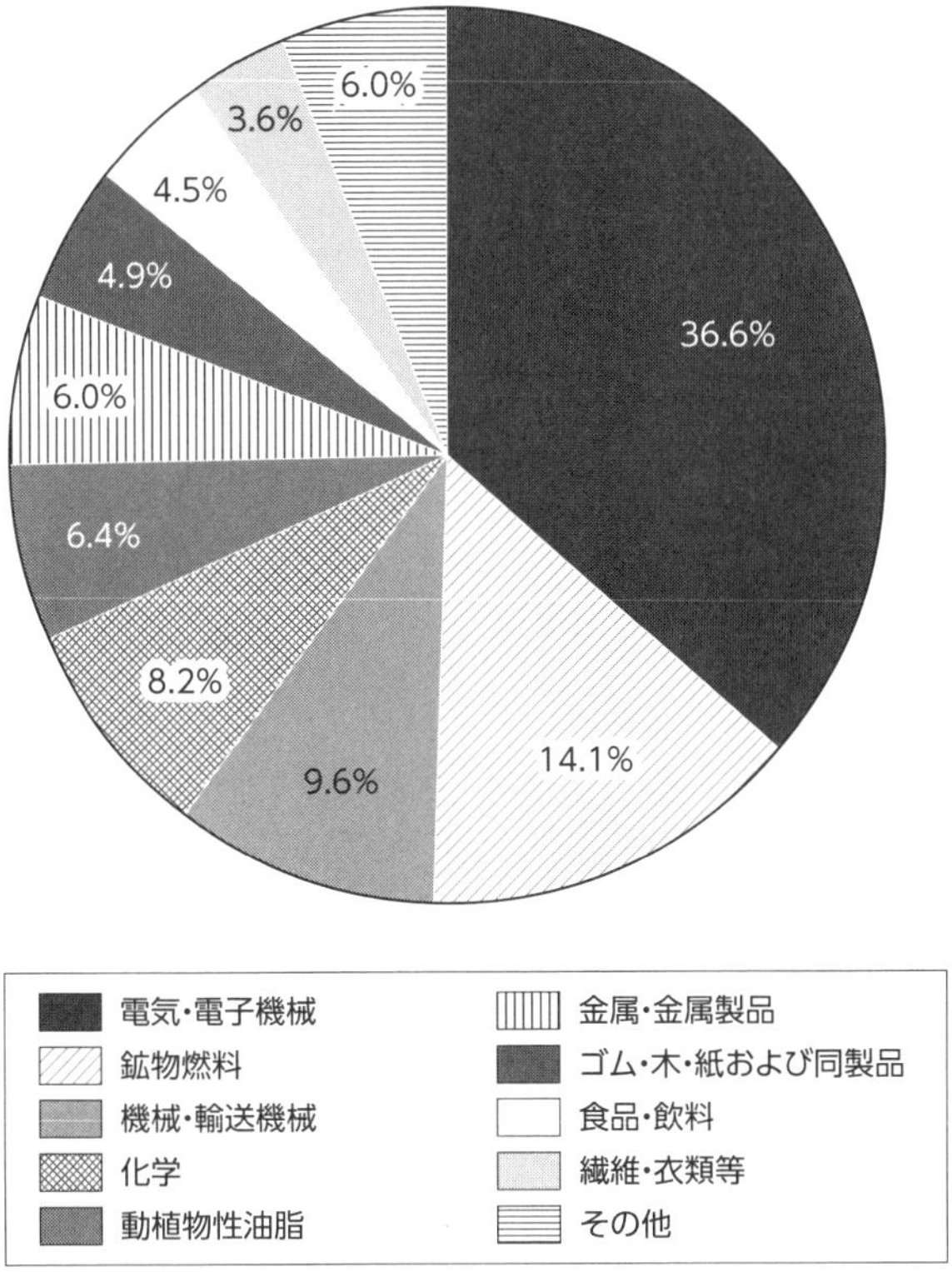

（注）専門・科学・制御装置は機械・輸送機械に含めた。
（資料）各種報道より、みずほ総合研究所作成

連の歳入でインフラ整備を推進してきました。原油の存在は、経済成長に大きく貢献してきたといえるでしょう。

もっとも、原油価格は2015年以降低迷しています。米国のシェール革命を背景に、原油の供給力が飛躍的に拡大したことが大きな理由で、今後も価格は伸び悩みそうです。また、原油埋蔵量も限られており、今後生産量が飛躍的に増えることもなさそうです。

したがって、原油関連産業は、引き続き重要ではありますが、経済をけん引するというよりは、経済を下支えする産業と考えた方がいいでしょう。

強み②　優れた投資環境

強みとしては、投資環境が優れているということも挙げられます。世界経済フォーラム（WEF）におけるインフラの質に対する企業経営者の評価は世界137カ国中23位となっています。金融市場

も発達しており、現地金融機関から資金調達をしやすい環境が整っています。

また政府は、法制度などのソフト面の投資環境整備にも積極的に取り組んでいます。企業・不動産登記等に必要な日数・手続き数・費用等を指数化した、世界銀行が発表するビジネスのしやすさ指数では、マレーシアは世界１９０カ国中23位という高い順位となっています。

人材については、高度人材が不足しているとの見方は多いですが、英語力の高さではフィリピンと双璧です。旧宗主国が英国だったことに加え、多民族国家であるため、多くの国民が英語を話すことができます。

ちなみに、日本の一般財団法人ロングステイ財団の調査によると、日本人が住みたい国として、マレーシアは11年連続で1位に選ばれています。治安が良く、生活環境は日本と同じぐらい便利である一方で、物価は日本の3分の1にとどまることが魅力となっています。このことから、日本人駐在員にとっても住みやすい国といえるでしょう。

こうした優れた投資環境を整備したことが、電気・電子機械等の幅広い輸出産業の集積に成功した、大きな要因でしょう。

強み③　イスラム関連ビジネス

イスラム教の戒律は厳しいので、イスラム教徒とビジネスをするのは容易ではありません。この点、マレーシアは、イスラム教徒が多数派の国ですので、こうした戒律に則った財貨やサービスの提供に強みがあり、この点がビジネスに優位に働いています。具体的には、イスラム金融、イスラム教徒向けの食品や化粧品などのハラル製品の製造、イスラム教国からの観光客受入れです。

またマレーシアには、イスラム教徒である多数のインドネシア人労働者が流入しており、労働集約産業を支えています。インドネシア人にとって、地理的・言語的に近いうえ、イスラム教徒として文化的にも近いマレーシアは、働きやすいのでしょう。

弱みは高度人材の少なさ

一方、マレーシアの弱みをみると、まず高度人材は一般に不足しています。マレー系を優遇するブミプトラ政策が、優秀な中国系人材の国外流出に拍車をかけているという側面があり、高度人材不足の一因になっています。

次に、腐敗・汚職の問題がなかなか解消されずにいます。現在も、１ＭＤＢ問題で、政権中枢を巻き込む汚職疑惑が取り沙汰されています（テーマ56）。

また、生産年齢人口比率は間もなく低下に転じます。この結果、人口動態による経済成長への追い風は、徐々に弱まるでしょう。外国人労働者をいっそう受け入れれば、生産年齢人口比率の低下を緩和することができますが、不法就労者の人権が守られていないなどの理由で、むしろ取締りを強化しているのが現状です。もっとも、マレーシアが直面する少子高齢化の逆風は、タイと比べればずっと小さなものです。

なお、外貨準備の少なさをマレーシアの弱みとして指摘する向きもありますが、この問題については、テーマ61で議論します。

今後の成長率も5％弱程度

過去10年間（２００７～２０１６年）の平均実質ＧＤＰ成長率は、４・８％でした。アジア通貨危機の時期を含むとはいえ、その前の10年間平均が４・３％ですから、まずまずの高水準といえます。今後についても、あまり悲観的にみる必要はありません。すでにみたとおり、資源があり、投資環境は良好で、幅広い産業集積があるからです。

では、さらに高い成長を目指すことは可能でしょうか。先述のとおり人口動態の追い風は弱まりますので、そのためには生産性を上げていくしかありません。

マレー系住民を優遇するブミプトラ政策を修正し、中国系住民の国外流出を食い止めたり、優秀な外国人の活用を進めたりすることは有効でしょう。しかし同政策の修正は、現与党にとって重要な存立基盤であるマレー系住民の既得権益を脅かすことになるため、抜本的に変えることは難しいでしょう。

このため政府は、今後有望な産業の発展を促したり、研究開発投資を拡大しようとしたりしています（図表２）。これらはおおむね妥当な政策ですが、どの程度の効果が出るか、今の時点でははっきりしません。現段階で判断するならば、今後10年間の平均的な成長率は、引き続き５％弱程度とみるべきでしょう。

図表2　主な新産業発展促進政策

マレーシア航空宇宙産業ブループリント2030（2015年3月）
ある程度発展している①整備・修理・オーバーホールと、②航空機製造に加え、③システム・インテグレーション、④エンジニアリング・設計サービス、⑤教育・訓練も加え、全体のさらなる発展を促進
マレーシア鉄道周辺産業ロードマップ2030（2014年6月）
①高エネルギー効率・低環境負荷、②相互運用性、③高速・快適を目指し、鉄道部品産業等の発展を促進
国家グラフェン行動計画2020（2014年7月）
ゴム添加剤やリチウムイオンバッテリー陽極素材／ウルトラ・キャパシタ、導電性インク、ナノ流体、プラスチック添加剤の5分野でグラフェンの活用を促進
国家科学・技術・イノベーション政策 2013-2020（2013年6月）
生物多様性、サイバー・セキュリティー、エネルギー安全保障、環境と気候変動、食料安全保障、医療と保健、プランテーション作物とコモディティ、輸送と都市化、水安全保障の9分野で研究開発を促進

（資料）政府資料、各種報道より、みずほ総合研究所作成

テーマ
59 マレーシアの消費市場
～相対的に高所得、外食や文化サービスが伸長～

高所得層の台頭はこれから

シンガポールとブルネイは別格としても、マレーシアの所得水準は、ＡＳＥＡＮでは両国に次ぐ高さとなっています。高所得層は２０１４年時点で全体の10％弱です（図表1）。シンガポールで過半となっていることと比べると、必ずしも高いとはいえませんが、今後もそこそこ堅調な経済成長が続く見通しとなっており、徐々に高所得層が台頭してくるでしょう。

全国的にみれば、伝統的なパパママストアやウェット・マーケットなどがまだ健在ですが、首都クアラルンプールなど都心部には、近代的な商業施設がたくさんあります。日系の流通業者もかなりの数が進出しており、特にイオンの大規模展開が有名です。

耐久消費財はかなり普及

マレーシアでは、耐久消費財はすでにかなり普及しています。たとえば人口１０００人当たりの自動車保有台数は、２０１５年時点で４３９台となっています。ブルネイの７１１台には及びませんが、タイの２２８台、シンガポールの１４５台などを大きく引き離しています。

この背景には、所得水準が相対的に高いことに加え、クレジットカードや消費者向けローンなどのいわゆるリテールファイナンスが広く活用されていることがあります。ローンには最低支払い額だけが決められたミニマムペイメント制度があり、毎月の支払い額を最低額以上で自由に決めるケースが一般的です。オートローンでは、返済期間を最長９年とすることができるため、月々の返済負担を軽くすることができるそうです。

耐久財・食品のシェアは低下

２００５年と２０１４年における費目別の支出シェアを比較すると、最もシェアが落ちているのは自動車です（図表2）。家具・家庭電器とＡＶ・ＩＴ・カメラもシェアを落としていますので、支出に占める耐久消費財が占める割合が低下しているということです。自動車は価格が低下していますし、また他の耐久財価格も下がっていたり、あるいはそれほど上がっていなかったりするためです。

食品・飲料のシェアも低下しています

図表1　所得階層別人口分布（2014年）

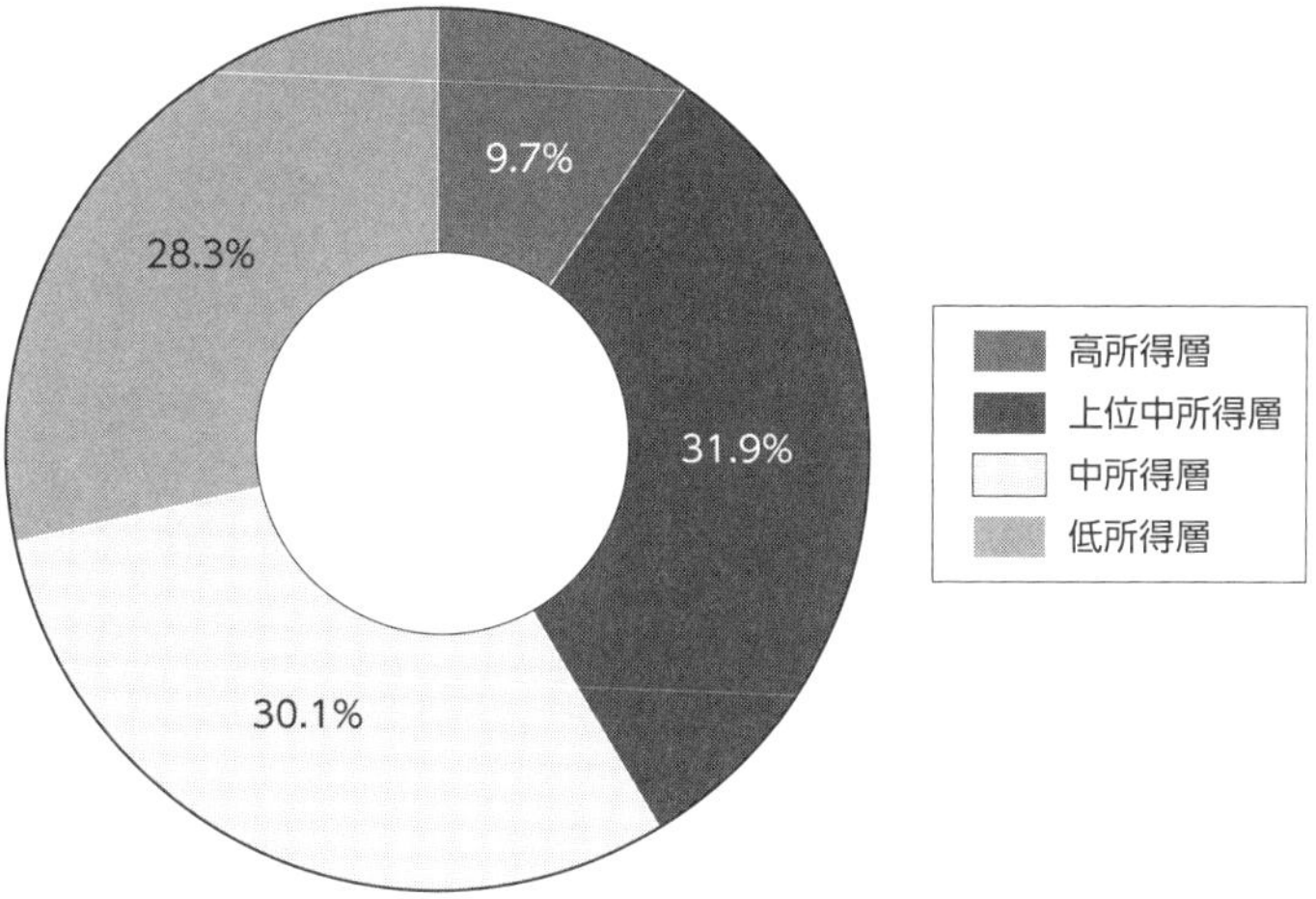

（注）2011年国際ドルに基づいたみずほ総合研究所による試算。毎日の収入について、低所得者層は10ドル未満、中所得者層は10～20ドル、上位中所得者層は20～50ドル、高所得者層は50ドル以上とした。
（資料）マレーシア統計局、世界銀行より、みずほ総合研究所作成

図表2　2014年家計支出項目の2005年対比増加率

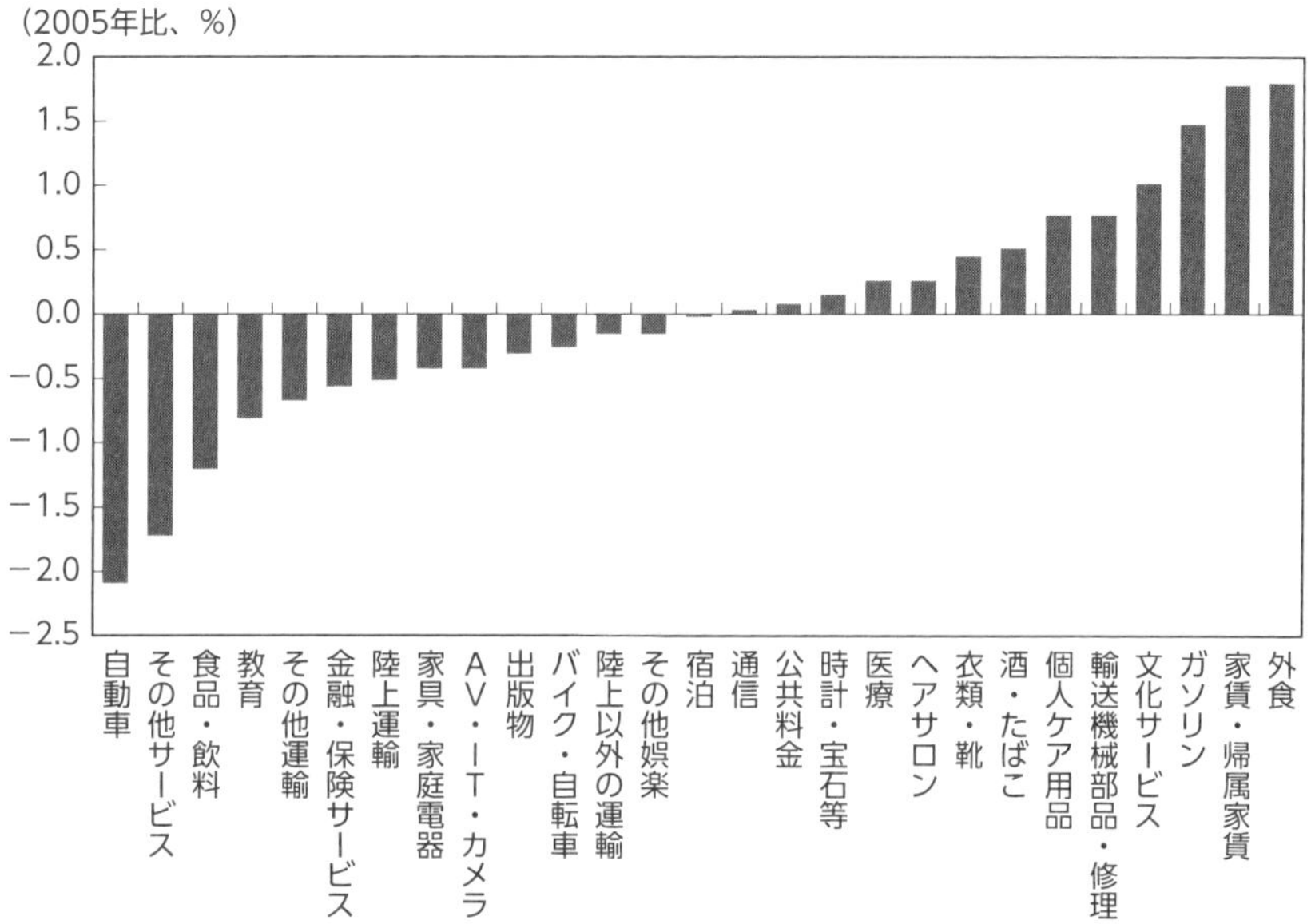

（注）「その他サービス」「その他運輸」「文化サービス」の内訳は記載なし。
（資料）マレーシア統計局より、みずほ総合研究所作成

が、これは生活必需品のためで、一般に所得水準の向上とともにシェアが落ちる傾向にあります。

教育や陸上運輸といった、公的性格が強く、価格が抑えられている費目のシェアも落ちています。

外食のシェアが高まる

シェアを高めている費目の筆頭は外食で、食品・飲料のシェア低下と裏返しの動きといえるでしょう。外食産業の発展とともに、首都クアラルンプールを中心として、日本食のレストランも多数進出しています。

これに続くのが家賃・帰属家賃で、住宅価格の上昇を反映しています。なお帰属家賃とは、自己保有住宅を市場で借りたと仮定した場合に必要となる家賃を、支出したとみなして計上するものです。他に、文化サービス、輸送機械部品・修理、個人ケア用品（化粧品、整髪料、シェーバーなど）などのシェア上昇が目立っています。輸送機械部品・修理のシェア上昇は、自動車の普及に伴うものでしょう。

なお、ガソリンと酒・たばこのシェア上昇は、それぞれ当時の原油高や増税を反映しているに過ぎません。

家計債務問題の現状

マレーシアでは、２００９年以降、ＧＤＰ比でみた家計債務残高が上昇傾向にありました（図表３）。最大の使途は住宅購入ですが、使途がはっきりしない個人向けローンも大きな割合を占めています（図表４）。自動車ローンの利用も一般的です。

こうした家計債務の積み上がりに対し、返済負担が重くなることによる個人消費への下押し圧力や、不良債権が増えることによる金融機関経営への悪影響など、弊害を懸念する声もあります。

もっともマレーシア政府と中央銀行は、手をこまねいていたわけではありません。２０１０年頃から、クレジットカード発行に必要な最低所得の引上げ、住宅ローンの上限引下げといった措置を断続的に導入しています。ＧＤＰ比でみた家計債務残高は、２０１４年以降上昇ペースが鈍ってきており、２０１６年には低下しました。

また、不良債権比率も低下しており、２０１５年以降は１・１％程度で横ばい推移となっています。さらに、家計債務の62・6％については、不動産や元本保証の投資資産（国債など）といった担保が設定されています。

こうした状況を踏まえると、家計債務は高水準に達したものの、政府は事態をコントロールできていると思われます。ただし、金利、不動産価格などの急激な変動には注意が必要です。

図表3　家計債務と家計向け銀行融資の不良債権比率

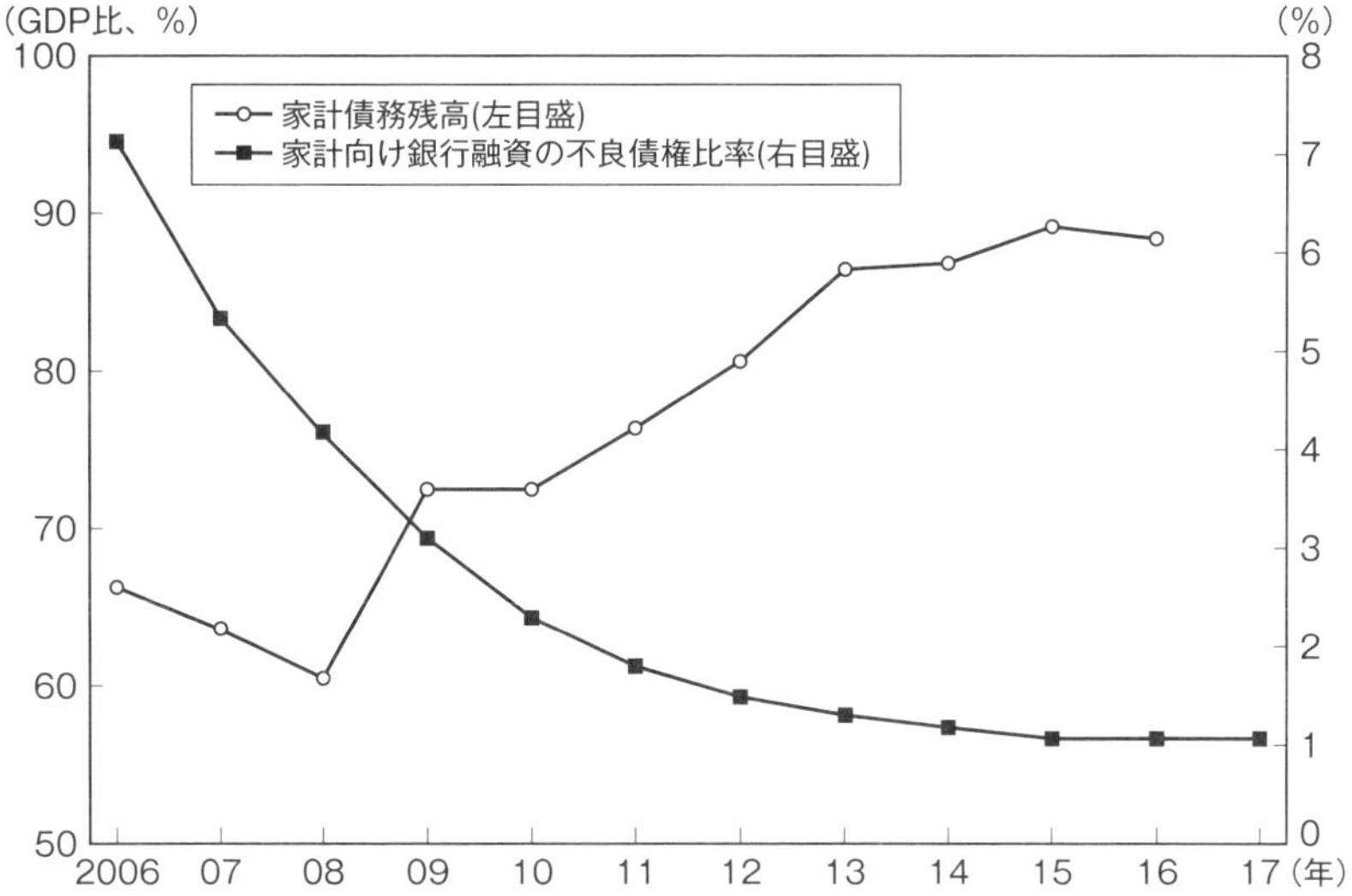

(注) 不良債権比率は、融資残高に占める不良債権の割合。2017年は7月時点。
(資料) マレーシア統計局より、みずほ総合研究所作成

図表4　家計債務の用途別内訳

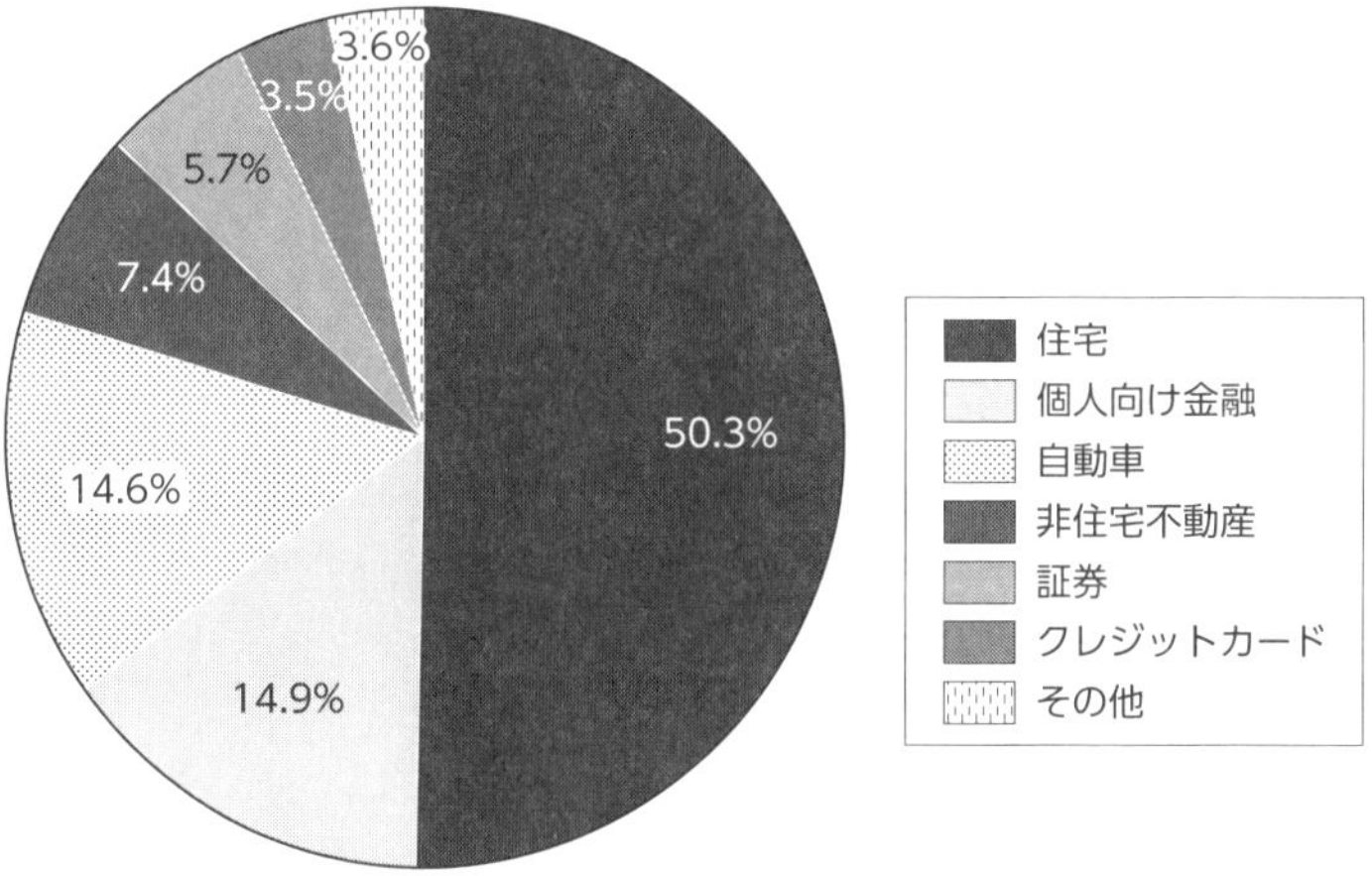

(注) 個人向け金融とクレジットカードについては、用途不明。
(資料) マレーシア中央銀行 “Financial Report and Payments System 2016” より、みずほ総合研究所作成

テーマ

60

マレーシアの有望分野・進出事例

～日本企業の存在感はあるが、かなりの激戦～

大型店で日本企業に存在感

日本企業は、大型商業施設の分野ではかなりメジャーな存在です。高所得者が増えるとみられるマレーシアでは、今後も商機があるとみられます。ただし、競争はかなり激しくなっており、新規参入は容易ではありません。

日本企業では、古くから進出したイオンが、巨大なショッピングモールを多数展開し、特に大きな存在感をみせています。２０１２年には、クアラルンプールに、地域統括拠点のイオングループＡＳＥＡＮ本社を設置しました。

伊勢丹も古くから根づいています。同社は、クアラルンプール伊勢丹ＬＯＴ10店を「イセタン・ザ・ジャパン・ストア・クアラルンプール」に改装し、主に日本の高級品を扱う商業施設として、２０１６年10月に開店させています。

また三井不動産は、複合施設であるブキッ・ビンタン・シティ・センターの中に、「三井ショッピングパーク ららぽーとクアラルンプール」（仮称）を２０２１年に開業させる予定です。巨大な繁華街の一角にあります。

ファミマ、ダイソーが躍進

より小規模な商業施設に目を転じると、最近、躍進著しいのがファミリーマートです。２０１６年11月に1号店を出店したばかりですが、トムヤム風おでんがおおいに売れており、行列ができるほどの人気だそうです。本書執筆時点で、店舗網は20以上となっています。

このほか、５・９リンギ（１６０円）均一ショップのダイソーの出店増加も目立ちます。同社は２００８年に1号店を開業させた後、拡大を続け、現在は60店以上を展開しています。

日本食レストランは激戦

テーマ59でみたとおり、外食需要は伸びています。したがって、日本企業にも参入余地はあるとみられます。ただし、首都クアラルンプールでは、日本食レストランがあまりに増え過ぎ、すでに飽和状態とされています。このため現地では、ペナンなど地方に商機があるとの見方が出ていました。

ちなみに、現地で人気の回転寿司チェ

ーン、すし金（Sushi King）の創業者は日本人です。すし金は現在、マレーシア全土に１００店以上を展開しており、ハラル認証も取得しています。

ハラル市場は引き続き成長

マレーシアでは、憲法上イスラム教が国教と定められています。イスラム教国では豚肉を食べないことは知られていますが、それ以外の肉でも正規の手順に従って加工されないと、食べることはできません。肉以外にも、イスラム教徒が口にする食品は、ハラルと呼ばれる認証を受けていることが必要です。中東や北アフリカの多くのイスラム諸国では、宗教機関がハラル認証を行うため、ルールが不透明で外資系食品メーカーがハラル認証を得るハードルは高いとされています。

一方、マレーシアでは、ハラル産業開発公社（ＨＤＣ）という政府機関がハラル認証を行っており、ルールが明確な点で日本企業にも好感を持たれています。同国経由で、中東・北アフリカ諸国へ輸出することが期待できます。

実際、味の素、ヤクルト、キユーピー、大正製薬などの大手メーカーがすでにマレーシアのハラル市場に参入しており、中堅・中小の日系食品メーカーのなかにも参入を図る動きが出ています。

イスラム金融も拡大

マレーシアは、１９８０年代に他国に先駆けてイスラム金融の制度を整備し、２０１６年には、世界のイスラム債券（スクーク）発行市場の46％を占めています。政府は、クアラルンプールにおける国際金融地区（ＴＲＸ）の整備と、イスラム金融教育機関の設立など、インフラと人材育成に取り組み、さらなる飛躍を目指しています。日本企業では、イオンクレジットやトヨタキャピタルなどがスクークを発行しています。

TRX建設中の様子

ららぽーとクアラルンプール建設中の様子

テーマ

61 マレーシアの経済リスク
～問題に直面するも堅実な経済運営をみせる～

原油依存の経済

マレーシアは２０１４年以降、いくつかの問題に直面しました。

まず、２０１４年後半から２０１６年序盤にかけての原油価格下落が、産油国マレーシアを直撃しました。直接的な影響として、石油関連業種において、設備投資が伸び悩んだほか、雇用・所得環境が悪化しました。また間接的な影響として、歳入が下押し圧力を受けました。国営石油会社であるペトロナスからの配当金や、原油採掘のロイヤルティーといった石油関連収入に依存していたためです（図表１）。

原油価格下落後、マレーシア政府は、燃料補助金の撤廃や消費税の導入などを通じ、健全財政の維持に努めました。この結果、景気には下押し圧力がかかることとなりました。

１ＭＤＢ債務問題は終息へ

次に、政府系投資会社である１ＭＤＢの債務問題です。２０１４年に同社の巨額債務や赤字決算が明らかになると、マレーシア政府の信用力を低め、国債の格付にも影響するのではないかとの懸念が広がりました。

マレーシア政府は、１ＭＤＢの資産売却や、アブダビ系投資会社のＩＰＩＣの支援を仰ぐことで、この問題の解決に取り組みました。１ＭＤＢに契約不履行があったとして、65億ドルを支払うよう、ＩＰＩＣが１ＭＤＢを国際仲裁裁判所に訴えるなど紆余曲折もありましたが、両社は２０１７年４月に和解しました。１ＭＤＢは、まだ35億ドルをＩＰＩＣに支払わなければならなくなる可能性がありますが、マレーシアにとり大打撃となるほどの金額でもないでしょう。結局、この問題で国債の格下げにまで至ることはありませんでした。

外貨準備は過少か？

最後に、外貨準備過少問題です。原油価格下落や１ＭＤＢ問題を材料に、一時通貨・リンギに強い下落圧力がかかりました。これに対してマレーシア中央銀行が通貨防衛に動けば、短期対外債務を多少上回る程度しかない外貨準備が、ドル売り介入で枯渇するのではないか、そうすると大幅な利上げを迫られるのではないか、といった懸念が生じました。

実際には、中央銀行は、市場介入を限定的なものにとどめ、リンギ下落を容認しました。リンギが下落しても、近年のマレーシアでは「外貨を借りてリンギで運用する」取引が少ないため、為替差損の問題はあまり生じません。また経常収支は黒字化されており、リンギ建てでみた場合、リンギ下落により輸入などの経常支払が増える効果よりも、輸出などの経常受取が増える効果の方が大きいのです（図表2）。さらに、価格競争力の向上による輸出数量増加も期待できます。

つまり無理に通貨防衛を図る必要はなく、それゆえに外貨準備は、潤沢とはいえないまでも、懸念されていたほど過少でもなかったということでしょう。実際、外貨準備は減少しつつも一定の水準を維持し、また利上げは2014年の1回で0・25%ポイントにとどまりました。

図表1　中央政府の歳入

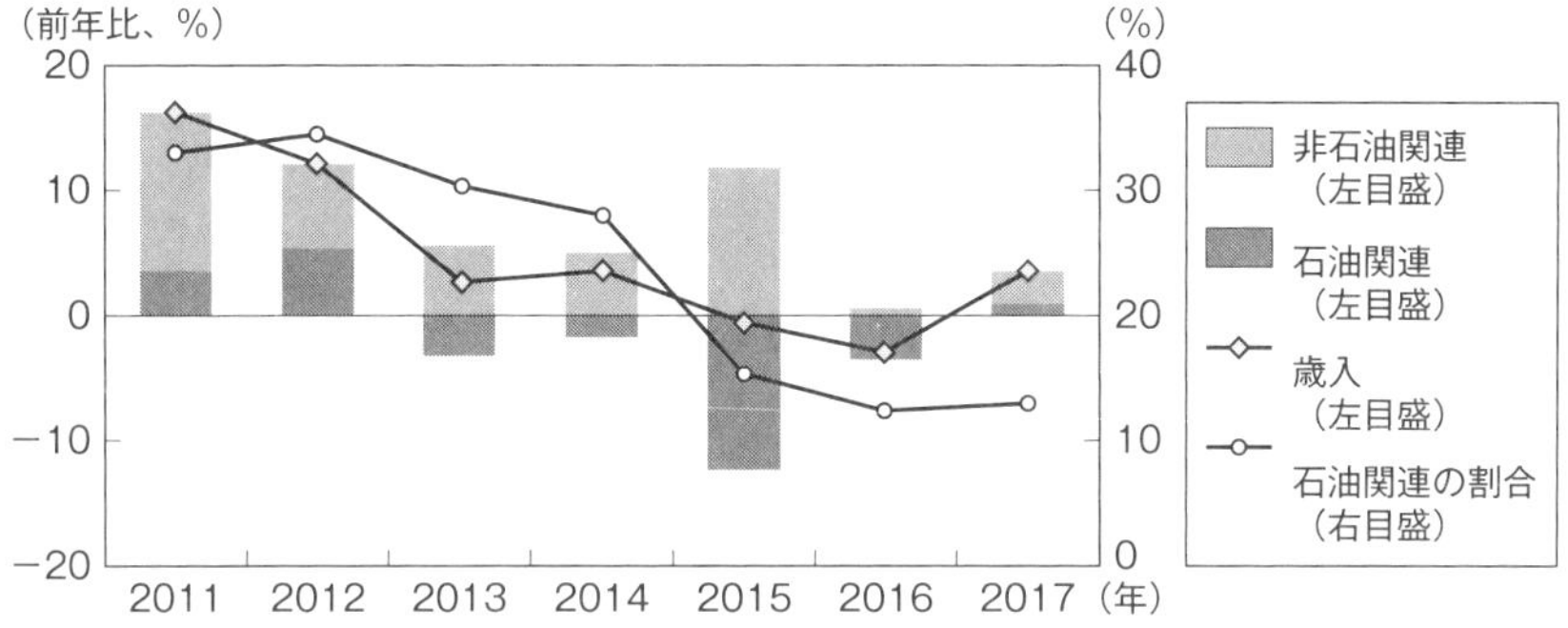

（注）石油関連収入は、ペトロナスからの配当金、石油所得税、輸出関税、油田のロイヤルティーの合計。
（資料）マレーシア財務省より、みずほ総合研究所作成

図表2　通貨下落の影響

デメリット	メリット
●対外負債の為替差損 ・負債が外貨建て・資産が自国通貨建ての場合 ・自国通貨が下落するとただちに現れる ●自国通貨建て経常支払の増加 ・経常支払とは、財貨・サービスの輸入代金など ・自国通貨下落後、比較的速やかに現れる	●対外資産の為替差益 ・負債が自国通貨建て・資産が外貨建ての場合 ・自国通貨が下落するとただちに現れる ●自国通貨建て経常受取の増加 ・経常受取とは、財貨・サービスの輸出代金など ・自国通貨下落後、比較的速やかに現れる ●輸出コスト低下による輸出数量の増加 ・現状の生産能力で対応できる範囲であれば、比較的速やかに現れる ・生産能力の拡張が必要な場合は、ある程度時間をおいてから現れる

（資料）みずほ総合研究所作成

テーマ 62

マレーシアの政治・治安リスク

～イスラム過激派に要注意～

治安は良好だが注意も必要

マレーシアは、一般に治安が良好な国とみなされています。外務省の海外安全情報によると、ほぼ全土で危険情報は発令されていません。

もっとも外務省によると、治安が良好とはいえ、都市部を中心にひったくり、スリ、置き引き、昏睡強盗、タクシー運転手による強盗などは頻発しているそうです。2016年において、殺人事件456件・人口10万人当たりの発生率は日本の約2倍、強盗事件1万4453件・同約25倍、強姦事件1886件・同約7倍となっています。いくら治安がいいとはいえ、日本と同様に安全というわけではないので、マレーシアを訪問する際は、治安状況に細心の注意を払うべきでしょう。

イスラム過激派の脅威

フィリピンと近接しているボルネオ島東部海岸周辺は、例外的に外務省が「レベル2・不要不急の渡航中止」や「レベル3・渡航中止勧告」を発令しています(図表1)。この地域・海域では、誘拐と身代金要求を繰り返すアブサヤフを主体に、フィリピンを拠点とするイスラム過激派が海賊活動をしているからです。2013年には、スールー王国軍を名乗る武装勢力がフィリピンから侵入するという事件も発生しました。

また近年は、このほかの地域においても、イスラム国(IS)に感化されたテロリストの活動がみられます。2016年6月には、クアラルンプール近郊のショッピングモールにあるナイトクラブで爆弾テロが起こり、8人が負傷しました。後に逮捕された犯人は、IS系組織のガガク・ヒタムのメンバーでした。2017年については、執筆時点で大きなテロ事件は起こっていませんが、しばしばテロ関係者の逮捕がニュースになっています(図表2)。イラクやシリアで軍事的に追い詰められたISが、東南アジアを拠点化するとの見方もあり、当面こうしたイスラム過激派の動向に注意が必要です。

政権不安燻るも与党は安泰か

建国以来マレーシアでは、与党連合・国民戦線の政権が続いています。このため、かなり政策の一貫性が保たれているといっていいでしょう。しかし、前回2013年の総選挙では、与党は苦戦し、得票率が過半を下回りました。さらにその後、莫大な裏金がナジブ首相にわたった疑いがあるとされる、1MDB問題が表面化しました。政権交代に現実味が出てきたのでしょうか。

確かに、2015年に大規模な反政府デモが発生するなど政府批判の機運が一時非常に高まりました。しかしその後、首相の関与を示す決定的な証拠は出てこず、政府批判の機運は尻すぼみになっているように見えます。

またテーマ56でみたとおり、一票の格差が与党連合に有利な形で大きく、しかも選挙制度が小選挙区制であるにもかかわらず、野党は深刻な分裂状態にあります。結論としては、政権交代の可能性は、ないとはいえませんが、現時点で判断する限り小さいでしょう。

図表1　サバ州東部の危険情報

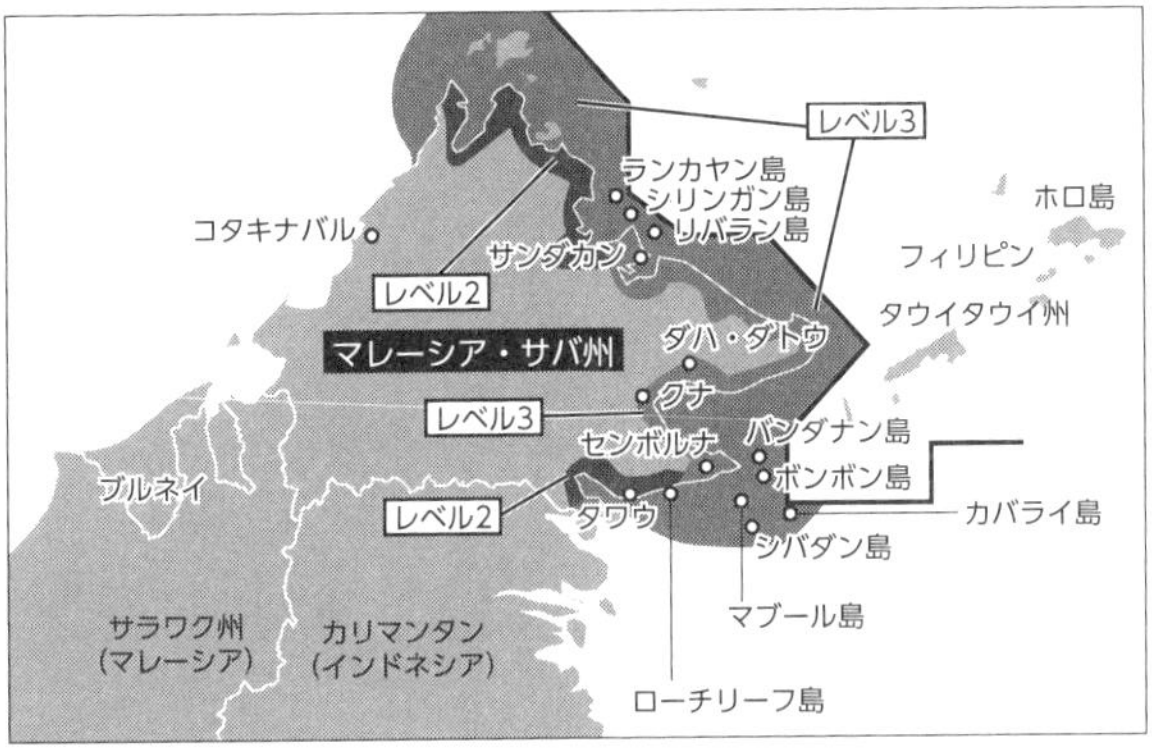

（資料）外務省海外安全ホームページより、みずほ総合研究所作成

図表2　主なイスラム過激派関連の出来事（2017年）

2月	ISに関与した疑いで、インドネシア人1人、マレーシア人2人を拘束。うち1人は宗教施設等へのテロを計画。
4月	シリア在住のISメンバーで、ガガク・ヒタムのリーダーであるムハマド・ワンディ・モハマド・ジェディ容疑者が、ドローンで攻撃を受けシリアで死亡。
5月	ISに関与した疑いで、3～4月にかけマレーシア人6人を逮捕、1人の行方を追っていると発表。うち2人はタイ南部から武器を密輸入、別の1人は宗教施設へのテロを計画。
6月	最高裁判所、2013年の侵入事件を起こしたスールー王国軍メンバー 9人に死刑判決。
	フィリピン、インドネシアとともにミンダナオ島沖での海上合同警備を開始。
7月	インドネシア、オーストラリア、フィリピン、ブルネイ、ニュージーランドとIS対策を話し合う閣僚級会合を開催。海上警備や情報交換の強化で合意。
8月	アブサヤフのメンバーとみられるフィリピン人2人、フィリピン系マレーシア人6人を逮捕。
9月	テロ関係者3人を逮捕。うち1人は非イスラム教の宗教施設へのテロを計画。

（資料）各種報道より、みずほ総合研究所作成

COLUMN ⑧

中間層のニーズに対応する医療サービスモデル

マレーシアは、世界銀行の分類によると1992年に上位中所得国の仲間入りを果たし、以降総じて安定的な経済成長が続いています。現在年間世帯可処分所得5000米ドル以上３万5000米ドル未満の中間層は全世帯の70％以上を占めるボリュームゾーンです。この中間層にフォーカスし成長を続ける民間病院グループにColumbia ASIAグループ（以下CA）があります。同社は1994年にマレーシアで創業し、現在は同国内に12病院を展開する有力事業者です。CAは実は外資系で、米シアトルに拠点を有するColumbia Pacific US LLCが所有しています。2016年には三井物産も出資参画しました。CA創業者のDaniel.R.Batyは米国で介護施設等のヘルスケアビジネスに携わり、中間層が増加する当時のマレーシアの医療市場に注目し、米国式の効率的でモダンな病院経営モデルを持ち込みました。マレーシアには公的保険制度はありませんが、公立病院には国の補助があり国民はわずかな負担で受診できますが、そのため常に混雑していて、多くはアメニティが低い状況にあります。一方で民間病院は医療の価格は各病院が設定し、患者は民間医療保険や自費で受診するので割高になりますが、比較的空いていてアメニティも高く、所得に余裕があれば民間病院を選ぶ患者が多く存在します。マレーシアの有力な民間病院にはKPJヘルスケアやIHHヘルスケアなどがありますが、いずれも高所得者や外国人を対象に、大都市の中心部に高度医療機器と著名な専門医を備えた大規模で豪華な総合病院を展開しています。これに対しCAの特徴は、高所得層向け民間医療と公的医療の隙間を埋める、質が高く中間層にも手が届く医療サービスモデルを構築した点にあります。CAの病院は、郊外の住宅地などに100床規模の小規模病院を開設し、救急医療等の地域医療（２次医療）や健診など地域住民の一般的な医療ニーズに事業分野を絞り込み、高度医療（３次医療）は行いません。また運営面では、華美ではなく清潔でモダンな規格化された建築フォーマット、現地医師の採用とトレーニングによる均質な医療サービス、オペレーションの標準化と全病院共通のIT基盤、民間保険会社等との契約による透明性の高い価格設定など、効率性の高い多店舗展開モデルを構築し、主に法人契約や民間保険に加入する患者に対して安全で良質な医療を低価格で提供しています。現在はマレーシアに加え、中間層の拡大が進むインド、インドネシア、ベトナムに事業を拡大し、アジアに29施設を展開している実績から、新興国での事業展開のひとつの成功モデルと評価できるでしょう。

第9章

シンガポールを理解しよう
～ASEANのフロントランナー～

テーマ63

シンガポールの特徴
～アジアの縮図とも呼ばれる都市国家～

東京23区並みの広さの都市国家

シンガポールは島国であり、東京都区部とほぼ同じ面積の都市国家で、経済も東京と変わらないほど、あるいはそれ以上に発展しています。

政府機関や金融機関が集まる中心街は、島の中央部で南側にせり出している辺りです。そこから海岸沿いに西側へ広がる地域はウエストコーストと呼ばれ、港湾施設や工業地帯が点在します。反対に東側へ向かってイーストコーストを過ぎた東端部には、国際玄関のチャンギ空港があります。中心街からチャンギ空港までは車で30分ほどの距離です。そして、中央部から北部にかけては今なお熱帯ジャングルが広がっています。都市部を高層開発したことで、狭い国土のなかにも緑を残すことができたのです。

隣国のマレーシアとは、北岸のジョホール水道を横切る1・1キロメートルのコーズウェイ橋と、西岸の1・9キロメートルに及ぶセカンドリンク橋で結ばれています。インドネシア領のバタム島やビンタン島も近く、フェリーで1時間ほどの距離です。

常夏の熱帯性気候

シンガポールは赤道直下の北緯1度に位置するため、年間を通じて午前7時頃に日の出があり、午後7時頃に日の入りとなります。熱帯性の気候で四季はなく、年間を通じて日中気温は摂氏30～35度程度です。このため、7～8月にかけては、35度を超えることもある日本に比べると、シンガポールの方が涼しいと感じることもあります。雨期は11月から翌年の1月とされますが、近年は雨期と乾期の差があいまいになったといわれることもあります。雨は短い時間に勢いよく降ることが多く、雨粒も日本よりは大きい印象です。また、激しく降るときは強い雷を伴うことがあります。

「アジアの縮図」多民族国家

総人口は561万人（2016年）ですが、このうちシンガポール国籍保有者は341万人にすぎません。残りは外国人と、外国籍の永住権保有者で、両者をあわせた外国人比率は約39%です。

人口の民族構成は、シンガポール統計

人口：561万人（2016年）
面積：719.9㎢
首都：シンガポール
名目GDP：2970億ドル（2016年）
1人当たりGDP：5万2961ドル（2016年）
産業構成：（名目GDP比、2016年）
第1次産業： 0.0%
第2次産業：26.1%
第3次産業：73.8%

政体：立憲共和制
元首：ハリマ・ヤコブ大統領（2017年12月末時点）
言語：国語はマレー語。公用語として英語、中国語、マレー語、タミル語
民族：中華系74.3%、マレー系13.4%、インド系9.0%、その他3.2%
宗教：仏教、イスラム教、キリスト教、道教、ヒンズー教
会計年度：4月～翌3月

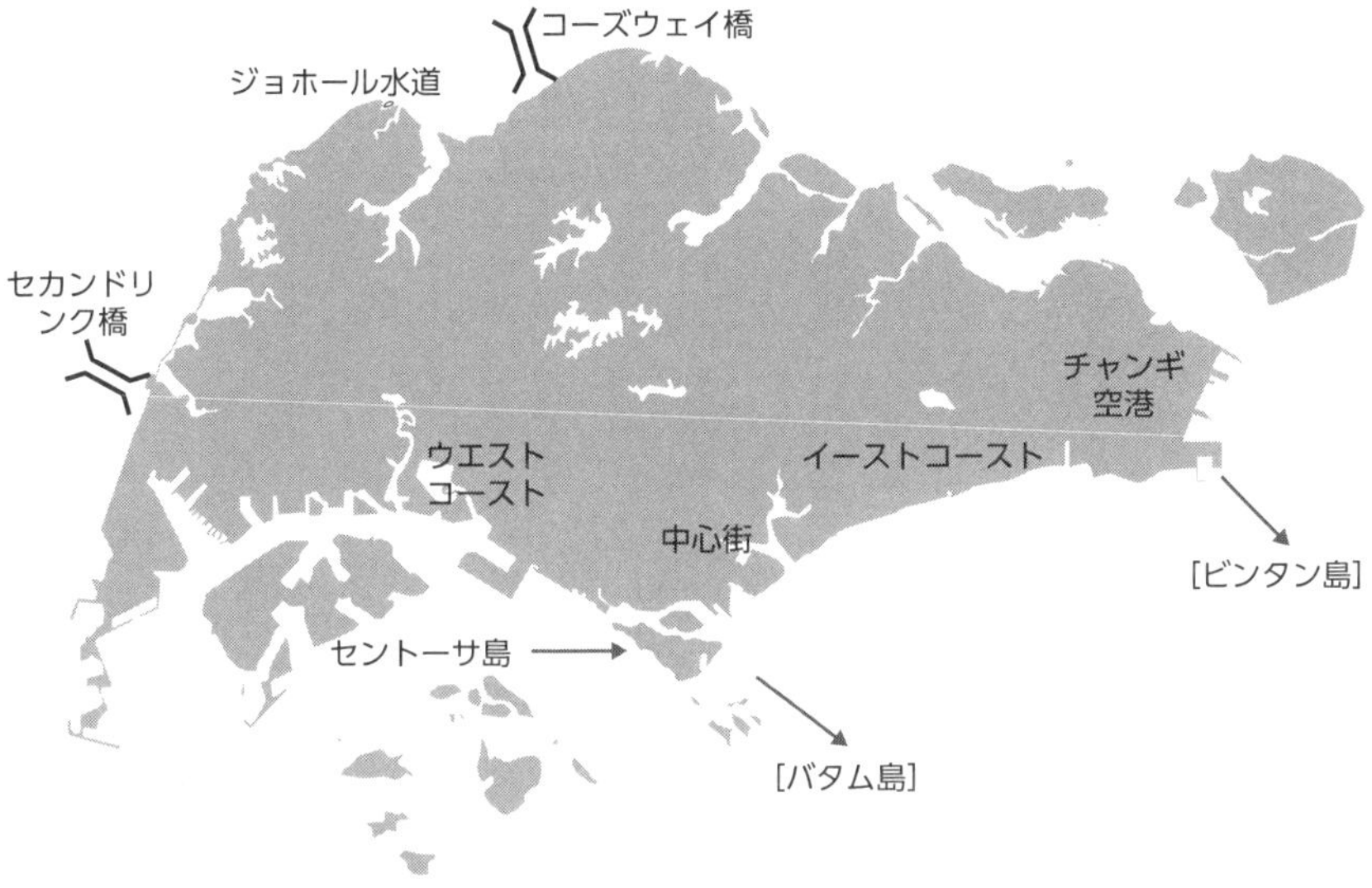

（資料）シンガポール統計局、外務省ウェブサイトなどより、みずほ総合研究所作成

局によると、中華系74％、マレー系13％、インド系9％、その他3％です。各民族にはさらに細かい分類があり、中華系の場合は福建系、潮州系、広東系が多いです。マレー系の場合はマレー半島系とジャワ島系など、インド系の場合はタミル系、マラヤリー系、ヒンディー系などに分かれます。

宗教の構成は、2010年の国勢調査によると、仏教33％、キリスト教18％、無宗教17％、イスラム教15％、道教11％、ヒンドゥー教5％と様々です。シンガポールの祝日には、ベサックデー（釈迦誕生日）、クリスマス、ハリラヤプアサ（イスラムの断食明け）、ディーパバリ（ヒンドゥーの光祭）など、複数の宗教にちなんだものがあります。

このように多様な民族と宗教のバックグラウンドを持つ「アジアの縮図」ともいうべきシンガポールは、アジア新興国とのビジネスを行うのに適した土地柄といえるでしょう。

マレー語が国語、英語は公用語

家庭で主に使われる言語は、北京語36％、英語32％、マレー語12％、福建語7％、広東語4％、タミル語3％となっています（以上の民族、宗教、言語の構成比は、2010年時点の国籍保有者および永住権保有者のベース）。

それでは国語は何かというと、12％の家庭でしか主に使われないマレー語です。このため、国歌「マジュラ・シンガプラ」（シンガポールに繁栄を）もマレー語の歌詞です。そして、国語を補う公用語として、北京語、英語、タミル語が採用されているのです。

実際には、ビジネスの現場では英語が標準的に使われています。このことが、外国企業の誘致や国際的な取引を行ううえでのメリットとなっています。もっとも、シンガポールの英語はシングリッシュと呼ばれており、中国語のようなリズムで話されたり、マレー語の単語を取り入れたりしており、外国人には聞き取りにくいことがあります。

「統制国家」の側面

シンガポールは、政府介入が非常に目立つ国、という一面を持っています。代表的なのがマスコミに対する厳しい統制で、3つある地上波テレビ放送は全て国営です。また、国境なき記者団が毎年発表している報道の自由度ランキングは、2017年で180カ国中151位となっています。シンガポールが、「明るい北朝鮮」との異名で呼ばれるゆえんです。

またシンガポールは、路上に痰を吐いたり、たばこの吸殻やゴミをポイ捨てしたり、ガムを持ち込んだりすると、政府が罰金を取ることでも有名です。こうした箸の上げ下ろしにまで口を出す政府の体質に、息苦しさを感じる人もいるでしょう。もっとも、ポイ捨てされたゴミは路上にいくらでも落ちていますので、監視の目が必ずしも行き届いているわけではありません。

「自由国家」の側面

反面、企業活動については、シンガポールは世界で最も自由な国の1つです。たとえば、米国ヘリテージ財団と米紙『ウォールストリートジャーナル』が発表する経済自由度指数は、香港に次ぎ世界2位となっています。法人税率が非常に低く、高度なインフラが整備されているなど、その他の投資環境が優れていることもあり、世界の企業がこぞってシンガポールに進出しています。また近年は、情報技術関連などで地場ベンチャー企業の台頭も目立ちます。

こうした企業活動に規制を設けないスタンスが奏功し、シンガポールは順調な経済発展を遂げてきました。２０１６年の１人当たり名目ＧＤＰは、ＡＳＥＡＮで最高の５万２９６１ドルで、日本の３万８８８３ドルをはるかに上回るまでになっています。所得格差が大きいことから所得水準が低い人も大勢いますが、平均的にみれば、シンガポールはアジア屈指の裕福な国です。

日本の存在感は意外に大きい

街中では、見慣れた日系のショップや飲食店などをたくさん見かけます。日本ブランドは一般消費者にかなりの人気となっており、日本の文化的な影響力は大きいといえるでしょう。

また、観光客向けの案内表示などでは、たまに日本語表記を見かけることがあります。かつて日本人が、観光客のうちのかなり高い割合を占めていたときの名残です。ただし現在は、中国本土人やインドネシア人などのアジア勢が台頭し、日本人観光客の存在感は低下しています。

日本語表記が入った看板

テーマ 64

シンガポールの政治

〜人民行動党の安定政権が続く〜

国父はリー・クアンユー氏

シンガポールは、1963年8月に英国からの独立を宣言し、同年9月にはマレーシアの一部となりました(図表1)。しかし、マレー系住民の権利を優先するマレーシアの本国政府と、中華系住民の多いシンガポールでは政策上の対立が大きく、1965年8月9日にシンガポールはマレーシアからも追い出される形で再び独立しました。

独立当時のシンガポールでは、多数派の中華系住民と、本国から取り残されたマレー系住民の対立があり、時には民族間の暴動が発生することもある不安定な社会状況でした。また、失業率が14%と高く、国民の多くは貧困状態にあり、シンガポールは第三世界の1つとみなされていました。「英国の統治を離れ、マレーシアからも追い出されてしまい、丸裸の小国シンガポールは潰れてしまう」。このような危機感が、独立以降の国づくりを指揮したリー・クアンユー初代首相の出発点で、歴代政権にも受け継がれました。

その後、シンガポールは、おおいなる経済発展を遂げました。2015年3月に逝去したリー初代首相は、特に若いシンガポール人に宛てて、「シンガポールの成功ストーリーは政府の努力によることを忘れてはいけない」と説いています。リー初代首相らの行った政策は、開発独裁と呼ばれることがあります。開発独裁とは、政治指導者が民主的な意思決定によらず、強権を発動して経済発展を急ぐ政治のことです。

強力な与党の支持基盤

現与党の人民行動党は、独立後に初めて行われた1968年の総選挙で86・7%もの得票率を記録し、全議席を独占しました(図表2)。その後の与党得票率は、これほどまでに高水準となることはありませんでしたが、それでも一貫して6割以上となっています。なぜ与党は、高い得票率を維持できるのでしょうか。

最大の理由は、与党のもとで経済が高い成長を続けたため、非常に厚い固定的な支持基盤ができていることです。開発独裁の場合、経済成長を遂げたとしても、えてして政府は腐敗・汚職に染まって支

図表1　シンガポール独立までの歴史

1819年	英国人トーマス・ラッフルズが上陸
1824年	正式に英国の植民地となる
1942年	日本軍による占領
1945年	再び英国領となる
1959年	英国より自治権を獲得、シンガポール自治州となる
1963年	マレーシア連邦成立に伴い、その一州として参加
1965年	マレーシアより分離、シンガポール共和国として独立

（資料）外務省より、みずほ総合研究所作成

図表2　総選挙における人民行動党得票率と議席占有率

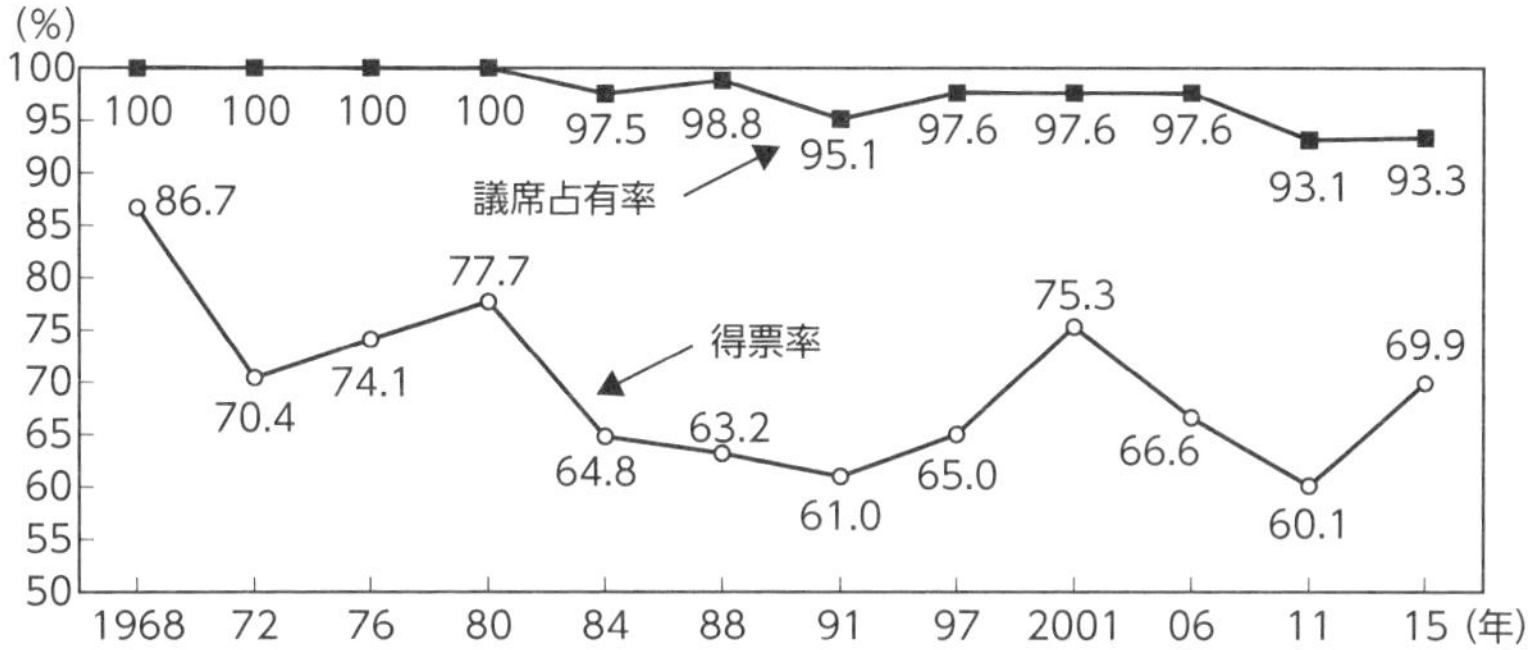

（注）議席占有率は、選挙で選出される部分のみで算出。
（資料）Singapore Elections、各種報道より、みずほ総合研究所作成

持を失うことがあります。しかしシンガポールでは、リー初代首相はじめ歴代首相が、清廉潔白なまま政権を維持しました。政権を交代させなければならないほどの積極的な理由が、有権者側になかったということでしょう。ちなみに21世紀以降、浮動層の投票行動はむしろ逆の傾向があり、「景気が良いと野党、景気が悪いと与党」に支持が向かいがちです。与党の長期政権には飽きているが、困難に立ち向かう能力があるのはやはり与党、という評価なのでしょう。

　また、主要なマスメディアの経営陣には政府の息がかかっており、政府が常に報道内容に目を光らせていることも理由として挙げられます。こうしたメディアを通じて、与党サイドは常に自らの主張を宣伝できますが、野党の主張はほとんど目に入りません。

　与党が野党支持の選挙区に嫌がらせをしたことも理由として挙げられます。具

体的には、1991年以来野党が議席を占めるホーガン選挙区で、国民の約8割が住む公団住宅の改修を、政府が後回しにしてきました。他選挙区の有権者も、同じ仕打ちを受けることは避けたかったはずですから、野党候補への投票を躊躇したことでしょう。

恣意的選挙区割り

以上、与党が選挙で高い得票率を続けられた理由をみてきましたが、高いといっても6割程度まで低下したこともあります。それに対し、与党の議席占有率は、常に9割を超えています。なぜ、こういうことが起こるのでしょうか。原因は、いわゆるゲリマンダーです。すなわち、与党に有利な形で、選挙区割りが変更されてきたからです。

1988年総選挙以降、選挙区割り変更は、定数変更を伴う複雑なものとなっています。もともとは単純な小選挙区制が採用されていましたが、その前回（1984年）の総選挙で与党の得票率が急落しました。これに危機感を抱いた与党は、従来型の小選挙区も残す一方、地域によっては定数4～6のグループ選挙区を導入、第1党が議席を総取りする方式としました（図表3）。簡単にいえば、「与党が、負けそうな小選挙区を、優勢な複数の小選挙区とくっつけて、議席を総取りしてしまうこと」を意味します。こうした状況から、総選挙の結果を評価する物差しとしては、議席占有率よりも得票率の方が重要でしょう。

選挙区選出でない議員も

シンガポールには、選挙区で選出されていない議員もいます。まず、1984年の総選挙から導入された非選挙区選出議員です。落選した野党候補者のうち、得票率の高い順に非選挙区選出議員とし、当選者と合わせた野党議員数が下限を下回らないようにします。したがって、野党から下限以上の当選者が出れば、非選挙区選出議員はゼロになります。2015年の総選挙では、この下限は9人とされ、当選者は6人でしたので、非選挙区選出議員は3人となりました。2016年の憲法改正により、次回総選挙では下限が12人となります。

もう1つが、1990年に導入され、大統領が任命する最大9人の「指名議員」です。任命される条件としては、「卓越した公的サービスを提供した者」「国家に名誉をもたらした者」「文学・芸術、文化、科学、ビジネス、工業、専門的職業、社会・共同体サービス、労働運動で卓越した業績を残した者」のうち、党派性がない者となっています。

いずれの議員も、憲法の改正案や内閣不信任案など一定の議決に加われないという制約がありました。この制約は、2016年の憲法改正で非選挙区選出議員に対しては撤廃されましたが、指名議員に対しては残っています。

与党の支持が盛り返す

２０１１年の総選挙で、得票率が史上最低となるなど、与党は苦戦を強いられました。住宅価格の高騰や、外国人労働者の流入増などが不評だったためです。東部のアルジュニード選挙区では、与党は歴史上初めて、グループ選挙区の議席を落としました。またその3カ月後に行われた大統領選挙では、与党系のトニー・タン候補が勝利したものの、得票率はわずか35・2％で、次点候補との差は０・４％ポイントにとどまりました。２０１２、２０１３年に行われた国会議員の補欠選挙でも、野党が勝利しました。

これに対し与党は、住宅価格抑制策や、外国人労働者流入規制などを実施し、真摯に批判に向き合う姿勢をみせました。目立ったゲリマンダーはせず、敗北したアルジュニード選挙区は、グループ選挙区として残しました。２０１５年、国父・リー・クアンユー元首相が逝去し、また同年、建国50周年を祝うイベントが各所で開催されたため、建国以来の与党の実績に焦点が当たることとなりました。こうした状況で解散総選挙が実施され、与党支持率は約7割まで回復しました。

憲法改正でマレー系大統領誕生

シンガポールの国家元首は大統領で、直接投票によって選ばれますが、あまり実権はありません。２０１６年の憲法改正で、「過去5回連続で大統領に選ばれていない民族から選出する」ようになりました。ここでいう民族とは、①中国人、②マレー人、③インド人・その他です。２０１７年の大統領選挙では、唯一立候補資格があったマレー人から、ハリマ・ヤコブ前国会議長が無投票で選出されました。

図表3　選出方法別にみた議員の種類

	選挙区数	総定数
定数1の小選挙区選出議員	13	13
定数4のグループ選挙区選出議員	6	24
定数5のグループ選挙区選出議員	8	40
定数6のグループ選挙区選出議員	2	12
非選挙区選出議員	–	12－野党の選挙区当選者数 (野党当選者数が12以上の時は0)
指名議員	–	最大9

（資料）シンガポール選挙局、シンガポール憲法より、みずほ総合研究所作成

テーマ 65

シンガポールの外交
～多角的友好関係を目指す～

多角的友好関係

小国シンガポールの基本的な外交姿勢は、簡単にいえば、どの国とも仲良くするということです。１９６５年の独立直後に国連、１９７０年に非同盟諸国会議に加盟しています。もっとも、反共色の強い国であるため、実態としてはやや欧米寄りだったといえるでしょう。１９７１年に英国、オーストラリア、ニュージーランド、マレーシアとの間で結んだ5カ国防衛取極は、現在まで続いています。またシンガポールは、１９６７年に発足したＡＳＥＡＮの設立メンバーです。経済交流や地域安定のため、同加盟国との友好関係が特に重視されています。

マレーシアとの関係は改善

英領だったシンガポールは、１９６３年にマラヤ連邦（旧英領のマレー半島）、英領サバ・サラワクとともにマレーシア連邦を結成、１９６５年までその一部を構成しました。しかし、マレー系と中国系の民族対立のなかで、シンガポールはマレーシアから事実上追い出された経緯があります。

１９６９年に、マレーシアでマレー系住民と中国系住民の衝突が起こると、シンガポールでも同様の事件が発生しました。その後も、マレーシアがシンガポールへの水供給停止をちらつかせるなど、両国関係はしばしば緊張しました。

もっとも、マレーシアとの間でいさかいはあっても、同国は軍事的な脅威とまでは、ほぼ認識されていません。現在では、マレーシアとの関係は大きく改善されています。

インドネシアとの歴史認識問題

一方、もう1つの隣国であるインドネシアは、軍事的な脅威だった時代があります。同国のスカルノ初代大統領が、マレーシア連邦は英国の植民地主義の表れとみなし、その結成に強く反対したためです。１９６５年には、インドネシア人兵士のウスマンとハルンが、シンガポールで爆弾テロを起こすという事件も発生しました。その後、１９６７年にスカルノが失脚したこともあり、徐々にインドネシアとの関係は改善して経済関係も深まり、現在の両国関係は良好です。

ただし２０１４年、インドネシアがフリゲート艦に「ウスマン・ハルン」と名付けたことに対し、シンガポールが名称変更を要求、内政干渉だとしてインドネシアがこれに反発する事件が起こりました。ウスマンとハルンは、シンガポールにとってはテロリスト、インドネシアにとっては英雄です。両国関係を決定的に悪化させるような事件ではありませんが、隣国だけに利害が一致しないことはままあるのでしょう。

対米関係は最重要

シンガポールは独立後、安全保障面では旧宗主国・英国との関係を重視してきました。ところが、同国が次第にアジアでの軍事プレゼンスを低めたこともあり、次第に米国との関係を重視するようになりました。１９９０年に米国と覚書を交わし、米軍はシンガポールの軍事施設へのアクセス権を得ました。２００５年には、米・シンガポール戦略枠組みが合意されました（内容非公開）。２００９年には、米軍との協力緊密化のため、指揮統制センターを作りました。

経済面でも、米国との関係を最も重視しており、米国との自由貿易協定（ＦＴＡ）は２００４年に発効しています。また、結果的に米国は離脱しましたが、米国が主導していた環太平洋経済連携協定（ＴＰＰ）の交渉にも参加しています。

シンガポールは親中に非《あら》ず

シンガポールは、同じ民族である中国に親近感を抱いており、経済面では活発な交流がみられます。中国が主導するアジアインフラ投資銀行（ＡＩＩＢ）や一帯一路には積極的に参加しています。とはいえ、中国に対しては是々非々の立場で臨んでおり、南シナ海問題では、国際法に基づく解決を主張しています。２０１６年には、台湾での軍事訓練でシンガポールが使用した兵器が、香港で差し押さえられるという事件も起こっています。

日本とは経済中心の関係

シンガポールでは１９４２年、当時の日本軍による、いわゆる「華僑粛清」で多数の中国系市民が殺害されました。このため、かつて対日感情はきわめて厳しいものでした。シンガポール建国の翌年１９６６年に、日本はシンガポールと国交を結び、その後の対日感情は徐々に改善していきました。

現在、日本とシンガポールの間には政治的な懸案事項は存在しておらず、両国関係は良好です。また経済面では、二国間の貿易、投資が活発に行われています。２０１６年末時点での日本からの直接投資残高は4兆６４３３億円で、アジアのなかでは、中国の12兆６４６８億円、タイの6兆２７２５億円に次ぐ3位となっています。

テーマ 66

シンガポールの経済

～世界最高レベルの投資環境だが、低成長時代に突入～

外資・政府系が活躍

　シンガポールは、天然資源がなく、国内市場も小さな国です。このため、高度なインフラ、徹底した規制緩和、知的財産権の保護、低い税負担などを武器に、高度な技術を持った外国企業を積極的に受け入れています。たとえば法人税率は、香港の16・5％に次ぐ低水準の17％で、さらに各種の優遇税制が別途適用される場合もあります。シンガポールの投資環境は、世界でも屈指の高水準と評されています。

　国内企業に目を転じると、活躍が目立つのは、政府系投資会社であるテマセク・ホールディングスが出資する政府系企業です（図表1）。政府系企業というと、規制に守られた天下り先という印象を受けますが、シンガポールの場合はまったく異なります。政府系企業といえども、強力な外資系企業と戦いつつ常に利益を出していくことを求められます。経営者が官僚出身であれ、民間企業出身であれ、その点に何ら変わりはありません。

　政府系企業を中心とする発展モデルは、徹底した能力主義・成果主義に基づいて官僚機構がうまく統治されているシンガポールだからこそ、採用可能なのでしょう。他の国が真似ても、汚職・腐敗が横行し、民業を圧迫する結果に終わる可能性があります。もっともシンガポールでも、ＩＴ関連のベンチャーなど、新しい分野では民間企業が続々と誕生しています。

製造業も健在

　経済発展が進んだシンガポールでは、第1次産業（農林水産業）は、ほぼ残っていません（図表2）。

　製造、建設、電気・ガス・水道からなる、第2次産業の付加価値生産額がＧＤＰに占める割合は、4分の1強です。しばしば比較対象となる香港ではかなり廃れてしまった製造業も、政策的にある程度国内にとどめようとしており、いまだ健在です。エレクトロニクスと海上石油掘削装置が伝統的な主力製造業ですが、税制優遇等により誘致に力を入れたことが奏功し、近年は医薬製造が大きく拡大しています。

　ＧＤＰの4分の3弱が第3次産業です。

図表1　テマセクの主な出資先企業

企業名	業種	出資比率（%）
STテレメディア	情報通信	100
メディアコープ	放送	100
シンガポールテレコム	通信	52
ケッペル	海上石油掘削装置製造	20
PSAインターナショナル	港湾運営	20
セムコープ	重工業	49
STエンジニアリング	防衛・航空機整備	51
シンガポール航空	空運	56
シンガポールパワー	電力・ガス	100
SMRT	鉄道・陸運	100
キャピタランド	不動産	40
M+S	不動産	40
オラム・インターナショナル	農産物商社	52
スルバナ・ジュロン	都市開発	100
アセンダス・シンブリッジ	都市開発	51
マンダイ・パーク	テーマパーク開発	100
メープルツリー	不動産	100
SATS	空港サービス	40

（資料）Temasek “Temasek Review 2017” より、みずほ総合研究所作成

図表2　GDPの産業別内訳

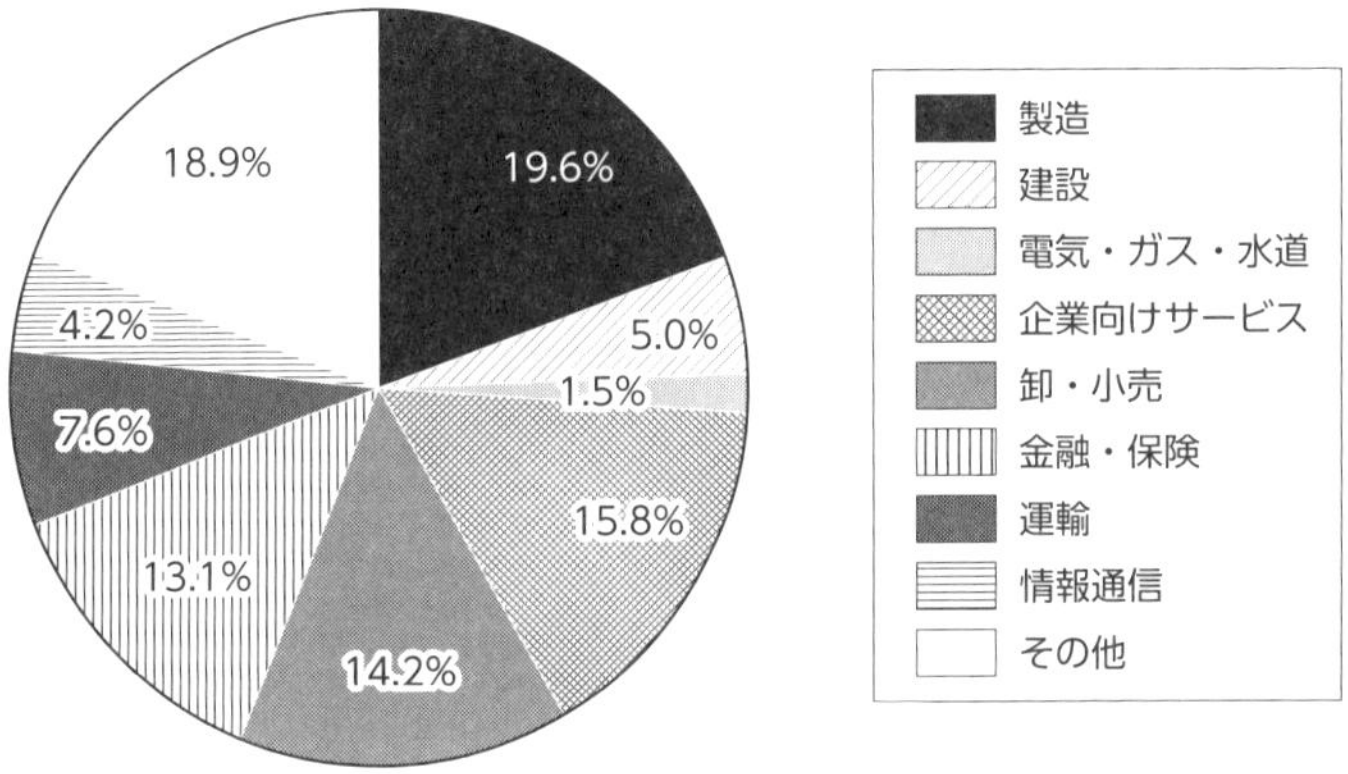

（注）その他の内訳は、「その他サービス」（12.2%）、「帰属家賃」（4.4%）、「飲食・宿泊」（2.2%）、「その他」（0.0%）。第1次産業が含まれているとすれば、上記「その他」と思われる。
（資料）シンガポール統計局より、みずほ総合研究所作成

マレー半島南端という地理的な優位性に加え、水深15～16ｍの大水深港があり、昔から物流ハブとして機能してきました。このため貿易（図表2では卸・小売の一部）や海運（同じく運輸の一部）がかねてからの主力産業となっています。また、24時間稼働のチャンギ国際空港を擁しており、空運も発達しています。

近年成長が目覚ましいのが、会計サービス、法務サービス、コンサルティングなどを含む企業向けサービスと、金融・保険です。これらの業種に属する世界の名だたる企業が、シンガポールに進出しています。

外国人受入れ姿勢に変化

シンガポールの経済成長を支えてきた大きな要素の1つが、外国人労働者の積極的な受入れです。経営者、技術者、家政婦、建設労働者など、ありとあらゆる職種で労働者を受け入れたため、労働供給の制約はさほど大きくありませんでした。所得水準が上昇するなかでも、製造業がそれなりの規模を保つことができたのも、外国人労働者の存在があったからです。

人口に占める国籍保有者の比率は、かつては9割を超えていましたが、外国人労働者を積極的に受け入れた結果、現在では6割強程度まで低下しました（図表3）。そして、住宅価格高騰や、交通機関の混雑などをもたらしているとして、外国人労働者の受入れに国民が反発しました。このため政府は、現在は外国人労働者の流入を、ある程度は抑制するようになっています。その影響により今後は、少子高齢化の悪影響がこれまで以上に目立ってくるでしょう。

低成長時代の到来

シンガポールは、引き続きインフラや経済制度の面では、東南アジア地域で群を抜いて高い評価を得ています。経済成長の基盤は、整っているとみていいでしょう。もっとも、投資環境が世界最高峰であるが故に、さらなる改善は容易ではなく、成長を持続するためにできることは限られています。しかも、外国人労働者の流入を抑制する方向に傾いています。成長率は、過去の平均的な水準と比べれば、下がると考えるのが妥当でしょう。

政府の諮問機関である未来経済委員会は、労働投入が伸び悩むなかでも経済成長を維持するため、経済全体の生産性を高めるべく、情報技術の活用や技術革新などを提言しました（図表4）。これらは、生産性の向上に一定の効果を発揮し、成長を下支えすることになるでしょう。

過去5年間平均の実質ＧＤＰ成長率は、3・2％でした。当面の平均的な成長率は、外国人労働者の流入を抑制するのであれば、2％台の後半に低下していくと予想しています。

図表3　人口の推移と構成

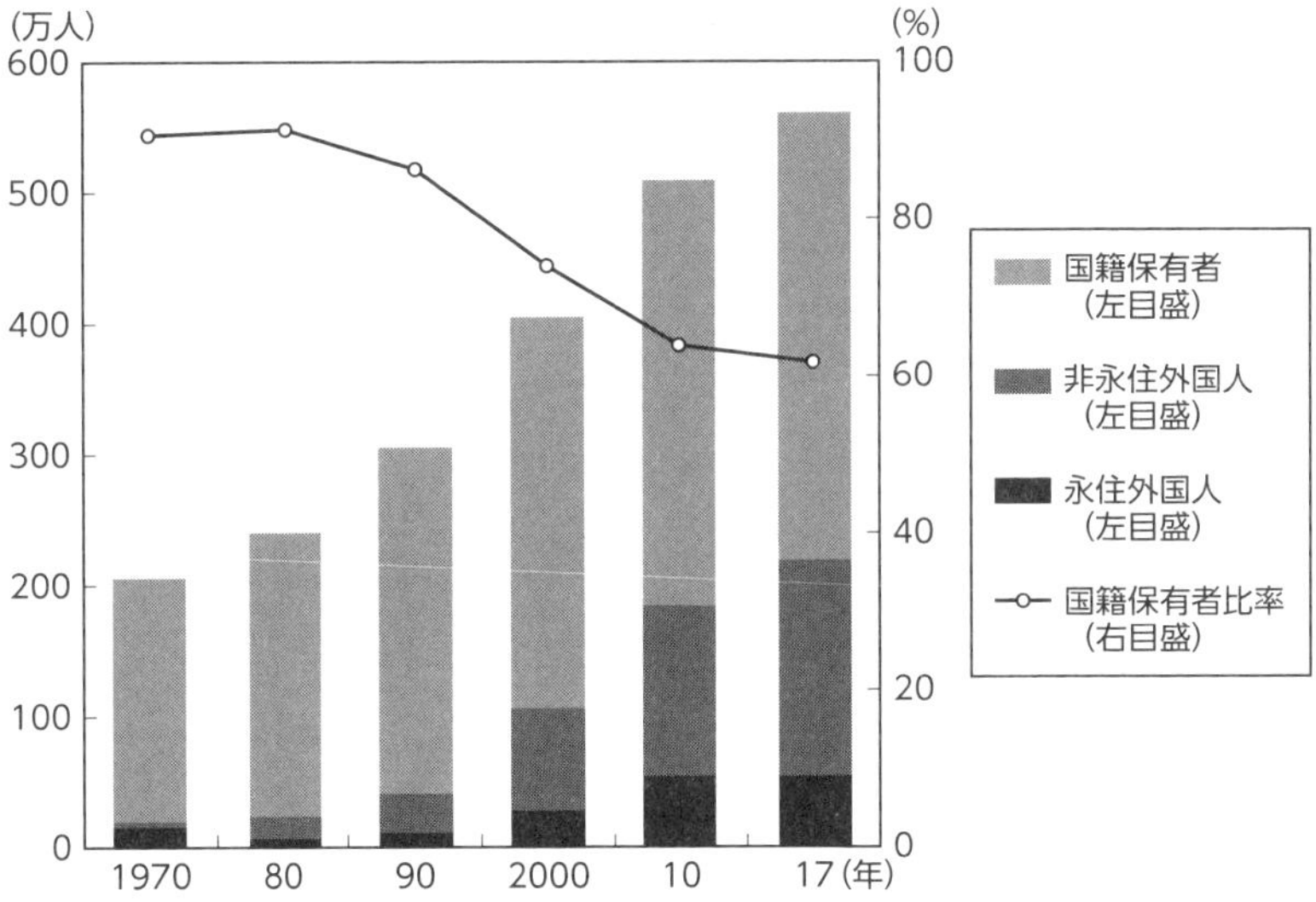

（資料）シンガポール統計局より、みずほ総合研究所作成

図表4　未来経済委員会が提言した7項目の戦略

1. 国際的関係の進化・多様化
2. 優れた技術の獲得・活用
3. 技術革新と規模拡大に向けた企業の能力強化
4. 確固たる情報技術活用力の育成
5. ビジネスの機会に満ちあふれ、活力のあるハブ都市の開発
6. 産業構造改革計画の策定と、その実施
7. 技術革新と成長を可能にする官民等の協力関係の構築

（資料）シンガポール未来経済委員会より、みずほ総合研究所作成

テーマ 67

シンガポールの消費市場
～多様な商業施設、Eコマースも拡大～

豊かな国ではあるが、格差も

シンガポールは、所得水準が先進国並みとなってからも、高い所得の伸びが続いてきました。2016年の1人当たりGDPは、ASEANで最高の5万2961ドルとなっており、日本の3万8883ドルをはるかに上回っています。経済的に豊かな国であることは間違いないでしょう。

一方で、所得格差は決して小さくありません。毎日の平均収入額をみると、全人口に占める所得下位10％は14・8国際米ドルですが、所得上位10％は347・9国際米ドルです（図表1）。

庶民向け商業施設

いわゆるウェットマーケットは、庶民がよく買い物をする市場です。通常値札は貼られておらず、値段は交渉で決まります。売られているのは生鮮食品が中心ですが、衣類店や雑貨店なども入居していることが多く、生活必需品が一通り揃います。

チャイナタウンなどで見られる古いビルのショッピングモールは、ちょっと怪しげな雰囲気で、やはり庶民がよく買い物に訪れます。携帯電話など電子製品販売店、手芸用品店、衣類店、旅行代理店、時計店など、様々な店舗が入居しています。これらのショッピングモールでも、値札は通常貼られていません。

このほか、HDB住宅（一般向け公共住宅）の1階にしばしば入居している、スーパーのシェンション（昇松）やフェアプライスなども庶民向けですが、これらでは値札が貼られています。

庶民が外食でしばしば利用するのが、ホーカーセンターと呼ばれる、1食が4～6シンガポールドル（約330～500円）程度の「フードコート」です。海南チキンライス、経済飯（ライスにおかずを何品かかけたもの）、醸豆腐《ヨンタオフー》（魚の練り物や野菜などを軽く茹《ゆ》で、麺にのせたもの）などのローカルフードは非常によく見かけます。場所にもよりますが、周辺東南アジア諸国、日本、西洋など、様々な外国料理も提供されています。

中心部の金融街にあるラオパサなど、建物全体がホーカーセンターとなっていることもあれば、ウェットマーケットや

図表1　十分位数別の所得分布

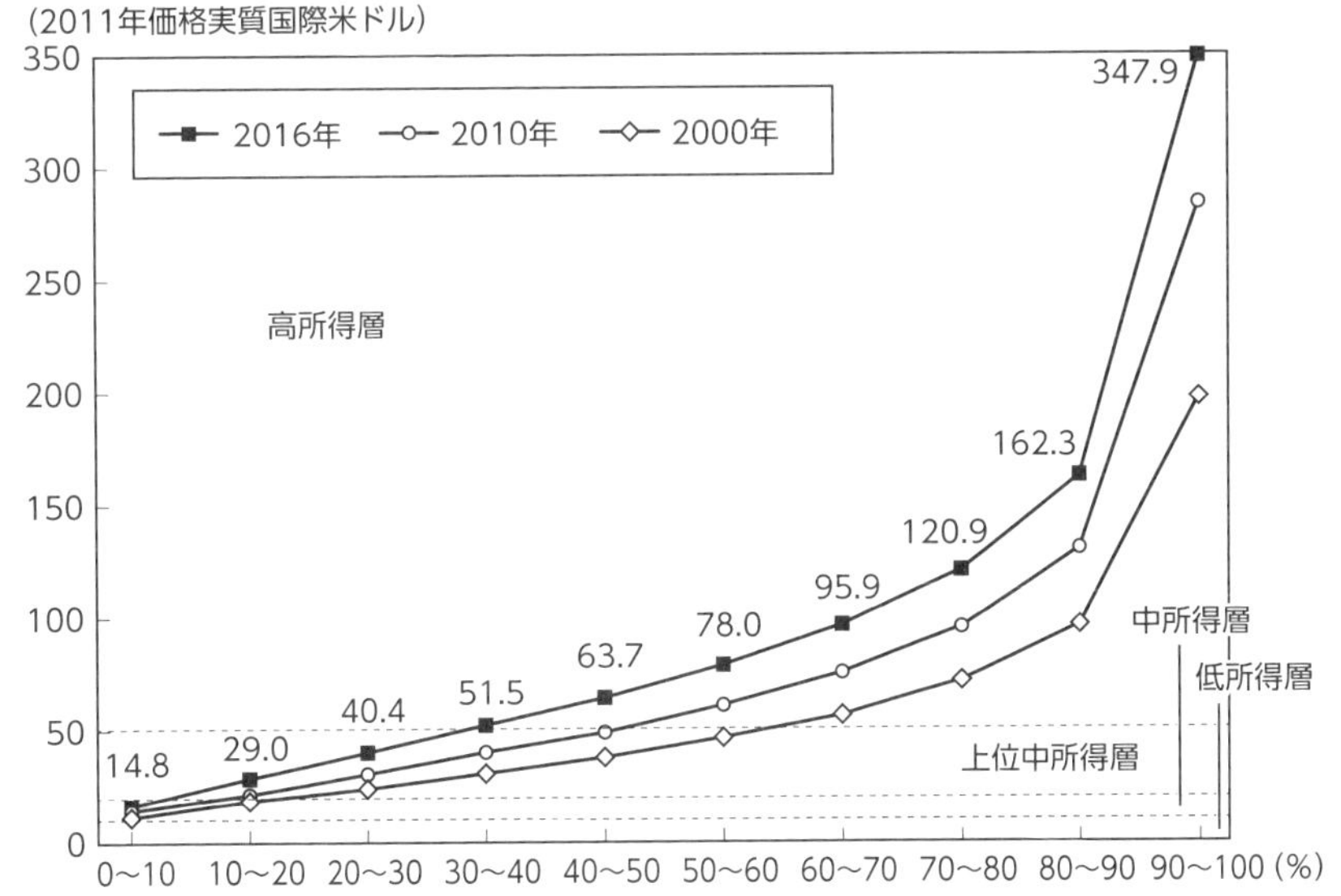

（注）1．十分位数とは、所得順に人口を10等分したもの。
2．毎日の収入について、低所得層は10ドル未満、中所得層は10～20ドル、上位中所得層は20～50ドル、高所得層は50国際ドル以上とした。
（資料）シンガポール統計局より、みずほ総合研究所作成

古いビルなどに併設されていることもあります。

やや高所得者向けの商業施設

高所得層も含め、幅広い層が普段の買い物で訪れるのが、比較的新しいビルのショッピングモールです。こうした商業施設では、H&MやGUESSなど世界的に有名なブランドや、多種多様な飲食店を見つけることができます。日本では単独でビルを使い切ることが多い百貨店も、当地では多くがショッピングモールのテナントとなっています。また、コールド・ストレージ、フェアプライス・ファイネスト、ジャイアントといったスーパーも、主要テナントとしてしばしば出店しています。

オーチャード地区の一部ショッピングモールは、売場面積に占める高級ブランドの比率が相対的に高く、普段はあまり混雑していません。こうした商業施設で

は、旅行者を含め比較的所得水準の高い層が、顧客の主体になっているとみられます。また、中心部金融街やオーチャード地区などでは、高級レストランも数多く軒を連ねています。

周辺国も考慮

シンガポールには多くの旅行者が訪れますが、とりわけインドネシア、マレーシアなど周辺の東南アジア諸国からの旅行者が目立ちます。そして、シンガポールで様々なモノを購入します。このためシンガポールは、事実上、東南アジアのショーウィンドーとなっています。

シンガポールを実験の場として、周辺国の消費者の好みを分析したり、周辺国を視野に入れた商品開発を行ったりするケースがあります。日本の消費関連企業の間にも、まずはシンガポールに進出し、周辺国への展開を準備する動きが現れています。

自動車は制度上普及せず

所得水準がすでに高いこともあり、主要な耐久消費財は多くの家庭に備えてあります。このため、今後大きな需要の伸びは期待できないでしょう。

例外的に自動車は普及しておらず、２０１５年時点における１０００人当たり保有台数が１４５台と、マレーシアの４３９台やタイの２２８台よりも少なくなっています。所得水準が高いにもかかわらず自動車が普及していないのは、交通渋滞を緩和するため、自動車購入に際し、自動車所有権の取得を義務づけているためです。排気量１６００ｃｃ以下の小型車の場合、２０１７年10月19日時点の所有権落札価格は4万１６１７シンガポールドル（約３４７万円）です。これに車両価格と各種税金が加わるので、総取得費用は10万５０００シンガポールドル（約８７０万円）程度と高級車並みになります。自動車は高嶺の花で、今後も大きな需要の伸びは期待できません。

保険・外食がシェア拡大

入手可能な直近の家計支出を10年前と比べると、不動産価格の上昇を反映し、支出に占めるシェアが最も伸びているのは住居費でした（図表2）。これに続くのが保険で、生命保険と医療保険が大きく伸びています。外食・ケータリングも堅調で、この2つが家計周りの成長産業だったといえます。運輸のシェア拡大は、ガソリン価格の上昇を反映しているに過ぎません。

一方、シェアが落ち込んだのは、まず娯楽・文化・宿泊です。ＡＶ・情報機器の価格下落に加え、賭博《とばく》、テレビ契約料、新聞・書籍・雑誌への支出が減ったことが影響しています。価格が下落した車両や通信、必需品の食品・飲料や家庭用品といったシェアも低下しています。

図表2　2012～13年家計支出項目の2002～03年対比増加率

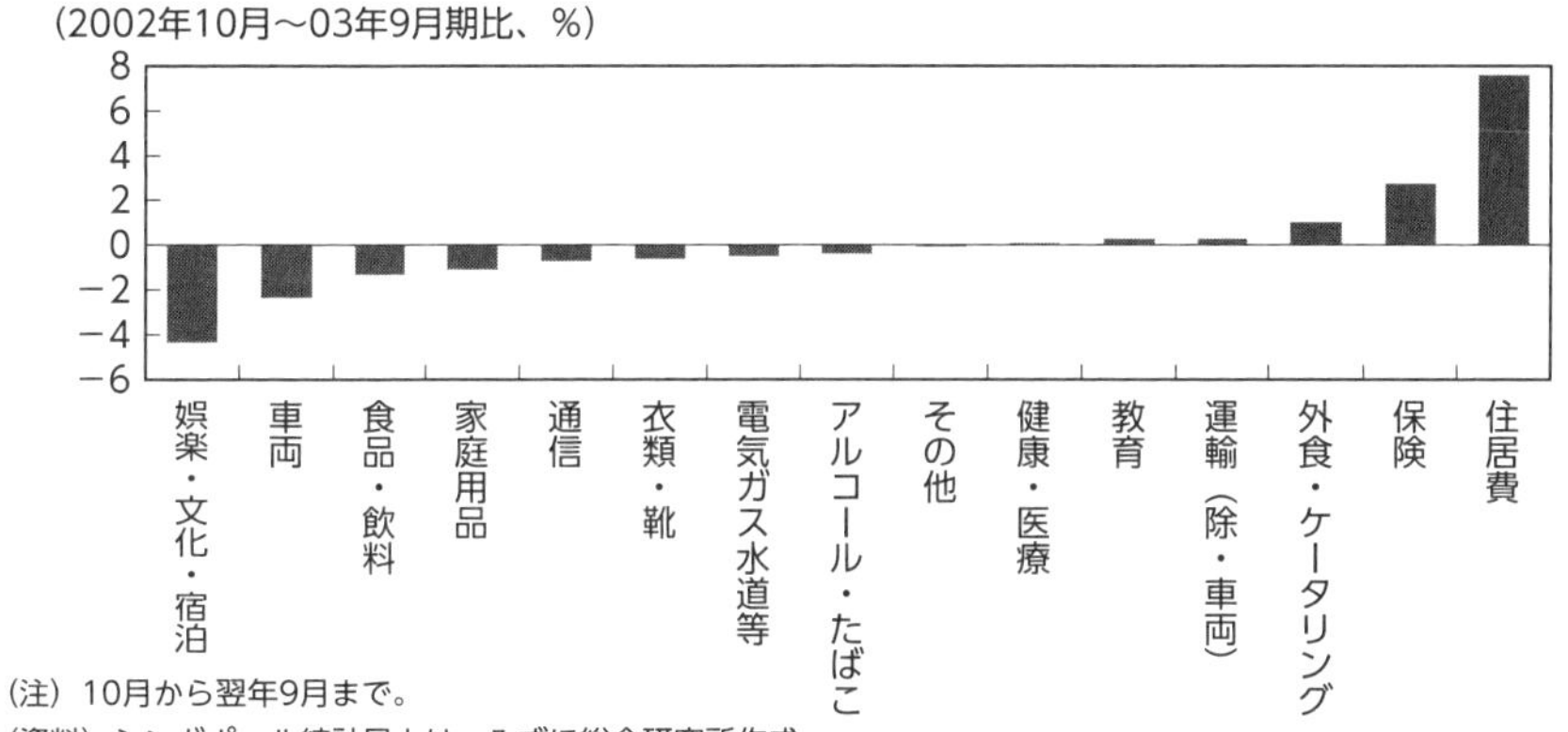

(注) 10月から翌年9月まで。
(資料) シンガポール統計局より、みずほ総合研究所作成

キャッシュレス化が進む

シンガポールでは、クレジットカード普及以前の1985年、デビットカードのNETSがサービスを開始しました。多数のATMカードに機能が搭載されているうえ、非常に多くの店で使えるため、幅広く活用されています。

日本のSUICAやPASMOに該当するプリペイド交通カードは、2002年にサービスを開始したEZ-Linkが草分けです。セブン-イレブンをはじめ、168の店舗での支払いに使うこともできます。2009年には、前出NETSが、EZ-Linkとほぼ同じ機能を持つNETSフラッシュペイの発行を開始、両者は競合関係にあります。

交通機関では原則として使えませんが、ビザのペイウェーブ、マスターカードのコンタクトレス、アメリカンエキスプレスのExpressPayといった、世界標準のポストペイ型決済も幅広く使われています。アップル、グーグル（アンドロイド）、サムスンの非接触型決済サービスも一斉に始まりました。

Eコマースが拡大

英ウィーアーソーシャル社の調査によると、2016年において、全人口に占めるEコマース（EC、電子商取引）利用者の割合は、51％に達しました。購入に際し、49％はパソコン、40％はスマートフォンなどの携帯端末を利用したとのことです。通信インフラが発展していることに加え、日本ほどではないにせよ物流サービスもある程度の高品質に達しているため、周辺諸国よりもECが広まりやすかったといえます。ECが拡大した結果、既存の商業施設には悪影響が出ている模様です。特に、大繁華街として知られるオーチャードの人通りが減ったとの見方も出ています。

テーマ

68

シンガポールの有望分野・進出事例

～様々な分野の日系店が進出～

日系百貨店に存在感

所得水準が比較的高いシンガポールでは、日本品質の商品・サービスが求められる場合もあり、かねてから日系小売業の進出が相次いできました。

かつての主役は百貨店で、日系大手が軒並み出店していた時代がありましたが、大部分は撤退してしまいました。ただし、1972年に進出した最古参の伊勢丹は、すっかり地元に根付いており、現在は6店を展開しています。1995年に進出した高島屋も人気店です。大繁華街であるオーチャードでは、どちらも欠かせない存在となっています。

また、かつて大丸が入居していたショッピングモールのリャンコートは、今でも日系小売店や日系レストランの集積地となっています。現在は、日本人駐在員御用達の食品スーパーである明治屋が、中核的なテナントとして入っています。

百貨店以外が健闘

最近元気な日系小売店は、雑貨店のMUJIと東急ハンズ、アパレルのユニクロ、2シンガポールドルショップのダイソーといったところで、複数の店舗を構えつつ勢力を伸ばしています。

最近目覚ましく店舗網を拡大し、躍進ぶりが目立っているのが、格安メガネのオンデーズです。2013年7月にシンガポールに初出店したばかりですが、店舗数は早くも29店に達しました。これに対抗し、2017年4月には、同業のZoffが初出店しました。

他の最近の動きをみると、ファッションビルのルミネが、2017年11月に、初の海外進出となるルミネ・シンガポールをオープンしました。また、ディスカウントストア最大手のドン・キホーテが、2017年12月に東南アジア1号店をシンガポールに開きました。

飲食店は競争が激しい

テーマ67でみたとおり、外食は支出に占めるシェアが拡大している品目で、今後も伸びが期待できる分野といえます。内部に日本食専門街が作られているショッピングモールもあり、伊勢丹ウィスマ・アトリア店のジャパン・フード・タウン（2016年7月開業）、100A

Mのitadakimasu by PARCO（2016年12月開業）が代表例です。

ただし、日系レストランは、すでにかなりの数が進出しており、依然商機があるとはいえ、競争はきわめて激しいといえるでしょう。出店が比較的目立つのは、鉄板焼きのペッパーランチ（39店）、ハンバーガーのモスバーガー（31店）、ファミリーレストランのサイゼリヤ（20店）などです。

また、けいすけや一風堂をはじめとするラーメン店は至る所で目にします。ミシュランで1つ星を獲得したラーメンの蔦も、2016年11月に出店しました。

変り種としては、2016年12月にJR東日本が、JAPAN RAIL CAFEを開店しました。「日本を感じる季節感のある料理や飲料」を提供するとともに、JTBの旅行カウンターを併設することで、日本への旅行需要喚起を目指しています。

また、菓子店やパン店については、日系の店舗がかなり多くなっています。山崎パン系のフォーリーブズ（35店）と、洋菓子のシャトレーゼ（21店）は、一大勢力と言っていいでしょう。

サービスにも商機

ヘア、エステ、脱毛、ネイル等の日系美容サロンの進出も相次いでいます。特にヘアサロンについては、経営母体が日系であるだけでなく、スタイリストも日本人である場合が一般的です。かつては対面サービスの輸出は難しいと考えられていましたが、人材を送り込む形で海外市場にサービスが提供されています。

他に最近目立っているのは、低価格理髪店であるQBハウス（35店）の躍進です。12シンガポールドル、ないし15シンガポールドルでヘアカットをしてもらえます。模倣店も多いですが、やはり本家の信頼度は高いようです。

タンジョンパガーにあるJRカフェ

テーマ
69
シンガポールの経済リスク
〜基本的にリスクは小さい〜

経済運営は健全

まず、経済が不安定化するリスクについて考えます。

経済の安定性を図る最も代表的な指標は消費者物価指数（ＣＰＩ）ですが、金融政策をつかさどるシンガポール通貨庁が運営の判断材料として重視しているのはコアＣＰＩです。これは、総合ＣＰＩから民間道路運輸と住居費を除いたものです。

コアＣＰＩは、国際的に原油・穀物などの商品価格が急上昇した２００８年といった例外もありますが、おおむね０〜３％程度に収まっています（図表1）。シンガポール経済は、安定的に運営されてきたといっていいでしょう。

その主たる要因としては、通貨金融庁が、先々の経済をきちんと見通す能力に優れ、適切な金融政策を行っていることが挙げられます。政府の財政運営も健全で、政府の債務返済能力への信用度を示す国債格付は、主要3格付機関において、いずれも最高のトリプルAとなっています。政策への信任が高いことから、今後も物価は安定的に推移する可能性が高いと思われます。

物価が安定する一方、ＧＤＰ成長率が一時的に急低下するリスクは高い方です。輸出依存度が非常に高いため（図表2）、外国で何か大きな経済的ショックが発生した場合は、輸出の急激な減少が経済全体に大打撃となるからです。実際、過去を振り返ってみると、アジア通貨危機の影響を受けた１９９８年、ＩＴバブルが崩壊した２００１年、世界金融危機が発生した２００９年は、マイナス成長となっています。

中長期成長率は低下へ

次に、平均的な経済成長率が、中長期的に低下していくリスクについて考えてみます。すでにテーマ66でみたとおり、シンガポールでは、少子高齢化が進むなかで外国人労働者の流入抑制が図られています。したがって、これは差し迫ったリスクといえるでしょう。少子化対策で抜本的な対策が打ち出されるか、あるいは外国人労働者の流入を再度積極化するかのどちらかが実施されないかぎり、成長率は低下していくことになるでしょう。

自然災害リスクは小さい

シンガポールは、自然災害の起こる可能性が非常に低い国です。台風は来ませんし、体感できるほどの地震はほとんどありません。洪水のリスクはありますが、少なくとも近年、大きな被害は出ていません。また、農業が発達していないうえ、高度な水のリサイクルシステムを持つため、干ばつの直接的な悪影響も大きくはありません。

ただし、1998年や2015年の大干ばつの際は、インドネシアの焼畑農業により発生した山火事が乾燥のために長引き、深刻な煙害（ヘイズ）から健康被害が広がりました。これが、最も現実的な自然災害の脅威といえるでしょう。

また、巨大地震の震源となるスンダ海溝に近いことから、潜在的な地震のリスクは存在しており、2013年には建築物に耐震基準が導入されました。

図表1　消費者物価指数（CPI）

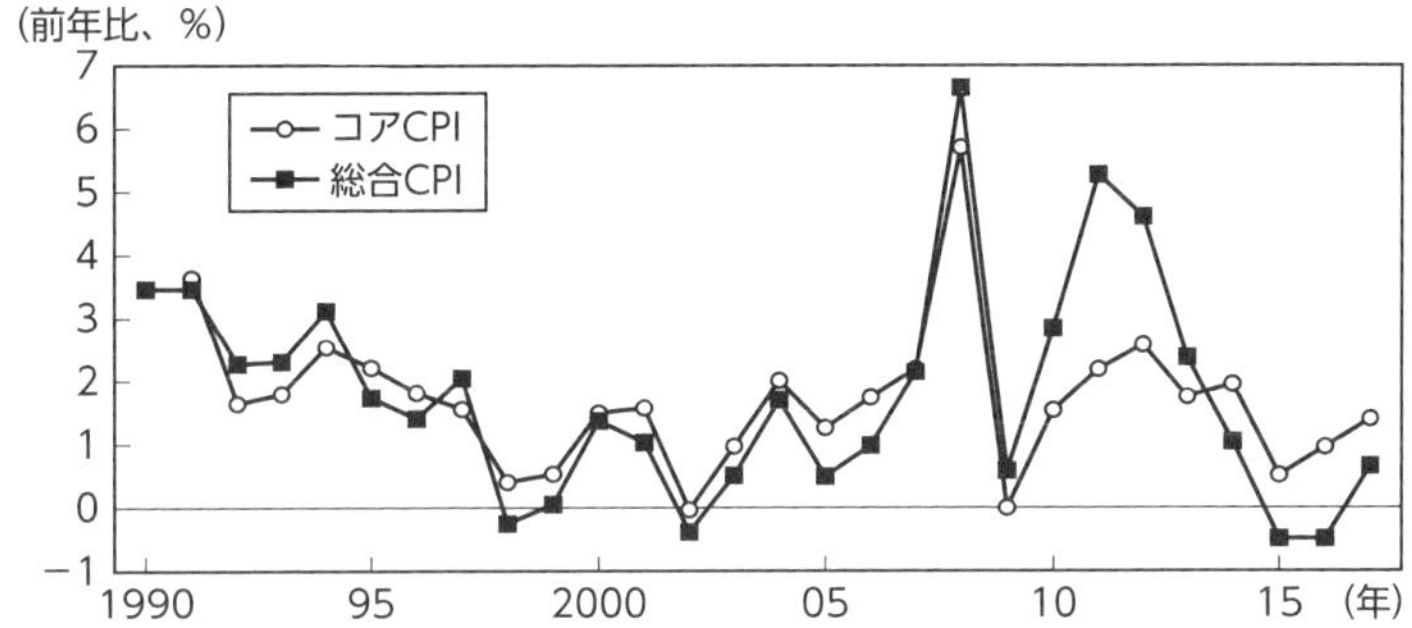

（資料）シンガポール統計局より、みずほ総合研究所作成

図表2　財貨・サービスの輸出依存度（2014年）

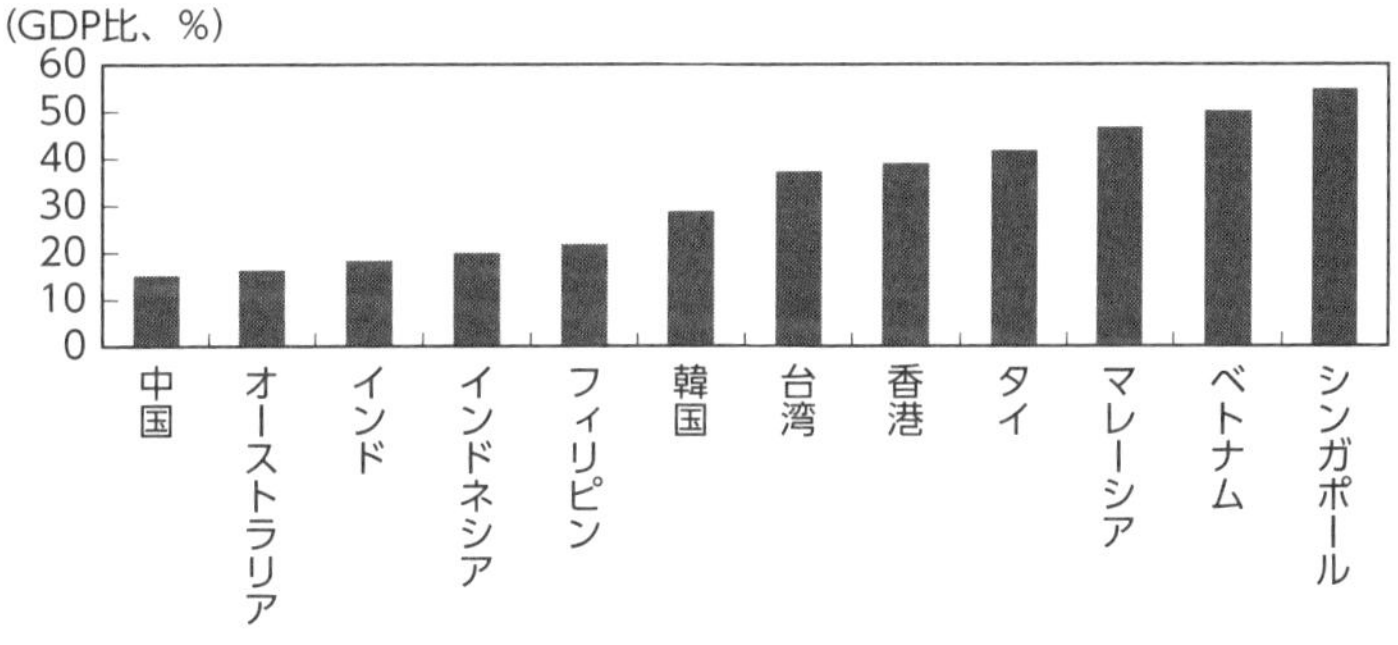

（注）1．輸出依存度は、輸出÷GDP×100。
2．ここでいう輸出は付加価値ベース。すなわち、輸出された財貨・サービスの提供に必要となった、原材料やサービスの輸入は控除してある。

（資料）OECD、IMFより、みずほ総合研究所作成

テーマ

70 シンガポールの政治・治安リスク

～リスクは小さいがテロの脅威が台頭～

安全面は世界最高レベル

シンガポールは、安全に過ごせるという意味では、世界でも最高レベルにあります。世界60都市を対象としたEIUの安全都市指数によると、世界で2番目に安全だそうです(図表1)。

外務省の海外安全情報でも、危険情報は発令されておらず、実際に町を歩いていて犯罪を身近に感じることはあまりありません。自動車の交通マナーもかなり良好で、右左折時にあまりウインカーを出さないなどの問題はありますが、たとえば横断歩道の歩行者優先は日本よりも徹底しています。この背景には、各種の安全基準が先進国レベルにあること、警察の質が高く防犯体制がしっかりしていることなどがあります。

なお、2013年にリトルインディア地区で、交通事故をきっかけに南アジア系の労働者による暴動が発生し、27人が逮捕される事件がありました。ただし、これは飲酒などを原因とする突発的なものので、根深い民族間対立があるわけではありません。

テロの脅威は身近に

これまでのところテロは未然に防がれていますが、その脅威は増しているようにみえます(図表2)。

2016年8月には、インドネシアでIS(イスラム国)系過激派が逮捕される事件が起こりました。対岸のインドネシア・バタム島から、シンガポール湾岸部のマリーナベイ地区にロケット弾を撃ち込むことを計画していたのです。テロが現実の脅威となったため、シンガポール市民は震撼させられました。

ちなみに、2017年発表の「シンガポール テロリズムの脅威評価レポート」によると、2016年にはこのほか、上半期に1件、10月に1件、それぞれテロ未遂事件がありました。

2017年に入ってからは、テロ未遂事件は報じられていませんが、イスラム過激派の逮捕は特に珍しいニュースではなくなりました。周辺諸国や自国内に多数のイスラム教徒が存在しており、その一部が過激化するだけでも、大変な脅威になります。当面、テロに対する高度な警戒が必要となるでしょう。

政治安定も後継者に不安

政治をみると、与党・人民行動党の安定政権が続いています。企業や投資家からの信頼が厚い現与党が総選挙で敗北すれば、シンガポールの将来に対する不安感が高まるのは間違いないでしょうが、可能性は低そうです（テーマ64）。

政治面で不安材料を挙げるとすれば、次期首相を誰が務めるかという点です。閣僚級の人材から、何人か次期首相として取り沙汰されることがありましたが、いまだはっきりとはしていません。

初代のリー・クアンユー氏は67歳まで、2代目のゴー・チョクトン氏は63歳まで、それぞれ首相を務めましたが、3代目のリー・シェンロン現首相はすでに65歳です。2016年8月に現首相が、体調不良で演説を1時間中断するという事件が起こり、改めて後継者問題がクローズアップされました。

図表1　安全都市指数（2017年）

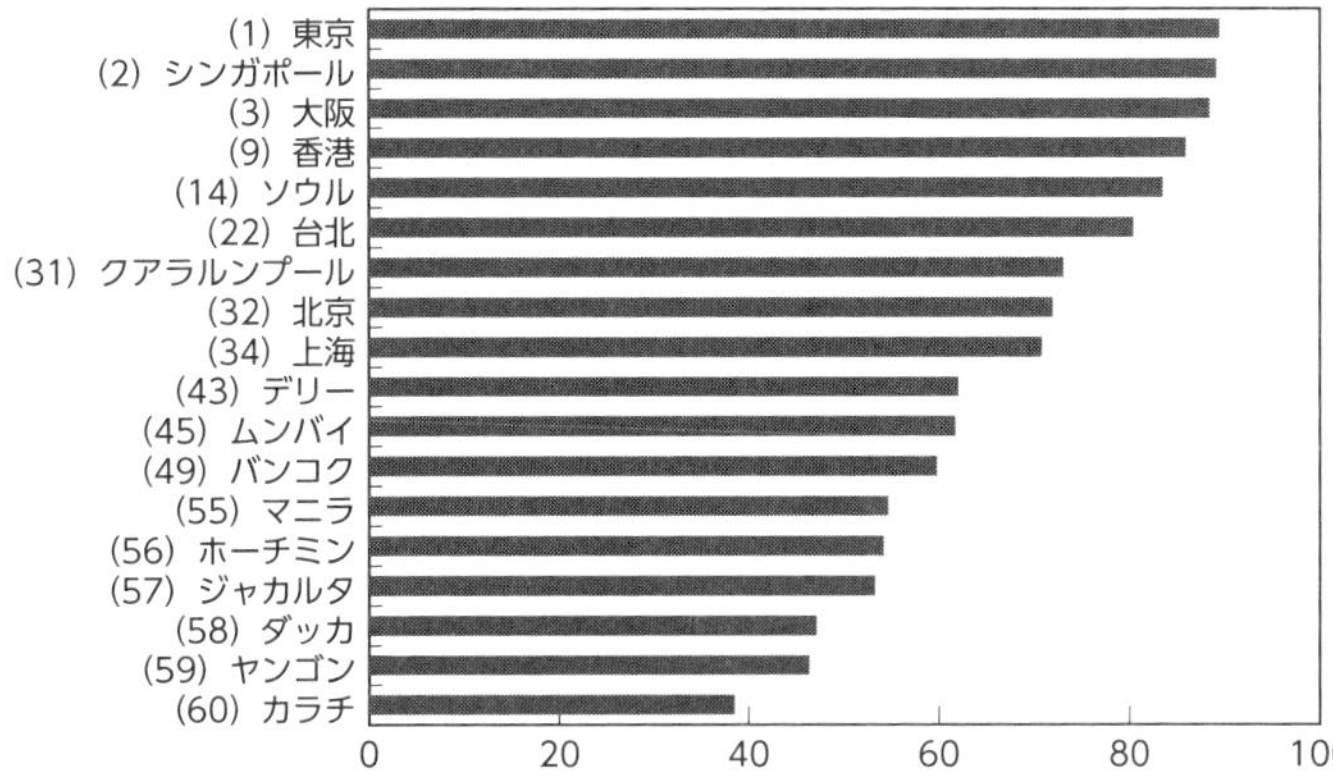

（注）60都市が対象で、東南アジア、東アジア、南アジア部分を抽出。サイバーセキュリティー、医療・健康、インフラ、犯罪・テロ等の関連データを合成したもので、数字が大きいほど安全であることを示す。カッコ内は全体順位。

（資料）EIU “Safe Cities Index 2017” より、みずほ総合研究所作成

図表2　主なイスラム過激派関連の出来事（2017年）

1月	イスラム過激派との関係を疑われるインドネシア人8人が、マレーシア経由で入国しようとしたのを阻止。マレーシア当局に引渡し後、インドネシアに強制送還。
6月	「シンガポール テロリズムの脅威評価レポート2017」を公表。テロの脅威は最高レベルにあるとした。
	IS関係者と連絡を取り合い、シリアに渡航し、戦闘訓練に加わる準備をしていたとして、女を逮捕。
	シリアへの渡航と、自由シリア軍への参加を計画していたとして、補助警察官（民間警備会社に所属し、警察の委託で警備を行う）の男2人を逮捕。
9月	ISへの参加や、シンガポール軍隊員の襲撃などを計画していたとして男を逮捕。また、ISと接触していたとして、女を逮捕。
	シンガポール人のIS戦闘員が、プロパガンダビデオに出演。
10月	ウン・エンヘン国防相は、過去1年以内で過激思想に傾倒したシンガポール人は7倍に増加したと述べた。

（資料）各種報道より、みずほ総合研究所作成

COLUMN ⑨

台頭するシェアリングエコノミー、日本との違いは？

世界的な潮流として、シェアリングエコノミー（個人が持つ資産の貸出し仲介や、自社資産を貸し出すサービス）が拡大していますが、シンガポールも例外ではありません。

まず、日本と普及度合いが同程度なサービスをみると、自転車シェアリングがあります。従来当地では、公共交通機関が安価に利用できる、赤道直下で屋外が年中暑い、雨が多いといった理由で、自転車の利用はあまり活発ではなかったのですが、利便性の高いシェアサービスが出現したことにより、状況が変わりつつあります。

シェアリングデリバリー（バイクや自転車による料理の出前代行サービス）も、日本と同様に広まっています。共働きが多く、自宅での料理づくりはあまり好まれないお国柄だけに、今後も利用が広がっていくと思われます。

次に、シンガポールが普及度合いで日本を大きく引き離して拡大しているサービスに、米系ウーバーと地場グラブが提供するライドシェアリング（運転手付きで自動車を貸し出すサービス）があります。街中の流しを挙手でとめたり、スタンドで搭乗するタクシーに対し、ライドシェアリングでは、アプリにより自動車を呼び出すのが大きな違いです。こうしたビジネスは、日本ではいわゆる「白タク」として法律で禁止されています。ライドシェアリングの自動車は、誰がどんな経路で乗っているかが完全に捕捉されるため、遠回りするなどのドライバーの不正な行為が起こりにくいのです。また、アプリで呼び出す前提のサービスなので、タクシーと違って呼出し料金がとられない点もメリットといえます。

逆に、日本の方が進んでいるのは民泊です。シンガポールでは2017年２月、迷惑行為が増加して治安上の懸念が出るなどの理由から、自宅を６カ月未満で貸し出すことを禁止しました。この規制は同年７月に緩和され、現在は３カ月未満の貸出しが禁止になりました。いずれにせよ、大部分の旅行者には役立たない期間の長さです。

シェアリング業者が利用している自転車ステーション

【執筆者紹介】

平塚　宏和（ひらつか　ひろかず　はじめに、第1章（テーマ6）担当）
アジア調査部長
1987年早稲田大学政治経済学部経済学科卒業。同年、山一證券入社、山一証券経済研究所出向を経て、1998年第一勧銀総合研究所入社（2002年よりみずほ総合研究所）。2011年より現職。専門はアジア経済・金融。著書に、『21世紀型金融危機とIMF』（共著、東洋経済新報社）、『ネットワーク型発展のアジア』（共著、東洋経済新報社）、『アジアFTAの時代』（共著、日本経済新聞社）、『巨大経済圏アジアと日本』（共著、毎日新聞社）、『全解説ミャンマー経済』（共著、日本経済新聞出版社）、『図解 ASEANを読み解く』（共著、東洋経済新報社）等。

酒向　浩二（さこう　こうじ　第1章（テーマ2、8、章末コラム）担当）
アジア調査部　上席主任研究員
1993年慶應義塾大学経済学部経済学科卒業。1998～2000年台湾師範大学留学。1993年第一生命保険入社、国際企画部、国際企画部トレーニー（台北）、香港現地法人出向を経て2002年日本貿易振興会（現日本貿易振興機構、JETRO）に入会し海外調査部にて中国経済調査業務に従事。2006年みずほ総合研究所入社。対象をアジア全域に広げ2014年より現職。専門は広域アジアの経済・産業調査および経営戦略。著書に、『中国市場に挑む日系企業』（共著、JETRO）、『中国ビジネスのリスクマネジメント』（共著、JETRO）、『全解説ミャンマー経済』（共著、日本経済新聞出版社）、『図解 ASEANを読み解く』（共著、東洋経済新報社）等。

小林　公司（こばやし　こうじ　第1章（テーマ1、9）、第3章（ミャンマー）、第4章（カンボジア、ラオス）担当）
アジア調査部　上席主任研究員
1994年早稲田大学政治経済学部経済学科卒業。2004年ロンドン大学大学院金融経済学修士。1994年富士総合研究所入社。2000年まで経済調査部にて日本経済、米国経済の調査担当。2000～2003年在英国日本大使館専門調査員。2003～2006年みずほ総合研究所経済調査部にて欧州経済の調査担当。2006～2008年農林水産省出向、大臣官房情報分析室にて農業白書を担当。2008年みずほ総合研究所アジア調査部。2015年より現職。メコン地域、インド経済の調査担当。著書に、『全解説ミャンマー経済』（共著、日本経済新聞出版社）、『図解 ASEANを読み解く』（共著、東洋経済新報社）等。

菊池しのぶ（きくち　しのぶ　第1章（テーマ4、5）、第5章（フィリピン）、第7章（インドネシア）担当）
アジア調査部　主任研究員
2006年東京大学大学院公共政策学教育部修了。同年、みずほ総合研究所入社。2009年まで社会・公共アドバイザリー部にて、PFI事業のコンサルティングを担当。2009～2011年在アメリカ合衆国日本大使館専門調査員。2011年よりアジア調査部でインドネシア、フィリピン経済を担当。著書に、『日本経済の明日を読む2014』（共著、東洋経済新報社）、『図解 ASEANを読み解く』（共著、東洋経済新報社）等。

稲垣　博史（いながき　ひろし　第1章（テーマ10、11）、第8章（マレーシア）、第9章（シンガポール）担当）
アジア調査部　主任研究員
1991年早稲田大学政治経済学部政治学科卒業。同年、富士総合研究所入社。1996年まで欧州経済、1999年までアジア経済、2002年まで日本経済の調査を担当。以後、アジア経済の調査を担当。2004～2009年に香港駐在。専門はアジアのマクロ経済動向の分析で、特にベトナム経済の調査担当期間が長い。著書に、『日本経済の進路』（共著、中央公論新社）、『徹底予測！ 日本経済これから10年』（共著、PHP研究所）、『中国人民元の挑戦』（共著、東洋経済新報社）、『全解説ミャンマー経済』（共著、日本経済新聞出版社）、『図解 ASEANを読み解く』（共著、東洋経済新報社）等。

松浦　大将（まつうら　ひろまさ　第1章（テーマ3、7）、第2章（タイ）、第6章（ベトナム）担当）
アジア調査部　エコノミスト
2014年大阪大学大学院経済学研究科修了。同年、みずほ総合研究所入社。2016年まで日本経済を担当。以後アジア調査部でタイ、ベトナム、オーストラリア経済を担当。著書に、『経済がわかる 論点50 2018』（共著、東洋経済新報社）等。

[執筆協力]

枡本　康平（ますもと　こうへい　第2章　章末コラム担当）
みずほ銀行産業調査部　調査役

川端　淳之（かわばた　あつし　第7章　章末コラム担当）
みずほ銀行産業調査部　調査役

稲垣　良子（いながき　よしこ　第8章　章末コラム担当）
みずほ銀行産業調査部　調査役

【著者紹介】
みずほ総合研究所
ハイレベルなリサーチ部門とソリューション部門に加え、独自の法人会員制度を擁する日本有数のシンクタンク。経済調査／欧米調査／アジア調査／市場調査／政策調査／金融調査——6つの分野のスペシャリストが、優れた分析力と国内外のネットワークを駆使し、付加価値の高いマクロ情報の発信や政策提言を行うほか、国や自治体、民間企業の個別課題解決ニーズに対応したコンサルティング・サービスを提供している。

図解 ASEANを読み解く　第2版
ASEANを理解するのに役立つ70のテーマ

2018年2月22日発行

著　者——みずほ総合研究所
発行者——駒橋憲一
発行所——東洋経済新報社
〒103-8345　東京都中央区日本橋本石町 1-2-1
電話＝東洋経済コールセンター　03(5605)7021
http://toyokeizai.net/

カバーデザイン……山田英春
D T P…………朝日メディアインターナショナル
印　刷…………東港出版印刷
製　本…………積信堂
編集担当………中山英貴
　Printed in Japan　ISBN 978-4-492-09328-3